许力以 著

春天的脚步

——许力以回忆录

柳斌杰

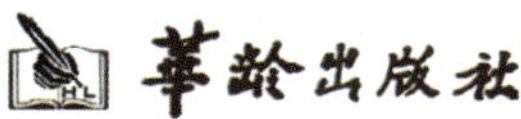

封面题字：柳斌杰
责任编辑：常振国　　程　扬
封面设计：许虹进
责任印刷：李未圻

图书在版编目（CIP）数据

春天的脚步 ： 许力以回忆录 / 许力以著
-- 北京 ： 华龄出版社， 2012.1
ISBN 978-7-80178-891-7
Ⅰ. ①春… Ⅱ. ①许… Ⅲ. ①许力以—自传
Ⅳ. ①K825.42

中国版本图书馆CIP数据核字(2011)第231450号

书　　名：春天的脚步——许力以回忆录
作　　者：许力以 著
出版发行：华龄出版社
印　　刷：北京画中画印刷有限公司
版　　次：2012年2月第1版　2012年2月第1次印刷
开　　本：787×1092　1/16　　印 张:29.5
字　　数：400千字
定　　价：55.00元

地　　址：北京西城区鼓楼西大街41号　　邮编：100009
电　　话：84044445(发行部)　　传真：84039173

1990年11月许力以於西子湖畔西子宾馆 （李芒 摄影）

许力以参与出版工作的部分书刊

《邓小平文集（英文版）》
（1984年）

《中国大百科全书·新闻出版》
（1980年～1988年）

许力以撰写的著作

《人类文明与出版》（1991年）
《海外侧影》（1991年）
《许力以出版文集》（1994年）
《沧江好烟月》（1994年）
《中国文化と出版》（日文版 1994年）
《东方求索》（2000年）
《春天的脚步——许力以回忆录》（2012年）

《出版参考》杂志1995年创刊
《博览群书》杂志1987年创刊
《中国图书评论》杂志1987年创刊
《编辑家列传》丛书1985年出版

《汉语大字典》9卷（1975年～1994年）

《中国出版百科全书》（1998年

《中国美术全集》60卷
（1983年～1990年）

《中国美术分类全集》304卷（1985年～2011年）

1940年许力以和兄长弟妹们合影

1947年和秦焕如在重庆办事处

1948年在中央马列学院

1962年在广州

1960年全家合影

1970年在宁夏贺兰五七干校

1976年和全家合影

1978年和夫人秦焕如在家中

1985年孙子许晓云看爷爷练书法

1996年在家中

2010年8月30日全家合影

1980年邓小平接见美国不列颠大百科董事长及总编吉布尼（前排左二许力以）

1985年8月邓小平在北戴河接见英国柏格曼公司董事长马克斯韦尔，讨论《邓小平文集（英文版）》在海外出版发行（前排左一许力以、右一刘杲、左三朱穆之）

1988年，与上海市市长汪道涵共同出席首届海峡两岸图书展览会

1985年访问美国华盛顿

1985年访问英国参观莎士比亚故居

1997年8月与常振国访问台湾时会见锦绣出版集团许钟荣董事长

1997年8月访问台湾

1980年会见美国不列颠大百科董事长及总编吉布尼

1987年访问日本撒伊玛鲁出版社与田村胜夫社长和夫人合影

1985年访问加拿大时会见隆奇教授

1995年出席首届华文出版联谊会议

2009年参加“纪念海峡两岸出版交流20周年”活动时与柳斌杰署长等合影

2000年在首都大酒店与丁关根等领导合影

2002年8月30日中国出版工作者协会为许力以举办八十华诞座谈会

2001年在邓力群同志家中汇报工作

1985年与邵宇研究《中国美术全集》出版工作

1985年～1990年主持《汉语大字典》出版工作

2000年与郛书林和张小影同志合影

2004年许力以荣获“中国韬奋出版荣誉奖”；2009年入选“新中国60年百名优秀出版人物”

1987年出席《中国美术全集》工作会议，与王忍之、于友先、启功、赵敏等合影

2007年与中国出版促进会周谊、张三杰、常振国同志合影

2004年与《中国美术分类全集》办公室的同事合影

目 录

深切思念资深出版家许力以同志（序一） …………………… 宋木文 1

像力以同志那样做事做人（序二） …………………… 邬书林 7

第一篇　青春试步 …………………… 1

童年半岛情 …………………… 1

祠堂苦读 …………………… 2

进城读书渐入佳境 …………………… 4

童年淘气惹人嫌 …………………… 5

战火启蒙 …………………… 6

参加共产党 …………………… 9

向后方转移 …………………… 11

山城红岩村 …………………… 13

他乡遇故知 …………………… 14

揭露三青团被学校除名 …………………… 15

结伴同行大别山 …………………… 17

第二篇　岁月豪情 …………………… 23

行军，行军，还是行军 …………………… 23

中原突围 …………………… 24

化装转移 …………………… 28

晋冀鲁豫解放区 …………………… 33

在晋冀鲁豫新华总分社成长 …………………… 38

陈勇进的《黄河风涛》 …………………… 39

马列学院路漫漫 …………………… 40

马列主义的殿堂…………………………………………………… 46
香山碧云寺读史………………………………………………… 48
教育长杨献珍…………………………………………………… 49
第三篇 中华人民共和国初建青春焕发 …………………… 52
战火纷飞，准备进入北平……………………………………… 52
中南海的意境…………………………………………………… 53
展示红色旋律…………………………………………………… 54
人民出版事业的基本方针……………………………………… 58
建立组织，统一领导，绘制新图……………………………… 59
普及大众文化，拓宽出版领域………………………………… 62
私营出版业的走向……………………………………………… 64
“五反”运动中的启示………………………………………… 67
风飘摇旅途遥…………………………………………………… 73
“大鲨鱼”秦川………………………………………………… 74
意识领域中的一些插曲………………………………………… 77
《刘志丹》、《古城斗胡骑》和凡尔纳作品………………… 78
思想界的活跃和马克思主义的最初传播……………………… 81
理论上的争辩和思想界的较量………………………………… 83
思想的启蒙和新文化的兴起…………………………………… 84
新思潮的巨浪和出版社的地位………………………………… 86
历史的车轮和进步的思想观念………………………………… 87
苍鹰远逝 智慧永在——梦怀乔木同志……………………… 89
信念不移 一生奉献——怀念包之静同志…………………… 97
第四篇 风烟突起江河倒流 ………………………………102
被剃了光头成为“判官” ……………………………………102
打倒“阎王殿” ………………………………………………106

被隔离在市委党校……112
宁夏干校夕阳红似火……113
豆腐房的挑夫……117
万物更生春雷动……120
中宣部副部长陈伯达……120
解放了……123
第五篇 走向转折潮起潮落……126
乌云还没有消散……126
恢复辞书出版……129
《汉语大字典》十年磨一剑……134
耀邦同志关于《汉语大字典》的批示……139
乔木同志的关心和推动……141
从《汉语大字典》得到的启示……145
张怡荪先生与《藏汉大词典》……148
陈原的语言学和辞书……151
第六篇 解除枷锁绘新图……155
“四人帮”倒了……155
批判中的不同声调……159
救治书荒……165
解禁少儿读物出版的庐山、泰山会议……166
长沙全国出版工作会议的追索……171
成立全国出版工作者协会……174
增设出版机构……178
少数民族出版……180
全面整理古籍出版……181
《鲁迅全集》出版……182

开放旅游出版物……183
改革开放的版权立法……184
社会主义需要稿酬吗？……188
对外交流的最初步履……189
引进世界优秀文化遗产的历史探索……192
第七篇　东海波涛书情浓……197
出访东瀛日本……197
日本社会文化的支柱……199
重视资料搜集……207
吸取新思想……208
第三次访问日本……210
日本的经济之谜……211
日本出版业的发展……212
形势变换书情更迭……214
日本连环画异军突起……215
东瀛文化传播和亚太出版协会筹备会……217
第八篇　从“莫托文”到“法兰克福”……221
亚得里亚海的“莫托文”合作出版……221
在古罗马城堡里……222
清静的海滨……224
合作出版《中国》画册……225
《西藏》画册在多瑙河掀起巨浪……227
西方文明新格调的法兰克福国际书展……230
德国的古堡新城……232
在意大利米兰的阳光下……235
在佛罗伦萨山林之家中做客……236

艺术之都和共产党员市长……238
古罗马的战神……240
马赛曲和国际歌，巴黎的思绪……242
塞纳河畔的书情……245
不列颠的图书文明……248
在马克思墓前……251
拜见李约瑟博士……256
获诺贝尔奖的摩提教授和科学家俱乐部……258
寻访莎士比亚故乡……259
南大陆民族的抗争精神……266
寒冷的北国，人们的进取心声……272
第九篇 邓小平理论传西方……276
小平：我深情地爱着我的祖国和人民……276
《文集》出版工作的发端……278
好事多磨……281
向小平汇报，在北戴河的接见……284
第十篇 改革开放照四方……287
《关于三中全会以来出版工作汇报提纲》起草时的形势回顾……287
中央书记处在中南海勤政殿讨论出版工作……291
走马上任中宣部出版局局长……293
为中央起草加强出版工作的决定……295
中央书记处第二次讨论出版工作……296
第十一篇 社会的声音和业者的探索……298
大众读物的走向……298
出版《当代中国》丛书……298
出版《祖国丛书》……301

出版《中国地理》丛书……304
书评刊物《博览群书》……306
书评刊物《中国图书评论》……309
出版《编辑家列传》……313
十年"巨子"大百科全书……313
新编《中国出版百科全书》……316
第十二篇　"灰皮书"和"黄皮书"……319
现代外国政治学术著作出版纪事……319
乔木谈人民出版社内部书的出版……322
乔木再谈人民出版社出书方针……325
小平谈对西方理论著作的出版……328
第十三篇　质量和管理……331
中央书记处第三次讨论出版工作……331
出书的方向……334
出版经营的经济法则……336
图书的传播……338
第十四篇　中国出版的文化情缘……341
中国出版与海外交流的走向……341
1979—1989年的对外交流……342
1990—1999年的对外交流……346
对外交流，前景广阔……352
国际合作出版促进会成立前后……353
莫托文组织来华活动……354
1988年首届两岸书展……356
海内外风雨情谊……361
在深圳举行的三届洽谈会……361

第四届洽谈会——桂林山水甲天下……364
西子湖畔召开第五届洽谈会……365
崂山脚下召开第六届洽谈会……366
第十五篇　海峡两岸的出版交流……368
台湾浩渺的烟波……368
艰难的旅途……369
天涯若比邻……371
祖国的宝贵遗产……372
光复书局……374
锦绣文化企业和董事长许钟荣先生……376
淑馨出版社……378
台湾同业的向往……379
两岸交流的航向……382
血浓于水……383
与台湾同业合作出版的几种方式……385
远山日出……388
原始住民和高山湖泊……392
华文出版联谊会议和世界华人……395
第十六篇　出版绚丽的中国美术画卷……398
酝酿出版美术画卷……398
部署《中国美术分类全集》出版……400
《中国美术分类全集》出版规划……401
建立领导工作委员会、总编辑委员会……402
在杭州召开全国编辑规划会议……406
专家荟萃倾注心血……408
绘画图集的旅程……410

多部全集开卷有益……411
在景德镇留下风采……413
总编辑邵宇先生……415
常青树启功先生……415
合作出版推向海外……419
行百里半九十的编撰工作……421

附录一： 我最后的几句话……426
附录二： 许力以同志生平……427
附录三： 回忆将伴着我的余生——怀念我的爱人秦焕如……429
附录四： 父亲天上有知……许力以家属 437

后　记……常振国 440

深切思念资深出版家许力以同志

（序一）

宋木文

许力以同志是我深为敬重的革命老干部和资深出版家。他的辞世，我感到突然，更感到悲痛。我一直这样想、这样看，在比我年高的老同志中，力以同志身心最健康，思路最清晰，虽年近九十，仍然笔耕不辍，直到生命最后时刻，还在为他所心爱的出版事业操劳着。对他突然离世，我实难接受，又不能不面对现实。我回忆着，思考着，许力以的身影在我眼前萦绕。

1973年5月，力以同志从宁夏贺兰中宣部“五七干校”调国家出版局工作，先后任出版部主任和副局长，是我“半路出家”搞出版的领路人和指导老师。我知道他是抗日战争和解放战争时期的随军记者，新中国成立后一直在中宣部出版局担任领导工作，很注意向他学习和请教，他也不时地在政治上和业务上给我以指点。我近几天的回忆与思考，也总是围绕这两方面而展开。

1974年“四人帮”发动“反文艺黑线回潮”运动，矛头直指刚从原文化部和原中宣部“五七干校”恢复工作的领导干部，国家出版局机关被大字报攻击为“旧文化部旧中宣部的浓缩”，而从“旧中宣部”被“浓缩”过来的直指许力以。在巨大压力之下，力以同志清醒沉着、善于应对，既能保护自己，又能帮助别人“过关”。当时，被视为重点批判对象陈翰伯（后任代局长）所在出版部党支部，力以同志多次召开支委会统一我们几位支委的思想，以刚刚恢复工作跟不上形势定调，在不得不开的批陈会议上，大家心领神会，一直坚持“跟不上形势”这个基调发言，并在此后积极支持陈翰伯为恢复出版业务所做的各项工作。

得知力以同志逝世的噩耗时，我正在广东。从深圳到广州，我多次向广东出版界同志讲，1975年我跟随国家出版局负责人徐光霄、陈翰伯、许力以来广州，在羊城宾馆（今东方宾馆）参加《中外语文词典十年（1975—1985）规划》会议的情况。此次会议所定的《辞海》、《辞源》、《现代汉语词典》、《汉语大词典》、《汉语大字典》、《汉英词典》等160种中外语文词典，10年后陆续出版，成为新时期出版繁荣的基础性和主体性工程，影响巨大和深远，直至今日仍然是书写新时期出版成就的重要选项。在制定和实施这一宏大出版工程中，陈原所主持的工作班子起了重要作用，而许力以作为当时的出版部主任和随后的主管副局长，不仅参与了策划，更在组织协调和实施中发挥了重要作用。力以同志还直接组织领导了由四川、湖北两省负责的《汉语大字典》的编纂工作。1979年11月2日，他写信给胡耀邦，拟在四川成立编纂处作为执行机构，胡耀邦于11月6日即作出批示：“请川、鄂两省有关部门大力协作进行。希望全体编写同志同心同德，克服一切困难，完成这项有历史意义的工作。”耀邦同志对力以同志信的批示，使《汉语大字典》以及其他词典编纂起步阶段面临的机构不确定、人员不稳定、财力无保障等实际问题得到解决。

1976年粉碎“四人帮”后，力以同志作为王匡、陈翰伯两任局长的主要助手，对出版界的拨乱反正作出了重要贡献。1977年，他坚定地支持王匡推倒“四人帮”强加给出版界的“两个估计”（写入毛主席批准的中央文件，称：新中国成立以来出版界是“反革命黑线专政，资产阶级知识分子占统治地位”），极大地解放了出版生产力。1978年，他坚定地支持并组织实施了王匡决定大批量重印新中国成立以来出版的35种中外文学名著，极大地缓解了“文革”造成的严重书荒。1979年，他坚定地支持陈翰伯在长沙会议上确立的地方出版社“立足本省，面向全国”的出书方针，并在实际出版管理中指导地方出版社扩大出书范围和提高图书质量，有力地推动了从地方到中央的出版繁荣和发展。1980年前后出版界的拨乱反正，始终以清除“以阶级斗争为纲”的影响为主线，突破出书跟着当前政治运动转的狭窄局面，使各级各类出版社迈入图书品种丰富、特色突出、质量提高的新天地。在这方面，力以同志不仅成为国家出版局主要领导人的得力助手，而且还有着自己的独特贡献。这是为王匡、陈翰伯以及其后的局领导班子成员所公认的。

1983年，中共中央和国务院作出《关于加强出版工作的决定》，成为新时期指导出版工作的纲领性文献。在《决定》起草前向中央汇报提纲和随后起草《决定》的工作中，力以同志都是积极参与者，并且给有关同志以具体帮助。国家出版局党组关于十一届三中全会以来出版工作向中央汇报提纲送审稿，遵照中宣部领导同志意见，按1981年中央思想战线问题座谈会精神，对几年来出版工作受资产阶级自由化和“一切向钱看”影响出现的问题作了检查，并在图书和期刊出版部分增写了有关内容。力以同志对这一段作了使我认真思考的批注：“老宋：根据现在的形势和要求，繁荣创作和出版方面的内容要增加，还要积极一些才好。”力以同志对重大政策性问题一向深思熟虑。我理解他的意思是，即或在重视反对资产阶级自由化的形势下，在指导思想和政策掌握上也不要搞得太紧、太窄。据此，我在汇报提纲中加进了“进一步把出版的路子搞宽，把出版工作搞活”的内容，强调了“在社会主义方向下的学术讨论的自由、各种文艺形式和风格竞赛的自由，使创作和著述繁荣起来”。实践证明，把路子搞宽搞活，促进了出版事业的繁荣和发展。对《决定》的起草，他更重视解决影响出版事业发展的实际问题。为在《决定》稿中如何写入“出版单位的利润（包括外汇）基本不上交，或采用大部分留成的办法，作为发展基金”；“出版部门由于纸张提价而增加的支出，由财政部门给予补贴”，力以同志“邀请王益、宋木文、徐荇（《决定》起草小组负责人）等同志开会商讨”，上报邓力群并中央书记处。出版部门至今享有的优惠经济政策，多来自1983年的《决定》，力以同志为此所作的努力却鲜为人知，我觉得有必要在这里写出。

力以同志对出版工作的指导，始终把促繁荣、上质量、抓重点放在突出地位，在几次面临调整和整顿时也绝不放松。他对中外语文词典编写规划实施的宏观指导与其中的《汉语大字典》的编纂，对《中国大百科全书·新闻出版》的编写，对《中国美术全集》（60卷）和《中国美术分类全集》（304卷）的出版都倾注全力，抓了再抓，直至完成。

随着国家对外开放的步伐，组织和推动出版界的对外开放和对外合作，是力以同志工作中的一大亮点。比如策划和推动英国培格曼出版公司出版《邓小平文集》英文版，策划和推动中国人民美术出版社与日本讲谈社合作出版大型画册《中国之旅》，策划与推动中国多家美术出版社与比利时范登出版公司合作出版60卷《中国美术全集》法文版等，都是力以同志在1979至1985年间全力支持与组织的重点对外合作项目。他还主持制定了对外合作出版的文件，经国务院批准下发，以指导和推动中外出版交流与合作的有序发展。

对改革开放后列入党和政府议事日程的版权工作，力以同志是热情的倡导者和身体力行的实践者。他协助和支持陈翰伯在国家出版局建立版权研究小组，开展版权立法调研，启动版权法起草。1985年，在中宣部出版局长任上，他主持起草了中宣部关于我国加入国际版权公约的报告，这一年的6月24日胡耀邦主持中央书记处会议批准了这个报告，成为尚在起步阶段的我国版权管理和版权立法工作的指导性文件，并确立了我国加入国际版权组织和处理中外版权关系的基本原则。

力以同志对两岸出版交流与合作作出了突出贡献，是两岸出版交流与合作的开创者。两岸出版界一致认同，1988年，经力以同志的精心策划与组织，并同上海市长汪道涵一道出席开幕式的上海“海峡两岸图书展览”，开启了两岸出版交流与合作的大门。以此为标志，两岸互办书展常态化，其他方式的交流与合作也随之开展起来。力以同志还率先访台做调研，广交朋友，为随后在台举办内地书展、开展深度合作和派团出访探路。许力以也深得台湾出版界同仁的敬重与怀念。

力以同志高度关注出版理论工作，重视出版研究机构建设，重视出版教材建设，重视出版专业人才培养，重视开展图书评论工作。他以身作则，亲自动手写文章，文风朴实，深入浅出，《许力以出版文集》等著作是出版人必读的好教材。作为《中国大百科全书·新闻出版》“总论”的《出版与出版学》，影响广泛持久，成为他出版理论的主要代表作。

力以同志在抗日战争和解放战争时期主要从事新闻工作，新中国成立后一直在党和国家出版管理机关担任领导职务。60年来，参与和主持出版方面许多重要决策和这些决策的组织实施，主持和指导过许多重大出版工程项目的规划和实施工作，是新中国出版事业发展历程的推进者和见证人。我们不仅要缅怀他对出版工作的重大贡献，更要总结和学习他指导出版工作所积累的丰富经验，从而在思想上得到宝贵的启迪，以做好我们今后的工作。

力以同志给我印象最深、启迪最大的是他真正做到了不断解放思想、一贯保持与时俱进的精神。做好出版工作，离不开国家的大形势。当国家大局出现了新情况时，他能及时调整自己的思想，适应新形势；而当形势错综复杂、众说纷纭时，他能保持清醒和冷静，沉着应对。特别是在社会转折时期，能够抓住机遇，提出新的主张，推进出版事业的改革与发展。

力以同志从党和国家出版领导岗位退下来后，给人的感觉主要是换了个位置：岗位上退了，思想没有退；职务上退了，责任没有退。这正如他1993年在出版文集自序中所作自励与自省所言："出版工作面临新的形势和新的任务，作为出版战线的一名老兵，我将继续学习，与同志们一起，为繁荣出版事业，为加强出版的科学研究，提高理论水平，竭尽余力。"他全做到了，直到最后一息！

我在这篇追思文写完后，看到许虹进传来他老爸亲笔书写的临终遗言。这位老革命、老出版在生命最后时刻所写的《我最后的几句话》，深情地倾诉了他对党的事业的热爱与忠诚，真诚地表露了对他一生奉献的出版事业的眷恋与期望，而更令人感动的是他所交代的后事全都是他所主持并操劳了25年之久、有重大历史意义和学术价值的《中国美术分类全集》（304卷）的未竟事业。作为他的"最后希望"，他请"中宣部与新闻出版总署给予最后支持"，将未完成的24卷"加以全部完成"，并表示"我在此致以敬意"。我想，无须多说什么，我们所有出版人，都被许老对人民出版事业的无限忠诚和高风亮节强烈地震撼了。

力以同志，我深情地思念着你！

（作者为原新闻出版署署长、原中国出版工作者协会主席）

像力以同志那样做事做人

（序二）

邬书林

力以同志是我敬重的老领导、老同志。我敬重他不仅仅是因为他是我出版工作的引路人——在我工作和成长中，他给了我诸多的教诲、指点和帮助，使我较快熟悉出版工作；我敬重他，更是因为在我心中，力以同志是一个信仰坚定的人，是一个尊重科学、讲究工作方法的人，是一个工作勤奋、关爱他人的人。力以同志是我永远的老师和学习的榜样。

力以同志是一个信仰坚定、为党的出版事业奋斗终身的人。力以同志的一生，始终以坚定的信仰为党和国家工作。难能可贵的是，他能把对党和国家的忠诚、对文化事业的追求、对出版工作的热爱、对出版规律的把握，在工作中有机地结合起来。他总是千方百计、务实有效地把党的方针政策贯彻到出版工作中去，落实到推动出版业繁荣发展、推动出版改革和加强出版管理的具体工作之中。

这里我记叙几件1982年我到中宣部出版局工作后亲身经历的事情。力以同志在1982年重新回到中宣部任出版局局长，直至1986年离休。那个时期，我们国家解放思想、推动改革、加快发展、加强管理的任务都很重，是我们国家的重要转型期。“文革”结束后，国家工作重心刚刚从以阶级斗争为纲转到以经济建设为中心不久，国内外的各种思想相互激荡，各种思潮兴起，新旧观点碰撞十分激烈。出版作为重要的思想文化阵地，往往成为思想文化工作的焦点和各种矛盾的交汇点，各种思潮都在出版物上有所反映。当时有人戏称，做出版工作，左不得、右不得，快不得、慢不得。可以这么说，那个时期在出版局长这个岗位，面临的挑战是很多的。力以同志在工作中，以他深厚的马克思主义理论根底、对文化工作的热爱和对出版工作的准确把握，往往能把领导同志的要求、文化界的想法和群众的呼声，通过一批批优秀的出版物，通过一套套丛书的出版，较好地结合起来，进而保证出版的繁荣发展。

给我印象最深的是，面对当时“信仰危机”的讨论，力以同志按领导同志的要求，组织出版界规划了一批进行爱国主义教育和坚定信仰的图书。比如《祖国》丛书，介绍中国的历史，介绍当代中国的变化；另一套《中国地理》丛书，集中展示了中国的名山大川；其他还有《青少年道德教育丛书》，《当代中国》丛书，《中国美术全集》等，都产生了很好的社会影响。他用出版好我们倡导的书的办法引领出版导向，影响社会和读者，产生了较好影响。

为了更好地发挥出版传播知识的功能，了解古今中外的学术进展情况，力以同志根据邓小平同志“系统翻译世界学术名著”的指示，组织制订了系统翻译世界学术名著的文件，要求系统地而不是零散地、全面地而不是片面地，介绍世界文明的成果，开阔国人的眼界，推动我国经济社会发展，为现代化建设提供国外的有益经验。目前，我国每年都引进介绍一批国外政治、经济、科技、文化、历史方面的学术著作，这和当时制订的这个文件有关。

力以同志在他临终前不久写的《我最后的几句话》中写到：“我从小热爱共产党和毛主席”，“我现在活到87岁，不知如何感谢党与人民的培养。我临终前，我对党致以无限的敬意。”

力以同志是一个尊重科学、讲究方法、讲究实效的人。力以同志在工作中，很少有豪言壮语，很少高谈阔论，很少提一些大而无当的口号，也不拉开架势用领导的权威压人，而是务实地认真研究问题，善于用高超的领导艺术把工作做好，推动事业的发展。他是一个十分讲究工作方法的人。

力以同志对开会采取十分慎重的态度。他曾明确地说，开会要做好准备，不能以其昏昏使人昭昭，不能热热闹闹地为开会而开会。我清楚地记得，凡是他主持召开的会议，包括年终总结会和来年工作部署会，都是准备工作做好了才开会，否则宁肯推迟开会。他说，开会有四个要素是必需的。第一，会议要解决的问题是不是当前出版界迫切需要解决的，可开可不开的会就不开。第二，会议要解决的问题，当前有没有条件、有没有能力解决，如果没有就暂时不开会。第三，会议提出的目标任务是不是业界认同的，解决问题的方法是不是可行的，这些问题没有想好也不开。第四，会议确定召开之前，一定要听取基层同志的意见，去验证你的想法是否得到业界认同；否则也不忙开。力以同志开会并不多，但他主持召开的许多会议都在出版史上留下重要影响。

出版管理部门一个重要职责是抓好出版导向，引导出版界健康繁荣发展。当时，有些图书出版引起社会热议。在如何看待有关图书的问题上，力以同志往往能以出版人应有的文化素养和政治敏感综合考虑各方面因素，既把事情处理好，又避免引起不必要的争论。我清楚地记得，上世纪八十年代翻译出版国外的一些书，社会上有反映，各方面争论很大，矛盾集中到出版管理部门。力以同志对待这些问题有他的一套解决办法。有一次，一本世界上有影响的书，翻译出版后，引起不小的反映，上上下下都很关注。研究此事时，力以同志指出，首先要认真听专家的意见，我们自己也要从专业角度审读。他说，我们的处理工作既要完成领导交办的任务，回应社会的强烈反映，同时也要经得起历史的检验，实事求是地从政治上、文化上综合考虑来处理。要准确把握这些书的文化影响，把握转型期的现状，既要把问题处理好，又要为将来留有余地，要注意瞻前顾后、平衡各方。既要使这些书在一定专业范围发行，也不要引起大的争论。力以同志以他丰富的人生阅历、良好的文化修养和坚实的理论功底，使得很多棘手问题和矛盾能够得到较为妥善解决。

“文革”结束后不久，全国面临着严重的“书荒”。为了解决“书荒”问题，力以同志在改革开放之初，就组织出版界精心准备了中外一批学术名著、文学名著的书目。他说，如果不早早做好准备，机会来了也很难抓住。党的十一届三中全会后召开不久，力以同志就与当时领导出版工作的老同志一起，组织出版界迅速出版了一批中外优秀出版物，介绍人类文明成果，很好地解决了当时的“书荒”问题。这些工作，如果没有对文化的追求，没有对出版规律的把握，往往很难做到。

力以同志是一个关爱他人、关心他人成长的人。力以同志是一个严于律己的人，是一个可敬可信、受人尊重的长者，也是一个关爱他人、关心他人成长的人。

我在力以同志领导下工作，和他打交道几十年，从来没有听到他在背后议论别人长短，往往都是听他讲别人的长处，如何关心他人的成长。我1982年大学毕业到中宣部出版局工作，力以同志对年轻人要求很严、很高，但从不许愿，从不讲丧失原则的话取悦他人，而是在工作中压担子，通过工作培养年轻人成长。我大学毕业后到中宣部出版局工作刚刚一个多月，力以同志就交给我一项任务，要求研究世界印刷业的发展状况，争取从新的角度分析问题，推动我国印刷业的发展。他要我到印刷研究所认真查阅资料，听取专家意见，研究发达国家印刷业的现状和好的做法，争取提出切实可行的措施来。两个月后我写出报告，力以同志指导并帮助我把它改成很短的报告。报告受到党中央时任主要领导的关注和各有关部门的重视，对推动我国印刷业发展发挥了积极作用。力以同志交待我们工作时，总是要求首先查阅研究古今中外的资料，站在人类文明发展成果的基础上，在掌握实情和态势的情况下，深入地研究解决问题的办法。这是我受益终生的最重要的工作方法。

1982年至1986年，在力以同志的领导下，我和高明光同志参与《中国大百科全书·新闻出版》的条目设计工作。我们刚参加出版工作不久，按照力以同志的要求，阅读了大量与出版有关的文献。经过三五年的努力，我们完成了任务，同时在这个过程中我们对出版工作的方方面面都有了较为深入的了解，为以后开展工作奠定了坚实的基础。

力以同志离休后，按照当时中宣部领导交办的任务，继续开展《中国美术分类全集》的组织工作。1986年以后，在20多年的时间里，力以同志以一个老共产党员的修养和出版人的追求，在资金不足、条件很有限的情况下，无私奉献，兢兢业业，基本完成了《中国美术分类全集》300多卷的工作。这项大型出版工程，国家财政资助很少，主要靠出版界的认同和支持，有关部门的帮助。现在想来，在当时条件下，《中国美术分类全集》的工作量之大、困难之多，都会使人望而却步；同时，这套书目标之宏伟、出书影响之好，也会让人敬仰。力以同志一直认真工作，全身心地投入其中。直到去世前一天，力以同志还在惦记这套书的最后几卷，希望后来者把这套书出齐出好。可以告慰力以同志的是，在他去世一周年之际，《中国美术分类全集》这套书已经全部出齐。

改革开放30多年来，我国经济迅速发展，社会取得巨大进步。这几年，我在和国外许多出版界人士交往过程中，他们经常问起，中国在转型期为什么能以较少的社会震荡取得了如此大的社会进步？我想，除了党和国家的政策好等因素之外，很重要的一个原因，是因为有一批像力以同志那样的人，他们对党和国家无限忠诚，全身心地为党的事业和人民的幸福而精心工作，很少考虑自己。力以同志是一个高尚的人、无私的人。

力以同志这本回忆录，真实地记录了他从事出版工作的经历，其中上世纪八十年代以后的部分，我和许多同事是参与了的，是真实、可靠的，是可以作为了解当代中国出版的历史读物去认真读一读的。

（作者为新闻出版总署副署长）

第一篇 青春试步

童年半岛情

童年的回忆，总是令人神往。无论是少年的欢乐，还是受到责难，回忆起来都不免浮想联翩。

我的村庄后面，就是茂密的森林。平日很喜欢和小朋友们钻入森林里，特别是在夏天，那儿树丛蔽日，凉爽宜人。鸟儿在树木中跳跃鸣叫，我们听着那各种悦耳的音响，好像进入了另一世界。如此美好的景色，使人流连忘返。最有趣味的是在小树丛中寻找果子。那红色的红萝果，深藏在密集的叶子底下，露在表面的早被别人采摘完了，只有少数未被发现的才留存下来。我们在叶子底下搜索着，一旦发现就高兴得跳起来："小宝贝！你藏得好深啊！"于是分着吃，红彤彤的，一粒粒，有如樱桃，好吃极了。实际上，比樱桃差远了，这只是童时欢乐中的口味。在山林中，我们又去爬山竹树，上树采摘那半生不熟的山竹果子，一面摘一面吃，装满口袋才下来，这山竹既酸又涩，但都说好吃！好吃！吃后牙齿上都沾粘着黄色胶液，多少天都洗刷不干净。在树林里玩累了，就躺在满地都是落叶的树荫底下，说故事，幻想未来，津津乐道。

我的故乡是在雷州半岛。雷州半岛，在中国的最南端，和海南岛隔海相望。在半岛的南边，就是波浪滔天的琼州海峡。海峡两岸已有火车经轮渡相通。现在一列火车从南到北，一直从北京开到海南岛，途经这个半岛。

雷州半岛，在历史上是一片原始森林，还有很多老虎出没，民间的传说有不少人和老虎遭遇的故事。这里的原始森林，由于长年被砍伐，水土流失，以后就变成了常年干旱的土地。

雷州半岛有三个县，即遂溪、海康、徐闻。半岛从南到北，有200多公里长，从东到西只有100公里宽。半岛的人口过去不到100万。这里三面临海，大海的波涛带来不少的鱼虾，照说老百姓靠海吃海，生活是不会错的。但是小小的半岛由于封建官吏的盘剥和疾病不断流行，人们总摆脱不了贫困。

半岛的东岸有深水港口，轮船可通向全世界。100年以前，法国殖民主义者侵占越南以后，它的触角伸向这里，这里有一块地方就成为法国的租借地。这块租借地在遂溪县境内，称为广州湾租界。租界的人民承受了殖民主义者的压迫，但是本地也多少受到西方文明的启示。我们的村子与租界只隔一条海河，从村子北边跨过这条海河就到法属租界。我幼年在租界多年读书和生活，也不免受到租界环境的感染。广州湾租界于抗日战争胜利后，收归中国所有，改名为湛江市。

我1923年出生于遂溪县迈豪村。后来迈豪村划归海康县。我的爷爷许达文，本是世世代代的农民，由于他读了两年私塾，有了一点文化，在青年时候去外地给人家记账，做了小账房先生，后来又做一些小生意，赚了一点钱，就逐渐买些田地，一面种田一面做小生意，慢慢地日子过得不错，使这个贫苦农民的家庭变成一个小康人家。他因为读过一点书，知道读书的重要，就千方百计地供应父亲上学。我的爷爷只生下我的父亲和姑姑，一男一女，所以他总要我父亲努力读书，希望他能成为一个有出息之人。学而优则仕，在这样传统思想影响下，我的父亲就从小学读到中学。那是中级师范，因家庭经济关系，从师范毕业出来就去当小学教员。我父亲许应根，读书很努力，后来当老师也当得较好，在县里的读书人中常受到称赞。

祠堂苦读

我小的时候，在农村读书，村里的小学很不景气，两天打鱼三天晒网，有老师就上学，没有老师就在家里玩。在我七岁的时候，开始上学。记得在开学前半个月，就把上学的行装准备好了，开学那天一大早起来，母亲给我穿上蓝色的长衫，这件长衫前几天已经试了又试，叠了又叠，母亲给我穿长衫的时候，又把长衫拉拉平，然后摸摸我的头，说："听说老师已经来了几天了，等着你们呢！"她还特意给我穿上鞋，我们这个地方一般是不穿鞋的，平时光着脚板，到晚上洗了脚才穿上一双木屐，咔啦咔啦地就去上床。头天晚上我已经把脚洗得干干净净了，穿了鞋就像过年一样，高高兴兴地上学去。

我们的小学校设在一个祠堂里，祠堂很大，在旁边院里又搭一个棚，专门作为小学的教室，学生就在这个棚里面读书。我们这所小学也算新式的学校，但只有语文一课，其他不学。因为没有老师，只有一位老师，他只教语文课。学校不断地更换老师，新老师来又要更换课本。这样学校总要停课，不上课就在家里玩，也挺快乐的。

有一次，我们上课时老师回到他屋子里去休息了，他走前说，大家要好好念课文。我们大家就大声朗读，但是读着读着就累了，忽然听见门外乡亲们从海里捕到一条大鱼，我们就从学校教室里的门槛底下钻出去，全体二三十个同学都去了。哦！原来是这么一条大鱼，这条鱼足足有五六百斤，从来都未见过。围观的人很多，叔叔伯伯们三、五人在井边宰鱼、分鱼，参加捕鱼的人都有一份，走来帮忙的也有一点，看着高兴极了。看完了以后，同学们又从门槛那里悄悄钻回教室，大家再呀呀朗读，以为老师不知道。当我们假装大声朗读的时候，老师从卧室里面出来了，他问同学们刚才到哪儿去了？大家都憋着气，不敢吭声。这时，只见老师脸色开始发青，他回去拿一个鸡毛弹过来，让每个人都把衣服掀起来，趴在桌子上，他就逐个地啪啪一路打过去，每个人抽上三、五鞭，全教室嗷嗷乱喊，同学们背上条条血痕，痛不堪言。放学了回到家里，同学们都不敢跟家里讲。我回到家里愁眉苦脸，我母亲看出来儿子受委屈了，就问怎么了？我就呜呜哭起来了，掀起衣服让妈看，她看见条条血痕，问这是怎么的了，我说是老师打的，妈说真该死，怎能打成这样，我就把偷偷去看鱼的事讲了一遍。她说，原来是这样！谁叫你们不好好学习去看宰鱼。她虽然这样说，眼泪却扑哧扑哧流了下来，心里非常难受。

我在村小学读书很厌倦，教师要求严格的时候，更是不想好好学。我父亲常不在家，只有母亲和爷爷管我。我有时假装生病不去上学，说我今天头晕，或说肚子痛，不能读书。有一次我偷偷地躲起来，躲藏在茅厕旁，母亲怎样找也没有找到我，全家人都出来找，还找到村外，到处呼喊我的名字，还是找不到，非常着急。最后，一个堂伯伯看到我躲藏在那儿，才告诉母亲。母亲找到我，不但不打我，还安慰我，以后反而对我特别好起来。还说，以后头晕告诉妈妈，头晕怎么能上学呢？

我爷爷平时对我很严厉，但是从来没打过我。当我淘气时，他假装去折树木的枝条来打我，实际上只是恐吓。有时还特别厉害地说，我把你皮打卷起来！这都只是吓人的话语。我爷爷一大早起来，总是扛着锄头到水田里去巡视，看看作物生长的情况。他很勤劳，又特别节俭。吃饭时只要我掉落一、二粒米饭在桌子上，就斥责说："你看看，掉落多少饭，将来饿死你！"于是我立刻拾起放到嘴里去。爷爷平时非常疼我，在冬天，他总是要我同他睡在一张床上，怕我冻着。我很愿意和爷爷睡在一起，但是他床上铺着稻草，我觉得太热了，睡不安稳，总是把被子踢开，可他又不断给我盖上。夜里偶有夜宵，家里买来粽子，拌着很多糖，爷爷一定要把我叫醒，我虽然困得不得了，叫了很多遍才叫醒，但是醒来吃那甜蜜蜜的粽子，很是不错。

进城读书渐入佳境

我到了九岁，在农村实在没有读多少书。父亲对我说："随我到城里读书去吧，城里读书会好一些。"此时，我父亲已从一间小学调到城里另一所小学当教务主任。这所小学叫做遂溪县立第一小学，这是全县10所小学中最好的一所，教书很正规、很严格。每一年全县举行文艺比赛，这个比赛包括小学全部科目，这所学校的学生差不多都包揽了前三名，获奖特别多。学校平时对学生读书抓得很紧，住校的要一大早六点起床，然后就上课，一直到中午吃了饭，休息一会儿，又直到下午五点，都在上课和做练习。吃过晚饭，老师还带着学生到河边去玩，说是玩实际上是去看书做功课，在河里面游一下泳就回来。到了晚上七点，又是晚自习，直到九点才告一段落。我和我哥哥都跟着我父亲在这所小学读书，平时我们很想家，小学离我们家100多公里，乘车又换车，好像很远。晚上和我哥哥一起想家时，两个人都在那里哭。每每两个人扳着手指头点，还有多少时日才能放寒假或放暑假，多少时间才能回家，想母亲和小妹妹们。

我从乡村进入县城读书，对我一生的影响十分巨大。我的视野开始开阔，新的同学朋友增多，社会新的事物不断出现，老师的教育与接触，父亲与人们的交往，还有城镇里人们的生活，这些对我年幼的心灵，都发生不小的影响。

我在这间县立小学读书，自己很努力，成绩总是排在前列。正是“春风似花仍旧笑，人生岂得长年少！”有一次，作文比赛我得了第一名，学校奖给我一件奖品，是一支带有指南针的自来水笔，那时自来水笔是很稀罕的，而且我这支自来水笔还带有指南针，我真是高兴得不得了，我总是把它放在我的枕头边，在我睡下的时候不时拿出来摸摸看看。

童年淘气惹人嫌

但我也很淘气，在星期日常跟着大一点的同学到郊外去玩，玩得很开心。一次，和几个同学到郊外的尼姑庵去摘果子，到了门口，见大门紧闭，大一点的同学们就喊，快开门，不开门我们就踹了！里头尼姑站在门里面说，你们快走，不走我就把尿泼到你们身上！几个调皮的同学，喊不开门就拐到尼姑庵的后边，从围墙上爬了进去，我个子小，也被拉进去了。进到庵里，真是满树都是果子，有芒果、黄皮果还有洋桃。我们爬到树上去，像猴子一样大吃大摘了一通。吃够了，就装在兜里，每个人的兜里都是装得满满的。我们闹够了，就开门出去，看来尼姑对我们也没有什么办法。我们吃尼姑庵里面的东西，似乎是吃自己的，把尼姑不放在眼里，好像她们是应该受欺负似的。我们从尼姑庵的门大摇大摆地走出去，还说一声姑子们再见了，那尼姑跑出来大骂：“你们这些烂仔头，该死的，你们下回再来，我非砸断你们的腿不可！”我们扬长而去，一点也不生气。接着我们就跑到河边去洗澡，一边洗澡一边吃，把脏的衣服在河里搓一搓，又穿上这湿漉漉的衣服，当时天气很热，一会儿就干了。

离开故乡40多年，我总想回去看看。1983年我找到一个机会，回到那日夜梦绕魂牵的可爱的故乡。解放以后，50年代初我也曾回过一次湛江市，但我没有到乡下和县城去。1983年我曾到生长和培育我的地方去看了一下。但使我非常吃惊，乡下还是很穷，虽然大家都有饭吃，不再天天吃红薯，但是看见孩子们穿着的衣服很破烂，人们生活还是很穷困。特别令我不解的是，我们乡村离公路很近，只有一二里路，公路上汽车来往不断，而我们村子居然没有电，照明仍然点着煤油灯。乡亲们饮用的水，还是旧日井水，也不够清澈。老乡的住房多了一些，但也很简陋。那是刚刚改革开放的年头。

40多年离别，“少小离家老大回，乡音无改鬓毛衰，儿童相见不相识，笑问客从何处来。”的确，见面的乡亲，能认识的没有几个。少年时代的朋友，也很少见到。我到处去寻找幼年玩耍的地方，结果却面目全非，只有一种感觉，旧日游玩和生活的场所，小时觉得很宽大，现在好像缩水了，都变得非常狭小。这不知是人长大了，还是时间久了，视觉不同了。

当时还到了县城里去参观，县长热情地接待我，我提出要到我旧日就读的小学去看一看，他派人陪我去寻找。我们找到原来这间小学的位置，但是这里已经变成一家工厂，还留下的一小部分，近日也在推倒改建。当时我即走上前去辨认，一眼就认得还有一个砖头柱子，那柱子上依旧写有孔子的语句：“己所不欲，勿施于人。”我认得50年以前就是这样写着，现在字迹虽已模糊，但还依稀可辨。

我看了小学故址，又来到旧城墙边上，这也是幼年玩耍的地方，但这里变化过大，旧地已不可寻，在一宽广的空地上已开辟了广场，中间竖起一座纪念碑，纪念解放战争中牺牲的游击队员和解放这座县城的烈士们，游击队员中可能也有我的同学和战友。我站在纪念碑前默默地凭吊，良久才离开。

战火启蒙

这座小小的县城，是我幼年启蒙之地，令我难以忘怀。我在这里读到小学毕业，就去报考县里的初中，县里只有一所县立中学。在中学就读可不一样了，功课难得多，特别是要有很多时间去练习英语，而且老师和同学的面孔都是生疏的，当时的心情很不一般。

刚进入初中，“七七”抗战就开始了。校内外的抗日浪潮汹涌澎湃，学校里进步的老师带着同学早上起来跑步，高唱救亡歌曲。自“九一八”以后，县城里抗日活动已经展开，每到假日和课余的时间，县城里的小学和中学的师生就上街宣传抗日，宣传抵制日货。一次看到有人穿着日本人造的丝绸，同学说这是日本货，这人就从裤脚开始，全把衣服撕烂了。学生到商店去检查，看到商店有一个玻璃杯子，玻璃杯子底部写着是日本制造的英文字，啪！一下子就扔到地上砸烂了。警告老板这是日本货不能再卖了。

有一次，看见在树阴底下围了很多人，说是打日本的侦探，大家你一拳我一脚。又有的说这个人个子矮矮的，腿短短的，肯定是日本人。人们喊着打死他，打死这个日本鬼子！但是也不知道他是不是真的日本鬼子？人们就是这样的仇恨日本鬼子。

我在初中一年级时，进步同学认为校长是反动分子，他反对共产党，压制学生的进步活动，要把他赶下台，同学们就闹起风潮来了。校内进步同学来鼓动我，校外左派朋友也来推动我，知道我思想进步，不断找我商量策划。一天，一早起来，进步同学就拿起童子军的棍棒站在教室的门口把守着，不让其他同学进课堂上课，这是早就策划好的。罢课罢了一个星期，学校的确停课了，反动校长好像就要被罢免了，我们进步同学也在准备庆祝胜利，但是没有料到，最后我们失败了。大约过了一个月，反动校长得到国民党县长的支持，学校继续复课。此时学校贴出一张布告，开除了几十名学生，我就在其中。

我只是小小的年纪，被开除以后还能干什么？还得想办法读书，父亲要我继续上学。当时我就到了广州湾一所叫益智中学的学校去继续读书。这是一间私立的学校，

也是我们家乡附近唯一的一所中学，

学费很贵，入学时要交16个银元。我父亲没有钱给我，我回到家里向我爷爷要学费，爷爷说哪有这么贵，读书要16个大洋？往天里喊价吧！爷爷给了我两个大洋说，够了够了，你跟他们讲讲，两个大洋够了。我说，人家规定16个大洋，爷爷不信，像买东西一样他又添了我一个大洋，说这回够了吧！真没办法，我只好到妈妈、姑姑、奶奶哪里求情，她们给我凑足了16个大洋，我才进了这间中学。

我进了这间中学以后，才看见原来被开除的很多进步同学都进了这间中学，大家又住在一个房间里，白天上课晚上学习和聊天，也蛮惬意的。

有一天傍晚，我坐在台阶上拿着一本唐诗，在那里阅读和背诵，这本书封面写着熟读唐诗300首，不会写诗也会吟。我正在看得得意的时候，一个同学跑到我面前来，问我看什么书？他看一下我看的书，就说："哦！看唐诗呀！这有什么用，不要背这些古老的东西，我给你介绍两本新书看看吧！"过一会儿，他就拿着几本书过来，其中一本是毛泽东的《论持久战》，我看这几本书很投入，过几天，这位同学又送来几本新书，内容都是进步思想的书籍。他还不断和我聊天，同我讲许多抗日战争和革命的道理，我非常佩服他，他为人很坦率，性格很坚强。以后他和我成了好朋友好同志。他叫王烈，在抗日战争初期，他就当了共产党游击队支队的队长，但是很快就牺牲了，我非常怀念他。

我在中学里因为受进步同学的影响，读了很多革命的书籍。一天，一个外乡的同学说他认识我哥哥，他和我套近乎。我说，我们中国的前途就要靠毛泽东了！他非常同意我的看法。他说，蒋介石是坏蛋靠不住，中国只有抗战才有出路，抗战只有靠毛泽东和朱德。我们谈得很投机，过一会儿他就说，我现在很困难，你有钱吗？借我一点。我问他要多少钱，他说要10个大洋。我说，我自己没有钱，我知道我爸爸的铁柜有钱，他到别的地方去了，他把钥匙交给我，我就打开铁柜拿了10个大洋借给他，借给与我观点一致的朋友。后来我哥哥知道了，说了我一通，说我太傻太天真了！他说你怎么借钱给这个人，这个人是有名的骗子。我就说，他跟我谈话好像思想挺好的，他也信仰共产党，很称赞毛泽东，我就借给他了。为这件事我父亲足足骂了我好几天。的确，10个大洋很不少，够一个人几个月的伙食了。那时我认为谁同我谈得来，谁赞同中国共产党抗战到底，谁就是好人，也不管他内心如何。后来得知这位老兄的确是一个骗子，他骗了许多人。

益智中学因校舍拥挤，将初中三年级从市内迁移至市外几十里的铺仔墟。这里是个集市。附近有一个天然湖泊，是古代火山爆发形成的。湖水清澈碧透，深几十米可见底。在湖边还有古代的庙宇，来参拜者甚众，香烟缭绕。在半山腰上，有些小洞穴，以前有道士和读书人隐居于洞穴内，吃住于此，据说有梯子爬上去，之后把梯子抽起，长年不出山。湖泊的面积广阔，东西和南北都望不到尽头。湖的四周，树木苍翠，是难得的避暑胜地。此地称为湖光岩。

自广州湾成为法国租界以后，湖光岩有一部分地方被法国官员圈为游泳区。这里泥沙干净，水下的坡度也最好，平时有越南雇佣兵守护，华人不得入内。我们学生对此种情况，十分气愤。每每在星期天或课余，学生们偏要进入这游泳区，不免发生事端。有一次，一个傍晚，我们一大群学生要进入湖内游泳，非要从法国人圈地的地方进入不可。于是就与雇佣兵发生冲突。我们同他们争吵，痛骂他们为亡国奴，为殖民主义者逞凶作恶，他们把我们的自行车扔到外边，我们也不示弱，学生人多势众，大家就砸烂他们的设施，扬长而去，痛快之极。

我们学生最恨洋人作威作福。在广州湾洋人住的地方，不让华人通过，甚至在他们住地靠近海滨的地方，华人也不能自由走动。租界洋人作恶多端，市内可公开设赌，鸦片烟也自由出售，所有盘剥和税收，全入洋人金库。在马路上不时看见雇佣兵押着中国犯人，犯人脚上带着沉重的镣铐，在烈日下服苦役。常见他们在铺设路基，用锤子将大石头敲碎，他们全身被汗水湿透，还不时被殴打。此种悲惨情景，一直到现在我还历历在目。

雷州半岛和广州湾租界人民贫穷落后，老百姓既受封建压迫，也受帝国主义欺负，社会矛盾重重。这里原是革命活动很活跃的地方。在大革命时代，革命活动开展得如火如荼。当时，有名的共产党人黄学增是当地的革命领导人，他既有学识又有坚强的革命斗志，但在斗争中被国民党杀害了。“四一二”以后，这里的革命斗争走向低潮。直到抗日战争开始，有几个在广州读书的学生，他们在广州加入了共产党，把党的组织带回雷州半岛，这时才使半岛的革命斗争重新开展起来。

参加共产党

当年从广州回来的学生就是我的前辈和战友黄其江和陈其辉，他们在广州江村师范就读，他们回到了家乡，按照上级党组织的指示，发展了一批共产党员，并成立了“遂溪青年抗敌同志会”（简称为“青抗会”）。以后就公开以这个“青抗会”的名义，联络进步青年，开展抗日活动。“青抗会”就是党的外围组织。黄其江同志在90年代还健在，年已逾九十，我去广州时，常常去看望他。

当年“青抗会”进行抗日宣传活动，组织读书会，开办夜校，到农村去发动农民，并且准备建立武装，开展游击战争。此时我参加了“青抗会”。“青抗会”里的骨干有许多都是我父亲的学生和朋友，有不少也是我在遂溪中学闹学潮时的同学，大家见面就熟。我们组织读书会，还到农村办夜校。我们村子开办的小学和夜校，就是由我请去的共产党员金耀烈当教员，金在新中国成立后担任过广东省劳动局副局长，当年他在那里发动群众，联络农民开展革命活动。

我一面读书一面搞抗日活动。“青抗会”的活动也很频繁，在假期和星期天，不断组织同志们过艰苦的生活，如爬山、渡河。爬山是光着脚不穿鞋，山上长满着荆棘，要磨炼自己；渡河，要囚渡和涉过两岸有泥沼的深水河流。总之要进行各种艰苦锻炼，自讨苦吃。目的是为抗日，为准备打游击，为社会主义而斗争。我年纪小，但参加“青抗会”的活动很积极。后来我从益智初中毕业，进入了南强中学读高中。南强中学是一所新建的私立学校，从益智中学毕业的同学大多都到了南强中学来读高中，因为益智中学没有高中。我们同班同学都是熟人，大都是进步同学，大家很亲密很团结，开展进步活动，进行抗日宣传，都很顺手。

我们组织读书会，共同阅读和讨论进步的书籍，交流思想互相促进。这时一位同学对我说：“我自己真想参加共产党，做一名共产党员，但是共产党在哪里呢？怎么去找呢？”我说我也是这样想的，能参加共产党就好了。他说我们都试着去找找看。过了几天他来对我说，他有一位亲戚是共产党，那位亲戚说，他可以填表参加，当时他也给了我一张小纸条，就是要求极简单地填表。他说你填了以后就交给我。他特别交代要绝对保守秘密，任何人都不许知道。我回到宿舍里，心情非常激动，高兴万分，我即把这个条子拿出来看，准备偷偷填写了交给他。不巧，当时给一个同学看见了，他是我非常要好的同学，思想上也是很进步的，他也是“青抗会”的成员，我们平时无话不谈，亲密无间。他看着我拿了一个条子，就问这是什么？我就慌里慌张的把条子塞到兜里去，可他偏要看，而我偏不给看，他就跑过来抢。不是说要绝对保守秘密吗，我就是不给他看，不得已，我拿起桌子上的一个水杯，就把杯里的水往我口袋里倒，让水把条子泡湿泡烂了，他就看不了了。这是当时入党的插曲。这位所谓称其亲戚是共产党的同志，其实他本人早就是共产党员了，不过用这种方法来介绍我入党。当时我入了党，心情无比激动，觉得自己也已是中国无产阶级和劳苦大众的一名先进分子了。想起当时的情景，时刻难以忘怀。回忆要抢我那个条子的同学，他后来也是共产党员，而且以后参加了游击队，是游击队中间一名坚强的干部。新中国成立后他担任广东省交通局副局长。

向后方转移

1942年冬天，日本帝国主义进兵雷州半岛。抗日战争开始不久，日本就对雷州半岛狂轰滥炸，但最初未敢动广州湾租界。自太平洋战争爆发以后，广州湾也不例外，日军侵占雷州半岛时，首先进军广州湾。日军以广州湾的港口为依托，据此可把军用物资输送到他们南太平洋的各个据点。

广州湾被日军占领以后，我们开始向内地撤退。当时桂林是内地的文化名城，战时从上海和香港撤退的文化人和进步人士，都集中在这里。我们几个进步同学高中毕业后，一起到桂林去。我们步行，走了一个星期，还坐了一段汽车，才到达这个山青水秀的城市。按照现在乘坐火车，只要几小时就可到达，而在战时交通不便，抗战坚壁清野，公路挖了好多壕沟，预防日军侵犯。我们一块儿有五个同伴，其中一位同学叫张根年，他也是地下共产党员，他曾经在广州广雅中学读书，广州沦陷以后，转学到广州湾来同我一班，当时也是组织上要我与他结伴同行；还有两位进步同学和一位进步老师。我们一路有说有笑，大家讨论问题，谈论世界的形势，议论日本如何在南太平洋进军，议论苏德战争的局势，还讨论中国抗战的前途。我们像在学校里组织读书会一样，大家不时讨论和争论，走起路来也不觉得辛苦。我们都很年轻，讨论世界大事，唯独不讨论个人的前途，对于个人，好像没有什么好讨论的。

我们走这一路，中间也还有一些小插曲。我们从来没有看见过高山，在路上看见高山，高兴得不得了。我们走了一天很累了，到了一个落脚的地方，还偏要爬到那山的顶上去看一看。山很高，上下一、二个钟头，我们却要爬上去瞭望一下，在山上看看天地是什么样。青年人对新事物总怀有极大的兴趣。

我们到了被称为“山水甲天下”的桂林后，几个人暂时租住在七星岩的半山上，那里都是一些临时搭的竹棚房子，很简陋，但是在夏天，有地方住下来也就不错了。

桂林是个大城市，这里的战争气氛更浓。我们刚刚抵达市内，就听到警报，预告日本的飞机就要来轰炸了。街上的行人，迅速奔走，要跑到防空洞去。我们背着行李，随着众多疾走的人群，跑到一处靠近山坡的地方，下面就是防空洞。当警报再发出紧急声响时，大家就进入坡下的洞里。听大家议论，桂林曾遭多次轰炸，要及早防备。但这次不知何故日机没有飞临桂林上空，所以我们也没有进入防空洞，过一会儿警报就解除了。

在战时，中国东南沿海和华中地区，凡是没有被日军侵占的大小城市，没有不被日机轰炸的。有一次我临时从桂林到韶关，韶关是广东战时的省会，那时也正碰着日机来轰炸。当警报响起时，人们都要从城里跑到西边，跨过北江，在松树林下的防空洞中躲藏。但这条江河只有用木船连接铺有木板的桥，桥面很窄，容不下多少人。警报响了，人们涌向这座桥，在慌乱中也有人被挤下水的。我当时也奔向这座桥，但是紧急警报声又响起，我来不及过河，就躲在一座破旧的茅厕旁边。可恨的日机来了，只听见轰炸声和机枪子弹的扫射声，机枪子弹从我身边嗒嗒的扫射过去，地上还留有累累弹痕，幸好自己没有受伤。警报解除以后，我从街上走过，看见人们忙着扑灭火焰和抢救受伤者。我看见街边的一棵古树，树干有一大洞，洞中遗留有大片的血迹，这是机枪子弹正好击中躲藏在树洞中的人。日寇就是如此疯狂轰炸和扫射我无辜平民。

当时日军还没有南下，内地的桂林可偏安于一时，除了敌机不时来轰炸，还算有暂时的和平环境。内地许多学校在这里招生，但是当我们到达这里时，大部分学校招生的时间已过，只剩下少数学校可以报考。在战时读大学，也是很困难。当时我报考了东吴大学和大夏大学，两所大学都考上了，因在大夏大学考取的是中文系，觉得有些兴趣，就决定去大夏。大夏大学从上海迁到贵阳，我就只好跋涉到贵阳去。

进入大夏大学，在贵阳已有半年了，寒假时，我要到重庆中共中央南方办事处联系工作，这是出来之前与组织上说定的。

回想我从雷州半岛和广州湾出来，离开故乡到桂林和贵阳等地，这对我影响巨大。我接触到的事物，与过去大不相同，视野更加开阔，知识也大为充实，认识到社会各个层面，特别是在战时，社会矛盾和民族矛盾的体现，人们的美德和丑恶，一切所见所闻，都在我幼小的心灵上留下烙印。

山城红岩村

在寒冷的冬天，我到了重庆。这里是中国战时的首都，称为陪都。这座城市浓雾是有名的，称“雾重庆”，在上午总是有浓雾笼罩着，常常是十米开外就看不见人。长江上的南北渡口，一边敲锣一边击鼓，相互回应，以免渡船行驶时迷失方向。城市在山上，山下是浩浩的长江和波浪翻滚的嘉陵江。在这座城市的街道上行走，有时要爬上爬下走好多台阶。重庆是敌机轰炸的重点，几乎天天都有警报。人们常常躲藏在防空洞里，难以得到喘息的机会。战时的重庆，在敌机轰炸中死伤的同胞，难以计算。

我这次到重庆，按照联系同志的指点，先到一个修理汽车的店铺，进行联络。中共办事处就是红岩村，从公路旁的一条小路进去，沿着半山腰的小道，走一段路就到了办事处。我的心情很激动，很兴奋。我进了传达室，事先我已经联络好了，传达室的同志要我到楼上去。当时传达室的同志就把门关上，指着说从这里上去。茶几旁边有一个几节的小梯子，上面是一个半米见方的窗户，平时木板是关着的，好像是一个通向外面的窗户。他把窗户打开，说你就从这里进去。我爬上小梯子，就从这个窗口钻了进去，这不是什么小窗户，而是通到里屋的一个小门。原来就是这么秘密，进了传达室免得人家看见，因为四周围都是国民党的特务，他们有瞭望台，一举一动他们都会观察的。来访的同志，要避免他们的监视，所以常常从这个小门里钻进去。

我在红岩村办事处住了三天，我向组织汇报了汇报自己的情况。我好像回到家里，心里很踏实，也睡得很好，在那里吃饭吃得很香。我高兴极了，不但饭菜好吃，还有点神秘感。我心想这是中央南方局级别最高的地方，我在这里吃的东西又是从陕北远方运来的，感到非常幸福。

在这里，我看见他们正在排练“兄妹开荒”，准备什么节日联欢。排练的都是自己的同志，自演自唱，拉二胡的是荣高棠同志。排练没有其他道具，只有一把二胡。荣高棠多才多艺，他当时一边拉二胡，一边指指点点，自己做一些动作，做一些示范，让其他的同志模仿他来做，我觉得他就是一位导演。

他乡遇故知

在办事处，我还见了一位熟人，他叫陈芳，他也是遂溪县“青抗会”的骨干，我在广州湾时就认识他，他也是当地最早的党员之一，是黄其江从广州回来最初发展的党员。原来他是地下交通，广东南路特委派他到重庆中共办事处来送信，沟通特委和办事处的联系，因为广州湾沦陷，特委有一段暂时转移，他就没回广州湾，而留在办事处工作。他在这里，已经有一年了。我见到熟人，又是地下党的同志，真是无比的高兴，我心中一切的苦乐，全向他倾诉了出来。这是一位非常好的同志，他有很多不平凡的遭遇，我想也在这里简单地叙述一下。

这位陈芳同志，在日本投降以后，从重庆中共办事处回到了故乡雷州半岛，此时党内人事变动，他找不到原来派他出来的同志，没有接上组织关系，从此就失去了与党的联系。全国解放以后，他在基层做一些具体工作，到“文革”期间他被批斗。“文革”以后，他到北京来找我，要找回他失掉的组织关系。我见他时，他还不到60岁，但已满头白发，人显得非常苍老，好像80多岁一样。我非常同情他，我当时就问他：“你在重庆中共办事处时，你直接的领导是谁？你跟谁有组织上的联系，谁能证明你是党员？”他说出直接领导人的名字，但是始终不知道他在哪里。巧的是我知道这位同志，他后来是一位将军，他的夫人跟我是在马列学院的同学。我就给这位同学挂了电话，询问她爱人的情况。她说他身体不好，住在医院里。我就把陈芳的情况向她介绍了一下，并询问可不可以到医院去探望她的爱人。她说，他的病很重，几乎不能够说话。我就说，请陈芳到你家去看望一下好不好？她答应了下来。我就要陈芳把他当时的情况写一份书面材料，并且在材料上提出自己的要求。于是，陈芳找了我这位同学，希望她把这份材料交给她爱人，并请他写一个证明。陈芳回到我家里，等了几天，我这位同学就给我打来电话说，她爱人记起这个事，认得陈芳，他已经在陈芳的材料上签了字，证明陈芳是在他领导下工作过，是一位好党员。陈芳拿到这份材料，高兴得不得了，像换了个人似的。他拿了这份材料，回到当地，很快就恢复了他的组织关系，并按规定改变了他的级别和工资待遇。过了不多久，传来了噩耗，证明陈芳关系的这位将军不幸辞世了。如果陈芳要是不来北京，没有找到这位同志，那么他政治生命的经历就无从证明了。

还要说一下，陈芳在有组织关系的时候，曾经发展过一个地下党员叫做梁惠民，他是一位司机，是非常好的同志，在全国解放以前，梁还连夜开车运送过遂溪北撤的领导同志，那些同志对他很感激。由于陈芳从重庆回来，没有组织关系，组织上也不承认梁惠民是党员，为此梁愤愤不平。我和梁也很熟，在战时就是很好的朋友，后来陈芳的问题解决以后，梁也恢复了组织关系。可是梁也已年老，不久就过世了，我听到他过世的消息，心中非常难过。在白区工作，总是有很多风险和周折。就像陈芳和梁惠民同志这样因各种原因失去组织联系的同志不知还有多少，有的可能一辈子都无法恢复组织关系，白区工作的残酷性由此可见。

揭露三青团被学校除名

1943年冬天，日本帝国主义开始向南太平洋大举进军，和美国进行激烈战斗。在中国西南边境，美国和中国开辟的滇缅公路上，也进行交战，日军企图封杀这条运输线。在中国内地，华中日军向南扩展，自武汉、长沙进军衡阳，一直南下占领桂林和柳州，以巩固他们在中国的东南后方。同时，日军还向我国西南地区推进，想侵占贵阳，再继续向西，威胁重庆，企图占领中国大西南。此时，贵阳等大城市天天受到日军的狂轰滥炸，中国的普通老百姓和青年学生，从桂林逃难到贵阳，又从贵阳再流亡到重庆和西南各地。贵阳向后方撤退，我们学校又迁至赤水，这里离重庆很近。

当时国民党统治地区学生的民主运动，在共产党领导下，开展得很热烈。我们党在学校里组织进步同学创办墙报，举行演讲集会和篝火晚会，组织读书会和开展各种座谈会。在这些活动中，议论全世界的战争形势，议论中国前途，赞扬共产党的政策，反对蒋介石消极抗日。我和进步同学一起组织和参与各种进步活动，争取民主，揭露校内的反动势力，揭露三青团反民主和反革命的活动。思想上“左”倾的同学和有正义感的老师在一起，团结一致，情绪很高。当时学校的三青团虽然很孤立，但是也很猖狂。三青团的反革命活动，受到了进步同学和老师的强烈反对。

此时，组织上交给我一项任务，要我收集校内反革命活动的材料，写一篇文章，揭露三青团和国民党，文章要送到重庆《新华日报》上发表。于是我就秘密撰写，列举了校内三青团以及训导主任的种种反动事例，以及他们的恶劣行径。文章写成，大约有三四千字。上一次我到重庆中共办事处，组织上要我今后和朱语今同志联系。朱在重庆《新华日报》工作，他和陈光等同志主管后方的青年工作。解放以后，他是共青团中央宣传部的领导，后又兼任中国青年出版社的社长，我和他往来密切。我写好这篇文章，要通过地下交通员送到重庆的联络点，转交给朱语今。我把这篇文章写好后交给另外一位同志，他和地下交通员经常有联系。可是这次他左等右等，地下交通员总是没有来，他心里着急，就把我这篇文章邮递到重庆的一个联络点。这位同志却不知，这个县邮局的信件都要被检查的，我的文章厚厚的一卷，结果事情就发生了，我这个材料被检查出来，送到学校的反动主管方面。材料正是揭露和痛骂他们的，这还了得！于是，他们就进行追查，查这份材料是哪一位学生写的。这样我就被查出，当即就被学校反动当局宣布开除了。

当天，老教授林焕平老师匆忙跑来，告诉我，他已经得到确实的消息，今天夜里将有国民党的军警进入学校抓人。同时，也有几个进步同学跑来告诉我，确有这种行动，要我迅速离开。到了晚上，天半黑时，我就上了进步同学联系好的船只，悄悄地连夜离开了学校。后来得知，军警半夜确实来抓人，但是我已经离开那里。

本来林焕平老师还要帮助我再进入另一大学，但是此时组织上要我到根据地去。朱语今同志与我联系，他要我去大别山根据地。他主张我不必再进学校了，要立即行动到抗日根据地去。我听从组织的安排，于是把留在重庆值钱的衣物卖掉，筹集了一些路费准备上路。话说“国不难者，身不危者，志不广也。”当时组织上安排我和其他四位同志（其中有三位女同志）结伴同行，一起到大别山去。我的心情无比激动，同时，我充满幻想，我们将到一个新的天地，我们要和旧社会诀别了。我们不再要金钱，金钱有什么用，只要把路费准备够用就行了。是的，我们要准备过艰苦生活，打日本鬼子，还可能献出自己的生命，这也在所不惜。总之，内心充满快乐。现在就要别了，那浓雾笼罩的城市和山野，我曾经在这里学习、生活和进行过战斗，在这里经历过霜雪的寒冬，也度过炽热的酷暑，这块土地培育过我也教育过我，我要走向新的天地了。

我进入解放区，这是我人生中跨入社会的第三步。第一步是从乡下到县城，那是很幼小的年纪，开始就留有社会深深的烙印；第二步在高中时入党，那是在青少年时期，充满着革命的豪情，有一点像长着嫩角的小牛犊。人的一生，要经受多少风霜与雨露啊！

结伴同行大别山

我们几个人，按照组织上指定的地点和联络的暗号，乘木船东下。我们告别了浓雾和酷暑的山城重庆，进入那日夜奔流不息的长江，眼前景象使我想起李白《行路难》的诗句：“长风破浪会有时，直挂云帆济沧海。”

在出发以前，我们要做许多准备。其中一件是要有国民党的路条，因为我们东去经过的地区，除东边大城市是日本鬼子占领的地方以外，大都在国民党军队控制之下。我们同行中有一位女同志，她有亲戚在重庆国民党保安司令部工作，她利用这个关系，请他设法为我们五个人开一个通行证。很幸运，过了几天我们就取到了这个通行证。

我们这伙同志，打扮成一家人，以做小生意的名义上路。大家都用了化名，那位比我大的男同学，作为我的亲哥哥，他叫大雷，我叫小雷。其中一位女同志，装扮成我的嫂子，这位女同志姓林。还有两位，就是她的妹妹和表妹。我们乘船睡在底仓，心潮起伏不定，但是都很激动，非常高兴。我们要到新的天地去了，这是我们新的向往，为什么不高兴呢！

全国掀起抗战以后，中国东部和北部大部分地区都沦陷了。但是按照毛泽东《论持久战》的战略，所有沦陷区，都开展游击战争，并且建立根据地，扩大队伍，壮大自己的力量。此时华东、华中和华北，许多地方都是连成一片的根据地。在华东，自从“皖南事变”之后，我们遭受很大的损失，同志们死伤很多，还有很多同志被关到集中营里。不过，共产党有坚强的意志，打不尽杀不绝，“野火烧不尽，春风吹又生”。在江南、江北又恢复了革命的活动，发展了强大的新四军部队，在华北，共产党八路军开展的抗日根据地，黄河以北宽广的地区都是解放区。华北解放区已经连成一片。日本鬼子的扫荡，无济于事，虽然占领了多个据点，但广大的农村都在共产党八路军的手里。我们建立武装，组织自己的部队，发动群众，建立政权，革命的势力日益强大。在黄河以南，长江以北中原地区，在抗日战争时期也建立了广大的抗日根据地。武汉以北，在长江和汉水之滨，有60多个县连成一片，有2000万人口，这就是新四军五师李先念领导部队活动的地区。部队和革命干部，深入到大别山和桐柏山一带活动。这里共产党的新四军，有时控制着平汉铁路，威胁武汉，可以说这是中原地区一个重要的战略地区。

我们这几个人，就是要到中原解放区李先念所领导的新四军五师，到那里去参加战斗。我们顺长江东下，在船上住了几天。人们都知道长江的风景非常好，但是我们无心去欣赏那秀丽的山山水水。本来我们原计划在宜昌以西的三斗坪渡口下船，但是船只开到巴东，我们只好在这里下船。我们往南绕着小道，步行到恩施，再拐弯往东，依然是寻找小道前进。我们还经过了红军时代贺龙率领部队活动的地区。每天一早起来行走，到天黑才落脚，一路上可以说没有吃过一顿正式的饭，都是零零碎碎吃一点小东西充饥，只顾走路。我们走了七八天，到了湖南和湖北的边境，到了津市这个地方。从津市再往前走，就接近了新四军五师活动的游击地区。这里河网纵横交错，步行困难。我们从津市坐一条小船，沿着小河到长江边上。这条小河，河水碧蓝，清澈透底。河的岸边生长着矮树丛和绿草，有的地方，还开着鲜红的花朵，风景很优美。此时大家非常高兴，我说，真想跳下去游一下泳，大家心情十分兴奋，都鼓动我跳下去，我们都是青年的小伙子，我还想显摆一下自己会游泳，耐不住性子，脱了外面的衣服穿着短裤，扑通一下就跳到水里。但是觉得水很凉，游了一会儿就上来了，继续乘坐小船前进。将近傍晚时分，到了一个站口，这时就快到五师的接头地点了。不巧这几天长江泛滥，江水淹了大片土地。本来我们一过江，就到目的地了，而现在却汪洋一片，不知如何渡过去。

我们一路步行的时候，为躲避国民党军队的检查，曾经结识了几个真正的商人同行。我们到了这个站口，国民党检查较严。他们知道“四老板”经常出没，“四老板”的便衣经常在这儿活动。所谓“四老板”就是指的新四军，可笑的是国民党兵，看到那几位和我们同走的真正商人，其中有一青年头上系了一个小手绢，认为他的行动比较诡秘，就把他当作“四老板”。保安把他喊住，领他到另外一个地方去。那青年辩论，说他是跑单帮的，来往做沦陷区和内地生意，还说：“你们不信，你们去问他们”，他指着我们，因为我们是打扮成商人同他们一起走路。可是，国民党兵不由他分辩，就把他带走了。

到了晚上，我们还没有找到船只，到不了根据地那边去。此时，我觉得全身发冷，我发烧了。因为白天我跳下很冷的河水里，平时没有这种锻炼，就生病了。这时大家慌了手脚，大家身上都没有带药，这个小地方也没有药可买。大家说找医生来看看吧，就找来一位乡下土大夫。他看了看，说要放血。说放血大家都不懂。我的确病得很厉害，热度很高，几乎烧得迷迷糊糊，大家也没有主意，就同意这位大夫放血。大夫就在我的胳臂上割了一道口子，结果流了一床都是血。大家慌了，说怎么能这样呢，放了血以后，我的病情一点没有减轻，毫无变化。

第二天早晨，天蒙蒙亮的时候，大家找来一条小船，坐在小船上，经过这里的泛滥区，就能到对岸去。我躺在小船仓里，看见四周围都是荷叶莲蓬、荷花和菱角。江水几乎没了这些植物的顶端，但是还可以看得见，这些植物在水里，随着风浪摇来飘去。大家都在观看那美丽的风光，而我却躺在小船的仓里，一动也不能动。

小船划了一天，到了傍晚，看见远处有灯光，不久船就靠了岸，船夫说：“四老板”的地方到了！这时从茅屋里出来的人热情地迎接我们。我们就进了茅屋，他们给我们端水端饭。迎接我们的人说，这就是新四军五师的接待处。哦！

这样我们就到家了，我们到了理想的天地，好像一切问题全解决了。我们一切都交给他们，全由他们来摆布了。

我这个病号，立刻被抬到了野战军医院。

这个地方，在长江边上藕池口附近，到医院还有一段路程。到了医院就把我安置下来。这是什么样的医院？一些病号零零散散地住在老乡家里，有些战士捆着绑带，躺在铺着草的地上。我被抬到一处，这里头也有老百姓住着，只是在老百姓家的前面，搭了一个草棚。我们大概有七八个病号，就住在这里。地上铺着草席，一边摆着一个长木头，这就是我们的枕头。老乡非常热情，跑来问寒问暖，立刻送过水来，水装在一个土罐子里。过一会儿，医生来了，一位医生穿着新四军的服装，问我的情况，我就照说自己的来历。还说昨天放了血，医生就说："哎呀！怎么能放血呢，不能放血，他不懂。"过一会儿，他给我拿来一些药片让我吃下去。在我旁边躺着一些同志，他们有的受了伤，有的得了一些小病。到了半夜，我仍是高烧不退，旁边的同志都来帮助我，但是也没有什么好办法。大家都互相称同志，连老乡也叫我们同志。这是我第一次听到都这样叫，感到非常温暖。同志这个词，我们在地下党讨论问题时，也偶尔叫同志，同志！但是平时很少叫，现在彼此都是同志了。我这一天很累，就昏昏沉沉睡着了。忽然听到有些动静，看到一个小同志，在我们头顶上分别摆了一个碗，他拿着土罐子往碗里倒开水，小同志说："怕你们夜里渴，生病的同志，半夜渴了要喝水的，所以我来给你们倒水来了。"小同志真热情，我醒来时，正是渴呢，我拿起碗来一饮而尽。小同志还没有走，看到我喝完了，他又来给我倒了满满的一碗。这就是我们部队的战地医院，医院没有多少设备，但大夫和护理人员非常热情，与当地群众关系十分密切。

我在野战军医院住了几天，病慢慢地好了。我出院后就到了军分区司令部。我在军分区招待所住了半个月，把身体养了养，准备出发到军区司令部去。这时已经到了中秋季节，部队开始发寒衣了，我们每人发到一件棉衣和一件夹裤。一套灰色的军装，穿在身上，我感到很得意，觉得到了自己的部队里来了。一人还发一床夹被，这样在秋天就不怕冷了。

一天，领导向我介绍一位营教导员，说你们就跟他的部队到军区去。这位营教导员和营长，原来是率领一部分战士给上级押送银元的。银元装在草袋里，一包一包，请老乡挑担子，把这些银元送上去。为了不被注目，营长和教导员领着战士押送银元，都是要在夜里赶路。他们走得飞快，我们总是跟不上，常常掉队。一天夜里，走到一个山林里，挑银元的老乡说走不动了，太累了。教导员和营长都不同意在这里休息，怕危险，还要赶路。但是老乡实在走不动了，他们挑的很重，约有百把斤，又没有水喝，不得已只好在这山林里休息了一会儿。天还没亮，又起来赶路了，他们简直是跑步前进。教导员对我说，快到地方了，你们在后面慢慢走，我们要在前边赶路。这样我们几个同伴就在后头慢慢走，我们跟在他们后面尽量往前赶，但是道路很窄小，我们走着走着就进了一处丛林，到了丛林好像迷了路，不知道如何再往前走。

天黑了，半个月亮爬了出来，在寂静的山野里，还有一点点亮光，我们从丛林中退了出来，在树林边上一条小路上继续往前走。这时已经看不见什么大路了，我们再往前走，就到了一条河边。河很宽，岸边有高高的芦苇，我们到了渡口，但是没有船，我们过不去。这时我们又累又渴，但没有办法，正巧河的岸边还有一些稻草，我们就把稻草铺好，把夹被打开，在这里睡下去了。我们几个议论，这下可坏了，敌人来了怎么办？要编一些什么话来说，大家提心吊胆，但是我很累，我病后身体很虚弱，很快就呼呼睡着了。

天快亮时，我听到好像有人说话的声音，忽然惊醒，一问才知道是新四军的便衣交通员。他在这个地方很熟悉，他从村子里面领来船夫，一会儿，这位船夫从芦苇里拉出一条小船来，还有船桨。于是，我们几个人就和这位交通员一起，坐了小船渡过这条河去。这条河水很宽，只见江水滔滔，浪花滚滚，没有船是不能够蹚水过去的。我请教老乡，他告诉我这就是襄河，也就是汉水。哦！我们经过了长江，又渡过了汉水，我们快到山区了。过了河，没走多久，就到了第五军分区的司令部。接待我们的同志安排我们住了下来，临时住在老乡的房子里。

住了几天，领导上要我们到中央中原局总部去。此时总部已迁到桐柏山。总部离这儿有多远，也不清楚。反正我们已经在根据地，是在我们自己的地方行动，没有什么顾虑。领导上组织了一个小分队，这个小分队有战士，有干部和我们一些新来者。分队中，有陈守一同志，他曾经担任过一个地区行署的领导，还有他爱人在一块。小分队约有20多位同志，我们天天走路，昼行夜宿，多在山坡上或在丛林里穿行。但是走得很慢，没有掉队不掉队的问题。带队的总是避开大道，寻找没有人走的小路前进。桐柏山到处都是高山和茂密的森林，森林的深处有时候有小村庄，住有人家。我们在晚上，常常住在这些小村庄里。这里大部分是山区，没有什么水田，人们只有一点坡地，种一些小米。这里老百姓很穷，我们也是以小米饭充饥，这里还有白色的小米，很少见到，这种小米很粘很好吃，虽然吃饭没有什么菜，但是都可以吃饱。我们总是行军，一天到晚走呀走，不停地走。我病后常感体力不济，但革命精神和青春毅力，不断地鼓舞着我，使我愉快地向前。在途中同志们有说有笑，充满着斗志，精神抖擞。

我们经过十多天行军，终于到达了中原总部驻地。这是桐柏山的纵深山区，四周都是茂密的森林。有一天早上，我们在桐柏山的山腰间行进，这时晨雾还没有消散，远处天空显出长长的彩虹。有同志说，我们有好运了，彩虹出现了！当时大家都兴奋起来，互相交谈，话语多了，小分队也不那么沉静了。

这里环境很艰苦，但生活还不错，清早起来有大米粥，粥里放有红枣，还有大白馒头吃。中原地区的部队，大都驻扎在较远的地方，这里暂时看不出有什么战争气氛，工作和生活都比较平静。总部组织部的同志同我谈话，分配我到中原局的机关报《七七日报》去工作。以后我一直在那里。

在战争最困难的日子里，《七七日报》也连续出版。我不时被分派到边远地区，有时在部队，有时在地方。在战火中工作，使人更加坚强，头脑更加敏锐。

中原局总部不久从桐柏山区迁到宣化店，在宣化店安定了不到一年时间，突围战争就要开始了。实际上，自日本投降以后，蒋介石军队就围困中原新四军。最先是蚕食、挤占我们边沿地区和城市，后来不断扩展，没过多久，全面战争就打响了。

第二篇 岁月豪情

行军，行军，还是行军

1946年，中原解放区被蒋介石国民党军队围困，我们处在非常困难的境地。1945年日本投降以后，毛主席亲自到重庆同蒋介石进行谈判，达成了“双十协定”。蒋介石公开说，可以成立民主政府，并同共产党和好。实际上这都是表面文章，口蜜腹剑，而在暗地里却进行谋划，一定要打内战，妄图消灭共产党。

中原解放区，地处中国腹地，南下可威胁武汉，东去则指向南京。中原新四军是蒋介石的眼中钉肉中刺，总想把我们一举歼灭而后快。从1945年冬天开始，在中原解放区的周围频频交战，国民党的军队企图缩小其包围圈，已经占领了新四军五师的一些县城和据点。国民党所谓停战，都是谎言。此时，中原解放区部队有6万人，但是在中原解放区的周围却集结了国民党30万军队。

王震同志率领的三五九旅，从延安出发一路南征，一直打到广东。几千里行军作战，艰苦万分。本来，三五九旅是要南下支援广东开辟的根据地的，但是由于环境的变化，又从广东撤回中原。于是，王震与李先念率领的部队便合兵一处，共同与围困我们的国民党军作战。王震南下时，孤军深入，频频作战，他生动而感人的战斗故事很多，一直在干部中间流传，鼓舞着同志们的斗志。他还带领一批干部支援中原解放区，受到当地同志们的热烈欢迎。

中原突围战争打响以后，我们都到部队里去了，机关各单位也都进入部队，随部队前进。当时我在中共中央中原局机关报《七七日报》担任记者。此时作战很频繁，我们报社的同志都在干部的队伍里。有一支部队保护着干部队伍前进。一次过铁路时，我们政委说，过铁路在这边要跑四里，在那边也要跑四里，两边要跑八里，要防备敌人在交通要道上对我进行袭击。

在一个夜晚，我随着部队蹚过一条小河，小河水不深，但水流湍急。大家相互搀扶着蹚过去。过了这条小河，就快到铁路线了。我们就开始跑步。先在这边跑了四里，当我们刚跑过铁路时，忽然枪声大作，原来是敌人埋伏在铁路边的草丛里，用机关枪向我们扫射。这个时候跑过铁路的，恰巧都是我们的干部队伍。我们许多同志倒下去了，也有不少同志受了伤，损失很大。当时我们继续向前，枪声还在后面响个不停。过了一会儿，枪声就特别激烈起来。紧急时刻，幸亏我们的后卫部队赶了上来，把敌人全部消灭了。我们这才顺利地越过了铁路线。

当时我们行军还没有到达住地，还要继续前进。我的女同伴秦焕如，也在这个干部队伍里。她跟随大家过了河，又跑过了铁路，再往前却实在走不动了。一位团政委要把马让给她骑。这是一匹非常高大的大洋马，是从日本鬼子那里缴获过来的。秦焕如不会骑马，又看见这匹马特别高大，心里面很胆怯,她也不好意思骑政委的马。但是，政委一定要把她扶上去，非让她骑不可。她不得已，只好战战兢兢地骑了上去。但是，没有走出多远，当踏上一个高坡的时候，大洋马忽然受惊，跳了起来，往前一阵猛跑。小秦一下子摔了下来。她的脚挂在马镫上，被大洋马拉着，跑出十几米远。直到政委和同志追赶过去，抓住马缰绳，把受惊的洋马呵住，才使小秦脱离了危险。大家就搀扶着她，一瘸一瘸地继续赶路。幸好，我们很快就到达了住地。此后，小秦再不敢骑马了。

中原突围

由于国民党军队的围困，中原的部队和干部不得不大转移。组织上已经多次做了动员，要大家准备突围，更加艰苦的历程就要到来了。当时李先念和王震率领的主力部队为北路军，向西突围。王树声率领的另一支部队为南路军，往鄂西北前进。而在东面，皮定均率领的部队，则准备与我苏皖地区的部队会合。包围我们的国民党军队，估计我们大军将从东面突围，以便和苏皖的部队会合,他们就把大批队伍都摆在了东边。可是，他们失算了。我们的大军却是向西面突围的,这正是声东击西的战术。

部队转移以前，许多干部都分散在农村里工作，发动群众。这时，秦焕如也在一个偏僻的农村，做群众工作，离我们的住地很远。领导上说，大家准备好，我们明天一早就要出发，以后的战斗会更加激烈，也许我们以后不再回到这个地方来了。领导上要派人去把小秦找回来，我说，我去找她吧！当时，已是傍晚时分，我就趁着暮色，仓促出发了。扛着一支步枪，腰上围着一些子弹，身上还揣了一颗手榴弹，我一个人走在路上，好像也不惧怕。我像急行军一样，直奔她工作的那个村子。当我到达的时候，已经半夜了。我匆忙地把事情跟她讲了，又向当地组织作了汇报，就立刻上路，返回我们的住地。因为时间仓促，在路上也不敢休息。这个地方是一个很偏僻的山坳，路边就是一条小河，河岸生长着密密的小树丛。走到半路时，忽然发现有一只很大的动物，在河边窜动咆哮，也搞不清楚是什么野兽。我俩虽然有些害怕，但也顾不了许多，就一直往前奔跑，全身都被汗水湿透了，也不知道疲倦和劳累。跑回住地时，天已经蒙蒙亮，队伍就要出发了。我们没有时间休息，就跟着部队迅速转移了。

这一天，从早晨走到天黑，我们部队已经走了一百多里。直到半夜，才停下来休息。我们干部队伍中的一部分人，分住在一个牛栏里头。一头母牛带着一头小牛犊，有几根木头把牛圈在一边。我们抱来一些稻草，就睡在牛的旁边。我这一天实在是太累了，躺下来不久就睡着了。在我睡着的时候，觉得老有东西踹我的头、踩我的身子。但是，我太累了，顾不得许多，还是蒙着头在睡。快天亮时，听到有人在喊："快起来，快起来！要走了！吃了饭就要走了。"我迷迷糊糊坐了起来。睁眼一看，可不得了！这回可坏了，我的被子上和我盖在身上的衣服上，全是牛屎。原来，是小牛犊在我睡的地方跑来跑去踩踏的。衣服、被子上都是牛屎，此时又没有时间清洗。这可怎么办呢？我只好拿一把稻草，把衣被上的牛屎擦一擦就算了。简单地吃了一点饭，我们又照样上路了。同志们看到我穿的衣服和背的背包上，有一块块的黑印子，就问我是怎么回事。还有人打趣说，你身上怎么盖着许多皇帝印子？我心想：我头都被牛踩肿了，你们还取笑我！

在行军途中，我们没有办法换洗衣服。我被牛踩脏的衣被，幸好在风吹、太阳晒之下，慢慢地脱落了许多，不那么明显了。当时我穿的衣服上，到处都是虱子。俗话说"虱多不痒"，真是无可奈何。在战争年代里，部队生活就是这样艰苦。

在突围中，由于部队前进速度很快，一些同志跟不上，特别是身体差一点的同志就掉队了。在部队急行军、大步前进阶段，如果还有后续部队上来，一些跟不上的同志，也可以跟着后续部队前进。如果没有后续部队上来，掉队的同志就很危险了。从北面突围的部队走得很快，战斗很激烈，转移很频繁，一些掉队的同志找不到自己的部队，有的就被国民党军队抓了去。此时国民党在老河口地区有一个很大的集中营，专门关押我们掉队的同志。我有一些很好的同志，不幸也在那里被关押，惨遭迫害，但也有的同志设法逃了出来。

我有一位曾在《七七日报》当过编辑的好同志，就是在突围行军中掉了队，被国民党兵抓住，关进了集中营里。后来，他趁国民党军队看管不严，半夜里逃了出来。他出来以后，已经不知道部队转移到了哪里，后来他辗转到了上海，住在同学那里养伤，休整了一段之后，他回到广东他的故乡，参加了当地的游击队。后来，他成了当地的一位领导干部。新中国成立后，有一回我出差到广东，遇见了他，同他聊了一夜。他将其艰难的经历从头到尾给我叙述了一遍。这位同志能文能武，善于诗词，很有头脑。艰苦岁月的磨砺，使他成为一位很坚强的共产党员。可惜由于长期为革命操劳，他不幸过早地与世长辞了。

在中原战斗中，我们大军奋勇向前，势不可挡。每到一个地方，我们首先安排住处，同时还要考虑做饭、吃饭问题。一天，来到一个地方，我们住在一起的几个人，轮到了我做饭。此时才发现，大家背在身上的米袋全空了，没有米做饭了。没有办法，我只好找到房东大娘，和她商量，是不是可以借一点粮食给我们。这位大娘家里很穷，家里人都没有什么衣服可穿。两个孩子正靠在炉灶取暖。这个地区是一片山地，本来就没什么粮食好种。这位大娘对我说："我们平时也没有什么东西吃，现在还有一些高粱面在罐子里面。"她对我们非常热情，就从罐子里面取出几碗高粱面来。看见群众也就吃这种粮食，我心里很是不安。我说："大娘！我们借你一点粮食。我们是新四军。我给你开一张证明，等我们回来的时候就会还给你的。"她说："你们拿去吃吧！"于是我就给她开了一张白条，写着新四军某某小分队借到粮食多少，特此证明。我心里盘算着，老乡对我们这样好，我们不知道要到何时才能还她的粮食。新中国成立后，我看到报纸上报道说，有一些地方，老乡保存了借条，我们政府，补还了他们。但是，当年给我们高粱面的那位大娘，不知道还保存着那张白条没有？我心里一直惦记着这件事，当年的情景，一直没能忘却。

那天，我借来高粱面就去做饭。我不会擀面条，就把高粱面揉成丸子，像一个一个的元宵一样。把水烧开了，就把高粱面丸子倒进锅里去煮，煮好后，就叫大家来吃。天呀！当大家咬开高粱面丸子的时候，这才发现，里头全是生的。我不会做饭，不知道高粱面不能这么做，这种丸子是永远煮不熟的。没有办法，同志们只好勉强吞了下去。没有菜，大家喝一点锅里的汤就上路了。有时候，部队会发一些黄豆，炒熟了，装进米袋里背着，行军时没有时间做饭，就从米袋里面倒出一些炒好的黄豆，拿来充饥。

最糟糕的是，在行军中我经常生病，主要是“打摆子”，就是害疟疾。我一面走路，不时发冷或发高烧，每天一次或者隔天一次，身体虚弱不堪。当时没有什么药吃，但是，我们有坚强的意志。我就硬撑着，背着背包，咬着牙坚持行军。有一些同志也和我一样，在行军中不断生病，也是忍受着疾病的痛苦，背着背包紧紧地跟着队伍。

新四军中原的主力部队北路军，在李先念和王震率领下，一路向西，日夜挺进。部队爬过高山，渡过河流，在激战中迅猛向前。主力部队一直插到陕南，又重新开辟了豫鄂陕根据地。队伍转移、迂回到陕北。许多来自延安的同志，又回到了延安。南路军在王树声率领下，一路朝着西南方向挺进，最后到了武当山地区。牵制敌人的皮定均部队，已经和苏皖的部队会合。而留在原地的张体学率领的部队，则在宣化店南面迂回作战。

突围战争很艰苦，我们在李先念、王震部队里，而另一位和我们非常要好的女同志，却是在王树声领导的部队里，一直在武当山地区活动。他们在那里坚持斗争，直到刘邓大军南下会合。这位与我们相熟的同志，后来留在了武汉工作。50年代以后，才到了北京，进入外事机构工作。我与她见面时，她叙述了当年突围时的艰苦岁月。他们和敌人顽强斗争的事迹，使我非常感动。

令人悲痛的是，在突围战斗中，不少同志牺牲，也有一些同志受疾病的折磨倒了下去。我们《七七日报》的社长夏农苔同志，曾在法国留过学。抗战前参加了共青团，抗战以后到部队里来，做了多年宣传部和统战部的工作。他有时候在报上发表一些散文，署名为龙潭，他平时善于言辞，文章也富有文采。在中原突围的战争中，他随部队到了陕西，在那里坚持开展游击战争。由于环境比较艰苦，生活也很困难，他的肺病不幸复发，不久就离开了人世。他去世时只有36岁，英年早逝。他是一位非常坚强的同志，是党的优秀的知识分子干部。报社里还有一些领导同志，也牺牲在了突围战争中。这是非常令人痛心的。

化装转移

战争的磨砺，使我们更加坚强了。疾病、饥饿、艰难困苦，都不能使我们意志消沉，只会使我们更加坚定、更加顽强地去追求真理。在战争中，我的身体越来越不行，领导上要我转移到其他根据地去。为此，我要进行化装，做一些准备。我装扮成一位中学老师，弄来一件黑的西装上衣，就和我的同伴小秦同志一起，准备上路。上路之前，组织上交代了途中的联络地点和接头的秘密同志，还给我假造了某某中学的证明。半夜时分，我们就悄悄地到一个村子的老乡家里，隐蔽了起来。

第二天天不亮，我们就到公路上去了。当时，有一位地下向导给我们带路。我们最初的目的地是武汉。走了一天一夜，终于看到了那条通向武汉的公路。地下交通员说，你们自己往前走吧，我不陪你们了。要是我继续陪着你们走，就很容易被敌人发现。我们非常感谢他，紧紧地和他握手告别。在旅途中，有一天夜里，我们还住在他亲戚的家里。他的亲戚对我们招待非常好，炒了一碗鸡蛋给我们吃。奇怪的是鸡蛋炒熟了还放水来煮，说他们地方就是这样吃的。炒鸡蛋放水来煮，这是我一生只在那里经历过的一种吃法，的确很香，永远忘不了；他们的热情，使我至今记忆犹新。

和这位地下交通员分别以后，我们就上了公路。走不多远，就到了一个渡口。这时，公路上有一些来来往往的运输的卡车。我心里想，怎样可以搭上南去的汽车呢？赶到渡口的时候，看到搭乘运输车的群众，也有不少人。到了渡口他们都下来，另外坐船，渡过江，再上汽车。我们也过了渡口，心想很多人上汽车，我们两个也混上去，不一定就会被发现。当汽车过了渡口，很多客人上汽车的时候，我们也跟着混上了运输卡车。不巧，我们上的这辆卡车上，有两个国民党兵。他们拿着枪，大概是押运什么东西。而搭车的客人，可能是搭的“黄鱼”，可以给他们从中赚一点外快。我们上车时，就被这两个国民党兵发现了，他们对我们大声吆喝着，你们是干什么的，怎么上我们的车？我们就跑到前面去找那位司机，希望他同意我们上车，搭我们到武汉。这位司机特别好，同意我们两人上他们的汽车。他对那两个兵说，让他们上去，他们给钱的。我们就上了这辆运输卡车。车子走了大半天，在快天黑的时候，到了武汉。车子停在路边上，大家都下了车。这时，我们就走到司机那里，掏出一些钱来，交给这位司机。可是，这位司机说什么也不要我们的钱。我们觉得奇怪。心想，难道他是我们的同志吗？或许知道我们是化装的新四军，或是认为我们就是穷教书先生？我们都相互不认识，我们再三付给，他始终拒绝。我们只好再三向他道谢，而后离开了这辆车。我们回头用眼睛瞟了一下那两个国民党兵，他们也没有理会。这样，我们就急忙悄悄地走了。

到了武汉，我们要住到一个地下党同志的家里去。按照在心里记熟了的地址，我们去寻找联络地点。找了好久，才找到了那个地方。这位同志是个青年，叫陈民生，比我还小几岁。他非常热情地接待了我们。他的父母对我们也非常好。我们住下来后，他家里总是把好东西给我们吃。我们白天不敢出门，有时候在夜里，陈民生陪着我们到外面溜达一会儿。陈是武汉的学生，他有几位要好的进步男同学和女同学。他就把这几位同学找过来，和我们见面。大家一起聊天，讨论国内国外的形势，他们对我们非常尊敬。有位女同学，经常和秦焕如在一起，她们成了非常好的朋友。武汉三镇是华中的战略要地，是国民党自大后方进军华东、华北、东北的战略枢纽。抗日战争以后，国民党迁都回到南京，从此南京、上海、武汉这三个大城市，就非常紧密地联在一起。长江通过武汉、南京、上海，这是国民党统治地区的一个重要链条。武汉北边就是中原解放区，现在围剿中原新四军，企图驱除共产党远离这个地区。不然，他们西边的这个链条就没有安全感，武汉这个战略枢纽就岌岌可危。中原突围前，中原解放区的总部设在宣化店，离武汉只有200公里，坐汽车很快可以到达。武汉也是国民党围剿中原、集结军队的重要基地。这个时候武汉控制很严，国民党军警对普通老百姓也加紧盘查和监督。我们住在陈民生的家里，白天买一些报纸来看，了解国内国外的大事。不出门，主要是为隐蔽自己。

我们在这里住了大约一个月的时间。按照原来的计划，我们就要到南京去了。从武汉到南京，坐船东去还要一天一夜的工夫。武汉的大小船只，在这个时候全被国民党的军队控制，一般人不能随意乘船，乘船都需要开有证明，没有证明不能购票。乘船到南京没有正式的证明，只有一张假的某中学的教师的证件。怎么办好呢？我们思考结果，还是冒着危险把这个证件交给他们审查，等待第二天去购票。当时我的心七上八下，第二天到了售票那个窗口，他们居然卖了我们两张船票。后来我们登船的时候，才知道这是很小的船，只能容纳十几个人，是一条简陋的小机器木帆船。

我们从武汉出发时，陈民生和他的同学，给我们送来一些旅费，还有一些吃的东西。告别时，我们不知道如何感谢他们。次日，我们就登船了，到了渡口还要进行检查。此时报纸上不断的登载，在新四军的部队突围时，一些人已流落到武汉，还说有的已被他们逮捕和扣押。而他们不知，我们就是新四军共产党，我们却悄悄地上了他们控制的船只。船只驶到安庆的码头，临时停泊，补充供给。我们就同其他同船者也上了码头，到街上去买一点吃的东西，因这个小船人少，不开伙，不管饭，都是自行解决。这也是我平生第一次到安庆，印象里，当时这是个很破旧的地方，主要街道很杂乱，以后我也从没去过。而现在，据说这里已经建设成一个新的很大的城市，也是一个重要的埠头。

第二天的傍晚，船到了南京，我们上了岸，准备先找一个小旅馆住下来。开始我一个人去寻找旅馆，没有一家能接待我，都说没有房间了。我心想有那么拥挤吗？原来是因为国民党军警巡查得很严，旅馆不能随意住人。后来我同小秦一块去打听旅馆，旅馆看到我有家属，就同意我们住下。在这里住了一夜，我们心里很不踏实，睡不安稳，果然睡到半夜，就有人来敲门，我们打开房门，原来是国民党的军警来盘查。他们询问我们的去往，查看我们的证件。我说，我是老师，我家里父亲生病，带家属路过这里，回家看望我的父亲，我以后回来，还要经过这里回到我原来的学校去。他们盘问了一阵子，看到我有家有口，也可能真像一位老师，就把我们放过了。第二天一早，我们就离开了那个小旅馆。

从小旅馆出来，我们到另外一个联络点接头，这是位女同志，在一个小单位工作。她出来跟我们到一个小茶馆，进行交谈。我把我们前后的经历都跟她说了。我说，我们要去找梅园新村南京中共的办事处。她就指点我什么时间去最好，如何去。她对我们非常热情，把身上带着的钱都给了我们，并且脱下手上带的金戒指送给我们。我们对于送的金戒指再三推辞，但是她不同意，说你们留着路上有用，我们只好收了下来。我们按照她的指点，就来到了梅园新村中共办事处。这里地处一个比较僻静的街区，办事处设在一个小花园里，环境很好。当时一位同志出来接待我们，我们讲了从中原出来的情况，他好像非常了解，就把我们领到另外一个地方，这就是中山路南京《新华日报》筹备处。原来重庆的《新华日报》准备迁到这里出版，一切都准备好了，也试了刊，但是还没有正式出版。我们就在《新华日报》的筹备处住了下来，住了有一个多月。这里楼上有几间房子，都是来往的同志在这里暂时居住，从延安回来的同志和重庆来的同志，也暂时在这里住。我们在这里碰到好几位也是从中原解放区化装走出来的同志，记得有一位在解放区担任过县长，组织上让他转移到苏皖解放区去。有一位在部队做过政治工作的，还一位是30年代著名的电影明星陈波儿，抗战初期她到了延安，这一次她从延安到这里，要去上海办一些事，也住在楼上。我们在这里居住了有一个月，把身体养了一养。当时我们认识了南京《新华日报》筹备处的领导石西民同志，他从重庆《新华日报》来，在这里负责。我还认识了报社的一些记者编辑，他们大多从重庆来。我们住在一起，慢慢地也熟了，新中国成立后我们还有来往，有的成了好朋友。石西民五十年代初在中宣部工作，后来到上海当宣传部长，以后调到文化部当副部长，1975年他从秦城监狱出来以后，派到国家出版局当第一把手。我在他领导下工作，见面就熟。我还同他谈起在南京见面的情况，讲了当时的一些故事，大家感到很开心。

内战越打越大，国民党不容许在南京办《新华日报》，虽然报纸的出版早就筹备就绪，周恩来同志也到这里来检查过几次，但是始终不能出版。到后来，中共南京办事处也不能立足了，中共办事处的干部大部分都撤回延安去了。

我在《新华日报》筹备处住的这段时间，也不敢多出门。其实我们已经是半公开的身份，因为我们明里就是共产党的干部，这和我们住在武汉的情况不同。

我们中共办事处在南京，国民党是容许公开存在的。在白天，有时我也同那里的同志们到街上去买一点小东西，还到医院去看过一两次病。不久，组织上征求我们的意见，我们表示想到晋冀鲁豫边区，因为中原的同志许多都已经转移到那里。过了几天，组织上做了安排，发给了我们一些路费，要我坐火车到开封去。开封，当时是国民党在北方第一个重要的城市，是河南的首府。那时设有一个黄河水利委员会，黄河的大部分地区在共产党的手里，所以黄河水利委员会有共产党的代表，实际上这个委员会是国共合作的机构。这个机构就设在开封的城里。我们从南京出发时，与我们联系的同志要我们打扮成普通老百姓，作为商人到开封去。去洛阳买牡丹，买牡丹回到南京来卖。可是我自己还不知道牡丹花是什么样子，在什么季节开花，我全不知道。但是，按照组织的交代，我暗地里盘算，要是有人问起，甚至有什么盘查时我就照这样说，其实我全不懂。

一天，我们坐火车从南京到开封，当时好像不需要有什么证明，就可以买到火车票。我们搭上了火车，坐在那里不跟任何人交谈，默默地总是向窗外瞭望。到了开封，按照组织的交代，我们到了黄河水利委员会，找了一位姓赵的同志，他就是共产党在那工作的代表。赵同志就安排我们在黄河水利委员会住了下来。我记得，那里好像是一个很大的庙宇，那时也有国民党的人住在里头，互不交往。在这里住了几天，也没有敢到哪里去，虽然我们到这里已经是共产党的公开身份，是共产党黄河水利委员会里的干部。但是共产党在这里的人很少，也没有人陪同我们到外面去走一走，我们只好寂寞地呆在宿舍里。吃饭的时候，我们和赵同志几个人一块儿，另有厨师做饭，和国民党的人不在一块儿。我们吃我们自己的饭，分住在几间房子里。

过了几天，从北边晋冀鲁豫解放区有一辆卡车，开到黄河水利委员会来。汽车是来运输货物和联系工作的，这位赵同志就要我们跟着这辆卡车，到晋冀鲁豫解放区去。实际上黄河以北，离陇海铁路很近的地方就是解放区了。我们从开封出来，汽车没有走多远，司机同志就说，我们到自己的地方了，到家了！我们四处瞭望，地里到处都种着高粱和玉米，远远望去青翠一片，非常可爱。这就是游击战争时的青纱帐，游击队员隐蔽在青纱帐里活动，随时对敌人进行突击，突击以后，又退回青纱帐里，敌人难以发现。

当时我们坐在卡车上，在青纱帐掩盖的公路上绕行，没有多久就到达目的地了。

我们从中原解放区出来，转了一个大圈，又到了晋冀鲁豫解放区。本来，从根据地乘火车沿平汉路往北，跨过陇海铁路就能到达晋冀鲁豫边区，路程也不长。但是我们南下武汉，又东去南京，再由南京北上到开封，由开封过了陇海铁路，才回到晋冀鲁豫解放区，整整走了三个月。是的，我们安全回到自己的家了。在这三个月的旅途中，担心害怕，冒着很大的风险。当然，我们也增加了很多的见识。由于党组织预先的安排、联络和指点，又得到地下党和进步同志的热情帮助，使我们旅途很安全很顺利。同志们如此盛情的接待，我们一生难忘。

我在这里还要说起，在武汉接待我们的陈民生同志和他的一家，招待我们在那里住了一个月，使我们能够安全地隐蔽下来。在全国解放以后，我得知由于我们当时住在陈民生的家里，使他们遭受了严重的灾祸。我们刚离开他家，到了晚上，就有国民党的军警把他们家围了起来，严密搜查，以为住的人在他家里。后来查无所获，就把陈民生逮捕起来，关进监狱里，要陈供出住在他家里的是些什么人，他们都到哪里去了？我们住在他家因为时间比较长，已经有坏人报告，使敌人警觉。被关起来的陈民生，当时很坚定，闭口不言。后来国民党的军警使出各种办法，想敲开他的嘴，但都没有奏效，他们就把陈民生装在一个猪笼里，抬到长江的水里去泡。惨无人道地反复泡浸以后，又抬回来把他吊起来严刑拷打，使他遍体鳞伤。最后，取不到他的口供，又把他长期关押起来。当时陈民生的家是做小生意的，他们到处托人设法营救，用了很多银元，使他们家几乎破产，后来才把陈民生救了出来，叫保外就医。我知道以后，心里无比的痛苦。五十年代初，我到了武汉，专门走访他们的家庭，向他们表示敬意。后来，他居住的地方，街道拆迁，发生了变化，当我过了若干年，在“文革”以后，再去寻找他家的时候，已经找不到他们，我为此非常难过，一直到现在，我还非常惦念他们。

晋冀鲁豫解放区

我进入了晋冀鲁豫解放区，心里非常踏实。在中原解放区，几乎天天行军打仗，过着频繁的战斗生活。现在进入晋冀鲁豫解放区，觉得环境比较安定了。

晋冀鲁豫解放区分为四个地区，太行、太岳、晋南和冀鲁豫，每一个地区，是一个区党委，相当一个省的建制。冀鲁豫是很大的边区，1944年底和1945年初，冀鲁豫有12个专区，116个县，有近2000万人口。这个地区有一份党报，叫《冀鲁豫日报》，是在抗日战争时期创刊的报纸，此报就是区党委的机关报。我被分配到报社去当记者编辑。

冀鲁豫地区，地处河北、山东和河南三省的交界处，是三个省的边缘地区。这个地区老百姓很穷，平时主要种植的粮食是玉米和高粱，群众日常吃的也就是玉米和高粱磨成面做成的窝窝头。本来生活也还过得去，但是这里大片土地不是旱就是涝，成年收成很少。一些地方黄河的水泛滥成灾，种的粮食颗粒无收，还不断发生蝗虫灾害，老百姓生活非常困苦。在抗日战争时期，这里开展游击战争活动，因地处于陇海路北与平汉路及津浦路的交叉地带，日本鬼子炮楼据点密布，层层封锁，不断进行扫荡。日本投降以后，国民党占据郑州、开封、徐州等重要城市，不容共产党八路军在其周边地区活动和发展。然而，共产党八路军由于在这里长期坚持斗争，军民关系非常密切。过去这个地区被称为"破饭罐"（破就是濮县、饭就是范县、罐就是观城县，破饭罐就是濮、范、观三个县的谐音）。这里罐子虽破，但还有饭吃。地方虽穷，但老百姓好，可以保着我们的饭碗。越穷越革命，所以共产党就在这里生根发芽。

解放战争时期，冀鲁豫最初的首府就设在菏泽，就是曹州。冀鲁豫日报社就在菏泽，解放战争爆发，报社就往北迁移到农村里去。菏泽当时也不过是一个小城镇，人口不多，但是对冀鲁豫地区来说，这就是大的城市了。过去曹州很有名气，是义和团集结的中心地之一。这个地区四周围种植棉花，但是这里特别生长着一种淡黄色的棉花，称为紫花，我们发的衣服都是这种紫花织染出来的布，布的样子看起来像泥土一样颜色，很美观很特别，对防空很有用。

1946年8月，全国性的反击战就从这里打响了。中原解放区突围以后，大转移到了陕南地区，建立了豫鄂陕新的根据地。晋冀鲁豫解放区刘伯承、邓小平所率领的八路军，为了策应中原新四军的突围和反击国民党军队对解放区的蚕食和进犯，进行还击作战。八路军进军陇海铁路的东段，即开封至徐州之间，在兰封和砀山等地作战。以后9月初，又在定陶地区作战，前后歼灭国民党军队3万多人，这使晋冀鲁豫解放区军民大为震动，特别是作战地点在冀鲁豫地区的边缘地段，冀鲁豫地区的群众高兴万分。我们原在中原解放区转战，处处受到国民党军队的围攻打击，这回我们华北地区打了大胜仗，心里非常兴奋，觉得解了气。解放战争开始以后，我被分配到刘、邓大军的前线，也就是在新华社二野总分社担任记者。

此前，我在《冀鲁豫日报》工作，常被派去黄河受灾地区了解群众生活，进行报道。老百姓的苦难深深烙印在我的心里，我写了一些通讯，刊登在《冀鲁豫日报》上，或由新华社分社发到晋冀鲁豫总分社去。冀鲁豫地区的行署也设有一个黄河水利委员会，这是共产党治理黄河和协调救灾的机构。我常到这个机构去，进行联络和了解情况，取得信息。早前我经过开封，临时住在国共合作性质的黄河水利委员会，在和我们同志们接触中间，了解到一些黄河的灾害和治理情况，使我懂得黄泛区一些历史和现状。我在冀鲁豫作为记者，有时随委员会的领导在白天和夜里，到黄河受灾和治理地区进行考察，深感奔腾的黄河飞泻千万里，多少年代黄河哺育着中国人民，但是也使中国人民遭受到无穷的灾害。我住在当地的群众家里，他们贫穷的生活和临时居住在堤坊上的困难情况，使我一生难以忘怀。

我有一段时间到冀鲁豫的北部去采访，那时我骑着一辆破旧的自行车，在黄土飞扬的大车路上奔跑，穿过可爱的青纱帐，有时落脚在老百姓的西瓜棚里。在路上我又渴又累，坐了下来，买了老乡的西瓜吃，既解渴又解饿，非常惬意。特别是和老乡拉家常，了解到当地的历史和民情，使自己更接近群众和生活。

有一个时期，我在聊城采访。聊城是山东西部的一个较大城市，早已解放。这里比菏泽大，当时已经有城市的景观，有不少的商店，人民生活也较富裕。此地交通也比较发达，东去通济宁联系济南，西去联结邯郸和邢台，往北可至临清和衡水，直达石家庄。这里距离阳谷县不远，那就是传说水浒传中的梁山泊地区，但那里现在没见有什么水泊，据说有一个景阳冈，是武松当年打虎的地方，而今，不知老虎藏在何处?

我在聊城住了一段时间，在这里报道党对城市工商业的政策。当时经过一些运动，包括减租减息、土地改革，在运动中，对违反工商业政策的情形，此时做一些调整工作。党的对工商业者调整的政策，受到城市人民的拥护，过去逃离的工商业者，开始陆续回来，开门营业。我住在城关区，和区委书记一起经常走访一些商店的业主，了解政策的落实情况，也经常到主管城市工作的领导那里去参加会议，了解工作部署，我感觉到我既是记者又是参加当地工作的一员，我还不时对工作发表意见，融入他们的工作和生活之中。

从冀鲁豫地区自卫反击战开始，我就到二野前线去。陇海路战役和定陶战役，刘、邓大军打了大胜仗，抓了很多俘虏和缴获了不少武器弹药，还缴有坦克。在战争中，被俘虏的国民党军队的士兵，大部分都参加了解放军。这些被俘的士兵，大多是穷苦的农民，有不少是被抓壮丁抓来的。他们参加了解放军，立即调转枪口对准国民党军队，有的衣服帽子还没换，就上了战场，把帽子往后一转，国民党的帽徽转向后边，他们就作为解放军战士冲了上去。当时解放军中开展诉苦运动，许多士兵吐出苦水，回忆在家乡受苦受难的情景，同时也知道共产党是为穷人打天下，解放了家乡就分田分地，翻身做主人。所以被俘的士兵很快就和解放军的战士融合在一起，大家不分彼此。有时候我下到连队，很难分得清是解放军原来的战士，还是新参加战斗的调转了枪口的国民党军队士兵。

收缴国民党军队的枪炮弹药，用来武装我们自己。我们的武器不如国民党的军队，打了胜仗，我们就补充和更换武器，把旧的武器替代下来，武装解放区的民兵。

陇海路战役，收缴了几辆国民党军队的坦克。当时敌方坦克向我们开来，解放军战士就用手榴弹捆成一捆，冲上去炸断坦克的履带。这是晋冀鲁豫解放军第一次打坦克，记得当时缴获有八辆坦克。我们部队把坦克拉到一个村庄去，后来又请原驾驶坦克的国民党军队士兵，对我解放军的战士进行训练，指导怎么驾驶坦克和如何作战。我们后方有一个营地，专门组织训练，训练我们战士自己能驾驶坦克作战。我到过这个训练营地进行采访，感觉到驾驶坦克的国民党士兵，对我们士兵训练和指导还比较真诚。我们的士兵，很快就掌握了驾驶坦克的技术，他们驾驶着坦克在打谷场上和地里转来转去，技术已经熟练，但苦于还没有新的坦克可供驾驶。缴获的这几辆破旧坦克，只适合于训练，难以上战场作战。

俘虏来的国民党军队的军官，凡是排长以上的，都集中到一个地方去，进行学习。我去过集中国民党军官的营地采访，有几百名国民党军官集中在哪里。从排长到团长都收容在这个地方，旅长以上的，再往晋冀鲁豫另外的地方押送，也有个别旅长留在冀鲁豫的营地里。解放军对待国民党的军官，非常有礼貌，从来不谩骂和侮辱他们。在集中国民党军官的营地里，他们的生活非常好，我们管理他们的干部，生活比他们差。供他们吃的都是大米、白面，还有炒菜，我们管理他们的干部，都是吃玉米窝窝头或者小米饭。我作为记者同管理干部住在一起，同他们一块吃饭，觉得和国民党军官的生活差别很大。我经常和管理干部的同志一起去找国民党军官谈话，他们很多人都是顾虑重重、担心害怕，可能是因为不知道我们将如何怎么样处置他们。我记得当时有一个国民党的旅长，留在这个营地里，但是他偷偷挖了墙洞，在夜里逃跑了。因为住在乡下，都是借用老百姓的房子，那里很穷，都是些土墙，很容易就打了一个洞，在夜深人静时，乘我们不备，就逃跑了。其实，按照我们的政策，他们如不愿意留下来，待学习一个阶段，想回家的就会放他们回去，还给他们发一份路费。我接触到的一个国民党排长，他很想回家，他说，要是现在让他回去，他也没有钱做路费，不知道怎么办才好。他还坦白跟我说，当我们俘虏他的时候，他把他收存的一枚金戒指丢在一个地头里。这位排长说，要不丢掉那个金戒指，留到现在就好了。我们从不搜被俘敌人的腰包，他们的金钱和物品都保存下来，到时都归还他们。

在俘虏营的学习班里有一位国民党团级军官，反复向我们管理人员提出，他想提早回家，后来我们答应了他，在走以前，我们的干部向他反复做工作，希望他不要再回到国民党军队里去。我们提前释放一个国民党的团级军官，这也是很大的一件事，当时我们二野的副政委兼政治部主任张际春同志，亲自出面和他谈话。那天，我和军区的宣传科长也参加那次谈话。那位国民党军官痛哭流涕，谈话中他也可能说了一些真心话。我们给了他一份路费，第二天就请老乡陪同他，送到解放区的边缘地区，让他自己回去。这件事对我的印象很深，那时张际春同志和他谈话的情景，以及张的恳切言词，我到现在还记得。

在晋冀鲁豫新华总分社成长

我在冀鲁豫边区整整工作了三年，作为记者为报社采访并在二野的前线奔跑。有一段，在报社广播科工作，专门为晋冀鲁豫新华总分社编辑和供应稿件，再由总分社酌情转发到新华社总社。当我们看见新华总社发出我们编辑的稿件时，心里无比的喜悦。这三年我主要是在社外活动，我接触了社会不同的阶层。农村的干部和农民，城市的工商业者和小店员。我在连队体会到战士的思想和感情。我还接触到一部分国民党的军官和士兵，了解到他们一些心里的活动。由于我负有采访和报道的任务，这一段时间锻炼了我的写作能力，特别是由于时间要求迫切，有时日夜忙于动笔，赶着迅速送出，也感觉大伤脑筋。但在急需的撰写过程中间也能锻炼自己。

《冀鲁豫日报》是边区有相当历史的机关报。报纸的领导成员，都是有思想水平和有文化的老同志。长期担任社长的罗定枫同志思想敏锐，作风踏实，生性活泼。他有写作素养，有时他下乡，发回的通讯报道刊于报上，感到文字很精练，内容很丰富，他写的东西常常受到同志们的称赞。总编辑兼采访通讯部主任白映秋同志有相当的马列主义理论水平，为人诚恳，处理问题实事求是，他善于思考。新中国成立后他到了中央党校，在“文革”以前，就在党校担任教员。副社长鲁西良同志，抗战前曾在北平的大学就读，在冀鲁豫根据地曾在区党委宣传部工作，他在报社担任领导的同时，还参与边区文联的领导工作，他在思想和文化方面都有很高的修养。当时报社的领导和骨干，如苗春亭、刘子毅及王瑞亭、王立山、张向阳、周子芹、陈杰等，都是老同志，长期在战争环境中经受过磨炼，而且都有很好的文字写作水平。新中国成立后，有的同志担任省的领导职务，大多为省的宣传文教部门和媒体的主要领导。还有一部分编辑记者，他们都是报社的骨干，如陈勇进、丁曼、姚力文等同志，陆续调到了《人民日报》和新华社总社工作，他们都是那里有成就的记者编辑。“文革”以前，姚力文调到刘少奇同志那里担任秘书。我在这些前辈和有思想水平的同志的指导和帮助下，获得很大的教益。

当时区党委的领导，对报社的工作非常关注，把报纸作为指导边区工作和联系群众不可缺少的工具。区党委多次发出关于加强党报工作和开展通讯工作的文件，区党委的领导同志也经常住到报社里来，他们和同志们关系很密切。当时区党委副书记兼宣传部长徐运白同志，在报社住谭庄时，就常到报社来。50～60年代，他担任卫生部党组书记，有时候开会或其他场合我还和他见过面，他平易近人，诚恳可亲。区党委下一任宣传部长申云浦同志，也常到报社，在解放战争中，有一段时间他还兼任了冀鲁豫日报社社长。他南下西南，后来担任了贵州省的省长，但是他工作和生活，有一些曲折，曾遭受不幸，受到了批判，后来又平反，可惜不久就过世了。

陈勇进的《黄河风涛》

我的亲密战友陈勇进同志，他从《人民日报》退下来以后，写了一部书叫《黄河风涛》，这是一部描述刘邓大军在黄河地区作战的作品。他在前线的时间较长，他对二野作战的战略体会较深，积累了丰富的战争历史素材，经过了几年的努力，撰写成这部作品。这部书主要写刘邓大军1946年到1947年一年进行的九次大战役，包括自卫反击战争开始的陇海战役、定陶战役，这九次大战役对解放战争胜利，起了重大的作用。书中以真人真事进行描述，刘伯承、邓小平和杨勇、张霖之等我军高级领导人的活动，都呈现在读者的面前。书稿还没出版的时候，曾经请当时参与前线工作的领导段君毅同志审阅，段曾在冀鲁豫解放区长期担任边区的行署主任，新中国成立以后担任机械工业部部长和北京市委书记等职务，是中央顾问委员会的常委。他看了《黄河风涛》这本书以后，感觉到很好，就作了批示："此书内容很好，应尽快出版"。但是陈勇进把这部稿子投向在京许多大出版社，都被婉拒。后来这部书由贵州人民出版社出版。此书未能在北京的出版社出版，不知道是由于市场经济中顾虑销售的问题，还是因为书中有领导人的描述，要慎重处理？当时知道内情者透露了一点真情，使同志们大为惊讶。这部稿子在北京一些大出版社曾逗留了一段时间，有的希望作者包销一部分，有的提出要一些费用，还有的没有仔细审阅，就草率退稿，当时有的同志对陈勇进说："勇进呀！你的《黄河风涛》波涛虽高，但是有的人还不知道风向在哪里？”

这本书在贵州人民出版社出版以后，在人大会堂举行了大型的发行仪式，到会有当年参加刘邓大军作战的将军和领导同志。开会以前许多领导同志已经拿到这本书，并且看了，在会上许多老同志称赞作者真实地反映了当年刘邓大军和人民活动的面貌。由于看了这本书，将军们还生动地回忆起当年的战争经历。参加会议的，有我上面讲到的曾经担任冀鲁豫边区党委副书记兼宣传部长的徐运白同志，南下后他担任过贵州省委书记，他在会上说：“这么好的一本书，为什么不在北京出版，而在贵州出版？贵州既没有黄河，也不是老根据地。”徐又说：“刘邓大军进军西南，进军贵州，贵州留有刘邓大军的好作风。”的确，刘邓大军南下，传播了大军的优良作风，当时带去很多北方的干部，其中有不少冀鲁豫根据地的干部，他们成批的人留在贵州省工作，包括宣传文教部门和媒体的主要领导，都是冀鲁豫边区的干部，他们熟悉刘邓大军的情况，富有感情，对刘邓大军在黄河南北两岸作战深有体会。他们对这本书的描述感到非常亲切，这可能就是他们出版这本书的缘由。当时在会议中，徐运白同志讲了这番深有感慨的话以后，出席会议的《人民日报》的一位领导同志就说：这本书本来应该在《人民日报》社出版，因为作者就是人民日报社的老记者嘛！我也参加了这次会议，我听到那些老将军和老前辈们的讲话，特别是徐运白同志的发言，使我心里很难受，因为我也是出版界的一位老同志，我真诚地感到有些羞愧。如果确认书中有什么问题，也是可以向上请示的。我记得这本书曾经交给我看，我感觉内容很好，又有感情，我写了一封信给某出版社的领导，请他们考虑出版。过了几个月，我没有再接到某出版社的回音，但是陈勇进给我打电话，说这家出版社也没有说出什么理由，就把这本书稿退回给他了。这次新闻发布会以后，这本书的影响很大，有很多同志热烈称赞。陈勇进还给我打电话说，这本书引起最高领导同志关注，邓小平同志办公室曾派同志前来，要了几本书回去。

马列学院路漫漫

1948年夏天，我们住在谭庄。冀鲁豫日报社在这里已经有一年了。此时，我们报社的党员干部，都分批集中到另外一个地方去学习，这是区党委组织的，这次整党也叫三查三整。学习结束的时候，党员要重新登记，学习非常严格。三查叫做查立场、查阶级、查斗志，虽然没有过去整风那么严厉，但是也查得许多同志痛哭流涕。因为在1947年冬天和1948年年初，在解放区大部分地区都进行土地改革，许多同志在土改运动中，暴露了不少问题，主要是有右的倾向。在土改中后来虽有纠偏，但是在干部学习中，不免要查右倾观念。报社的同志大多都是知识分子，他们出生的家庭，不少是地主或者剥削阶级。在检查中有的再三检讨，总是过不了关，还有个别同志受了处分。我自己也是剥削家庭出身，自己的立场也有诸多问题。但是最后，大家都填了表，被批准为党员。整党以后，大部分同志都下了乡，去做群众工作，以求在实际工作中，继续改造自己。

我们报社曾组织了一个小分队，由副社长鲁西良同志带领，到黄河以南地区进行调查和报道，我参加了这个小分队。这时，刘邓大军已经南下，他们翻过伏牛山到了大别山。黄河以南一些地区本来就是根据地，现在刘邓大军前进以后，就变成了游击区。这里暗地里还是由共产党控制，我们过了黄河总是夜里行动，也就是在夜晚和干部、群众谈话，老乡对我们非常热情。在这里有些地方不断发生拉锯战，但国民党还没有建立政权。

我从外面采访回到报社，一天区党委宣传部长申云浦同志找我谈话。他是很活泼的一个人，无话不谈，他住在谭庄常常跟大家开开玩笑，说一些有趣的事，可是这一次找我谈话，比较严肃认真。他说：中央给区党委来了电报，中央成立了马列学院，要求区党委调两个人去马列学院学习，时间可能是两三年。他又说：中央要求调的人，有一定理论思想水平，还要有相当的文化，才能适应这个学习。我们研究了一下，准备把你调去，你看怎么样？我当时未做什么表示，但是我心里想，这是一件好事，对我来说又是一件很大的事。申找我谈话，我原以为是要我办一件什么具体事，整理一份材料什么的，这是常有的事。这回可是一件特别的事了，我毫无思想准备。心里盘算着，我现在刚25岁，身体还可以，精力也还充沛，现在去学习倒也是一个好机会。但是又想到我的爱人秦焕如，当时已经怀孕几个月，我一离开她生活上可能有些困难。在村子里，我们住在一个老乡的草房子里，这个草房是没有门的，当晚上月亮出来时，月光便从房门照了过来，我们生活虽然很艰苦，但也蛮愉快。现在我一离开，还要两三年，想到有很多困难。此时党中央已经迁到西柏坡，马列学院也在那里，从冀鲁豫到那里去，在当时不是个短的路程。两三年内也许没有机会回家探视。我从申那儿谈话回来，就把这件事情跟秦焕如商量，开始她很担心，觉得我走了以后，她很害怕，又是战争环境，住在乡下，要生娃娃也有很多麻烦。不过，她还是从大处着眼，考虑到这是领导的决定，又涉及对我的培养和前途，她就支持我到马列学院学习。

又过了几天，新来担任冀鲁豫日报社社长的苗春亭同志又和我谈话。他过去长期做地方工作，平时很少说话，善于冷静地思考问题，他和我见面非常热情，他鼓励我去，还谈到秦焕如，说大家会照顾她的，你放心去好了。于是，我就准备启程。

自从解放战争开始以后，冀鲁豫日报社随着区党委搬迁，多次变动，在战争环境中难以安定。特别是刘邓大军在黄河南北，大踏步前进和大踏步后退时，区党委和报社也在动荡之中。刘邓大军南下以后，近一年来才安定住在谭庄。我心里想，也许在谭庄能住一个时期。在报社内同志们的关系都比较好，上上下下也很和谐，觉得不会有多大的问题。

我准备出发了，我要携带点什么呢？当时什么都没有，只有一个小包袱，秦焕如要我带床蚊帐，我死活不带，要留给她。这床蚊帐说起来话长，这里蚊子很多，需要做一床蚊帐，当时干部是没有工资发的，也没有零钱用，写稿子也没什么稿费，想到要做一床蚊帐怎么办呢？就从冬天的棉被里，取出一部分棉花，又和房东老太太商量帮助我们做蚊帐。老太太平时对我们非常之好，家里有好吃的东西，都拿来给我们吃，我们把这部分棉花交给她，请她帮我们纺成线，再请她儿媳妇用她的老织布机，一根一根帮我们织成蚊帐布，她们辛苦了很长的时间，就这样帮我们做成一床蚊帐。

我就要离开的时候，报社的同志都来同我热情道别。在我们采访部，几个人在一起，买了个大西瓜切开来吃，大家嘻嘻哈哈开一些玩笑，不像一般开告别会讲一些正经的话，因为鼓励的话正经的话在工作场合都讲过了，现在要热闹一下，讲一些打趣的话。陈勇进最调皮，他吃完西瓜拿着西瓜皮往人家身上抹，我穿着背心，他只好往我胳臂上抹。有一位年纪大一点的记者叫周君谦，在夏天他喜欢光着膀子，陈勇进就往周的背上抹来抹去，引起大家哈哈大笑，周也不发怒，他只是说："小孩子的动作！娃娃的动作！"这位周大哥，非常敦厚老实，他常常被年轻一点的同志开玩笑和戏弄。现在想起来也挺有意思的。

一天，区党委的同志告诉我说，明天军区有一部车到晋冀鲁豫大军区去，大军区就在石家庄附近，你就跟这部车去吧！第二天我就提着小包袱，到了军区上了车。这是辆卡车，原来是有一位旅长到大军区去办事，我就随着他的车一起出发。这部车沿着乡下大车走的路，往前绕行，经过临清、南宫、邢台，向北奔跑。在路上住了两夜，走了三个白天，才到石家庄。石家庄当时是华北解放不久的大城市，我们就住在石家庄市的招待所里。这里住房比较讲究，这是我到根据地以来，住的最好的地方。

我们从冀鲁豫边区出来，一路经过冀南边区，还经过太行边区。有趣的是，军区从肥城运来很多桃子，当时肥城属于冀鲁豫，肥城出产的桃子又大又甜，很有名声，军区专门在车上捎了几篓桃子，送给党中央，让毛主席尝一尝，好知道冀鲁豫地区出产有最好的桃子。但是天不尽如人意，白天太热，桃子慢慢地都坏了。管理的同志就说，许多桃子都坏了送不出去了，大家吃吧！于是我们就吃了很多山东肥城的桃子，觉得肥城的桃子确实是不错。可惜因天热，桃子坏得太快，不得不丢掉了许多，这也是一路上的小故事。

我在石家庄住了几天，组织上就要我到平山县去。平山在北边，离石家庄很近，我到了那里，就住在平山城郊晋冀鲁豫边区组织部的招待所里。这地方农民种了许多水稻，真出我的意料之外，在华北这样的土地上，还能种水稻，这还是我到北方以来第一次看到。稻田里水稻生长得很好，青翠挺拔，同南方的水稻一样可爱。在水田的边上还种有许多薏米，这是一种药材。在稻田旁边，水流清澈，我们一早起来就到稻田旁边，拿着牙刷毛巾到稻田的水渠上去漱口洗脸，感觉到很新奇和爽快。

此时正碰上过中秋节，月明如镜，不由得想起家来了。记起王维的诗句"独在异乡为异客，每逢佳节倍思亲"！心里开始有一些动荡。但是招待所的同志很热情，很殷勤，他们送来了月饼和鸭梨，大家有说有笑，思想也开朗了许多。由于这里四周围都是水田，到晚上蚊子多得不得了，我在华北平原上，很少遇到这么多的蚊子。夜里蚊子叮得不能入眠，同志们用稻草在房子里熏，想把蚊子赶跑，再回到房子里去睡觉，但是蚊子太多，只要房里没有烟熏，蚊子就凶猛地袭来，而房里老用烟熏，人又不能睡，真不知道怎样才好。这时，我就想起我们在谭庄，请老太太纺纱织成的那床蚊帐来了，不免又勾起思乡之情。

在组织部招待所里住了几天，就被通知去参加马列学院的考试。在招待所里，也有几位从不同地区和部队调来准备进马列学院的同志，我们一同去应试。这一次考试，出的题目都是一般的理论常识，马列主义重要著作的篇目，有不少涉及中外历史知识的题目，从古至今历史上一些重大事件的年代，还有一些关于古典名著作者是谁的测验，等等。这些我都作了答试，一般的题目还能应付，但是，答得是否准确，能否达到要求，就不得而知了。同志们说，考试不及格者，就不能进马列学院学习。

报社有一个图书馆，收藏有不少图书，使我非常羡慕，因为在冀鲁豫日报社虽然也有一个图书室，但是没有几本书。此时我常常到这里来借书阅读。图书馆里有中外古典名著，还有一些作家的译作，如郑振铎先生编译的《希腊神话》，我就在这里借来读过。

到根据地以来，很少有这样多的时间休息，平日读读书，也是很愉快的事。只是担心进马列学院考试不及格，又要回到冀鲁豫去，不但旅途遥远，而且面子上也过不去，会自觉惭愧。

自二野南下，进行外线作战，威胁到国民党的心脏，四野几乎占领了整个东北，平津岌岌可危。此时坐镇北平的傅作义，企图向南进犯，进攻石家庄，袭击中央所在地。我们的党中央机关正进驻石家庄之北，毛主席已经住在西柏坡。晋冀鲁豫中央局和所属机关，也分布于平山周围。这样我们必须避开锋芒，转移到边远山区去。

我们住的招待所也要随机关转移，在动乱之中，我接到通知，通过了马列学院考试，下月即可入校报到。这是一件大事，高兴至极。这样就安下心来，不再顾虑是否回原地方去了。但是，刚刚接到通知就生病了，又正好碰着要转移，麻烦的事来了。由于住地蚊子多，夜晚睡眠不佳，日间很热，夜里又凉，自己生活不慎，又感冒发高烧了。在机关动荡的时候，没有办法，只好住到军区医院里去。

在医院里高烧不退，病得很重。当时医院也随机关转移，我们转移到山沟里去，目的地是山西的娘子关。医院的医生和护理人员，对病号无微不至。上路转移，我有时被担架抬着，有时骑在毛驴背上，后来也走路，慢慢向前步行。过了好几天，到了娘子关，就在一个小山村住了下来。娘子关在井陉以西，阳泉的东北面，地处河北和山西的交界处。这里，两面都是巍巍高山，在两面山之间夹着一个通道，像一条长长的胡同。形势非常险要，真有“一夫当关，万夫莫开”之势。传说唐太宗李世民之妹平阳公主曾率兵驻守于此，居高临下，扼制关口。

山边有些小山村，散居着一些老百姓，他们平时吃的是蔓茎，状如青萝卜，把蔓茎切成小块，再抓一点小米和蔓茎一起煮，这就是饭了。这在我们南方人看来，很特别，南方穷人多数是以红薯充饥，还没听说吃这种饭。我们住在一位老太太的家里，老太太对我们非常好，她经常把她做的小饼端来给我们吃，这小饼是用柿子干磨碎了，又掺一些麸子做成的。她说：“好吃，很甜，请同志吃点吧！”语言很亲切。的确，这里群众生活很困难，但是和八路军的关系非常亲密。

过了十几天，经医生和护理人员的照料，我的病慢慢好了。此时，组织部的招待所也转移在附近另一个村子里，我又回到了招待所。这时住在招待所的同志不多，我回来时，和一对青年夫妇同住在一个房东的家里。这对青年夫妇，男的是台湾人，女的是朝鲜人，他们是从延安撤退出来，以后到了华北，准备到南方去。他们很关心人，见我刚从医院出来，身体很虚弱，那位男同志建议我买一个羊头来，由他来整理剖开，他说：“羊头便宜，又很滋补，我帮你熬好了，你补养补养！”我照着他的意见，请他帮我做。我非常感激他们，他们的形象，直到现在，我还深怀记忆。我在这里又吃了一两个羊头，把身体养得差不多了，就该上路了。

那时，傅作义并没有进犯石家庄，据说他进攻消息泄露，怕被解放军包围，就没敢进犯。我党中央仍驻于西柏坡。中央马列学院就设在离西柏坡几公里远的一个山村里，我病好以后，就到马列学院去报到。经过多少时日的折腾，终于达到愿望。真有如上山寻宝路漫漫！

马列主义的殿堂

马列学院设在李家沟口村。这个村子南面临近滹沱河，河水从村边流过，河床很大，而河水却很少，可能是冬天无雨的缘故，河滩全是小鹅卵石。这里交通不便，从大车路走过来，还要走几里路的小路。环境比较安静，有些像世外桃源。村子里有百把户人家，住房都不错，大部分是砖瓦房。学院已于11月8日开学，而我因为生病，耽误了时间，到11月底才进入学校。学员有一百零几个人，戏称一百零八将，大家从全国各地解放区抽调而来，也有从各个野战军调来的，还有广东来的，他们是北撤到北方根据地的干部，其中有比较老的地下党的同志，也有我认识的老相识。学员全部是共产党员，大多数都是老干部，“三八式”居多。学员来之前，多是县委书记、县长、团政委、政治部主任和其他方面工作中的骨干，也有少数地委书记、旅长和更老的干部。

马列学院的院长由刘少奇同志兼任，副院长为陈伯达，教育长是杨献珍，教员有艾思奇、王学文，后来还有何其方、郭大力等，他们都是在国内理论界和经济学、文学界有突出成就者。艾思奇的《大众哲学》，凡是在抗日战争初期参加革命的青年学生，几乎人人都读过。王学文曾留学日本，长期研究政治经济学。何其芳是诗人，著名文学评论家。郭大力长期讲授经济学，为翻译《资本论》花了半生的心血，他与王亚南一起把三卷《资本论》贡献给中国读者。

学院学习的课程，主要是马克思列宁主义的基础理论、哲学、政治经济学以及世界近代史和中国通史。最初开始学习社会发展史和马列主义基础中的重要篇章。毛主席的著作，开始就强调通读。学员领到一系列的马列主义理论著作的读本外，每人还得到厚厚两本中共晋冀鲁豫中央局新编的《毛泽东选集》。我们得到这些书，如获至宝。发来的《毛泽东选集》，是系统编辑毛泽东的著作，当时只有晋冀鲁豫中央局和东北地区党的领导机关系统汇编毛泽东著作出版。我们发的是晋冀鲁豫中央局编的，印装成16开本，上下两册。选集的第一篇是《湖南农民运动的考察报告》，最后一篇是1945年8月9日《关于抗战最后阶段的声明》。

我收到的这一套，是以布装帧的封面，但是上下两本颜色不一致，我觉得非常珍贵，至今我还保存着。

学员分成十二个小组，不以原来职务高低区分。我们这小组内有来自边区的县委书记，有地下党的地委书记，还有担任过县长的一位女同志。大家在白天除了有少量时间听课以外，主要是自己阅读，但集体讨论的时间很多，讨论时大家敞开思想，很少顾虑，有时对问题展开争论，争得面红耳赤。晚上也没有其他的娱乐，大多都是在油灯底下看书。当时每一个小组，还发有新华社总社编印的两本参考资料，内容是国内外各个方面的重要消息。晚上可以随意翻阅，以便了解世界大事。

学院里的伙食很不错，吃的都是细粮，还有一些炒菜，这比我们来以前吃的好得多。我们在根据地，除了逢年过节都是玉米面窝窝头，而现在都是馒头。厨房的同志很注意给大家改善生活，不时端来放有菜的面条汤，大家很高兴。厨房的同志每每跑来征求意见，问我们今天面条怎么样，好吃吗？还要怎么改进？对大家很体贴。这里的冬天，我感觉很冷，特别是南方来的同志，在北方山村里住着，总觉得冷飕飕。当时每一个住屋，有的住三个人，有的住四五个人，我住的那个房间有三个人，屋里有一个用土坯砌起来的土炉子，上面发一些煤来，由自己生火，但是没有烟筒，我因为怕冷，常常去把炉子生起来，可自己不太会弄，总是很快就熄灭了。

此时全国的形势是，蒋介石的军队兵败如山倒，我军经过三大战役——辽沈战役、淮海战役和平津战役，歼灭了蒋军200多万人，把蒋介石军队逼到长江以南，整个长江以北都由解放军控制。蒋介石面子上不好看，表面上宣告“隐退”，把总统的权力交给李宗仁，要和共产党和平谈判。

东北解放以后，解放军包围天津，全歼国民党军守敌，1949年1月15日天津解放。接着在北平，傅作义经我地下党耐心工作和北平开明人士敦促，愿意接受共产党提出的和平条件。按照达成的协议，他们撤离北平市区，进至我们指定的地点接受改编。1949年1月31日我军进驻北平城，北平宣告和平解放。这样，中共中央机关就准备从西柏坡迁到北平。

3月5日到13日，共产党在西柏坡举行七届二中全会。毛主席在会上作了报告，会议集中讨论彻底摧毁国民党的统治，夺取全国的胜利。会议号召在胜利的面前，全党务必保持谦虚、谨慎、不骄、不躁和艰苦奋斗的作风。学院里大家认真学习二中全会的精神，正确认识国内外的形势，特别是在进城以前要做好思想上准备。3月23日，毛主席和其他中央领导同志离开西柏坡，向北平进发。25日毛主席和朱总司令在西苑机场举行阅兵仪式。

香山碧云寺读史

马列学院随中央机关迁往北平，3月27日一大早，我们从李家沟口出发，经石家庄往北走，在路上走了两天。3月28日下午抵达北平。我们乘坐的是从四野调来的10轮大卡车，途中在保定住了一夜，次日我们到北平香山，住在慈幼院内。这个时候香山满山遍野的桃花盛开，鲜艳无比，好像在迎接我们的到来。但是这里的春天，下着毛毛细雨，天气还有点冷飕飕，我们住在慈幼院内，房子的地上铺着稻草，我们就睡在稻草上。过了十几天，又从香山慈幼院移往碧云寺，碧云寺这个寺庙就是我们的学院。

碧云寺环境很清静，寺庙的山上，还有孙中山的衣冠冢。当时寺里还有一些空房间，我们就住了下来。寺的东院有清澈的流泉，周围有不少古树和花草，空气清新，我们就在这里读书。

此时局势，解放军就要渡江，面临全国解放。解放军发展迅速，全国新的政权逐渐建立。大家在这里学习心里有些不安，但是学院好不容易办起来，要按照原来的计划不变。我们听了刘少奇同志的报告，他阐述了学习马克思主义的重要性和紧迫性。他特别强调，我们国家的发展需要有大批的理论人才，我们干部没有理论武装，就不能提高政治水平和工作能力，还说了许多鼓励的话。当我们在学习中对一些理论著作理解困难时，领导就请来导师帮我们讲解。如我们学习到马克思《路易·波拿巴的雾月十八日》，乔木同志就来讲课，辅导我们如何学习这篇著作，让我们了解当时历史背景和主要精神。学校领导还请范文澜同志来给我们讲怎么去学习中国的历史，还讲过怎么去学习《文心雕龙》这篇古典名著。范老是著名的历史学家，在延安时期就开始为干部编著中国通史和中国近代史，这部史书后来不断的修订，就成为大家熟悉的重要历史教材。记得当时他鼓励大家，希望大家以后长期做理论工作和研究历史，他说："你们都要准备吃生猪肉。"我们一听吃生猪肉，都很惊奇，有些愣住了。他解释说，当你们在理论方面和在历史方面研究有成就时，人家会来膜拜你。当来拜你的时候，按照中国的习惯是杀好一头猪，把这头生猪抬到你的牌位面前来，叩头祭拜，所以请你们做好吃生猪肉的准备。啊！范老的话真有趣。

学院后来从香山碧云寺迁到颐和园对面的一个院落，这里原是西苑自得园，也就是抗战胜利后清华大学农学院的院址。院里有几座并排的小洋楼，楼的南面有一个湖，湖里种着许多芦苇和蒲草，这里环境也比较幽静。

我们读了三年书，就要从马列学院毕业了，这三年对我来说，的确受到不少教育。我读了一些书，特别是马恩列斯的经典著作、毛泽东的著作，还读了一些世界近代史和中国的通史、近代史。因为当时比较空闲，在一些空余的时间，还读了一部分中国和外国古典文学名著和中国的历史演义。

教育长杨献珍

教育长杨献珍同志，当时大家就称呼他为杨教员，杨教员在这三年的确花了不少的心血，学院主要由他来负责，他做事很认真，对学生要求很严格。他曾经教我们读世界近代史，要求我们把世界近代史上重要事件的时间和人物都要背下来，说要反复地背，以免遗忘。我的确按照杨教员的指导，记背了一些大事的时间和人物事迹，因为那时候年轻，至今有许多还没有忘记。

说起杨教员，从1948年直到他在世期间，我们班的同学都这样叫他，这样叫感觉很亲切，而且意味着艰苦年代都是这么叫的。杨教员这一世的经历和人生的坎坷，很令人思索和感慨。他出生在19世纪末的1896年，寿终于1992年，他在世上度过了96个春秋，在中国说来，也算长寿的了。可是他一生经受的磨难很多，他前后坐过国民党的监狱7年，坐过共产党的监狱8年，一共在监狱里面度过15年的光景。一人一生有多少个15年呢？在其他的年代，他也是在困苦和艰难的时日中度过的。他是大革命时代的共产党员，1926年入党，由于他进行地下党的活动，1931年被捕关进国民党的监狱。他和薄一波、刘澜涛、徐子荣、安子文等人关在北平草岚子监狱里。草岚子在北京西皇城根西北边的一个角落里。关在这里有61个共产党员，他们在监狱里进行了不屈不挠的斗争。杨献珍是牢里党支部的骨干分子，他通达英文，也粗通俄文，他把从监牢外面传入的英文和俄文的马列主义的著作，翻译成中文，经他翻译以后，让同在监狱的同志们互相传阅，秘密的传播和学习共产主义思想。在我们马列学院同学中有一位叫做胡敬一的同志，他就是61个同志中的一个。他是一个老共产党员，经过严格的锻炼。他和我说起，他们在监狱里面进行了绝食斗争，绝食的时间很长，绝食中每天就喝一点盐水，维持生命。他说，头几天饥饿得难以忍受，过了三、四天就坚持下来了。他们曾在监牢里面多次以绝食斗争与国民党进行抗争。

1936年9月，他们经北方局的领导人刘少奇请示中央总书记张闻天同意，履行了出狱的手续，从草岚子监狱中被释放出来。在“文革”中，被称为草岚子事件，说他们履行了手续就是叛变党，都是叛徒。这样杨献珍、薄一波、刘澜涛等人就都成了叛变分子。这件事本来1943年在延安整风的时候，已经搞清楚，毛泽东也说过：“这件事情我知道，中央完全负责。”毛泽东并对他们在狱中的斗争给予肯定和赞扬。可是在“文革”中却成了重大的罪案。

杨教员是一位做事很认真的人，他性格刚毅、耿直，在1957年“反右派”运动中和在1958年对待全国“大跃进”的问题上，都有右倾思想的错误。1957年6月，他在中央召开的会议上，曾提出意见说：“划右派分子的标准，不应太低，面不应太宽。”由于他不但有这样的右派言论，而且在领导党校的反右运动中有右倾思想，因而受到严厉的批评。1958年，他认为现在说的空话、大话太多，脑子发热，他在讲课中就尖锐地指出：“在我们的干部中有没有搞唯心主义、形而上学的呢？”他肯定地说：“有的！”对于当时一些口号诸如“不怕做不到，只怕想不到”，“人有多大胆，地有多大产”，他认为这是否定客观规律，不尊重唯物论。当时他下乡视察，看到一些大炼钢铁大放卫星，到处刮共产风，他回来就说“在现实生活中究竟有多少现实主义，浪漫主义有多少？依我看来，在某些怪事中，现实主义占百分之一，浪漫主义占百分之九十九。”他下乡的观感，总喜欢用哲学的理论加以总结。他撰写的《坚持实事求是作风，狠狠批判唯心主义》，对社会上唯心主义泛滥的现象，给予理论上的剖析。这样，他在1959年的反右倾运动中，就受到批判，以后被降了职务和级别。1963年，他被甄别平反后，又发表了“合二为一”对认识论的论述，被认为和毛主席“一分为二”思想对立，反对毛主席。诚然，这只是哲学上的一种观点，无论在中国古代哲学和近代西方哲学中，都有阐述。但是我们事事都要和政治挂钩，学术的研究和政治不分，越搞越复杂。50年代下半叶和60年代上半叶，杨不断受到批判，到了“文革”就来了一个“总结”，连同历史上草岚子出狱事，一起清算，这样又在我们共产党的监狱里被关了整整8年。到了1980年中央为他召开了平反大会，这时他已84岁了。当时他老泪纵横，感慨万分。

1982年1月27日，我们马列学院第一期的学员约好这一天去看望杨教员。这一天是旧历年初三，大家心情非常好，当时杨教员笑容满面，十分高兴。此时他已经86岁了，但是精神矍铄，身体很健康。当时在座的都是在京的同班同学，约有二三十人。我和洪禹早早就到场，因为当时正在春节之中，大家互相拜年，聚谈往事，气氛很热烈。杨教员即席讲话，他很激动，他头一句话就说：“马列学院是在1948年11月8日开学，记得很清楚！”看起来大家的聚会，勾起他心头的回忆，他又说：“我曾建议提毛泽东思想，不要和马克思主义分开。”他的讲话很短，但是很严肃。好像在一个很正式的会议上，讲他的政治见解和他在理论上的论断。过了一会儿，他随意和大家聊天，问长问短，还问起一些同学的去向和工作的情况。我们大家谈得非常之热烈，还围着杨教员照了一些相，中午就在那儿就餐，吃涮羊肉。现在事过20多年，当时的情景还历历在目。这一次聚会以后，过了10年，杨教员在1992年过世了，我们和这一代伟大的马克思主义理论家、敬爱的老师永别了。

第三篇　中华人民共和国初建青春焕发

1948年12月，连日大雪，大雪覆盖着大地，一望无际。中共中央机关的工作人员非常忙碌，同志们心情十分兴奋，北平就要拿下来了，我们要进城了，农村包围城市结束了。太阳升起，发出万道光芒，反射在雪地上，景色异常艳丽。

新的纪元就要开始，第二次世界大战以后，世界最大的事是占地球四分之一人口的共产党统治的中国，在亚洲兴起。《共产党宣言》中所说的“幽灵”，又在东方出现。除了前苏联之外，又有一个新中国，对帝国主义国家的统治者来说，该是多么可怕的事。

战火纷飞，准备进入北平

1949年年初，在西柏坡中央机关，同志们度过无比高兴的春节，就准备进入北平了。3月初中央召开了七届二中全会，同志们都在传达和学习二中全会的精神，做好进城的准备。无论在思想上和生活上都要做好充分准备，上面反复告诫不要犯李自成的错误，要谦虚谨慎，遵守纪律；生活上要适应城市环境，包括如何使用水电和抽水马桶，无论来自农村或来自城市，都要学习使用，可以说进入城市的动员与教育非常充分。

淮海与平津战役以后，学员们都坐不住了，大家没想到形势发展得这样快，特别是从部队来的同志，有的很想再回到前线去。

1949年3月23日毛主席从西柏坡进入北平，住于香山双清别墅。中央机关随后进入北平，也驻在香山，中央马列学院驻于香山碧云寺。此时碧云寺空荡荡，在战乱中寺内的和尚已不知去向，只有一、二和尚留守，我们百余读马列的共产主义者进入，与他们为伴。寺院门口青铜的大肚子佛爷，笑面迎接我们。此时细雨霏霏，桃花怒放，春天刚刚步入人间，稍觉清冷。但全国解放在即，大家心头热烘烘。在这样的境遇和时节里，要坐下来安心读书，也真不容易。大家很愿意听前方进军的信息，盼望了解国内外的形势，朱总司令和陈毅同志被邀请前来马列学院作报告，受到我们极大的欢迎。到今天，我对两位革命老前辈的报告，还记忆犹新，记得朱总司令在讲话最后，还特别叮嘱我们，一定要通读《资本论》，我当时十分震动，感到一位老将军，几十年出入生死战场，对理论如此重视，他的谆谆教诲，使我心里感到非常温暖。

中南海的意境

我在中央马列学院学习三年，1951年毕业，以后就和另外二人被分配到中央宣传部。那二位同志早前曾在太行和晋西北工作。这年夏天，我们进入中南海，中宣部就在这里办公。中南海历来是北平和全中国战略指挥中心，从北洋时代到北平新中国成立前夕，中国统治的首脑人物，都坐镇在这里指挥。北平解放以后，中央领导机关不久也从香山迁入中南海。

我到中宣部后被分派到出版处。中央机关设置的处，是局的单位。中央各部都如此，一直到“文革”后，才改为局。当时我踏入出版处的门槛，只有一个同志迎接我，他就是王德坤同志，他是处里的秘书，又是重要的成员，新中国成立前夕他从大学毕业后，进入中宣部的干部训练班，结业后就分派到这里。他是个非常好的同志，一位标准的共产党员，10年后他调离中宣部，但我一直和他保持着亲密的联系。处长包之静同志当时不在，到前苏联访问去了。包是1931年的共青团员，因被叛徒出卖，关进国民党苏州监狱，后被营救出狱。“七七”事变抗日战争爆发，1938年他进入华东根据地，被指派去建立新四军地区党报，成为《前进报》、《新路东报》和《淮南日报》的创办人和负责人。以后他又负责创办和主持华中《新华日报》。解放战争时期，他负责山东分局《山东日报》。调入中宣部之前是山东日报社长。他是一位坚强的共产党员，而且精通新闻出版业务，他在大学时学会法语，在国民党的牢笼里又学会俄语，这是位很难得的干部。但在“文革”中，却被迫害致死。他最大的所谓罪责，就是受命中宣部起草反对林彪推行的学习毛泽东思想简单化、庸俗化和实用主义的文件，文件的题目是《关于毛泽东思想和革命领袖事迹宣传一些问题的报告》，此文件1961年3月经中央批转全党。这是他的最大“罪状”，也是中宣部的最大“罪状”。这样在“文革”中他不断被批斗，身心受到极大的摧残，最后走到生命的尽头。我在他的领导下，和他共事20年，在“文革”中被一同打入“黑帮”队伍，到干校劳动，又睡在一个土坑上，他的一生境遇和生活细节，我都非常了解。他的不幸，令我无比悲痛。

当年的出版处，最初只有三个人，处长老包、王德坤和我。主要工作是进行调查研究，了解出版领域的情况和问题，起草有关文件和报告，办理中央和部领导交办的有关事宜，为中宣部办的内部刊物撰写参考材料，供上级和有关方面参阅。平时事情并不多，闲时可自由阅读书籍。我因在马列学院学习三年，养成了阅读的习惯，所以在这里工作也有幸读了些书。机关里老同志很多，都有很高的理论修养，处处留心向他们学习，使自己得到不少的教益。

展示红色旋律

新中国的建立，最重要的问题是要加强党的思想建设，这也是中宣部的中心工作。我们进入城市，执掌了全国政权，干部能不能保持革命的优良传统，不被权力和地位所腐蚀，能不能和人民团结一致，建立一个新的国家，这是历史对我们的考验。为了做到这点，必须对干部进行教育。在新形势面前，提高干部的马列主义修养，成为十分重要的任务。早在西柏坡的时候，毛主席就审批了一批干部必读的书目，提供给七届二中全会，要求干部阅读。这套“干部必读”共有12种，包括《共产党宣言》、《社会主义从空想到科学的发展》、《帝国主义是资本主义的最高阶段》、《国家与革命》、《共产主义运动中的“左派”幼稚病》、《论列宁主义基础》、《前苏联共产党（布）历史简要读本》、《列宁斯大林论社会主义建设》、《列宁斯大林论中国》、《马恩列斯思想方法论》、《社会发展史》、《政治经济学》。“干部必读”当年以解放社的名义出版。

解放初期，出版方面最重要的工作就是向干部和广大知识分子提供马列主义读物。这套“干部必读”，从1949年6月到1950年6月，只一年时间，就印了300

万册。

“干部必读”成为新中国成立初期，广大干部和知识分子学习马列主义理论必备的书籍，这对于培养干部和在全国普及马列主义基本知识，起了无比重要的作用。

新中国的建立，为马克思主义传播开拓了广阔的天地，翻译和出版马列著作，不仅是党的事业，而且成为国家的重要事业。中宣部出版处要随时了解和关注这方面的工作。为了加强马列原著的翻译出版工作，1953年中央决定成立马克思恩格斯列宁斯大林著作编译局。从此，马列原著的翻译工作就有计划地展开了，陆续出版了《马克思恩格斯全集》、《列宁全集》和《斯大林全集》。从1953年到1958年，翻译出齐了《斯大林全集》；1955年开始出版《列宁全集》第一卷中文版，到1959年，经过10年，出齐38卷。与此同时，还相继出版了《列宁选集》、《马恩选集》和《马恩全集》。

中华人民共和国诞生初期，出版马列著作，部分为延安时解放社的译本，也有部分是前苏联莫斯科外文出版局出版的中文马列著作。当时引进不少这方面的书，其中有《马克思恩格斯文选》、《列宁文选》、列宁《论马克思恩格斯及马克思主义》等，这些书印得很好，纸张质地优良，字体清晰，版权页有的注明是1948年，有些则是1949年。在苏联印好输入中国的这些马列经典，都在市场上出售。我到今天还保存有这样本子，已经摆在书架上60年了，我有时还去查一下，因为年轻时在阅读过程中，留有记号，查起来方便些。

1950年12月，人民出版社成立，它的重要任务之一是编辑出版马克思主义经典作家的著作。人民出版社成立之前，再版马克思主义著作，或是用新华书店、或是用三联书店的名义出版。人民出版社建立了以后，对于扩大传播马克思主义，起了很大的作用。

解放初时，有一本小册子很流行，是《从猿到人》。这是恩格斯1876年间写的一篇文章，原题目是《劳动在从猿到人转变过程中的作用》。文章以历史唯物主义的观点，分析人类从猿到人的转变过程，并引证达尔文的论据加以说明。文中强调劳动是一切财富的源泉，但劳动的意义还远不止于此，劳动创造了人本身。这本小小册子一印再印，在社会上广为传播，几乎识字的人个个阅读。在中学生中，成为政治课程的主要补充读物，在大学生中还展开讨论。乘公交车时常听到从猿到人变化的议论，甚至有朋友之间打趣：你从猿变到人了吗？你现在是人吗？可见这本小册子阅读者的广泛，内容深入人心。

中国革命前辈经过艰苦的斗争，掌握和运用马克思主义理论，解放了全中国，人民欢欣鼓舞。马克思主义有了根基，马克思主义的传播受到极大的欢迎。此时马克思主义的著作出版和发行都非常可观。从1949年到1952年底，全国出版马克思主义经典著作160多种，印行总计400万册。1953年以后工作走上正轨，特别是人民出版社和中央编译局的建立，使马克思主义经典著作有计划地出版，更充分地满足读者的需求。从1953年到1956年，翻译出版马克思主义经典著作241种，印行2700万册。读者最喜欢阅读的《共产党宣言》，印行2506万册。当时通读《资本论》，成为一部分知识分子的爱好，郭大力与王亚南合译的三本《资本论》，共印行近40万册。这是很可观的数字。我知道住在中南海的许多老同志，也都在通读《资本论》。

毛泽东的著作在新中国成立后，更是大量印行。新中国成立前各个根据地都出版有毛泽东著作单行本，有的是按照党报发表的文章、报告，重新排印，有的是根据内部交通送来纸型印刷。在那样艰苦的环境里，纸张的质量是很差的。有的根据地还编印了《毛泽东选集》，华东地区和东北地区都编印过。华北地区，中共晋冀鲁豫中央局1948年编印过一部《毛泽东选集》，分上下两册，16开本，布面精装，纸质优良，用 4 号宋体排印，字体清晰。当时发给我一部，我至今还妥为珍藏。

毛泽东在全国人民心中有崇高的威望，毛泽东思想贯彻在各个工作领域。毛泽东著作为干部必读，群众也喜欢阅读。从1949年到1956年底，毛泽东著作共出版了48种，印行6200多万册。其中《毛泽东选集》第一、二、三卷共印了1000多万册。《毛泽东选集》第一卷于1951年10月出版，书出版以后，形成全国学习高潮。嗣后，1952年3月和1953年2月又相继出版了第二和第三卷。到了1960年9月，出版第四卷。《毛泽东选集》还由民族出版社翻译成各种少数民族文字版本，同时由外文出版社翻译出版了英、法、西、俄、德、日、阿拉伯等18种外文版。

马恩列斯著作和毛泽东著作的出版发行，以及了解社会的学习情况，都是中宣部的中心工作，各个处都全力以赴，出版处当然首当其冲。我们不时参加各种相关会议，提出意见，并进行调查研究，写出情况向上反映。

自人民出版社建立以后，又于1951年建立了人民文学出版社。该社的建立，社会的呼声很高。冯雪峰同志被调任社长兼总编辑。他刚到任就作了出书计划，他最先考虑的是筹备出版《鲁迅全集》的注释本。早在鲁迅逝世不久，1938年在极其艰苦的条件下，胡愈之等同志就筹划出版了《鲁迅全集》。冯雪峰同志到任后，立即调集力量，收集资料，积极展开工作。以后，又经过许多人的努力，《鲁迅全集》10卷注释本于1958年出版，受到社会极大的重视。同时在《鲁迅全集》出版之前，出版了鲁迅著作的单行本，以满足广大读者的需要。鲁迅是中国人民的一面旗帜，他的著作鼓舞着广大人民群众。50年代初，鲁迅著作单行本发行量很大。

在全国解放初年，战争还没有完全停止，抗美援朝战争正在进行，一些地区还在剿匪，斗争很激烈。在图书出版方面，除了扩大传播马列理论，还特别注意加强革命艰苦斗争和共产主义道德品质的教育，尤其是针对青年人。一些书籍发行量很大，如《钢铁是怎样炼成的》，一印再印，这本书是前苏联战时的小说，作者奥斯特洛夫斯基以自己亲身的经历，描述在战争中顽强战斗和在战后建设中艰苦卓绝的生活，反映青年一代的献身精神。在各级党团组织的推荐和推动之下，知识青年差不多都读过这本书。该书译者梅益同志，在新中国成立前就译出，出版后在进步青年中广为流传。译者最初以英文本翻译，新中国成立后根据俄文本重新校译，内容大大增加，比以前超过一倍。这是一本非常有教育意义的读物。

魏巍在抗美援朝中写的《谁是最可爱的人》，是一篇特写报告，在报上发表后，又出小册子发行，在群众中起了极大的鼓舞作用。还有不少读物，包括再版解放区出过的小说，如《吕梁英雄传》、《敌后武工队》、《平原烈火》等，都非常有影响。当时成立不久的人民文学出版社有很大的贡献。该社还出版了许多有名的反映革命战争和英雄人物的重要作品。

人民出版事业的基本方针

出版是意识形态的重要领域，关系人民的思想文化和科学教育，关系国家政权和政治的动向，这是人民利益所在。新中国建立以后，出版工作的基本方针是什么？1949年《共同纲领》规定：“中华人民共和国的文化教育为新民主主义的、科学的、大众文化教育。”出版工作的基本方针，应遵循共同纲领的原则规定。1950年9月，在北京召开了第一届全国出版工作会议。出席会议的有各方面的代表300多人，会议通过了五个决议。第一个决议是《关于发展人民出版事业的基本方针的决议》。这个决议说：“为人民大众的利益服务是人民出版事业的基本方针。新中国人民出版事业要认真地执行民族的、科学的、大众的文化教育政策，坚定地与封建的、买办的、法西斯主义的思想斗争。”这是解放初期，对出版基本方针的表述。以后又有多次文件表述。“文革”以后，特别是1983年6月6日公布的《中共中央国务院关于加强出版工作的决定》，这个决定对出版工作方针做了充分阐述，一直到现在都遵循着这个方针。

毛主席于1949年10月，为召开新华书店工作会议时题词：“认真做好出版工作”。这个题词给出版工作者指明了方向。怎样是认真做好出版工作？如何去体会毛主席的题词精神？我们只要温习毛主席1948年4月2日《对晋绥日报编辑人员的谈话》就明白。他说：“同志们是办报的。你们的工作，就是教育群众，让群众知道自己的利益，自己的任务，和党的方针政策。办报和办别的事一样，都要认真地办，才能办好，才有生气。我们的报纸也要靠大家来办，靠全党来办，而不是只靠少数人关起门来办。”他又说：“应当保持你们报纸过去的优点，要尖锐、泼辣、鲜明，要认真地办。我们必须坚持真理，而真理必须旗帜鲜明。”“我们要教育人民认识真理，要动员人民起来为解放自己而斗争，就需要这种战斗的风格。”在他的讲话中，几次说到“认真”二字。

这些话毛主席是对办报的同志讲的，办出版和办报差不多。他在这里讲的是要为群众利益服务，要教育人民认识真理，他强调对真理必须旗帜鲜明。这里讲的是工作方向问题。他说要靠大家来办，不要少数人关起门来办。要认真地办，才能办好，才有生气。这里讲的是群众路线问题。他又说，还要尖锐、泼辣、鲜明，要认真地办。这里讲的是共产党人的立场和风格，共产党人的立场要鲜明，行事要尖锐和泼辣。这就是毛主席讲的“认真”的意思，他所讲的，工作方向、工作方法、立场、工作态度和作风都有了。

建立组织，统一领导，绘制新图

中华人民共和国的建立，标志着全国的统一。淮海、平津战役以后，解放军横渡长江，占领南京、上海，挺进中南和西南，在西北进军新疆。此时蒋介石逃到台湾。1949年10月1日，虽然全国还没有完全解放，但大局已定。中央人民政府成立了，11月1日设立了出版总署，作为国家领导全国出版事业的最高行政机构，由老出版家胡愈之同志担任总署署长。

出版总署成立了以后，行政上强调统一领导。全国解放初时，出版方面比较零散，国营出版社力量还很薄弱，社会上还有许多的私营出版机构存在，出版物中有不少内容低劣的书刊在出售流传。

早在出版总署设立之前，1949年1月底北平和平解放，中央决定成立出版委员会，首先统一领导北平、天津和华北地区的出版工作，并指定黄洛峰同志为主任委员。出版总署设立以后，出版工作委员会并入总署。

1949年10月初，在中宣部直接领导下召开了全国新华书店会议。中心议题是实现全国新华书店的统一。由于战争的环境，各地新华书店比较分散，过去根据地的书店，由于地区被分割隔离，各自一方。全国有的地方发行机构虽为国营，但未有统一的工作部署和称谓；新的解放地区，也将建立新的发行机构，所以应该统一。1950年10月20日中宣部发出《关于全国新华书店出版工作的通报》说：“现在中央人民政府已成立，决定自1950年起把新华书店改为国营，统一由中央人民政府出版总署及下设的编审局和出版局领导。”“依照集中领导、分散经营的原则，各地新华书店还需接受各地党委的领导，并按时向各地党委宣传部作工作报告。”

编辑工作原与书店在一起，根据出版与发行分工的原则，为大力增强编辑出版工作，把编辑出版与书店分立，于是建立人民出版社。

全国出版事业，从解放以后，经过两年多的整理，有了很大的发展。1951年10月10日，中宣部写出“关于出版工作向中共中央的报告”。报告经毛主席阅后于10月12日批示：“同意这个报告”。此报告向中央汇报了两年来出版工作的发展情况，并说明存在问题和今后的意见。为扩大出版事业，加强图书出版，报告叙述在中央和地方，新建立了一些出版社。在中央方面，除人民出版社以外，又建立了人民教育、人民文学、人民美术、科学技术、青年、工人等共7家出版社。大行政区建立了5家人民出版社，省级建立了15家人民出版社，加上大行政区其他专业出版社，全国共有47家国营出版社。

报告提出今后工作的意见：“一、加强对出版工作的领导。规定各出版社应每年作出选题规划，由各大行政区于10月以前将此计划报告中央宣传部和出版总署审定，再由中央宣传部和出版总署根据国家的需要，作出总的规划。在出版的规划中，应加强马列主义著作和工农群众读物的出版。二、确立编辑制度。一切出版社必须建立编辑机构。中央和大行政区的出版社应逐步建立专业编辑室或科。……在建立编辑制度的问题上，人民出版社应特别严格作为全国出版界的模范。”文件还特别指出：“规定党和政府的文件，一律由人民出版社出版，规定若干种有重大政治性的出版物（如历书、地图、领袖像等）一律须经出版行政机关审查。”

中宣部向中央的报告，提出的工作意见非常具体。可见当时的务实作风。由于解放战争刚刚结束，而且又掀起抗美援朝，社会还没有完全安定，在这样环境里，各种规章制度都特别严格。对出版方面的工作要求很高，特别是要注意审查，注意请示和报告，要服从党委的领导。

当时中宣部副部长胡乔木于1951年8月21日，在第一届全国出版行政会上报告时特别强调党的组织对出版工作的领导，他强调“出版工作是中央人民政府的重要工作，也是党的重要工作，党的各地组织都必须把这一工作当作最重要的事情去做。”

中宣部出版处对于当时的情况进行调查研究，写出了汇报，认为1951年10月毛主席批示同意中宣部的报告下达以后，各方面非常重视。新建立了一些出版社以后，对于刚解放的新中国扩大传播马克思列宁主义和宣传党的政策，起了很大的作用。对于加强党的领导，出版社建立编辑制度和制定选题计划方面也有了新变化，出版领域展示了新的图景。

自人民出版社建立以后，为加强工作力量，扩大出书范围，将三联书店并入其内。在30年代由邹韬奋、徐雪寒、黄洛峰等前辈分别创立的生活书店、新知书店和读书出版社，是共产党直接领导下在国民党地区的出版机构。抗日战争以后，这三家迁入内地，在极其艰苦的环境里坚持工作。在全国新中国成立前夕，1948年10月，在香港三家联合成立了总管理处。在旧的时日里，这三家出版机构在传播马克思列宁主义、宣传抗日、反对国民党统治方面，起了很重要的作用。解放以后迁入北京，1951年，以三联书店的名义并入人民出版社，保持以三联书店的名义出书。直到80年代，由于考虑到三联书店在历史上对海内外的影响，正式恢复三联书店的建制。新中国成立前它们出版的进步读物，有不少在新中国成立后继续出版发行。例如艾思奇的《大众哲学》，在30年代和40年代哺育了一代知识青年，50年代继续出版。郭大力、王亚南译的《资本论》，解放以后不断再版,受到知识界的欢迎。

回忆50年代初，我曾参与一些重要事项的研究与文件的起草工作。如对私营出版和发行业的改造，人民出版社出书的方针和任务，如何加强和改进农村读物等。1954年曾用了不少的时间来研究地方出版工作的方针，当时由我起草了《中央宣传部关于地方出版社工作的指示》。这个文件由中央宣传部办公室1954年12月1日发出征求意见，修改后，成为正式的文件。此文件草稿，已收在《中华人民共和国出版史料》第6册（《史料》由中国出版科研所和中央档案馆共同编辑）。这个文件拟定了地方出版社的出版方针和应该注意的问题。在方针中强调，地方出版社应根据地方的特点出书，同时“地方出版社亦可以出版一些适合文化水平较高的读者阅读的文艺著作或理论著作。”文件指出：“过去地方出版社所出版的书籍，选题范围过于狭小，许多应该出版而且能够出版的书籍也没有组织出版，以至不能满足各方面读者的要求，并且使一些作家缺少发表著作的机会。今后应扩大选题范围，广泛联系读者和作者。”可见，对地方出版社的方针，那时就注意要扩大其出书的范围，其选题过于狭小，已经有所感觉。这个文件（草稿）距今已经50多年，有趣的是方厚枢同志在负责编辑《史料》时，从档案中找出该文件，他认出文件手写的笔迹是我所写，就告诉我，并复印一份给我，我真是高兴至极。经过多少年能看到自己亲笔起草的文件，怎不令人兴奋!

50年代，出版处还有一件经常性的工作，就是为苏联大百科全书供应稿件。此事是中央交办的，曾许诺前苏联出版的大百科全书，中国可供应有关中国方面选题中的材料。在这方面，出版处高德同志出了大力，工作很认真，流了不少汗水。有一段工作很频繁，如为前苏联方面组织稿件，选题有中国工会、中国作协、中国合作社等，内容包括历史和现状。这些稿件请有关权威方面撰写，再根据要求进行编辑并发送到前苏联去。记得选题中还有中国共产党最高领导人的传记，如毛泽东、刘少奇、周恩来、朱德等同志的传记。这些传记由中央最高层定稿才能发出。对苏联大百科全书提供稿件，对方没有给中国任何报酬，此事与前苏联关系紧张后才终止。

普及大众文化，拓宽出版领域

为了普及大众文化，促使群众知识水平的提高，中宣部决定建立通俗读物出版社。中央领导同志多次强调要加强通俗文化方面的工作，包括文艺工作和号召剧团下乡。陆定一同志于1951年4月27日在中宣部通俗报刊图书出版会议上的总结报告中说：“通俗报刊出版问题是一个很重要的关系我国数万人民的问题。”“群众的要求是非常迫切的，我们还没有力量给以完全的满足，但一定要给以最低限度满足；一定要正视这个问题，要把它看成一个严重问题，一定要同各地讲清楚，要到处宣传，唤起大家，眼睛要向下看。”刚刚解放的新中国，广大工农群众要求提高文化的呼声很高。多少年来他们处在社会底层，半封建半殖民地的社会造成生活环境和精神上的痛苦，一直未能解脱，现在翻身了，应该改变境遇。

1953年经过努力，从各方面调集干部,成立了通俗读物出版社。该社的方针任务是编辑出版社会科学基础知识、时事政治和政策法令读物，以及语文史地、自然科学、通俗文艺等读物，以满足广大工农群众的需要。1954年大行政区撤销，华北人民出版社和华北人民杂志社并入该社后，出版力量大为增强，机构、人事、制度等都形成规模。建社以后，每年出书在500种以上，还办有《时事手册》、《政治学习》、《农村工作通讯》、《曲艺》、《剧本》（农村版）等多种期刊。1955年下半年，为适应当时的农村形势，中宣部确定该社为面向农村、主要为广大农村读者服务的专门出版社。1958年初，该社并入人民出版社，继续出版这方面的读物。自从该社成立之日起，中宣部出版处联系密切，对其出版计划、选题的拟定和发行的办法，都经常参与意见。

新中国成立之初，在北京自人民出版社和上述若干家出版社成立以后，为适应社会各方面专业的需要，按照专业分工，又相继成立多家专业出版社，如机械工业、人民铁道、冶金工业、国防工业、纺织工业、建筑工业、轻工业、地质、交通、邮电、林业、化工、卫生、体育等。这些出版社直接由人民政府各部委领导。由于专业出版社的建立，实用科技图书大量出版，为新建立的工业部门的干部提供了重要的工作教材和参考资料。此类图书的出版，是综合性出版难以办到的。当时,中宣部出版处的同志,对这些专业出版社进行过调查，有些材料经整理后，曾刊载在中宣部的内部刊物上。专业出版社的社长们，经常召开联席会议，互相交流情况,不时也邀请我出席，使我从中也了解到不少情况和问题。在会上，我听到上面有关的新精神，也和他们沟通。大家都觉得这种形式很好。

这些专业出版社成立时，背后有靠山，既能了解专业发展的方向和干部的要求，又有发行的渠道，而且在经济上还有可能取得补贴。对于上级领导部门来说，不但在业务宣传上有帮手，而且有一个口子可以培养和输送干部，甚至于有时还可能得到上交的一些利润，弥补机关的某些需要。但是事业的发展越来越大，单位扩展越来越多，有一个新机构建立，就要求建立一个出版社，出版主管部门也难以招架。这样专业出版社发展越来越多，有的专业工作部门，工作特别专一，从业人员不多，其专业出版物在社会上也不是广泛需要，因此工作上遇到困难，甚至经济上难以应付。有的就提出可否扩大出书范围，异地就食。这种体制，最初是学习前苏联的，在50年代，曾有很大的好处，但到了21世纪,专业出版社如何处置,如何布局,应深入探讨。

全国解放以后，大部分居住在边远地区的少数民族，也要求迅速提高文化教育，考虑到他们的需要，1953年1月建立了民族出版社，用蒙、藏、维、哈、朝等民族文字出版各个门类学科图书，包括马列经典和毛泽东著作，以及党和国家的重要文献。民族出版社建立时，从各地调入大批专家，以后又培养了众多的青年，成为翻译与研究各种民族文字和各种学科的重要人才。

中华人民共和国的建立，在全世界发生重大影响，为了扩大对外宣传和促进国际间交流，1952年专门成立了外文出版社。这家出版社建立以后，不但翻译了党和国家领导人的著作和重要文件，同时翻译介绍了大量中国古代名著和中国著名作家的作品，广为传播，使全世界了解中国。

期刊的出版，是非常重要的工作。1949年创办的《学习》杂志，是当时较通俗地传播马列的刊物，由中宣部领导，陈翰伯兼任副总编辑。中宣部有关各处的领导同志都在刊物发表文章。陆定一同志不时关注刊物的内容，对重大原则性问题给予指示。刊物发行量很大，在一般干部和大学生中有很大影响。《学习》在1958年合并于中央创办的《红旗》杂志。

当时相继出版的刊物还有《世界知识》，这是早年由上海进步人士主办的刊物，刊物对于传播国际知识，引导读者正确观察世界局势有很大帮助。新中国成立前曾被国民党当局查禁，新中国成立后恢复出版，在读者中很受欢迎。当时创办的期刊还有《中国科学》、《新中国妇女》、《人民画报》、《解放军画报》、《文艺报》、《人民文学》、《新体育》等，这些刊物的创办对于各个层面工作的开展和密切联系人民群众有很大作用。到1952年，包括各地出版的期刊在内，全国已经有期刊354种，发行达2亿册。这是个不小的数字，可见刊物在社会中的影响。

私营出版业的走向

新中国成立前的中国，出版业除个别机构为国民党所有以外，大多都是私营企业。据1950年3月统计，全国11个大城市中，私营书店有1009家，其中经营出版业务的有244家，大部分都集中在上海。不能否认，旧中国出版图书行业，除极少数以外，对传播文化知识和普及教育于社会都有益处。一些历史悠久、营业正当的，在社会上还有较高的声誉。所以改造私营出版业，要采取不同的对策。中宣部1951年10月10日《关于出版工作向中共中央的报告》中，对改造私营出版业的原则指出：“分别对象，采取积极的措施，对真正愿意为人民的出版事业而努力的力量，促使其联合经营或公私合营，确定其专业方向，务期于5年内将其中大部分改为公私合营。”

对私营出版业的改造，按照中宣部向中央报告的原则进行。由于图书出版关系人民的精神生活，关系国家的政治。对于后代的培养非常重要。所以对私营出版业的改造，早于对工商业的改造。

具有悠久历史和有很大影响的商务印书馆和中华书局，在现代出版业中，曾做出过重要的贡献。这两家出版机构，对于编撰教科书、整理古籍、翻译介绍西方学术和编撰辞书方面，在社会上有很高的声誉。解放以后，在改造过程中，应该发挥他们的专长，使其更好地为新社会服务。因50年代初，某些体制的设置在变动和探索，工作也缺少经验，所以有的单位也发生变化。1953年和1954年将商务印书馆改组为高等教育出版社，中华书局改组为财政经济出版社。但在工作过程中又发生变化。经调查研究，1958年2月中宣部提出将高等教育出版社和商务印书馆分立成两家独立出版社；将财政经济出版社改组为农业出版社，中华书局另立成独立的出版社。商务印书馆和中华书局均由文化部领导。商务印书馆为主要出版世界学术著作，中华为主要出版我国古籍的出版机构。陈翰伯同志从中宣部理论处副处长岗位上调任为商务总编辑，金灿然同志调任中华书局总编辑，从此两家老店走上了正轨。

上海的开明书店创办于20世纪初，以后在叶圣陶和章锡琛先生的主持和关注之下，团结一批进步作家，出版了许多好书，特别是在教育青少年方面做出了贡献。他们主办的《中学生》受到极大的欢迎，新中国成立后还在出版。开明书店在1951年就开始与团中央的青年出版社进行合并，1953年改称为中国青年出版社。

1951年前后，私营出版业办得较好的，在当地政府的领导下，联合成立了一些出版通俗读物的出版社，在北京有新大众出版社，中南有武汉通俗图书出版社、湖南通俗读物出版社。这些出版社当时起过很好的作用，以后分别并入国营出版社。

上海私营出版业较为集中，按政策有步骤地进行改造。如龙门书局一贯出版科技图书，在社会上很有名气，1954年与中国科学院编译出版委员会编译局合并，改组为科学出版社。龙门书局的牌子一直保留，直至今天还在使用，而且很有声望。上海私营地图出版社与国营新华地图社合并，改组为地图出版社。有的私营出版社人员与资金不足，采取合并办法，并由上级派出领导力量，加强其工作。如私营群益出版社、海燕书店、新群出版社等合并，改组为新文艺出版社。有的私营出版社是官僚资本，早在解放之初，就被接管了。

1956年私营出版的改造已经完成，国营的出版业已打下根基，综合的和专业的出版社已初步建立，发行体系纳入新华书店的轨道，印刷书刊的印厂都在人民手中。此时社会主义的出版图谱已经展示。根据统计，1956年全国出版社有101家，总共出版图书达2.8万种，印数为17.8亿册。同新中国成立后的1952年出版1.3万种，印数7亿册相比，种数增长1倍，印数增长1倍半。如果同新中国成立前出版数量最高的年份比较，1936年出版9400种，印数1.8亿册，种数增长了3倍，印数增长了近10倍。当然印数难以比较，那是旧社会，入学的学生和读书人的数量，都无法相比。

1956年，是50年代和60年代出版领域发展的最好年景。1956年4月28日，毛泽东主席在中央政治局扩大会议上提出“百花齐放，百家争鸣”的方针，是繁荣文学艺术和发展科学的方针。5月26日，陆定一同志又在中南海怀仁堂对自然科学家、社会科学家和文艺工作者作了讲话，进一步对“百花齐放，百家争鸣”方针作了详尽的阐述。此前，1956年1月中共中央召开关于知识分子问题会议，周恩来总理作了《关于知识分子问题的报告》，说明对知识分子的政策，指出知识分子已经是工人阶级的一部分。这对知识界是很大的鼓舞，对出版工作者也是同样感受。这些好的政策正在传达落实，并在具体行动中展开。但1957年的“反右派”运动和早已开展的“反胡风”斗争，把那美好的憧憬打破了。“反胡风”斗争，涉及一部分知识分子，“反右派”运动主要在机关团体和学校开展，其批判的对象大部分也是知识阶层，这样造成社会极大的动荡，直接影响到出版业，不言而喻，出版物的部分作者同样受到很大的影响。

从出版的统计数字来看，1958年和1959年出版图书都超过4万种，大大超过

1956年的数字，但这不能说明什么问题，因为在“大跃进”的年代，水分很大，粗制滥造的出版物很多。老同志们大都了解，全国人人做诗，大字报到处都是，于是剪刀加糨糊的出版物，充斥着书店。以后,几经反对和卸车，到60年代初,才开始恢复正常。但好景不常，洪水般的“文革”又到来了。幸好，世上的事总是反反复复，曲折前进，“文革”结束，“四人帮”受到人民的审判，社会主义的中国又走上光辉大道。经过60年的奔走，折腾、探索，血泪和鲜花的交织，今天终于走上正轨。

“五反”运动中的启示

1952年年初，我从中宣部临时调出去北京市参加“五反”运动，后又去广州搞“五反”，前后有半年时间。

入城以前，党的二中全会就指出，要警惕资产阶级的糖衣炮弹。此时问题真的来了。1951年年底展开了“三反”运动，1952年初又进行“五反”运动。“三反”运动是反贪污、反浪费、反官僚主义，这是在内部开展的运动。“五反”是反对行贿、反对偷税漏税、反对盗骗国家财产、反对偷工减料、反对盗窃国家经济情报。全国解放以后，各地展开土改，接着就是抗美援朝，把美帝国主义驱除远离我们的鸭绿江，帮助朝鲜人民夺回被占领的土地。再接着就是“三反”、“五反”，国内国外斗争不断，矛盾尖锐，整个社会还在动荡之中。国家利益和人民利益是共产党人的最高战略决策。

读者中许多人都知道土改，但不少人可能不大知道“五反”是怎样回事，我在这里简要地叙述我参与此运动的过程，让大家多少体会其中的内情。

“三反”运动是由刘青山、张子善事件引起的。刘、张是天津地委的主要领导干部，他们都是有资历的老党员。在解放以后利用职权，贪污大量公款，并且和私商勾结，倒卖大批钢铁和物资中饱私囊，使国家蒙受很大的经济损失，干部群众反应非常强烈。1951年12月，中央批准将此两人处以死刑。以这个主要典型事例和暴露出来诸多严重的问题为背景，在全国展开了“三反”运动。由于内部“三反”运动牵扯出现的问题，说明社会上特别是一些奸商，对干部进行行贿和偷税、漏税、偷工减料等非法行为非常严重，因此中央决定在全国大城市展开“五反”运动。毛主席决心很大，发动“五反”运动打击不法资本家的气焰，并且雷厉风行。

中宣部派出干部参加社会“五反”运动，主要用意在于密切机关和社会的联系，了解社情，了解实际，便于开展宣传工作；同时有利于培养干部，增长其社会知识，因为离开小办公室，融于社会，深入群众，会更好地认识社会，认识世界。我到北京参加“五反”运动期间，胡乔木同志亲自到我所在的工作地点祥细了解情况，并嘱我回到机关要向他汇报。后来我从北京工作地点回来以后，向他作了具体的汇报，而且他问得非常详细。当时他是中宣部副部长，又是毛主席的秘书，他对运动深入了解，与他的工作相关联。

北京市从1952年1月开展“五反”，1月中旬开始组织100多个检查组，进入私营不法商店、企业进行检查。我被任为一个检查组的组长。成立检查组是“五反”的主要行动。当时听了许多报告和动员，包括市委领导的报告，我还聆听了彭真和薄一波同志对“五反”运动的专门报告，后来也听过天津市委书记黄敬同志的讲话，都是对“五反”的部署和工作的意见。

1月中旬，我们这个检查组被分派进入一个商店。所有检查组进入的私人商店和企业，都是由市里指定的。进入以后，归区委领导。我们进入这家商店是在崇文区，所以我们归崇文区委领导。当时崇文区的区委书记是宋汝芬同志，我和他建立了密切的联系。宋的原则性很强，又很灵活，很实在。我们进入的这家私人商店是一家对外的贸易行，他们人数不多，连经理和伙计也只有十几个人。一天傍晚，我们带着神秘感，开进了这家商店。检查组除了我是组长以外，还有十几位同志，他们来自各个方面，除作家赵树理和机关同来的同志和我熟悉以外，其他全不认识，其中有市公安分局的、税务部门的，还有北大临届毕业的学生以及一些商店中的工人骨干。我们这个检查小组人员组成很齐全，社会知识面较宽。我们进入商店以后，真是如临大敌，把他们的经理、襄理和会计等主要人员，分别隔离起来，令其交代问题，告诉他们坦白从宽，抗拒从严。我们搞了几天，没有搞到多少材料，只是他们坦白了一点点。据说这家商店是有名的，他们往国外也出售一些古董，但是许多古董是假古董，赚外国人的钱。因为这个商店是个重点单位，区委书记宋汝芬常到我们这里来，并且亲自同商店的经理谈话，做他的工作。市里有关的领导同志也常来，来了解这家商店的问题。市委主要领导和公安局长也来过这里。为了了解当时“五反”的运动的开展情况，一天夜晚，12点左右，我未接到通知，中宣部胡乔木和他的夫人谷羽同志突然来访，他们和我交谈了很长时间。当时我们也没有什么经验，搞得很辛苦，有几天几夜都没有睡觉。市里“五反”办公室也不断地来催促询问，搞出多少材料没有。我们的办法主要是和被隔离的人谈话、攻心，要他们坦白交待。还有发动他们的家属、子女对他们做工作。再就是查他们的账目，寻找他们在账目中的漏洞和问题，并找他们来查对。我们检查队的队员们任务不轻，不但要轮流看守他们，还要想办法和他们谈心，让他们交代问题。

作家赵树理，他的年纪比我大，做事比较细心，富有社会经验。他和被隔离的对象谈话，谈得很实在，有时候能说到他们的心里去。我们有几位搞财务工作的同志，他们对账目很有经验，从账目中不断地找出毛病来。我们这个战斗小组很团结，有的人善于攻心，但是我们没有搞出多少材料。结束这家商店后，检查组又开到另外的商店。我们到过一个做皮毛生意的商店，在检查组进入这家商店以后，他们的伙计拿出皮毛来晾晒，院子里臭气熏天。后来我们又到过一家茶叶庄，这商店比较小。检查组后来又重新组合，市里被检查的商店越来越增加。我们工作方法都是一样，隔离审查、攻心，令其交代问题和查账。在检查期间，不断开会交流经验，以促进工作的开展和突破。据说，有的检查组开入商店之前，也搞形式主义，队员们先围着商店跑步跑三圈，以壮行色。

我们检查组在工作期间，生活也蛮艰苦，都是在外面随意买饭吃。那时有一段时间临到了春节，市里所有商店都关门，街上没有卖吃的，我们就到区委机关去搭伙，和区委的同志们一块吃饭，那时的区委办事的同志不多，在区委吃饭也不太麻烦。

1952年3月，中央决定全国大城市普遍展开“五反”，上海和广州是重点。薄一波同志亲自到上海指挥作战，公安部长罗瑞卿同志带队到广州。此时从北京和天津参加搞“五反”的同志中调去广州200多人，参与广州的“五反”运动，我也是被调去广州参加的人员之一。这是组织上的决定，不能离开。

广州的“五反”运动由叶剑英和罗瑞卿同志指挥，当时在广州越秀山体育场开了大会，叶剑英同志说我们从北京、天津来的同志有经验，来帮助广州搞“五反”，我们受到极大的欢迎。我们从北京坐火车到广州，一清早下了火车就到了沙面，在一个旅馆住下来。广州的同志对我们非常热情，他们熬了几锅牛肉粥，招待我们，这是广州比较好的早餐，但是北京、天津的同志吃不惯这种咸粥，有的就问：有白稀饭吗？有咸菜吗？可我自己的老家是广东，我很习惯，牛肉粥对我来说好得很，我多年没有吃了，吃得很香。

我们从北京、天津来的同志都是搞过“五反”的，广州领导对我们委以重任，当时要我管广州市两个行业的“五反”，一个是小五金，一个是黑白铁，就是出售钢筋、钢管那些建筑材料的。我们这片的指挥部设在永汉路，即是现在繁华的北京路。当时有100多个工作人员，也成立了好几个检查组，检查组开入重点违法户。对其他商店，做法是把经理和主事的人分别组织起来，进行学习和交代问题。

看起来在“五反”运动中暴露出来的问题，广州比北京严重得多，其偷漏税和违法的经济来源，数量也比较大。在我所主持的搞“五反”的这两个行业中，大部分商店都有偷漏税的行为，被检查的那些商店经济问题很严重。感觉到如果当时不展开“五反”运动，随其发展下去，不知会到何等程度。

有一家被我们检查的商店，门面很小，店中只有几个人，但是贸易额很大。这家商店的业务是承接购买成批的五金器材，他们接受了货单，就去香港加工或者订货，再运入广州交货。在抗美援朝期间，我们的军需部门也到这家商店订购了一些器材，如钳子、锤子和各种铁丝等，数量很大。但是我们的军需部门运到朝鲜去使用时，却发现通通是假货，那些钳子一拧什么东西，钳子就先坏了。向商店订货时，都说要订德国货，交货时也是说从德国输入香港的，而这些却完全是假货，都是欺骗。我们检查组发现这家商店的问题很大，欺骗国家的金钱很多，但是要找他老板算账时老板早已逃到香港，只留下一些普通的伙计。我们将那些材料和军事相关部门进行查对，被欺骗的情况都是属实的。其他的商店也有不少类似的情况。当时广州与香港贸易上的交易很普遍、很密切。广州的商人经常来往于穗港之间，从中谋利。出售铁管、铁条、钢筋建筑材料的商店，偷漏税是普遍的现象。有的是和外地的商人互相勾结，把钢材运到其他城市，从中漏税、偷税；也有不少对国家的采购人员行贿，但是都比较隐蔽，也不轻易坦白交待。当时在我们的汇报和交流中，了解到广州其他的行业暴露出来的问题也非常严重。有的行业比我们这两个行业更加严重，非法经济数额也比我们这两个行业大得多。

我们从北京、天津来的同志，到了6月份，已工作了3个月，就要离开了。到我们离开时，接近处理阶段，但是到处理时，政策对待私商的非法所得非常的宽大。其宽大处理，使许多搞“五反”的同志大为吃惊。到最后酌定退赔时，确定的数额很小，有的就完全减免了。被我们查出欺骗我们军事部门的那家商店，使我们抗美援朝中的一些物资器材都受到了影响，但最后对他们的处理方案，其退赔的经济数额也不值得一提。我们同志中也有说怪话的，说烽火点起来了，四方都惊动了，但实效在哪里？

“五反”运动对私商划分为五等：一、守法户；二、基本守法户；三、半守法半违法户；四、严重违法户；五、完全违法户。在“五反”运动中，中央对“五反”的材料不断进行研究，毛主席非常关心这件事。毛主席采取的第一个措施是：对守法的工商户鼓励他们照常营业，对有一些小问题的工商户，尽快做出决定，归入守法户，使守法户的面扩大一些。守法的和半守法的，这两类工商户加在一起，要占全部工商户的百分之九十五左右。毛主席说：“城市中在处理了占百分之九十五左右的守法和半守法两大类资本家以后，人心就大定了，暂时停顿和半停顿或不活跃的经济活动，就可恢复了。”我们在北京搞“五反”时，我们搞财会的那位杨振栋同志，他不时被抽去测算运动中的经济数字。他回来对我说，这是毛主席找他们去测算的，非常高兴，觉得非常光荣，心里很激动。

毛主席在3月13日看到薄一波从上海报来关于工商户分类情况的报告，发现第二类（基本守法户）为百分之36.8%，第三类（半守法户和半违法户）为百分之44.2%，毛主席认为第三类划得比例大了，要周恩来和薄一波研究一下，能否把第三类往第二类移过来一些。周恩来立即起草了给上海市委和薄一波的电报。目的在于尽量扩大争取、团结和保护工商户的人数，最大限度地孤立和打击极少数的严重违法资本家。毛主席这个策略思想越来越鲜明。毛主席特别关注上海的定案处理工作，上海大资本家比较多，对上海工商户的处理，不论在经济上和政治上，对全国的影响都是巨大的。上海最大的民族资本家荣家，对他的处理更加引人注目。荣家的企业在“五反”中，也发现了一些问题，应该划入哪一类？经过薄一波和陈毅反复商量，定为基本守法户，这个处理意见报告毛主席。毛主席说：何必那么小气！再大方一点，划为完全守法户。这个“标兵”一树，在上海以及全国各大城市产生了很大的影响。

据《毛泽东文集》第六卷记载，在“五反”进入了定案处理的关键时刻，1952年5月9日毛主席及时地为中共中央起草了关于“五反”定案、补退工作等问题的指示，为顺利结束“五反”运动，提出了一系列从宽处理的政策规定。指示中说：“现当‘三反’‘五反’最后定案之际，我们必须本着斗争从严处理从宽，因当严者严之因当宽者宽之的原则，好好结束这场斗争。”在指示中又说：“在‘五反’斗争中，工作组和工人对资本家违法所得数一般都算得很高，在定案时必须合理地降下来，使合乎经济的情况实际，必须使一般资本家在退补之后还有盈余。”在指示中还举出广州新药业原定违法所得一千亿元，由于我们几次主动核减最后定为三百六十亿元，出于资本家意料之外的宽大，大家高兴。这个比例即是比三分之一稍微多一点。这个指示要求各市大体按此比例定案。指示说：“我们就能在政治上和经济上完全取得主动，而使经济迅速恢复和发展，使资本家重新靠拢我们，恢复经济积极性，使工人不至失业。”

从毛主席的指示中可以体会到对“五反”运动的定案处理，主要不在于从违法资本家那里搞到多少钱，而是有更深远的考虑，着眼于国民经济的恢复和发展，着眼于工人阶级的长远利益，着眼于对民族资产阶级关系的正确处理。

毛主席为什么选择在1952年上半年开展“五反”运动呢？毛主席认为这是一个比较好的时机。他在1953年8月中央政治局的会议上讲过：“‘三反’‘五反’只能在去年上半年搞，因为那时我们在朝鲜战场打得很好，战线稳定，土改基本完成，镇反基本结束，而资产阶级的尾巴翘得很高，必须打下去，如果搞早了反而不利。”

我在北京市和广州市两地参加“五反”运动，使我在斗争中经受了很大的锻炼。毫无疑问，从整个战略中来看，展开“五反”运动是对的。在“五反”运动的过程中，我了解了中国的社会，了解了资产阶级的经济和他们的生活，了解了工人、商员的地位、工作和生活的情况。

风飘摇旅途遥

我结束了参加“五反”运动，又回到中宣部参加日常工作。

中宣部当时不过问一般行政事务，按照陆部长提出的“抓政治、抓思想、当参谋、当哨兵”的方针，除非毛主席和党中央领导同志交办的具体工作，平时大多进行调查研究。

中宣部是抓意识形态的机关，集结了不少有作为的人才。部的领导许多是党创立时期的干部，有高度的理论水平和政治水平。当时陆定一为部长。除胡乔木、陈伯达、周扬担任副部长以外，从各大行政区、中央局调来的几位担任副部长的都是各大区的重要领导人，如西南局调来的张际春和张子意，从华北局调来的张磐石，从东北局调来的李卓然，他们过去都有突出的贡献。当时张际春还兼任政务院的文办主任。部长陆定一为中央政治局候补委员，他从七大以后就担任中宣部部长，一直到“文革”前夕，时间长达20年（50年代初，陆因到前苏联治病，曾有一、二年由习仲勋同志任部长），陆又是副总理，所以当时中宣部的威望很高。在“文革”以前，中宣部管理的范围很宽，除理论、对内宣传、对外宣传、文艺、新闻、出版以外，还管教育、科学和体育、卫生。当时中宣部和有关方面商量以后，可以任命各省市的宣传部长，还可以任命各重点大学校的主要领导干部。中宣部在党内党外有很大的影响。在50年代和60年代上半期，中宣部也一再强调阶级斗争，紧跟毛主席的战略部署，所以中宣部也成为重中之地。

在中宣部机关内部，除了“肃反”审干、“反右派”和在各次运动中，对机关的干部抓得很紧以外，平时对干部的思想行为也管得很严，阶级斗争的弦绷得很紧。凡有重大事件，大家都要进行讨论，或外出进行调查，或写文章加以配合。

1958年“大跃进”的年代，中宣部的干部们思想也很活跃。那几年大家不断下去，体会大好形势。开始时都很兴奋，我自己也同样。我当时和几个同志到过新乡、郑州、洛阳和西安等地，深感中国人民发挥了巨大的创造力，中国大有希望。但是越到后来，感到问题越来越多。当时“大跃进”的“浮夸风”也影响到出版部门，书籍片面追求数量，质量下降，剪刀加糨糊的东西很多。人人做诗，写的大字报都可拿来出书。此时出版处在包之静同志带动下，做了进一步的了解，向中宣部的领导作了汇报，并由包之静亲自动笔，写了《关于改进书籍出版工作和提高出版物质量的报告》，由中宣部发到各地，纠正滥编滥印的现象。

在1959年庐山会议后，“反对彭德怀右倾思想运动”展开，中宣部机关也掀起很大的波澜。当时机关里就批判了秦川、袁靳等9人，所谓9条“大鲨鱼”。他们大都没有什么所谓不妥的言论，也硬被揪了出来。他们受了批判，被下放到安徽劳动和蹲点，后来才进行平反摘掉帽子。

“大鲨鱼”秦川

秦川，贵州赤水人，出生在红军长征中四渡赤水的地方。1953年他调到中宣部来，我才和他认识。他是1936年参加共青团和共产党的老干部，来之前他担任西北局的宣传部秘书长。他是个久经锻炼又有丰富经历的同志。“七七”抗战以前他就进入了延安，以后在陕甘宁边区党委和西北中央局宣传部工作，从此与宣传工作有了不解之缘。解放战争期间，他到了西北野战军前委，担任前委的宣传委员，以后又带队下乡，担任过米脂县土改工作团的团长，并任县委书记。他从西北局宣传部调来中宣部以后，先担任科学卫生处的副处长，后调任宣传处处长。他工作认真，作风活泼，善于独立思考，他不随波逐流，人言亦言。他和同志们相处和蔼可亲，和大家很融合，是一位非常好的同志。

1959年2月到5月间，他同中宣部国际宣传处副处长、机关党委副书记袁靳等同志一起，去四川新都县做调查。当时“共产风”、“浮夸风”刮得很厉害，新都县是平原沃野，本是成都的粮仓，可是竟缺粮食，使公共食堂办不下去。许多地方的食堂也都停伙了。当时到那里进行调查的秦川和袁靳，就写了《新都调查》，如实地向上反映情况。以后秦川又到川南继续进行调查，再把类似的情况向部里写信。他当时还向本地干部作报告，讲述所见所闻的情况，报告中批评了

“共产风”、“浮夸风”。回到北京以后，他又从朋友那里得到彭德怀在庐山会议上的意见书，对彭老总的意见书表示赞同。于是在1959年“反右倾”运动中，这些言行就作为秦川反党反社会主义的材料，对他进行批判。同时受批判的还有袁靳等同志。当时部机关内也很热闹，大字报贴得到处都是。有的大字报以社论的形式，指出中宣部有9条“大鲨鱼”。经过大小会议的批判，秦川还有袁靳，被戴上了“右倾机会主义”的帽子。其他几位也被列为犯有严重右倾或右倾的错误。秦川和袁靳被撤消了党内职务，连同那几位同志一起，都下放到安徽农村劳动。秦川和袁靳他们在劳动和蹲点期间，又如实地反映了安徽群众缺粮和饿死人的情况，还提出改正农村错误的政策和措施。秦川、袁靳等同志不顾个人得失，也不理会戴了右倾的帽子，心怀坦诚，表现了共产党人的伟大气质。

时间到了1961年，又要对“反右倾运动”中被批判的同志进行甄别。世上的事情总是反反复复，曲曲折折，一切事情都要经过历史的考验。当时，我被中宣部任命为甄别组组长，对机关被批判的同志，作调查研究，进行甄别。说实在的，我心有余悸，觉得党内运动频繁，也许下一次运动又要抓什么翻案风了，为此我心里很不踏实。我曾向上级请求免去我的甄别组组长职务，我还请包之静帮我去说，但是这位老包却说，这已经定了，你就做吧！他说你提供材料嘛，还有部长定夺呢！他安慰我不要害怕。当然，我的要求没有被批准，不得已，只好认真去做。

我回忆起1957年在“反右派运动”期间，我在小组会上曾经提过一条意见，我很坦率地说，我给陆定一同志提条意见，他是“肃反”运动五人小组的组长，在那次运动中，要求下面的“肃反”对象都要达到百分之五，这样做法是不妥当的，是过火了。我说的时候并不特别在意，但记录的同志也不在意地记了下来，后来这条意见，不知怎样就登在中直机关党委的内部简报上。这是白纸黑字，是跑不了的右派言论。此事到了“反右派”后期，有人就拿了这个简报出来，但我早已忘记此事。这使我大吃一惊，我悔不该提这条意见。幸好，我在会议上反复做了检讨，又兼之我的人缘比较好，顺利地过了关，没有对我扣什么大帽子，但这一次吓得我出了一身冷汗。所以对这个运动那个运动，包括现在又搞甄别，把我推到前线，我心中不免产生恐惧感。

我还是说甄别组的事。对于秦川和袁靳等人的情况，我们甄别组找知情的同志谈话，并进行核对，收集了充分的原始材料，思考了提出甄别的证据和理由，还分别写出甄别的意见。对秦川和袁靳，我们认为他们当时反映的情况符合历史事实，按照党章他有权力向上反映情况，而他们的言论也是正确的，应该进行平反，摘去“右倾机会主义”帽子。对其他几位犯错误的同志，也分别进行甄别和平反。我们在提出这些意见之前，经过了充分的酝酿，又和有关处的领导及同志们讨论和征求意见。

在一次部长办公会议上，讨论了对这些同志的甄别问题。会议除了陆定一部长以外，其他副部长差不多都到会了，张际春、周扬、张子意、张磐石，还有许立群、林默涵、姚溱、童大林以及各处正副处长都出席了。出席的人很多，因为这是一次特别重要的会议，平时办公会议常常没有这么多人。在会上，我代表甄别组提出了甄别意见，首先提出甄别秦川和袁靳，建议摘掉他们两位“右倾机会主义”的帽子，并撤销过去的处分。对其他几位也分别提出了甄别的意见。当我进行了汇报和提出了甄别意见以后，会议沉默了好几分钟，部长们无人发言。当时我的心里七上八下，我们甄别组的意见究竟咋样，会不会被采纳？大约过了好大一会儿，常务副部长张子意首先发言，他很激动，用力地敲了一下桌子，说：“他妈的！摘了它！”张子意在历史上，经过了长期的斗争和考验，他曾担任过二方面军的政治部主任。抗日战争期间，他从苏联回到陕北时，途经新疆乌鲁木齐，被军阀盛世才扣押起来。原先盛世才同我们合作得很好，后来彻底倒向蒋介石一边，将共产党的干部全部抓了起来，把他和毛泽民等同志关在一起，在监狱中受尽了煎熬。

在1959年批判秦川和袁靳时，也是经张子意同意定为“右倾机会主义分子”的。解铃还需系铃人，现在经他思考，表示同意摘去秦川和袁靳的“右倾机会主义”帽子。他很大度，错了就改，敢于承担责任。在这一次部长办公会议上，由于他首先定了调子，其他副部长和各处的领导跟着纷纷发言，同意张子意同志的意见。这样甄别组的工作基本上就成功了。从“反右倾”运动到现在的甄别，风风雨雨，多少时日！

在最后甄别会议前后，在征求意见的过程中，还有某些同志有不同的意见，甚至也有不同意摘掉帽子的。但是部长办公会议已经定下，只能按照这样正确的方向走。

后来秦川调到了中央工交政治部工作，再后到了《人民日报》担任社长、总编辑。以后我还不时见过他，见面时常常开点玩笑。一次在东四的一个路口见到他，他开玩笑地说："我又不行了，快再来救救我吧！"我笑了一笑。事情又过去了多少年，不幸他在2003年辞世了，在世间活了83个春秋。袁靳同志从中宣部出来到了云南，甄别后他担任了昆明主管农业方面的书记。我到云南的时候去看过他。他为人开朗，对过去运动中的事已经不大在意。他的记性很好，他写了一部书《平凡的历程》。他把书送给我，我从头到尾仔细地阅读了。在50年代，他曾一度担任过中宣部出版处副处长。这本书主要撰写他的革命经历，用他朴实和锐利的文笔，详细地记述了他战斗的一生。书中的内容很丰富，他在哪里做过群众工作，在哪里和敌人进行过战斗，包括日本鬼子扫荡时，他住的村庄和一起战斗的同志，连他们的姓名，都有祥细的记述。我和他见面时，我说你写的书如此精彩，在书中记述得这样详细，是否还保存有你过去写的日记和笔记本？他说没有，那些东西在战争年代和在运动中已经失掉了，只靠自己的记忆来写。我非常钦佩他有如此气魄和惊人的记忆。他的老伴看来身体比他还好，但是已先于他离开人世了。后来他只是孤单一人，子女大多都住得比较远，晚年生活就是这样。但是他的精神饱满，关心国内外大事，还是将士暮年，壮心不已！不幸的是，2009年他也远去了。

意识领域中的一些插曲

全国解放以后，出版业处在建设时期，一方面成立新的出版机构，另一方面改造被接收过来的部门。自毛主席题词"认真做好出版工作"以后，社会各方面对出版业很重视。

50年代中期，新中国的经济处在平稳发展时期，出版事业也逐渐繁荣。特别是"双百"方针提出以后，书刊的出版迅速发展，此时中宣部和文化部协同策划，拟定不同学科的重要出版规划。中宣部出版处和文化部出版局具体参与这些书籍的规划工作。如出版马恩列斯全集规划，翻译工作主要依靠中共中央马恩列斯编译局，其出版计划由我们共同研究制定和推动。在文学艺术图书方面，除有中国古典文学和当代著名文学家的文集的规划以外，还强调系统地翻译出版国外的著作。1958年就规划出版了《马克思主义文艺理论丛书》、《外国古典文学名著丛书》、《外国古典文艺理论丛书》等。当时大量翻译出版了如莎士比亚、狄更斯、巴尔扎克、罗曼·罗兰、歌德、马克·吐温以及旧俄国时代与日本著名作家的作品。1949年以前，上述作家的作品有不少已经翻译过，1949年以后，又不断翻译或者重新校订，有的出版了全集或选集。在哲学社会科学方面，也做出规划，系统地翻译西方学术名著，这个计划主要由商务印书馆来完成。从50年代初到60年代上半期，系统翻译西方的学术名著，从亚里士多德、柏拉图到尼采、黑格尔等，仅商务印书馆就出版了200种，受到思想界的赞赏。商务出版的这些西方名著，为“文革”后出版的《汉译世界学术名著丛书》打下了基础。许多西方学术著作，如19世纪法国启蒙思想家的论著，以前曾经由严复等人翻译过，但多为文言文，50年代又以白话文重新翻译或加以校订出版。对于继承吸收中外优秀文化遗产的工作，在中宣部部长办公会议上，也多次做过讨论。

一次部长传达毛主席的指示，要学习反面教材。毛主席还说，要出版蒋介石的全集，给大家看。为此，由我执笔起草了关于出版蒋介石全集问题的报告。当时我请中华书局等领导同志来进行研究，对于材料如何编辑，预定多长时间内可以出版，做出计划。报告中提出发行的数量为1万册。这个报告经过部长呈送以后，经毛主席和刘少奇、周恩来、朱德、邓小平等同志圈阅同意，即退了回来，我看见毛主席在发行1万册那里改成发行2万册。毛主席很注重这方面工作，他都是亲自做出批示的。

《刘志丹》、《古城斗胡骑》和凡尔纳作品

“文革”以前，意识形态领域里总是特别强调阶级斗争的观念。上面交办要检查处理的图书，总是离不开阶级斗争这根弦，常常怀疑或者意断为敌人的阴谋，或者为敌作祟，因此造成不少的冤案。许多被批判甚至进行讨伐，大都是从

图书、戏剧或电影中引起的，如《李慧娘》、《海瑞罢官》成为“文革”前夕被批的样本。1962年出版的小说《刘志丹》就成为反党反中央的大阴谋。这事是由康生直接抓的。小说的作者是李建彤，她是刘志丹弟弟刘景范的妻子。事情起因，是由于某领导人揭发这本书，说该书为高岗翻案，反对党中央。当时中宣部由部领导主持成立了一个审查小组，组织大家来审阅这本小说，同时了解书的出版过程。当然出版处要参与对这本书的审查，我也是其中的一员。但从这本书的内容来看，看来看去也看不出什么名堂。书是革命历史纪实小说，是描写刘志丹那个时候的革命事迹。书中的一些领导人都是化了名的，如高岗在书中出现，化名为罗炎。当时的领导者之一习仲勋也有化名出现。这本书是工人出版社出版的，其责任编辑是何家栋同志。康生认为出版社和编辑、作者炮制了这本书，他们都参与了反党活动。到了“文革”时，这位作者和编辑受到严酷的批斗，并且被关进监狱。康生说：“小说是想同毛主席一手创建的苏区分庭抗礼。”他还说：“毛主席在江西创建了根据地，但他们不写毛主席如何创建江西革命根据地的英雄业绩，却要写高岗起家的陕北根据地，这能说是无知吗？不，这些人哪个无知，都是十分狡猾的野心家。他们是经过精心策划才这样做的。谁对清查这个案子抱消极态度，说轻了是个立场问题，说重了就是同情反党分子！”这一事件，从1962年开始一直到1979年结束，共达17年之久，清算康生的问题以后，受迫害者才被彻底平反昭雪。历史的车轮不断向前，日月星辰依旧照耀，违反公理的事终会得到清算。

《红旗飘飘》丛刊，登载过一篇回忆录叫《古城斗胡骑》，作者是王超北。这篇文章是作者回忆他在西安做地下工作的经历。文章中说他们在地下设有党的联络点，有暗道，有电台，是一个秘密机关，但在上面公开的是一个国民党的机关。故事很神奇。但是康生认为这是伪造的，认为王超北不是好人，是叛徒。这篇文章是王超北口述，由欧阳柏记录整理。这样也就涉及到了欧阳柏。欧阳柏原在《新观察》杂志当编辑，后到了人民文学出版社工作。《红旗飘飘》是中国青年出版社出版的丛刊，这样中国青年出版社宣扬叛徒的事迹，就成了一个重大案件了。康生要追查这件事。

还有，中国青年出版社出版了法国作家儒勒·凡尔纳的作品，其中有本书叫

《气球上的五个星期》，书中描述他的见闻，特别是讲到非洲地区的一些风俗。这本书被某个领导同志看到，他向康生反映，康生认为这是对非洲人民的污蔑，要进行查处。这对青年出版社说来，连同《红旗飘飘》上刊登王超北的文章，真是倾盆大雨，灾祸临头了。因此，中国青年出版社要进行严格检查。中宣部也组织了一个小组，到中国青年出版社进行帮助和监督。我当时就被指定为组长，委派前往。到了青年出版社以后，我还出面在大会上作了发言，现在想起来那时的发言，一定是很糟糕的，但是我已经不记得了。没过几天，部里的领导又决定派包之静到上海参加上海市委对罗竹风的批判。包之静当时因为有别的事情，一时走不开，又把我抽调回来，参加上海的批判会。所以我那时就离开了中青社检查组的工作，奉命到上海去。

罗竹风是上海市出版局长，他写了一篇文章叫《杂家》，文中对出版工作有一些议论，说编辑为人作嫁衣裳，为人受过。还有一些其他的表达被收集起来，对他进行了严厉的批判。当时开会，上海市委主管宣传文教工作的领导人都在座，批判的调子极高。后来罗竹风被撤销了职务。到了“文革”时，更是不得了，他被残酷批斗，并逮捕入狱。罗竹风毕业于北大中文系，是一位老党员老干部。他的事情到“文革”以后才被平反，恢复了工作，他曾主持《汉语大词典》的编撰工作。这部大型词典在他的领导下，终于出齐了12大卷，为社会做出了贡献。

至于中青社出版的《气球上的五个星期》，这里还要多说几句。儒勒·凡尔纳是法国科学幻想作品的著名作家，他在全世界有很大的影响，世界主要国家，都有他的翻译作品传播。在中国喜爱外国文学的读者大都读过他的著作。中青社在50年代就出版了凡尔纳的选集，除了《气球上的五个星期》以外，还有《80天环游地球》、《海底两万里》、《格兰特船长的女儿》等，当时销售很广，特别是在国家号召大家学科学的浪潮中，青少年们都普遍阅读这套书，喜爱这套书。阅读凡尔纳的作品，既能够增加科学知识、地理知识，而且使人思路开阔，又能增加情趣。凡尔纳的作品中讲到世界各地的风俗，描绘所见所闻的自然景观和社会生活。他的作品中有不少反映非洲人的生活习俗，在《气球上的五个星期》一书中，也有个别的地方出现过人吃人的说法。凡尔纳1828年出生于法国南特市，年轻时进巴黎高等学院学法律，他毕业后，不愿当法官，就开始写小说和为剧院编剧本。他的科幻作品从地质、地理到航海、航天，无所不包。作品的内容把幻想和现实结合起来，专家认为他在科学知识的基础上，大胆地设想和预言未来，他所做的许多科学设想，已为后世证明为基本正确。凡尔纳1905年去世，在世上活了77年，在他去世以前，他的作品已在世界上广为流传。鲁迅最早把《从地球到月球》介绍给中国的读者，他译出的书名叫《月界旅行》，他是根据日文的译本转译的。鲁迅在序言中说："我国说部，若言情谈故刺时志怪者，架栋汗牛，而独于科学小说，乃如麟角。……故苟欲弥今日译界之缺点，导中国人群以进行，必自科学小说始。"现在中国出版凡尔纳作品的很多，青海人民出版社就系统出版了他的作品《凡尔纳科幻探险小说全集》共35册，收入凡尔纳全部科幻探索小说50多部，共达1000万字。这套书全部是从法国原文翻译，其中大部分是在国内第一次出版；湖北少年儿童出版社也出版了凡尔纳作品的绘画集，共4册；中国少年儿童出版社也在出版凡尔纳作品的画集。凡尔纳作品对中国读者的影响日益扩展。

"文革"以后，我与中青社当时的主要领导以及上海的罗竹风不时见面。相见时，事过10年，大家对往事哈哈大笑。正是："滚滚长江东逝水，浪花淘尽英雄。是非成败转头空：青山依旧在，几度夕阳红。白发渔樵江渚上，惯看秋月春风。一壶浊酒喜相逢：古今多少事，都付笑谈中。"真是天下事了犹未了，地球仍旧运转。中青社过去出版的《红旗飘飘》丛刊，已经再版，并且开了新闻发布会。至于那些被牵连受害的同志，"文革"后已经平反。

思想界的活跃和马克思主义的最初传播

进步思想的扩大传播和在群众中发生影响，为革命和社会新制度的建立开辟了道路，这是历史的规律。正如欧洲的文艺复兴，为产业革命创立了社会基础；法国启蒙思想的传播，为欧洲和世界的资产阶级革命扫清了道路。人们都了解，马克思主义的传播，印证了《共产党宣言》中头一句话"共产主义幽灵"的游荡，在全世界所发生的广泛影响。

在中国，暴风骤雨般的“五四”运动，冲开久被封闭的窗户，给人们带来新的气息，带来新的思想。清新的阳光雨露为重新播种的土地，做好耕耘的准备。

回顾中国共产党建立前后，社会上各种思想的传播和斗争，也是很有意思的。20世纪初中国人民开始觉醒，中国的出路何在？社会向那里发展？苦难的祖国给知识分子提出了许多疑难的问题。当时有主张救国应先发展工业，也有主张救国要从教育入手，也有认为科学是根本，救国首先要发展科学，也有认为中国农民人口众多，主张救国必须从教育农民开始。人们觉得世界各国的发展已有先例，要强国应学习西欧，有的认为强国应学习日本。当时知识界思想很活跃，各吹各的号。

报刊图书出版，是思想争论的主要阵地。各种观点和派别都通过出版物宣扬各自的理论。

首先，马克思主义在“五四”运动前后发生重大影响。马克思的名字最初出现，是在1899年2月广学会主办的《万国公报》上，该报刊载李提摩太、蔡尔康节译英人颉德的《社会的进化》一书中的内容，题为《大同书》，文中提到马克思，说：“其以百工领袖著名者，英人马克思也。”文中把马克思的德国国籍搞错了，说成英国。以后1902年，梁启超在《新民丛报》的文章中，以及1903年在马君武的文章中都说到马克思。此时，中国人知道有马克思，距马克思主义产生的19世纪40年代，已过去50多年了。

我们的革命先辈李大钊、陈独秀等人，在“五四”运动前后非常积极地介绍和宣传马克思主义。陈独秀和李大钊等人创办的《新青年》和《每周评论》，成为传播马克思主义的重要阵地。1919年4月，《每周评论》刊登了《共产党宣言》第二章“无产者和共产党人”中的十大纲领。同年5月，由李大钊负责为《新青年》编了一期《马克思主义研究专号》。在这一期李大钊撰写了《我的马克思主义观》，文章阐述了马克思主义的三个组成部分，即政治经济学、科学社会主义和唯物史观，这是在中国对马克思主义第一次较系统、较完整的介绍。1919年李大钊主持的《晨报》副刊，也专门开辟了“马克思研究”专栏，陆续发表文章介绍马克思主义和马克思生平及部分著作。当时出版的刊物中宣传马克思主义的，还有毛泽东主编的《湘江评论》，上海共产主义小组办的《劳动界》

和《共产党》，少年中国学会创办由李大钊主编的《少年中国》等刊物。此时出版了一些马克思和列宁著作的单行本。1920年8月陈望道译的《共产党宣言》问世，这本书当时是从日文翻译的。翻译出版的还有列宁的《俄国的政党和无产阶级的任务》、《伟大的创举》、《无产阶级专政时代的经济和政治》等。这些著作有的部分先在刊物上发表。

马克思主义的传播对中国知识分子发生了重大的影响。信仰马克思主义的知识分子，在各地建立了马克思主义小组。

"五四"运动前后，知识阶层思想非常活跃，学人提倡"兼容并蓄"。当时各种思想各种派别纷纷出现，各立各自的山头，各树各家的旗鼓，不同的派别都建立自己的社团和出版刊物，社会舆论热闹非凡。如最初倾向于无政府主义的同言社、工学社，强烈反对强权主义。1919年1月，由民声社、实社、群社、平社合并成立的进化社，出版了《进化》月刊，大力宣扬无政府主义者克鲁泡特金的互助论。还有其他流派包括蒲鲁东社会无政府主义、巴枯宁的无政府主义、托尔斯泰泛劳动主义以及基尔特社会主义等。当时出版的刊物繁多，议论各异，知识青年应接不暇。

理论上的争辩和思想界的较量

"五四"运动前后时期，各种思想、新思潮广泛流传，社会如久旱逢甘霖，人们大量汲取。但是思想界的斗争也逐步展开。李大钊和胡适对"主义"之争，产生广泛的影响。胡适发表"多研究些问题，少谈些主义"，向李大钊等人热心宣传马克思主义发起挑战，李大钊即写文章予以反驳，李强调群众运动和社会革命需要宣传主义，认为宣传马克思主义很重要。在论战中马克思主义扩大了阵地，得到进步知识分子的拥护，社会主义革命思想的传播进一步扩展。

值得特别说到的是，1919年和1920年美国杜威和英国罗素两位著名哲学家来华演讲，在知识阶层发生了重大影响。杜威由胡适陪同到处宣扬实用主义和社会改良主义。杜威在中国住了两年，其演讲录《杜威五大讲演》，当时就大量印行。罗素由张东荪和梁启超陪同，也在各地演讲，宣传社会改良学说，主张基尔特社会主义。罗素的演讲稿也在各地印发。胡适和张东荪等人分别对杜威和罗素的理论，大加发挥和传播，在社会上推波助澜。杜威和罗素的演讲，对青年很有吸引力，有的也发生疑问，但进步的知识分子则不表赞同，于是社会上发生了争论。首先李大钊和陈独秀坚决反对，他们连续在《每周评论》上发表文章，反对实用主义和社会改良主义。陈独秀接连给罗素和张东荪写公开信，批驳其言论。陈独秀还在《新青年》1920年2月，汇集各种言论开辟专栏《关于社会主义的讨论》展开辩论。陈独秀、李大钊和李达、何孟雄等人针对社会改良主义进行批判。

"五四"运动前后，知识界思想特别活跃，在各种言论和主张的辩论中，马克思主义逐渐占了优势。特别是各地成立马克思主义小组以后，出版了许多马列主义书刊，广大知识青年被吸引到这方面来。

思想的启蒙和新文化的兴起

"五四"运动的突起，来势如此凶猛，一些人也许没有料到。但是历史的发展，都是有其缘由的。从19世纪下半叶开始，中国人民受帝国主义的欺凌和长期受封建势力的束缚，社会难以向前迈步，古老的中国有如活跃的火山，其熔岩即将喷发。

新文化、新思潮在"五四"运动前后跃起，也不是几天几月之事。追溯到19世纪末和20世纪初年，西方进步思想已通过书刊开始在中国传播。被称为近代启蒙思想家的严复，他翻译了许多西方著名思想家的著作，在社会上广为发行。严复后来虽然参加拥护袁世凯称帝的"六君子筹安会"，但是他先前大力介绍西方先进思想给中国知识界，其功不可没。他翻译了赫胥黎的《天演论》（即《进化和伦理学》）、亚当·斯密的《原富》、孟德斯鸠的《法意》、斯宾塞的《群学肄言》以及《穆勒名学》等。当时还有许多哲学、社会学、教育学、经济学以及各国历史著作，被翻译成中文。据统计，至1904年这方面翻译的书籍已达250多种。这些书籍在知识界产生了极大的影响。人们也不会忘记林纾，大家知道他是不懂外文的伟大翻译家。他依靠别人口译，进行加工润色。他一共翻译出版过

132部作品，大多为名著。如《茶花女》、《汤姆叔叔的小屋》，这些具有反抗和暴露精神的作品，对中国长期受封建传统思想束缚的人们，其影响是可以想象的。

说到马克思主义在中国土地上广为传播，中国知识分子作为桥梁，他们把马克思主义的书籍介绍给中国人民。中国这块贫瘠土地，有如久旱逢甘霖。据《西行漫记》中记载，毛泽东对斯诺说："三本（书）特别铭刻在我心中，建立起我对马克思主义的信仰。我一旦接受了马克思主义对历史的解释之后，我对马克思主义就没有动摇过。这三本书是：《共产党宣言》，陈望道译，这是用中文出版的第一本马克思主义的书；《阶级斗争》，考茨基著；《社会主义史》，柯卡普著。"这三本书中，《共产党宣言》是1920年8月出版；《阶级斗争》是恽代英译，1921年1月出版；《社会主义史》是李季译，1920年10月出版。"五四"时期还出版了一些马克思主义的书，如《工钱、劳动与资本》、《哥达纲领批判》、《政治经济学批判》、《费尔巴哈论》、《德意志意识形态》、《国家与革命》等。据出版家吉少甫同志研究，李大钊1920年3月发起成立的"马克思学说研究会"，有一个翻译组，曾从德文原文翻译过《共产党宣言》，还翻译过《资本论》第一卷。人们知道，当时积极参与介绍和翻译的人，除李大钊、陈独秀以外，还有邓仲夏、李达、李汉俊、蔡和森等。在郭大力译《资本论》以前，王思华、侯外庐及陈启修等曾译过《资本论》第一卷。

从19世纪末开始，为学习海外经验，寻求祖国的出路，青年学子纷纷出国进修。当时东渡日本的学子较多，日本自明治维新以后社会发展迅速。中国与日本距离较近，一衣带水，旅途便利。东渡日本，包括我们的先辈陈独秀、李大钊、李达、李汉俊和周恩来等，都在日本先后留过学。日本学术较发达，对马克思主义研究的学者也很多。在日留学的中国学子，受日进步思想启发者为数不少。在中国出版的许多马克思列宁主义的著作，最初都是从日文翻译过来的。

当时中国到欧洲和美国留学的学子也很多，如对祖国有重大贡献的蔡元培，早年留学德国。在"五四"运动中致力提倡和传播新文化的胡适，他留学美国，他在中国的历史地位，人们不会遗忘。他的"两个蝴蝶飞上天"的白话诗句，在人们心里留下记忆。

20世纪初，爱国主义者发起的勤工俭学留法和俄国革命后的苏联，人数众多，形成热潮。这些留学回国的青年学子对于中国传播西方思想和革命理论，起了很大的作用。

新思潮的巨浪和出版社的地位

随着新文化新思潮的兴起，中国报刊迅猛增加。据统计，1912年在北京政府内务部登记立案的报纸已达89种之多。当时出版社也先后设立，历史较长的商务印书馆在上海创建于1897年。上海是出版的基地，大部分出版社都集中在这里。1906年上海出版社已有22家。

20世纪初，新思想的传播，出版社具有重要的地位。有影响的中华书局，创建于1915年，稍后于商务印书馆。较早传播科学知识的《科学》杂志和中国科学社，也是1915年创办于上海。当时上海还有文明书局、开明书店、大东书局、广智书局、世界书局等，这些出版社对传播新文化新思潮都有作用。规模较大的商务印书馆和中华书局，对引进西方文化做出了贡献。商务印书馆推出的《世界丛书》、《共学社丛书》、《北京大学丛书》，大量介绍西方名著。中华书局推出的《教育丛书》，介绍西方教育思想。中华出版的《达尔文物种原始》，销行很广，累印不衰。对新学的推行，发行教科书具有重要意义。19世纪末清政府开科取士，增加了算学一科，以后洋务派纷纷开办新学。1906年上海出版新教科书已有102种。当时推行新教科书，对于废除科举制度具有重要意义。商务印书馆编撰与发行教科书，占有重要地位。商务在国内大中城市设有分支馆36处，其职工人数多时达4500人。30年代，我家乡所在的广州湾也就是现在的湛江市，就有商务印书馆和中华书局的分支机构发行教科书，我在小学时就读时，就是读它们出版的教科书。在那个年代，商务印书馆编印和发行的教科书占全国五成以上。中华书局和世界书局也发行教科书，对推进新教育都有影响。

妇女解放，当时呼声很高。商务和中华都竞相出版有关妇女的刊物，1915年商务创办《妇女杂志》，同年中华创办《中华妇女界》，刊物出版以后，非常受欢迎。妇女解放是社会自由平等的重要标志，也是社会发展的重要要求。中国从辛亥革命到“五四”运动，社会上剪辫子和放足成为新风尚。报刊图书出版物，对宣传妇女解放起了很大的作用。

新文化新思潮兴起，还表现在翻译介绍西方小说，包括莎士比亚、巴尔扎克、狄更斯、屠格涅夫、托尔斯泰、安徒生、莫泊桑、易卜生、左拉等著名作家的作品。这些作品很流行，当时青年人阅读外国小说也成为时尚。上述出版社竞相翻译出版海外小说，形成热点。这些小说反映西方社会的发展和生活，使青年模仿和追求，在思想上掀起学习西方的波浪。

汹涌澎湃的“五四”运动，其巨浪推向全国各个角落。新文化新思潮在各地传播，其影响有如春天播下的种子，到处发芽开花。马克思主义在思想较量中占有优势，通过左派报刊和出版物的宣传，在社会中立下根基，其思想深入到进步青年和劳苦大众的心里。马克思主义所以在中国得势，能生根结果，其根本原因主要由于马克思主义的理论是真理，令人信服；由于俄国革命的胜利，使中国人民受到鼓舞；由于中国共产党在“五四”运动以后很快建立了组织，这个组织迅速扩展，越来越坚强；还由于马克思主义与实践结合，共产党人积极投入实际斗争，特别是后来建立了红色政权和红军，在毛泽东等同志率领下，进行了不屈不挠的斗争。

历史的车轮和进步的思想观念

追溯“五四”运动前后的历史，回味当时的境遇，我们会得到一些什么启示？有些什么问题值得思考？个人又有些什么感想呢？

1.一个国家一个民族的进步，与思想解放、汲取与传播新的进步的思想观念，有着非常密切的关系。“五四”运动前后，各种新的思想新的观念在社会广为传播，人们受到启发，冲破长期被封闭的社会，使人们开始觉醒。思想学说经过争论和实践，社会的知识阶层和广大人民群众，大多数都有判断力，真理终于战胜愚昧，马克思主义最后占有优势地位。

2.报刊图书出版物，是重要的宣传工具。新的思想通过出版物传播，得以扩展。任何轻视出版物作用的思想都是错误的。必须牢牢地掌握和使用这些宣传工具。出版物的传播对于发展先进文化和科学，提高人民文化素质，增强人们改造社会和自然的能力，激励人们的斗志，具有重要的作用。对于交流思想和信息，培养和提高人们对艺术的鉴赏力，丰富人们的生活所起的作用也不容忽视。

3.建设社会主义先进文化，出版机构是重要的阵地。要这个阵地发挥更大的作用，必须给予支持和大力培植。对社会上有贡献有影响的出版社，特别是具有悠久历史的有造就的出版社，他们经过长时间考验，又具有丰富的工作经验，在社会中已树立威望，他们的品牌已经得到社会的确认，我们要更加重视。这些出版社的声誉和品牌是长期形成的。例如在新中国成立初期建立的一批较大出版社，在社会上已有很大影响。早年建立的生活、新知、读书出版社后来联合为三联书店，以及商务印书馆和中华书局等，在知识界都是熟知的。商务印书馆，国内一批有成就的革命知识分子如陈云、沈雁冰、胡愈之、叶圣陶、周建人、郑振铎、陈叔通、竺可桢等，都在这里工作过。当年商务印书馆的成就与这些知识分子的工作是分不开的。许多有影响的出版社都有自己成就的历史和经验，他们在新的天地里都将发挥着重大的作用。

4.繁荣学术和艺术，发展科学技术和教育，是振兴国家的根本。要脚踏实地，真正落实科学发展观。为了发展社会生产力，提高综合国力，我们要不断有所创新，要充分发挥人们的聪明才智，使社会形成强大的凝聚力和丰富的创造力。但是在社会上如没有形成持久的和稳定的在学术上百家争鸣和艺术上百花齐放的局面，也难以实现。当然，对那些低俗的，对社会有害的，也必须予以淘汰。为了充分了解世界，沟通思想，掌握最新信息，必须积极地向海外引进和学习。在这方面出版部门首当其冲，要大力培养具有业务能力的外语人才。同时，也要把中国文明输送到海外，扩大文化交流。

“五四”运动到今天，社会发生了翻天覆地的变化。新中国以后特别是“文革”以来，中国的经济飞速发展，人们的生活大大提高，以20世纪初期和中期的情况，与今天都是无法相比的。思想领域，包括新闻出版事业，也发生了根本性变化。21世纪未来的年代里，毫无疑问，我国将站在世界的前列。

苍鹰远逝 智慧永在 ——梦怀乔木同志

胡乔木是马列主义理论家，邓小平称他为“党内第一枝笔杆”。他知识广博，不但对马克思列宁主义富有修养，对中外文史也有丰富知识。他自1941年起就担任毛主席的秘书，一直在毛主席身边工作，所以他对党内外之事以及国际形势，都非常熟悉。长期以来，他为党起草的重要文件和中央领导发表的言论，作出重大贡献，为历史留下宝贵的遗产。

我最早见到他是在1949年春天，中央马列学院刚随党中央迁入北京，驻于香山碧云寺。那时寺里的和尚都跑掉了，只留下几个看门的，我们新来者有100名学员，与他们做伴，但是未曾听见他们念经和敲钟。大佛和500罗汉就在我们身旁，默默地窥视着我们学习马列。记得我们正在学习马克思的《路易·波拿巴的雾月十八日》，这本书很难读懂。我们敬爱的教务长杨献珍同志，大家都亲近地称呼他为杨教员，他去请来胡乔木同志，请他为我们解读这本书。那时我们还是和在乡下一样，一人拿一个小板凳，围坐在老师周围。乔木讲解了马克思写这本书的历史背景，讲了当时法国社会矛盾和阶级斗争的势态，讲了原著的中心意旨，给我们很大的帮助。我现在还记忆犹新。

乔木很注意接触实际，不放弃任何机会，尽可能参加各种运动，亲临观察。1952年掀起“五反”运动，我从中宣部临时被派往北京市里参加运动，当时我担任一个检查组的组长，与十多个组员一起开入一家贸易行，检查其非法行为。在一个夜晚，记得已近半夜，乔木和谷羽（中宣部秘书处主任、乔木的夫人）一起来到这家商行来找我，了解运动情况，我仔细地向他们做了介绍，乔木听得非常认真，还不时提出问题。他们来访，长达两个多小时，临走时乔木还交代我要把以后的情况告诉他。

五六十年代，在工作中和他有不少接触，受到他的指点，教益匪浅。现在想起在“文革”初期，不记得是在个什么样的机会看到他，他穿着一身蓝色的质地粗糙的劳动服，我们互相微微点一下头，我轻声地问他现在干什么，他说他在烧锅炉。啊！他原来和我一样在劳动。他还是毛主席的秘书呢！我回来以后思索了好久。是呀，他没有进入中央“文革”的领导班子。还听说他被红卫兵揪斗过，但后来受到周总理保护。

“文革”以后乔木恢复了工作，80年代初担任中央书记处书记，并选为中央政治局委员，主管意识形态。他很注意联系群众，了解下情。1986年春节前，他秘书通知我，要我陪同乔木到下面去拜年。这年我早已从国家出版局调回中宣部，担任出版局局长。2月4日，距离春节还有几天。早上我到了乔木的住处，进入客厅时，看见徐惟诚与边春光（当时徐为北京市委书记处书记，边为文化部出版局局长、党组成员）已经在那儿。等我来后，乔木去换了衣服，就一同出发。乔木轻车简从，大家同坐一辆面包车。

当时车子先开到北京出版社，该社坐落在崇文门外的一条胡同里，据说这里多少年前是一家大烟馆。当时社的住房也比较简陋。社的领导王宪铨、田耕同志在门口迎接我们，把我们引进西客厅坐下。房子较冷，大家都没有脱衣服。乔木先说，你们社是有成绩的，你们的工作值得向其他出版社介绍。

接着听取王宪铨汇报。不时乔木也插话。乔木说，他昨天收到中央党校给他寄来一本他们出的年鉴，他说中央党校有什么需要出年鉴？这样，统战部可以出，组织部可以出，大家都出年鉴，太多了！他即问我，我正好坐在他的右边。巧了，我昨天留意报上登了年鉴的联合广告。我说，昨天报上刊登已有72种。他说，那太多了！耀邦同志在中央开会时不是说了吗，机械工业年鉴有几尺厚，谁看？乔木又说，可以根据中央指示发一通知，凡出年鉴要由国家出版局批准。

他又接着说，你们两个出版局没有什么能耐！中央党校你们本来管不了，王震同志当校长，你们管得了？你们发一通知，说是中央国务院领导同志指示，规定只有几个地方可以出。边春光插话说，只有正式出版社才能出。乔木说，不，出版社太多，只有几家可以出。

我当时说，以前人大会堂出挂历，发得很多，湖北出版局打电报给国家出版局，说你们规定非出版单位不能出，现在你们作何感想？是的，这是很有趣的质问，将你一军！此事开始向上报告，领导批示：下不为例。可是，并没有完全制止。乔木听后说，是呀！中南海也出！

对年鉴的出版如何对待？时至今日，事过近20年，我向业内人士打听，2004年末，年鉴出版已达1800种。现在物质条件和20年前大不相同了，如果物质条件许可，又有人出资，年鉴提供各种资料和数据，内容不违法，是不是要严加管制？是的，或许可规定广告不能超过内容百分之几，年鉴就不会几尺厚了吧。

在北京出版社的座谈中，还说到要加强书评。乔木说，好书、坏书要发表书评，《泰晤士报》与《纽约时报》发表书评是很有权威的，对引导读者很有用处。乔木认为可以成立一个监督机构，他们是专家，专门监督出版的书籍，好书给予表扬，坏书给予批评，对出版者还要追究责任，直至没收他们的财产。他们可以叫审查员。不，这个名字太坏了！看叫什么吧？这些人是有学问的，给以很高的待遇，并且有权力，各地也可以成立。这是一个非常有权力的机构，有司法性质。我就是包青天嘛！

乔木很尖锐，很严格。他的言谈和批示，大多有的放矢。不是泛泛而论，常常令人深省。他对我国书评的几次谈话，对推动书评工作，有很大影响。中宣部出版局创办的《中国图书评论》，就在这次谈话后开始出版的。

在北京出版社的座谈，还谈到课本的涨价问题。出版社说，北京和上海、天津涨价最少。北京每个印张只0.072元。乔木说，那次在书记处讨论时（指1985年11月8日中央书记处听取汇报时的讨论，当时我也列席那次会议），李鹏同志当时即出去打电话问课本涨价情况（据说，小学课本去年0.068元，今年0.13元，翻了一倍），李鹏同志的讲话是很引人注意的。

乔木即要北京出版社写一报告，将涨价情况报告耀邦、万里、李鹏、何东昌等同志，不然不能消除他们的印象。对于今后如何，亦应提出意见来。

随后乔木去看望编辑部的同志们，到了《父母必读》编辑室，他非常赞许出版这方面的图书，他说这是对社会很有益的工作。他对同志们表示慰问。

从北京出版社出来，又到王府井北京新华书店。乔木情绪很高，觉得平时难得有机会，现在要多走一走。当时市店总经理王健生接待我们。王汇报售书情况，说他们推车到监狱售书，引起犯人轰动，犯人说你们还记着我们呀！在那儿就卖了4000元；还到少管处卖书，卖了2000元。乔木对此大加称赞，他说应该到所有需要书的地方去。百货商店可以售书，药店可以售书。说到这里，还联系到他家里人因为缺少医疗知识，延误了病情的故事。他深有感触地说，我们科普知识太差。又说到他住过克里姆林宫的医院，这是苏联非常重要的医院，说他发现一件事，有一个手推车，经常推出书籍让病人借阅。他说我们也可以到医院售书，许多病人只是打打针，很闲，没有什么事，还想看看书。又说：我去看戏，在看前和看后，总想买剧本来看，但没有卖。

乔木总是很随意，问这问那，很务实，不多谈大道理，在细微处也不断出主意。

到2月7日，距离春节还有两天，我又陪同乔木去北京市邮局看望报刊发行的同志们。

我们参观了门口出售杂志的门市部，那儿摆设杂志的封面，花花绿绿。乔木有点感触，笑了一笑，说，都是这样好看呀！的确，这是80年代中期，书刊的装饰已有很大变化，有不少显得过于浮华。

楼上是分发信件的场所，有两间大房子，一间搞平信，一间搞挂号。说挂号信都要逐一登记。职工600人，分日夜两斑。在平信室内，看见职工手持一大叠信函，手疾眼快，只闻嗖嗖之声，信函飞快地投入不同的木格子里。

乔木向正在紧张工作的同志们祝贺春节好！他在讲话中说及工资问题。他说，现在国家在改革中，经济也不那么富裕，希望大家照顾大局，工资也不要攀比。只要有一人多一元，大家攀比上去，就不得了！乔木说话语重心长。但不知为何说了这一段话，或许见工人工作很辛苦，有此感触而发。

在听取汇报时，当邮局负责人说到报刊发行量大，工作困难时，乔木即建议增设发行公司，把报刊分开来发，如《人民日报》归邮局发，《光明日报》与《北京日报》，可归另一公司发，这样可减少邮局的压力。当时，80年代中，乔木提出这样意见，是很有见地的。

邮局说到报刊太多，乔木表示要压缩刊物，对那些格调不高的刊物要压掉。他说："你们两个局开一个单子来，砍掉一批杂志，由我来负责。"边春光说到最近开过一次会，做过一些研究。我还说到现在文摘刊物过多，并反映有版权问题。乔木说应该通令这些文摘刊物不许出版。乔木总是很尖锐，斩钉截铁，说一不二，非常果断，毫不留情。

乔木十分了解下面同志的境遇和心情。他说："你们提上来，由我负责。"又补充说："你们二人也要负责，因为我不了解情况，我们三人负责。"还风趣地说："三个蚂蚱拴在一起！"

在春节的拜年中，乔木说了不少意见和建议，还有来回坐在车上的议论，够我们忙一阵子的了。幸好，乔木的性格是，有许多事也不过于强求，虽然他很严格，但一些不太重要的事，他也不再追问。

乔木主管意识形态领域，这方面事情很多，思想复杂，观点各异，要求严格在一个轨道上行走，很是不易。出版是意识领域的一个重要方面，他在这里花了不少心血。

出版方面的重要文件，由他出主意起草和修改，如中共中央和国务院1993年6月6日发出《关于加强出版工作的决定》，这是历史性的重要文件，文件发出之前，中央书记处做了认真讨论。

在出版事业发展上，遇到困难时，乔木出面支持与呼吁。如出版物资上的困难特别是纸张的困难，他曾请主管经济工作的张劲夫同志出面，召集有关各部委领导开会，讨论如何解决。1986年6月13日，张劲夫同志主持召开了会议。乔木对大事总是事必躬亲，出版中国大百科全书，他亲任总编委会主任，并时时过问。出版《当代中国》丛书，他出面推动。重要图书出版时举行的首发式，他也经常出席，如《汉语大字典》由川鄂两省共同编撰，经过15年艰苦工作，终于完成。在开始出版第一卷时，乔木出席并发表讲话，还接见主要编撰的同志，使大家受到鼓舞。书评杂志《博览群书》与《中国图书评论》的创办，他大力支持。《博览群书》创刊号，还在首页发表他的文章《把优秀读物推荐给读者》。

他十分关心青年阅读的导向，重视基本知识和普及读物的出版。出版《祖国丛书》就是他出的主意。以后由人民出版社、中青社和上海人民社共同承担出版。《祖国丛书》第一批出版时，1985年11月20日举行新闻发布会，乔木做了长篇的讲话。80年代初，出版《中国地理丛书》，亦为乔木倡议，丛书的主编由北大教授、地理学专家侯仁之担任，也是由乔木指定。1983年7月召开通俗政治读物会议，我请他出席讲话，他做了认真准备，在会上提出65个选题，逐一解析，非常具体，令我始料不及。随后即召开会议讨论进行落实，并为此发出文件。以上重要事项已另有记述。

乔木长期在党中央任职，思想要求极为严格，他所管的范围不允许离开轴线一步。例如对人民出版社出版非马克思列宁主义的书籍，即使是内部发行，他也不赞成，更谈不上供参考的反马克思主义的书籍；至于由非人民出版社出版，例如由商务印书馆承担，他觉得还是可以的。对“异化”这类文章，他绝不同意在《人民日报》上发表，但在一些哲学杂志上做部分刊载，他认为还是可以的。不过在另一方面，我们又看到乔木有不同的态度。1949年以后的各次运动中，曾在报刊连篇累牍地鼓噪极“左”言论，其时未见乔木有推波助澜的大块文章和讲话发表。在1959年庐山会议批彭德怀的事件中，乔木曾在“大跃进”中做过调查，他站在真理的一边。在“文革”中他也被打入另册。

乔木是一位真诚的马克思主义理论家，是严正的理论工作者。他的智慧和对事物敏锐的观察力，给人留下深刻的印象。他对事件和问题的考察，是非常仔细的，他有独立的见解。也许在大的背景下，有时他不便于发出独自的观点。大家知道毛主席的文章有不少经过他润色，但在80年代以后，他对毛泽东的一些理论，提出了不同的见解，他的论断是有道理的。例如对《在延安文艺座谈会议上的讲话》。这篇《讲话》如此重要，影响了一代文艺工作者。乔木一方面肯定了这篇《讲话》，他认为《讲话》不但在历史上起了重大作用，其根本精神在今后任何时候都是必须坚持的，主要是文学艺术是人类社会生活的反映，生活是文学艺术的唯一源泉。但乔木又指出，也要对毛泽东的文艺思想采取科学分析态度。不能用“句句是真理”或者“够用一辈子”那样的态度来对待《讲话》，那种态度根本不是马克思主义的，而是完全违反马克思主义的。他认为《讲话》中关于文艺从属于政治的提法，关于把文艺作品的思想内容简单地归结为作品的政治观点、政治的倾向性，并把政治标准作为衡量文艺作品的第一标准的提法，关于把具有社会性与人性完全归结为人的阶级性的提法，……虽然它们产生有一定的历史原因，但毕竟是不确切的。乔木的这些观点，都记述在《胡乔木回忆毛泽东》一书中。

乔木认为“文学是一种广泛的社会现象。它跟阶级、政治现象有些关系，但关系不那么直接。”“文学服从政治的说法，一方面是把文学的地位降低了，好像它一定要服从于某个与它关系不多的东西；另方面把文学的范围不可避免地缩小了，好像作品不讲政治的作家就是没有政治倾向（这种作家很多），就不觉悟、落后，他的作品就不是文学。这样一来，好些事就讲不清楚了。”

“文学服从于政治这种话是不通的。古往今来的文学都服从于政治，哪有这回事？恐怕绝大多数作家根本不承认这种事。你说托尔斯泰为政治服务，他绝不会承认。他有他的政治观点，这是一回事，但他写《战争与和平》绝不是为政治服务。写《安娜·卡列尼娜》是为政治服务？也不是。例子多了。莎士比亚为政治服务？他哪一部著作为政治服务？你说《奥赛罗》是为政治服务？《罗密欧与朱丽叶》是为政治服务？根本讲不通的话。”

“文学服从于政治这种讲法，是一个很深的印痕。《讲话》对作家的要求有的地方过于苛刻，把作家脱离群众跟国民党脱离群众说得差不多，这是不妥当的。这些说法对于我们文艺工作的发展产生了不利的影响。”（《胡乔木回忆毛泽东》第58～59页）

乔木认为这种不利的影响，集中表现在他对文艺工作者经常发动一种疾风暴雨式的群众性批判上。毛泽东对当代作家、艺术家以及一般知识分子缺少充分的理解和应有的信任。以至长时间内对他们采取了不正确的态度和政策，错误地把他们看成是资产阶级的一部分，后来甚至看成是“黑线人物”或“牛鬼蛇神”，使林彪、江青反革命集团得以利用这种观点，对他们进行了残酷的迫害。

乔木对毛泽东思想，对毛泽东主席的错误，也有他的看法。

毛泽东主席追求什么样的社会主义？乔木在1980年6、7月份同《历史决议》起草小组成员的谈话和在中央书记处讨论起草《历史决议》时的发言中说：毛主席是在追求一种东西，追求一种社会主义。这种东西是现实的社会主义所不容许的。这个东西要说的很完整也不容易。但1974年的理论批示，要取消资产阶级法权，是有一套说法的。乔木认为毛主席在“八大”以后，他对中国社会主义怎么发展，逐渐形成一种思想，这种思想在党内有时可以暂时地表面上得到多数的接受，但实际上多数同志是不赞成的。毛主席认为要搞社会主义，从1974年理论指示所说的，表现得比较清楚，这就是限制商品，限制货币，限制工资这几样东西。但是也不知道怎么限制。从1958年成都会议上反对资产阶级法权起，就有了这种思想的萌芽。到1958年北戴河会议就讲要实行供给制，说进城后搞工资制没有理由。毛主席这种思想虽然没在正式文件中表达，他感到这个想法得不到多数赞成，但他的这个思想一直保留着并且在发展。

关于“文革”。乔木在1980年5月、7月份同《历史决议》起草小组成员的谈话中说：“文革”其任务归结为灵魂革命、世界观的革命，这个革命是搞不下去的。没有提出具体目标，因为这本来就是没有经过深思熟虑的。1966年毛主席给林彪的五七指示信，1971年教育工作会议，等等，工厂办成什么样的工厂，农村办成什么样的农村。这些口号没有经过实践的检验。提出学制要缩短，结果搞得学生的文化程度下降。所以提不出具体目标是必然的，找不到依靠力量也是必然的，因为前提就错了，没有法子搞下去。

“文革”不是经过法定的程序，是强加给党的。这就离开了马克思列宁主义，离开了唯物主义，离开了社会主义。

乔木对社会现象的观察和分析，总是站得很高。1985年11月中央书记处讨论出版工作时，大家对武侠小说出得过多过滥，多有批评。但是乔木却说，思想政治的书滞销，明清公案、鬼怪小说这类东西好卖，不单是出版部门的问题，是整个社会问题。读书界有向下发展的趋势，由比较高级向低级发展，读者兴趣下降。出新武侠小说，除了经济原因之外，还反映读者兴趣下降。这首先是思想政治工作问题，远远超出了出版的范围。这是出版系统本身解决不了的。乔木的观点非常实际，很有见地。

乔木的讲话和文章，具有说服力。他站在理论高度，观察问题敏锐，思想观点明确。他的文风也好，说话和写文章很少有套话。他反对连篇累牍地泛论，不说那些枯燥乏味的话。

任何人都不是完美无缺的，乔木也是有缺点的，他有时过于严厉。秦川写的《我眼中的“阎王殿”——回忆“文革”前的中宣部》一文中，说到乔木的缺点时，也说：“乔木对下属过于苛责，甚至有点尖刻，常常当面让你下不了台。”

我回忆起在1992年6月9日傍晚，三联书店在北海仿膳招待台湾客人，我应邀出席。当时我在北海东门口内，看见一辆奔驰车直接驶入长廊门口，车子停下以后，从车内扶下一个人坐在轮椅上，我走上前去看看是何人。啊！天呀！原来是乔木同志。我走近他，向他问候。他也惊异地望着我，可能觉得怎么在这里碰到我。我紧紧地握着他的手，并请他保重。日前我听他秘书说起，乔木有些病，近日脑部又缺血，到医院看过。原以为也无大碍，现在竟然坐上轮椅了。真是岁月不饶人！回头我与他夫人谷羽谈起，谷羽说乔木近来身体不好，但今天他要招待李政道先生，所以不得已来了。医生说他骨质疏散，走路容易引起骨折，所以要坐轮椅代步。

人老也快呀！几个月前还见面，人好好的，现在却如此。那天我回到家中，他坐轮椅的形象不时出现在我的眼前，引起我不断的思念。

距离我在北海见面以后三个月，乔木病危，不幸就在1992年9月28日溘然长逝。他生于1912年6月1日，在人世间度过80个岁月。中国一代才子就这样走了！苍鹰告别蓝天，与世长辞了，但他的智慧之树，永在人间。

信念不移　一生奉献——怀念包之静同志

包之静同志告别人世已经近40年了。他个性闲静，沉默寡言，但长于缜密思考，一旦拿定主意，就坚定不渝。他提出的方略，即使自己身心受到阻挠和摧残，也在所不惜。我们可爱的祖国，我们伟大的党需要这样的知识分子干部，其实这样的干部为数不少，但在某些不应有的过左运动和行动中，他们的命运遭到摧残，甚至冤屈至死，包之静就是这样的同志。他的形象非常美好，忠心耿耿，但他却被迫害至死。

包之静，是出版界老同志所熟知的。他从1950年调来中央宣传部工作，一直到“文革”，于1971年被迫害至死。他领导出版战线的工作，为中宣部出版处处长，即为后来的局长。新中国成立后，可以说他是中宣部第一任局长。

包之静同志在抗日战争和解放战争中长期从事新闻工作，在根据地和解放区，是新闻战线的老兵，对编辑工作非常熟悉。他在这个岗位，许多老编辑和他有过交往和接触。他不摆架子，平易近人，从不以领导者自居。同志们喜欢和他接近，敢于和他说心里话。上上下下，里里外外，从不称呼他的官衔。在中宣部除了对陆定一同志，沿着从一九四六年以来一直称陆部长以外，其他全称同志。对包之静甚至很少呼包之静同志，就是叫一个老包，常常有人找他时，总是打趣地说，包公呢？黑老包跑到哪里去了？如有人叫一声什么长，老包自己和大家都会感到惊讶，认为这位一定是生客。

这位好同志去世多年了，“文革”开始时，他只有54岁，这正是精力旺盛而又富有工作经验的年华，是应该有所作为的。可惜被可恶的“四人帮”夺去了宝贵的生命。像包之静这样的好同志，被迫害至死的何止一个。就在中宣部内，还有副部长姚溱、宣传处处长王宗一等同志，他们都是中宣部的秀才、笔杆子，都在党的宣传战线干了大半生，都是非常好的同志。姚溱和王宗一，在“文革”开始的1966年，就含冤去世了。这些事不想便了，一想起那些熟悉的被迫害至死的同志，眼泪便夺眶而出。真是“日落长沙秋色远，不知何处吊湘君”！

包之静是苏州人，1912年生于一个地主家庭。小学和中学都在苏州念书，后来到了上海上大学。

1931年，“九一八”事变，全国掀起抗日运动高潮，他即投身于抗日宣传活动。由于他喜欢阅读进步书籍，接近革命同志，在1931年抗日洪流中，参加了共青团。他当时非常活跃，组织读书会，联络进步同学，利用各种机会传播马克思列宁主义。他还参加社联和世界语组织，扩大我党、团的影响。不幸的是1932年他被叛徒出卖，被捕入狱。后经党组织多方营救，1934年才由蔡元培等老先生保释出狱。以后他就在上海从事进步文化工作。

1937年“卢沟桥事变”，抗日战争烽火燃遍全国，他又投入了抗日救亡运动。1938年他到武汉，经湖北省委主要负责同志批准，正式加入了中国共产党。

当时这位小青年，全身都是劲，党叫他干什么，他就干什么。他入党后，党组织随即派他进入解放区。先是在新四军五支队的《前发报》，淮南区党委的《新路东报》，《淮南日报》工作。他是这些地区报纸的创办人和负责人。在战争中，一面进行战斗，一面出报。新四军队伍转战到哪里，他就在哪里出报。

抗日战争刚胜利，他受党的嘱托，和范长江同志一起筹办和负责《华中新华日报》。当时的《华中新华日报》及时传播延安信息，传播根据地和解放军的战斗信息，成为华中地区党的喉舌。为了迎接全国解放，培养新闻人才，他又和范长江同志一起，创办了新闻专科学校，培养了大批新闻干部。

1947年随着解放战争的变化和部队的转移，他到了山东，成为《大众日报》的主要负责人之一。他调到中宣部工作以后，从未离开过。1964年，他被选为全国人民代表大会代表。

新中国成立前，在根据地那种艰苦环境，他或是背着背包，或是骑着一匹马，紧跟着党和部队的指挥部，听从党的号令，及时传播党的声音。他负责的报纸，无论是油印报还是铅印报，或是在农村或是隐蔽在山地，他千方百计地克服困难，争取出报。他身体不好，十二指肠溃疡病不时发作，但仍坚持工作。和他在一起工作过的同志，对他的艰苦工作精神，无不称赞。

我和他认识是在解放以后，1951年我被调到中宣部工作，从1951年到1971年，我们在一起共事20年。这20年，我们相处密切，可以说从工作到生活，无话不谈，连孩提时的家庭琐事，都是话题。他曾是我的领导，是我的师长，大我12岁，他对我帮助很大。他对人处事都十分诚恳，从不给人做作和虚伪的感觉。在“文革”中，他和我都关在牛棚里。开始是分开的，怕串供嘛。但是越到后来越没什么，大家都是了解的，在干校时我又和他睡在一个土炕上。他多年神经衰弱，睡眠总是不好，安眠药是离不开身的。一般人吃了安眠酮，就安静入睡，但他却不同，话匣子反而打开，滔滔不绝，想说的话非说出来不可，要说的话说得差不多了，才慢慢入睡。他担心党的前途命运，他常常这样问我，你看将来怎么样？就这样下去吗？有时他说话海阔天空，说了一番话之后又自言自语地说，我看不会老是这样下去的，怎么能这样下去呢。我总是要他安静下来，劝他入睡。可他有时话题反而又多起来。他对毛主席很敬仰，毛主席在他心中始终是伟大的形象。在干校他对毛主席的书，总是反复地读，读得很认真。

包之静长期受党的培养，多年担任党的领导工作。他观察问题敏锐，善于独立思考。1958年到1959年，“大跃进”的浮夸风也影响到出版部门，书籍片面追求数量，质量下降，剪刀糨糊搞的东西很多。包之静向中宣部领导做了汇报，后来由他组织调查，写了关于改进书籍出版工作和提高出版物质量的报告，由中宣部发到各地，很快扭转了那种局面。

包之静在“文革”中所谓最大的罪责之一，是他主持起草《关于毛泽东思想和革命领袖事迹宣传一些问题的报告》，这也是林彪江青反革命集团硬加给中宣部的滔天大罪。当时中宣部认为学习马克思主义毛泽东思想，按照毛主席一贯的教导，不能简单化、庸俗化和实用主义，不能随意贴标签，主要学习马克思主义的立场、观点、方法。现在回头来看，是很普通的简单的道理，但竟然成为反毛泽东思想的罪证。

包之静主持起草这个报告，是花了心血的。他组织班子搜集材料，进行分析研究。一天早上，老包精神焕发，情绪很高，大概头天晚上睡得特别好，上班时一见我便说，你知道吗？某某报上登载了一篇文章，说治病也要像毛主席的军事思想一样，打针、吃药都要集中用药，以达到围歼。我说，我看过这个材料了，并且已经摘记下来。于是，他就哈哈大笑，笑得前仰后合。接着他说，这样的文章，大家照着做，后果怎么得了啊！

这一报告，经中宣部办公会议多次讨论修改，1961年3月由中央批转全党，纠正这种不良风气。这本是件好事，但到了林彪江青反革命集团手里，凡是和此事有关的同志都遭到残酷的斗争和打击。

包之静同志总是亲自动手，许多文件他都亲自起草或仔细修改。重要的事情他都要过问。他谦虚谨慎，他总觉得他的文字不够好，经常拿手稿请林默涵、王宗一同志指点和修改。

出版方面的重要活动和工作，老包都参与和主持。毛泽东选集和干部必读，马恩列斯等经典作家的著作，从出版到发行，他都要参与主持制定具体计划。在50年代和60年代初期，出版方面的重要战略决策，差不多都经他之手，从出版方针到各种通行规章制度，他事必躬亲，并与文化部磋商，最后定夺，上报部长和中央。

“文革”前出版《孙中山选集》，他特意请人民出版社的编辑到办公室来，共同商讨编选文章的篇目和加添注释的问题。做事很仔细。

60年代初组织出版的外国政治学术著作，就是当时为与苏论战，反对修正主义提供的参考书，包之静是重要的主持人，书的规划由他最后搞定。实际上包之静只是一个中转站，上面是反修写作小组的负责人康生，由他最后批示。1963年在包之静主持下中宣部出版处，起草了《中央宣传部关于外国政治学术书籍出版的情况和请示》，上报后由康生批示同意送毛主席和当时主持中央工作的同志。康生不时在为此事办的《简报》上作出批示。

有一次我同包之静到鼓楼那里康生的住处，向康汇报反修参考书的出版规划。康侃侃而谈，甚至还谈到他过去在山东的工作。包在山东工作期间，不时与康生有接触。但是当时包除了汇报工作以外，很少插话，不去扯历史，拉近乎，谈了一个多小时出来以后，包对我说，他与康生早就熟悉，但在北京从没找过他。包就是这样的人，从不去拉关系。

老包不随波逐流，人云亦云，或随风起哄。但他也有弱点，除非相处十分熟悉，他对人话不多，不善于和大家交流。

大家都以为他很古板，生硬，也不爱活动。其实不然，他在青年时期是很活泼的。有一次在办公楼门口，他看见青年人在跳绳，他借来绳索，一下子跳了100多下，脚步与腰身十分灵活，一看就知道是老手，引起同志们叫好。后来老包因长期患高血压病，身体没有以前好了。

他学习很努力，很刻苦。他本来会英文和法文，后来在国民党的监狱里又学会了俄文。新中国成立前，他翻译过苏联一本小说《潜水员》，这本书在新中国成立后又修订再版过一次。为了推动书评，引导青年读书，他在《人民日报》、《学习》杂志和《光明日报》专栏“读书与出版”中，撰写了不少书评。

他朴素，节俭，保持了党的艰苦斗争的传统，他好的品质和作风很多，处处值得学习。他离开人世间多年了，但我非常怀念他。

第四篇 风烟突起江河倒流

被剃了光头成为“判官”

回想1966年5月，我从天津乡下搞“四清”回来，立即觉得机关里的政治气氛很紧张。楼里已经出现了不少的大字报。一天，北大的造反派带着大字报来中宣部张贴，同时叫出曾在北大搞社教运动的同志，我看见有陈道（中宣部理论处处长）和庞达（中宣部教育处副处长），他们低着头站在那里，听北大的同志在念大字报。他们二人曾参加北大社教工作组。那时中宣部很多同志围了上去，念大字报者的声音越来越大，原来大字报是要清算中宣部在北大搞社教的错误和罪行。此前对北大进行社教，由副部长张磐石带领工作队进入学校，在部里听过他们作过几次汇报，大家都认为北大的社教运动搞得比较稳妥，现在看起来，这种看法要发生变化了。

由于北大的同志来贴大字报，中宣部的“文革”浪潮就掀起来了。接着中宣部就成立了红卫兵组织，他们要清算中宣部的罪行。他们勒令部领导和各处大部分处长、副处长，出来听取红卫兵的号令，要大家列队在办公楼前面，气氛极为紧张。大家低着头，弯着腰听取控诉。当时来的处长有的还穿着皮鞋，红卫兵要他们的把皮鞋脱下来，并踢到好远的地方，让他们光着脚。我们这些处长副处长都被称为“判官”，就是地府阎王殿里主持判案的人，而中宣部的部长副部长都被称为“阎王”。我当时心想，为什么搞得这样严重？有什么错误，开会解决不就完了吗？到了晚上刚吃完晚饭，有几个小孩子，只有十几岁，说他们是红卫兵，现在给你们送牌子来了。原来牌子上写着，走资本主义当权派某某。这些小红卫兵说，明天你们就挂着这个牌子，早上7点钟到楼前面排队，有人在那里等候你们。到了第二天，我们不敢不去，当时见到处长们都挂着牌子站在哪儿，大家都被剃了头，头顶光秃秃的。我们列好队，就有人开始教唱歌了，唱的就是“黑帮”歌。这个曲子谱的是抗战前用的“打倒列强”的曲子，我们这一代人，都是熟悉的，所以一唱就会。唱完歌以后，就叫我们去扫地。我们扫得很认真。以后差不多天天都是这样，唱完歌就去扫地。当时使我想起，我们小时上学时，就是集队唱晨曲，唱完晨曲就做操，做完操就开始上课了。

我这人太天真了！实际上“文革”早已在半年前就开始了。1965年11月报纸上已经发表了姚文元的文章《评新编历史剧〈海瑞罢官〉》。毛主席在当年12月对陈伯达等人谈话时，就说过《海瑞罢官》的要害问题是“罢官”，嘉靖皇帝罢了海瑞的官。1959年我们罢了彭德怀的官，彭德怀也是海瑞。谈话的内容，其政治倾向很明显。这样，姚文元的文章发表以后，报刊上就展开对吴晗《海瑞罢官》的批判，批判之火越烧越旺，越烧越大。接着就是彭真同志主持的《汇报提纲》，此提纲中宣部许立群、姚溱参与起草，他们还向毛主席做了汇报，后又在刘少奇同志主持的中央政治局会议上做了讨论，二月份将文件发到全国，也就称《二月提纲》。这个提纲说：“学术争论问题是很复杂的，有些事短时间内不容易完全弄清楚。”提纲还提出：“要坚持实事求是，在真理面前人人平等的原则，要以理服人，不要以学阀一样的武断和以势压人。”提纲的精神是学术问题要与政治分开。但是在三月底，毛主席在上海与康生、江青、张春桥等谈话，就严厉批评《二月提纲》，说混淆阶级界限，不分是非，是错误的。还尖锐地提出：“如果包庇坏人，中宣部要解散，北京市委要解散，五人小组要解散。”又针对许立群责问上海市委宣传部发表姚文元文章不向中宣部打招呼事说，为什么吴晗写那么多反动文章，中宣部都不要打招呼，而发表姚文元的文章偏偏要跟中宣部打招呼？毛主席说：中宣部是“阎王殿”，要“打倒阎王，解放小鬼！”这样，中宣部将如何处置？

到了1966年5月16日，中央又发出了一个通知，这就是有名的“五一六”通知。在这个通知里，毛主席亲自加写了很尖锐的话：“彻底批判学术界、教育界、新闻界、文艺界、出版界的资产阶级反动思想，夺取在这些文化领域中的领导权。”又说：“混进党里、政府里、军队里和各种文化界的资产阶级代表人物，是一批反革命的修正主义分子，一旦时机成熟他们就会夺取政权，由无产阶级专政，变为资产阶级专政。”在毛主席增加的话里，实际上已经点出刘少奇，说：“这些人物有一些已经识破了，有一些还没有被识破，有些正在受到我们任用，被培养为我们的接班人，例如赫鲁晓夫那样的人物，他们现正睡在我们的身旁，各级党委必须充分注意这一点。”中央的“五一六”通知，既是纠正《二月提纲》，又是号召全国展开“文革”。中宣部被称为“阎王殿”，所以机关里的政治气氛非常紧张。而许立群和姚溱，更是诚惶诚恐。

“文革”开始以后，我们这些走资派在大院内外扫地。有一天，我们在院外街道扫地时，碰见对面社科院的领导、法学所的所长张友渔同志，他又是北京市的副市长。他们法学研究所就在我们大院的对面。他也在门口扫地，我们许多人都和他互相认识，大家一面扫，一面微微笑，还点点头，表示互相理解。社科院是归中宣部管的，他们的头头不时都在一起开过会，所以互相都熟悉。

1966年6月1日，《人民日报》发表了陈伯达等人撰写的社论《横扫一切牛鬼蛇神》。次日，《人民日报》又全文发表了聂元梓等7人在北大贴的大字报：《宋硕、陆平、彭珮云在“文革”中究竟干了些什么？》这篇大字报是直接对着北京市委、中宣部在北大的社教运动的。但更重要的，是鼓动全国展开“文革”。

从此，中宣部机关就不断地召开批斗大会。批斗各位副部长，各位“阎王”。批斗张磐石、张子意等人。周扬因有病，动手术以后在外地休养，也被押送回来批斗。有一次，批斗陆定一，有人揪着他的衣领，压着他的头，推他走到台前去。见到如此情景，我当时心里说不出是怎样的感受！

由于陆定一被称为“阎王”，“阎王殿”被打倒，“阎王”的住地也热闹起来了。北京各机关团体的红卫兵，以及全国各地的红卫兵们，都到这里来串联。从外地到北京来的，首先要到“阎王殿”这个地方来，看大字报和进行联络。我们“走资派”扫地的这一伙，也更加忙碌起来，人多垃圾多，老是扫个没完。大楼里头的走道，我们都是擦得干干净净的，我们擦得和红卫兵串联以前差不多一样。有时候我们累了，跑到厕所里去休息一下，厕所里有内外间，我们坐在外间那里歇一会儿。有的说，过去怎么没有发现这么好的地方，大家在逗乐。在楼外的大院里，更是人山人海。当时红卫兵串联，各机关都管吃管住，来串联的人把经常开会的那个教育楼住得满满的。从南方来的红卫兵，吃不惯北方的馒头，咬几口就扔了，我们不断地从小树丛里捡出烂馒头来，有时候能捡到半筐。

我在家里，我的女儿对我说："爸爸你犯错误，就是因为你没有好好读毛主席的书。"她这时是个中学生。她当时说，我明天就去买一个小黑板，每天写一条毛主席语录，让你天天念。她是很认真的，第二天她就去买了一个小黑板来，天天写一条语录在上面。我的女儿功课很好，对毛主席非常崇拜，对我非常真诚，也充满父女之情，我的头发被剃得不成样子，她用推子帮我修理整齐了。几个月来我都不到外头理发，都是她帮我剪的。我还听说，我们另一个处的处长，他的女儿对他说，爸爸你每一天都要吃两个窝窝头，你要体会平民老百姓的生活。并且拿着一个做体操用的手榴弹恐吓他，说如果你不这样做，你就看这个。但是，这个女孩后来到干校来看她爸，对她爸有说不出的亲热！

一天我从大楼里回家，我们宿舍就在大院子里，我走到半路，就被一个小女孩拦住了。她是一个初中学生，同我的孩子们都是同学。她见了我走来，一定要让我低头，我不低头她不让我走。当时大人小孩都可以这样对待你。我当时就不低头，我没有办法，就回到大楼，去找了管我们的红卫兵，这位红卫兵是大学生，他是懂政策的，他就陪我出来，批评了她，这样我才回到家里。在大楼里，外来的红卫兵，都占领了楼里的办公室，我自己的办公室也被占了。我到了办公室的门口，想开门进去，这时有几个外地的红卫兵，想进我的办公室，没有钥匙进不去，在那儿大喊大叫，我不理会他们，我走开了。因为我办公室里，还放有文件和书籍。但是我过一会儿再回来时，我的办公室就被他们打开了，我看见在桌子上和地板上坐了好多人，还从书架里抽出书籍，在那儿看。在我们办公室的走廊里，出版处有一些黄色的连环画样本，堆放在一个小储藏室里。但储藏室的门被打开了，有几个孩子，看来只有十几岁，他们就坐在旁边，拿起这些黄色连环画在翻看，津津乐道，谁来管他们？

1966年下半年，"文革"越来越深入，毛主席在天安门接见了红卫兵，随着革命浪潮一浪高一浪，全国各地风起云涌。中国革命史上，从未出现过这种形势。我反复思考，觉得自己的确跟不上形势了，自己可能跟着走错路了。这有什么办法！

打倒“阎王殿”

1966年夏日的风暴，猛烈袭来，英雄人物纷纷落马。这些杰出人物，在战争年代和在和平社会里，为祖国的解放和社会主义建设事业，做过不少的贡献，但是现在都变成了敌人。

1966年5月，中央政治局召开扩大会议，这一次的会议决议中，已经点了彭真、罗瑞卿、陆定一、杨尚昆的名，并撤销了他们的职务。

部长陆定一，我一直对他非常敬仰。1947年1月他在延安《解放日报》上发表的文章《对于战后国际形势中几个基本问题的解释》，对于抗日战争以后世界形势的分析，受到广大知识阶层的称道。在党内，更是普遍学习这篇文章。50年代他的亮点，在于发表“百花齐放、百家争鸣”的言论。此前毛主席已提出“双百”方针。1956年4月，陆在中央政治局扩大会议上作了发言，他认为对待自然科学中的学术问题，不要称这是社会主义，那是资本主义。他说：“在生物学方面，有的说摩尔根、孟德尔是资产阶级的，李森科、米丘林是社会主义的，这根本同社会主义没有什么关系。在物理学方面，不能说牛顿的物理学是封建的，爱因斯坦的物理学是资本主义的，这种说法是没有道理的。”他还说：“说巴甫洛夫、魏尔啸是资本主义医学，中医是封建医学，这种说法是根本错误的。”他认为要使文学艺术和科学工作得到繁荣和发展，必须采取“百花齐放、百家争鸣”的政策。

陆定一同志对中宣部的干部，一再强调，要抓大事，不要“退缩到所谓‘具体业务’中去”。他的意见很正确，很重要，但做起来也不那么容易。他的原则性很强，很尖锐，讲话简短，也很动听。但是他也有缺点，阶级斗争的弦也绷得过紧。对“二百”方针，后来毛主席又说：“百家争鸣，说一百家，其实只有两家：无产阶级一家，资产阶级一家。”在“反右派”和1959年“反右倾”运动以后，“双百”方针的贯彻，受到很大的影响。在60年代初，一次部长办公会议上，陆抱着一摞书，摆在桌子上。我看见他带来了书，心里就打鼓，这大概又是批评出版方面的事了。不出所料，他指着这些书说，出版这些唯心主义的书，又不做内部发行，这是干什么呀？我一看这些书，原来都是商务出版的外国哲学社会科学方面学术性的著作，都是翻译近代西方学者的原著，是引进西方哲学思想的书，大部分都是唯心主义者的作品，但都是列在我们翻译计划里的。陆部长原来也知道这些计划，但是现在又觉得不行了。可能这个时候，政治气候不适宜公开宣传唯心主义思想。陆部长对毛主席的部署总是跟得很紧。在当天晚上，我就急急忙忙和商务印书馆总编辑陈翰伯通电话，把陆部长在办公会议上的批评告诉了他。陈翰伯本来也是在中宣部工作，曾担任理论宣传处的副处长。为了改进和加强商务印书馆的出版工作，1958年把他调去。他听了我的电话，觉得一头雾水，说怎么这些书不能出吗？后来我又把这件事同样告诉了文化部出版局的副局长陈原，他也感惊讶。我经常和陈翰伯、陈原保持着密切的联系，有什么大事，我们都互相通气。

中央政治局扩大会议，点了陆定一的名。还有这样的背景，林彪说陆定一怂恿他老婆严慰冰写信污蔑他们全家，并认为严慰冰写这些匿名信是反革命行为。林彪在会上说这些话时，非常生气非常激动。对于严慰冰写匿名信，我也早听说过。中宣部有关的同志，曾经到公安部了解过这件事，因为严慰冰的编制也在中宣部机关。“文革”开始，这件事情又爆发了。严慰冰的问题又和陆定一的问题纠缠在一起。

“文革”以后，我两次去探望过陆定一同志。过去除在大小会议上见面以外，很少见面，见面时他很严肃，说不上几句话。我头一次去看他，他刚放出来，住在北总布胡同一所临时的住宅里，我同秦川等几位同志一起去看他。他当时非常感慨地说：“过去怎样紧跟也跟不上呀！”他的这些言语，如此意味深长，直到现在，还在我的脑海里回响。以后他住在北京医院，我又去看过他。我还问他：“我听说您在牢里，人家审问您，您坚持抗辩，据理力争？”他说：“不是这样！我还是顺其自然。”我又问起有什么刑罚时，他说有一次吊起他双手，用一条毛巾套在他脖子上，毛巾里不知是什么东西，痒得不得了。他只是这样平淡地述说着。他很大度，很豁达，不计前嫌，表现出一个共产党人无私无畏的精神。

“文革”开始以后，机关里不断地开大会，轮流批斗各位副部长，也就是各个“阎王”。

副部长张磐石同志，说他在北大社教运动中整校内的革命派，如后来举着大旗的聂元梓，还说他与校领导一起，包庇校内的坏人。张磐石在机关被批斗以后，又拉他到北大和其他地方去批斗。不单是挂牌弯腰，甚至有的动手动脚，大会小会非常残酷。后来就被抓了起来，关到秦城监狱。张磐石长期在意识形态领域工作。新中国成立前他就是华北人民日报社的社长，新中国成立后他是华北中央局的宣传部长，以后又当华北中央局的副书记。他到中宣部以后，开始主管宣传处，后来又主管出版处。他平易近人，和蔼可亲，没有什么架子，作风非常踏实。1975年他从秦城监狱出来，传说他来担任国家出版局的一把手。我这时已经到了国家出版局工作，我去探望他，问他是否要来国家出版局，他说上面是想让他来，但是他不想来了。他觉得意识形态方面不好搞，是非多，怕又被陷了进去，所以他推辞不来。后来他就到了林业部，在那里担任副部长。过了若干年，他从林业部退了下来，住在木樨地的一座楼里，我又去看过他，他很健谈。在中宣部工作这一段，也不大开心。他晚年较为寂寞，90多岁离开人世。

副部长张子意同志，我们在机关扫地时，常务副部长张子意开始同我们一起扫地，他扫得很认真，不说话，只是低着头扫。后来被批斗时，说他包庇部里面的9条“大鲨鱼”。由于他主持机关的常务，“阎王殿”里做的许多事，他都有份。后来也被关到秦城监狱去了。他是二方面军主要领导人之一，与王震、萧克同志关系密切。他夫人是卫生部一个部门的领导，他们是在新疆坐牢时认识的，后来结了婚。她在卫生部被批斗，忍受不了残酷的批斗，就跳楼自尽了。张子意在监牢里，病得很重，曾送到阜外医院就医，那时已能容许别人去探望，我曾经去探望过他。但是他被关在一间小房子里，身体疲惫，面容憔悴。当时有警卫看守，我只同他说了很少的话。后来从秦城监狱放了出来，我又看过他几次。当时他的思想很活跃，也比较开朗。他还建议把老中宣部一些干部调回中宣部工作。

副部长张际春同志，他一直同我们这些被批的人在一起。1967年把我们集中到市委党校批斗和交代问题时，他也在那里。50年代初，他从西南调来北京，担任中宣部副部长和政务院第二办公室主任。他曾是二野的主要领导人之一。有一年春节，在中宣部举行领导干部小型团拜会上，我向张际春同志谈起，在解放战争时期，在二野的前线，把在战争中俘虏的国民党军队中一些军官关在一个地方，有一个重要的军官要求放他回家，后来同意了他的要求，让他回去。为此你还出面同他谈话，你谈话时我作为新华社的记者在场。我问他："你还记得吗？"他说："记得！记得！那是国民党第五军的一个军官。第五军是国民党新编的军队，是嫡系部队，他们的装备精良，对国民党其他部队影响很大。所以我要专门见他，同他谈话。"张际春同志是大革命时代的干部，身经百战，又有很高的政治水平和理论水平。他做事非常认真，我们被关在市委党校时，厕所的水箱经常漏水，他就在厕所那个地方贴了条子，要大家注意如何使用。"文革"以后他没有专车了，回家时要挤公共汽车。他挤公共汽车没有经验，一次车上人很多，把他挤倒了，摔出车外，把腿摔坏了。这样的老干部有如此遭遇，令人心痛。

副部长李卓然同志，他也是一位老布尔什维克。他是留法勤工俭学的。1923年入党，后来又到了前苏联，在军事学院学习。回国以后在根据地活动。长征时期他是红军五军团的政委，参加了遵义会议，他是支持毛泽东的。他是西路军的主要负责人，他们接受中央和军委的命令向西进发，但遭受到严重的失败。当时西路军的主力有二万人，到达新疆时只剩下二、三百人。在和敌人作战中，经受了考验，九死一生。回到延安，参加整风，接受了沉痛的教训。但是自己觉得受了一些委屈。抗日战争以后，到了东北，任东北局的宣传部长，后来又任东北行政区人民政府的副主席。大区撤销后，调到中宣部担任副部长。但是他身体不好，高血压，大部分时间在养病。有一个时期，他还主管过出版处。他态度和蔼，和干部关系亲密，非常尊重别人的意见。后来在90岁的时候，他住在北京医院里，我去探望他。当时他精神很好，思维敏捷，语言清晰，对往事记得很清楚。他送我到门口时说："人不服老不行了！我现在做不了事啦！应该服老了！"他说话时还充满着乐观的情绪。但是人难以逾越百年，他1993年过世了。前两年我在医院看病时，遇见他的夫人鲁陆，她也曾在中宣部工作，又跟我们一起在干校，还同我编在一个连队。我问她看什么病，她说是关节炎，我说怎么害这样的病，她说："不是陈伯达吗？"我心里一愣，怎么害病同陈伯达有关系呢？她说："不是陈伯达亲自下命令让我们去宁夏吗，我在宁夏干校就落下这个病根。"我们谈起她现在的生活，还谈起李卓然在世时的往事。我看完病就先告别了，后来见面就很少。不幸她也已过世。

“文革”开始以后，中宣部副部长逐个地都被抓了起来。许立群因参与《二月提纲》的起草，已当反革命论处。林默涵主要协助周扬掌管文艺方面的工作，他在“文革”以前也主管过出版处的工作。1961年春天中央发出的《关于学习毛泽东思想和革命领袖事迹宣传中一些问题的报告》，这个文件由出版处包之静同志负责起草，提交部办公会议讨论以前，文件是由林修改定下的。林又是文化部的副部长。“文革”开始以后，他就被揪到部外批斗、后来也被关了起来。中宣部的秘书长童大林，他负责处理中宣部日常工作。他也是很有作为的，陆定一同志很信任他。后来他也被关起来了。

副部长姚溱同志，1966年5月的一天，部长办公会议还在照例举行，正副处长都出席，不过这已经不是工作会议了，这是揭发和批判会，在这一次会上，目标指向姚溱，他是主管国际宣传方面的副部长。会议开始，大家较沉寂，未有人发言。此时，忽然有一同志声如雷动，大声叫喊：“姚溱，你还不赶快交代你的罪行！”姚溱在20世纪60年代初，曾参加中央指定由康生主持的反修撰写理论文章小组工作，日夜住在钓鱼台，工作非常积极、热情。当时在会议上首先发言的这位同志和姚溱很熟悉。这位同志的呼喊声使我十分震动，这时会场顿时激化，大家都严肃起来。坐在我身旁的一位同志，他在我的耳边小声说；“吓我一跳！怎么是这样？……”他也感到很突然。一天晚上，我在楼道内看大字报，遇见了姚溱，他也在那里看大字报。我和他打了招呼，我见他的眼睛直呆呆的，好像在梦游一样，当时我心里就有一种特别的感觉。过了几天，就传出不幸的消息，他在家里自尽了。

姚溱在战争年代，长期在上海做党的地下工作，是久经考验的好同志，因被叛徒出卖，曾关进监狱，后来跳楼越狱，摔坏了腰和腿，营救出狱以后，经审查没有问题，姚一直带着伤残的身躯工作。50年代审查干部，有人怀疑他有问题，组织上再做审查，结果有当时的地下党的领导、正在苏联当大使的刘晓同志证明，姚对党忠诚，在狱中表现很好。刘晓并亲笔写了证明信件，这样就对姚做了正式的结论。社会运动一个接一个，到“文革”期间，一切都变了味，又对他的历史提出质疑。

上海解放以后，姚担任上海市委宣传部副部长，50年代初，他调来中宣部，担任国际宣传处处长，1959年被提为中宣部副部长。他是一位秀才，精干的笔杆子，思路敏捷，态度鲜明，善于思考。他在上海地下工作时，经常化名撰写国际评论文章，在《文萃》杂志和《时代日报》上发表，受到社会上的重视。

在艰苦的战争年代，他曾被派到新四军根据地工作。在新华社华中分社工作时，与中宣部出版处处长包之静一起工作过。当时新华社华中分社范长江任社长，包之静任副社长。所以姚调到中宣部，他们很熟悉，相处得很好。我和姚虽然联系不密切，但也有一些联系，当时我们曾同在一个支部，我是支部书记。在工作上，特别是在出版内部书——灰皮书方面，听取过他不少的意见，他还不时转达上面领导的指示。姚在战争年代，出生入死，解放后工作诚诚恳恳。他被迫害离开人世时，只有45岁，在短暂人生的岁月里，在颠倒历史的年代，一位英才，就这样走了。“文革”以后，1978年，大家怀着悲痛的心情为他召开了追悼会，组织上为他进行了平反。姚溱这位可敬的同志，他的形象不时在我的脑中显现，总是令我难以忘怀。

1966年5月，陆定一被免去了中宣部部长职务以后，中央任命了陶铸来担任中宣部部长，并任中央书记处常务书记。他到中宣部来之前，先到毛主席的故乡韶山去，表示对毛主席的敬仰。在他来之前，新任命的副部长张平化先到部里来。“文革”前机关的食堂还开大小灶，我们一些人在小灶吃饭。张平化来了以后，一天中午，他表示要和群众站在一起去大食堂吃饭。以后我们也不到小食堂吃饭了，这样小食堂也就关闭了。一天在大食堂召开部里全体人员大会，他号召大家共同来清理中宣部的错误。不过他说在检查错误中间，坐车的人还坐车，走路的人还走路，意思是说被批判的人，生活待遇不变。事情没过多久，红卫兵就批起陶铸来了，陶铸很快就被打倒了。一天晚上在机关的教育楼，灯火通明，又开批斗大会。我住的地方，离教育楼很近，心里想这是批斗谁呢？怎么没有通知我们这些人去参加陪斗？后来我听到大声呼喊：“打倒张平化！”“张平化要交代你的罪行！”这样，中宣部旧的部长通通倒了，新来的部长也倒了。陶铸和张平化还没有展开工作，又被打倒了！这时不但是中宣部，各地的老干部有几个还能站住？真是飒飒秋风，令人难堪！但是，也许秋风过后，长空碧透，任鸟儿高高飞翔。

中宣部机关不存在了，被称为的“阎王殿”彻底摧毁了。被称为“阎王”的部长们，经过一段批斗之后，都关在秦城监狱。1966年5、6月间，“革命”风暴风起云涌，本来都是很好的同志，工作大都融洽无间，短短的时间里，就变成了敌人。中宣部中层领导担任过处长和副处长的，除了少数的新来者，大都被列入另册，进入“黑帮”队伍，不时被批斗，过着另一种日子。当时机关大院，热闹非凡，大字报贴到楼内楼外，外地来京的群众、红卫兵，还有南方来的年轻学生，他们有的还赤着脚，不知道内里，在看热闹。据说机关的大印曾被外地一个打扫垃圾的战斗队枪走了。机关乱了。

被隔离在市委党校

为了彻底砸烂“阎王殿”，清算旧中宣部的罪行，机关里来了军管组，由军管组来统管中宣部的批判和斗争。为了便于管理，把中宣部所有工作人员包括被批判的对象，都集中到北京市委党校大院内。我们这些人被隔离在一些房子里，所谓隔离也无非是和革命群众分开，我们另住在楼下。和我一起住在一间小房子里的，有于光远、林涧青、李曙光，共4人。于光远久经考验，对这次运动好像不大在乎，思想很放得开，无所忧虑。他手笔很勤快，任何时候都趴在那里，戴着老花镜写点什么。又不太像写交代材料，好像写什么文章似的。他身体有个小毛病，手的皮肤有时有神经性的刺痛，他写东西的时候，常常被刺痛的感觉发出呵呵的叹声来。他和我们一起参加劳动时，经常是光着膀子，拿出在延安时期搞大生产运动的劲头，很卖力气，有时拉他出去批斗，他也蛮不在乎。他是很老的同志，是“一二·九”运动的领导人之一，在抗战前他就是共青团广东地区的负责人。新中国成立后就在中宣部工作，后来是中宣部科学处的处长，还担任国家科委的副主任，所以有时他也被拉去在有关科学方面的范围中批斗，但他毫不在乎。我们4人关在这个房子里，平时无话不谈，包括国内外大事，中宣部内的一些趣闻，都在其中。于光远为人真诚、坦率，和大家很亲近也很融洽，大家很敬重他。

运动已经搞了一年，交代也交代了，揭发也揭发了，往前走也没有什么事情了。但是觉得还是没有彻底，对我们管得还不够紧，又把我们住的房子取消，让我们二三十个人分别挤到两间房子里去。这时不让我们睡床了，都要睡在地下。这好像是为了加强对敌斗争的观念。我们在地下铺了一些稻草，打了一个大地铺，就像工棚一样，大家就都睡在地上。晚上也不能一个人起来上厕所，要叫起另外一个人一同前往。大家睡不着，要吃安眠药，安眠药都被看管的人收着，到了夜里临睡前，才发给大家。外面经常有人来做调查，要为他们写材料。有的调查者，甚至有逼供信的行为，因为得不到想象的材料，还动手打人。有同志被打得头破血流，鼻青脸肿。

在市委党校院子里，不光是我们中宣部集中在这里，还有其他单位。其他单位也有"黑帮"队伍，有的队伍很长，到吃饭时"黑帮"队伍互相交叉，有时走不动。院子里不断地传出消息，说有一个单位被批的对象，爬上了高高的烟囱顶上，纵身跳了下去，悲惨之极。

我们居住的宿舍，原来都在沙滩大院的楼里，现在也不让我们住在里头了。让我们搬到弓弦胡同和史家胡同的平房里去。因为沙滩大院是陈伯达掌管《红旗》杂志社的住地，这里变成一个神圣的地方，还能让我们"阎王殿"的"判官"在这里继续住下去吗？

1969年在林彪发出准备作战的第一号令的前后，北京机关的干部和被批判的对象都要集中到干校去。关在秦城监狱那些地方的高级干部，也要隐蔽地安插到不同地区的工矿和农村去监管。中央机关的干校大部分都安置在南方各省，如江西、湖北、河南等地。中宣部机关的干校却设在宁夏，据说这是陈伯达亲自定下的，不知道他为何作此考虑。

此时"文革"已经搞了三年，大中学校的学生都停了课，到乡下去插队了。机关内的批斗，批来批去，也没有什么好再批的了。

宁夏干校夕阳红似火

我们中宣部干部要到宁夏干校去。许多同志估计都回不到北京来了，房子都撤了，把家里的东西卖的卖，处理的处理，携家带口，全家都下去。有一些上小学的孩子，父母走了没有人照料也只好跟着去。

火车到站了，行李卸了下来。天气有些阴沉沉，当时我的心有如浮萍飘忽，起伏不定。

这里是沙漠的边缘，人烟稀少。我们住在宁夏贺兰山立岗地区。这里处在六盘山脚下，傍晚天高云淡，向运处望去，正是苍山如海，残阳如血！我们来这里也不过100多人，开进一个冷僻的驻地，这地方有一座座破烂的营房，原来是一个劳改农场，被劳改的犯人不知道迁哪里去了，腾出这些房子让我们住。

我在宁夏干校劳动多年，干校由军管组负责管理，政治方面的策划与劳动上的安排，都由军管组负责。

大家来到干校，分编为连队，部分被列入另册的干部，也都分到各连队里去。在干校实际上主要是劳动，接受改造。经过几年的批斗，要说的话也早就说完了。交代与批判会，刚来干校时还有一些，后来就很少了，外面来调查的也不多，所以主要是劳动。我在三年多的劳动中也的确经受了锻炼，在与老乡接触中，也体会了下面的不少实情，特别是在宁夏回族同胞的聚集地，接触到许多新鲜事物。

“文革”开始时，我才40岁出头，体质虽然差些，但无病无痛，体力劳动没有什么问题，所以我在劳动中并不落后。天生我才必有用，我学会了种田、育秧和收割，还学会了养猪、挑水、磨豆腐，一般劳动都可以对付。受管制的其他同志，大都比我年纪大一些，同志们也不为难他们，多派一些较轻的劳动任务，做一些辅助的活儿。来干校初时，对我们这些人要求较严，后来也没有什么特别的要求。

我们告别了可爱的北京城，到了那个陌生的地方。来到干校，也没有什么批判会好开了，但还有一个小插曲，要批斗“5·16”分子，说实在的，我们当时搞不清楚什么叫做“5·16”分子。对于我们这些“阎王殿”的“判官”，就是准备作结论的问题了。当初做结论的调子很高，特别是来了“文革”领导部门一个什么干部，按照他的主张，这个要开除那个也要开除，好像没有什么好人了。对于我个人，说我思想一贯右倾，当甄别组的组长时包庇9条“大鲨鱼”，（指的是我负责甄别组为“反右倾”运动时错划的同志进行平反。）又说我跟“阎王”们跟得很紧。出版方面的错误都有我一份。我被认定为走资本主义当权派，这是毫无疑问的了。我们到了干校，一面劳动，一面清理问题，实际上绝大部分时间都是在劳动。

宁夏天气很特别，老百姓流传着一句话“早穿棉，午穿纱，晚上抱着火炉吃西瓜。”这里中午和夜晚温度总是相差十几度，夜里到早上特别冷，需要穿棉衣，到了中午，天气又很热，只需穿着薄薄的绸纱，到了晚上很冷，屋里都生着炉子。这里的西瓜很好吃，很甜，所以有抱着炉子吃西瓜的美语。

宁夏这地方是一大平川，地方宽广，站在山上向前望去，千里无垠。到了晚上，有一些冷飕飕的感觉，在北京还是清爽的初秋，到了这里，就觉得到了初冬了。

我们中宣部下放到宁夏干校劳动，绝大部分都是革命群众，普通干部，只有少数二十几人是临时被管制和批斗的对象。

宁夏是一个好地方，“天下黄河富宁夏”，是流传很广的民间谚语，这个谚语的确反映了自古以来宁夏地区环境的优越。汹涌澎湃的黄河，从西向东，奔向大海。这条黄河抚养着中华儿女，但也造成祸害。然而黄河5000多公里，受益最大的还是宁夏地区。几千年以前，这里百姓就知道引黄灌溉，现在还留有历史的遗迹。这里的“汉渠”是汉代灌溉的设施，“唐徕渠”是唐代以后的灌溉网络，有的现在还在利用。这里灌溉网络四通八达，像蜘蛛网一样。农田大多引用黄河的水流，黄河水的泥沙中含有丰富的沉积物，河水非常肥沃。老百姓种植水稻，利用黄河水灌溉，田埂总是开着口子，水从这边流入，从那边流出，让河水持续流淌，不加堵塞。种植水稻，只有到快成熟的时候，才堵塞水流。这里从稻田里流出的水，还有回流的设施，回流的河水也像进水的沟渠一样，都有回水沟渠。有的地方回水沟渠像一条大河，不知情者，总搞不清那是进水渠那是回水渠。

宁夏这个地方，黄河从南到北，穿过整个自治区。在黄河的左右岸地区，老百姓普遍种植水稻，生产水平同内地比落后得多。有许多地方，水田里杂草丛生，野草比稻子还多，粮食收成很少。水稻是撒播，收成不过一二百斤。我们有时去帮助老乡在水田里拔草，有的地方水深到腰部或大腿根儿。我们把杂草和稗子通通拔掉，老乡就呼喊稗子不要拔，稗子是可以吃的。这和我们内地不同，稗子就是杂草，碾成米来也要把它挑掉。

我们在干校也是种水稻，主要做两件事，第一是清除杂草；第二是栽秧。清除杂草是一件大事，放水犁田以后，要在水里把那又黑又圆的草根草籽捞出来，一亩地捞出来的这些草根草籽不下几百斤。栽完秧，在生长过程中要多次拔草，使稻子粗壮成长。卷秧移植，是从广西和福建学来的。办法是在旱地里找一块地方，撒了种子，盖着塑料膜，以便保温，并定时浇水。等半个月左右，稻苗生长出来，就像卷地毯一样，把秧苗卷起来送到地里去。这时插秧者就一小块一小块地掰开，将秧苗摆在水田里，就等于插秧。我们这样做的确不错，稻田里没有杂草了，又比较密集，收成时一亩田能打八百斤，比老乡种的多四五倍。我们以此为典型，把这些经验向老乡传播，加以推广。但是，老乡没有这么多的劳动力，也没有这么多的时间，他们土地多，也难以办到。

我自己在干校有好多活都干过，有一段分配给我一个任务，就是要把水田里的水管好。水田里的水，该放的时候就放，该进的时候就进，还要看守在田埂上不要让水漏走了。这件工作，有时有几个人干，有时只是我一人。我常常在夜里出动，因为白天要把黄河的水让给老百姓来灌，夜里才把黄河的水灌到我们稻田里去。黄河的水带着浓厚的泥沙，这泥沙含有丰富的沉积物，泥沙就是肥料。

我这件工作，要有毅力和耐心。我在夜里察看水源，要越过一条水渠，这条水渠是人工架在两个山坡之间的人造天河，没有人行通道。我不能从水渠里蹚过去，只能沿着这条天河的周边走，手拿着铁锨，抓着河边的栏杆慢慢地攀移过去。在移步的过程中，不敢往下看，下面是万丈深渊。过去一趟要20分钟。回来时又同样再走20分钟。来回只能蒙着头，提心吊胆地往前攀移。现在想起来，还有些后怕。

宁夏这地方，蚊子特别多，堪称全国第一。在我一生的经历中，还没有见过有这样多蚊子的地方。因为这里是水渍地区，草木丛生，蚊虫到处孳生。老百姓在露天看电影时，总是每人拿着一个树枝，一面看电影一面晃荡，以便驱走蚊子。一次，我在夜里出巡，要堵塞一个流淌的洞口，我放下铁锹卷起裤脚，下到渠里去，堵好了马上就上来，只有几分钟的时间。当我要把裤脚放下来时，我看看我的腿，天呀！像一棵花椒树，全是疙瘩。我非常惶恐，以为水里面有什么东西，后来我才悟出来，这是蚊子叮的。当我把裤子卷起来，在我从水沟里进出时，就有无数的蚊子向我扑来，叮在我的腿上，又痛又痒，过了好久，才慢慢恢复正常。

在干校劳动，我是很愉快的。我过去很少有这样多的时间经受锻炼。同志们对我们这些被批的对象，在劳动中一般都平等相待。只是在初来时，有些脏活由我们去承担，如清理厕所。在冬天粪池里的粪便，坚如石头。一次我们到粪池去清理，一镐下去，黄沫飞溅，有同志还打趣地说，这不是黄沙糖么！逗得大家哈哈大笑。

一次，派我们这些人去拉沙石。我们坐在一辆卡车上，一人拿着一把铁锹，有的还背着水壶。车子往西奔向贺兰山脚下，走了很长时间，才到了那里。一路所见遍地都是大小石头子，这里四周看不见有什么居住的人家。我带来的是一个军用水壶，我把它捆在车边缘的把上，但是车晃荡得很厉害，我们人在车上，也被晃得昏昏沉沉。我到了地方要喝水，但是没有水喝了，车把我的军用水壶不知晃荡到哪里去了，而这里是找不到水的。

这里离黄河岸边很远，是宁夏的西北部。宁夏这地方很辽阔，北边就是沙漠，富裕的地方只是在黄河的两岸。这些荒漠的原野，还没有开发，占了很大的比例。我们到了这里，觉得西边相当的荒漠和穷困。休息了一会儿，把那里的沙石装了多半车，就往回走了。这时天空无云，太阳已经偏西了，我们往东走，太阳越来越西沉，而在这戈壁滩上，我们远远望那太阳，真是火一样的红，红得非常好看。一路上很少有树木，也没有看见什么鸟儿在飞翔。此时我们都穿着棉衣，觉得西风冷飕飕的。这种情景，使我想起古书中描写的边防将士和被流放到边陲者。

豆腐房的挑夫

有一个时期，我被分派到豆腐房做豆腐。做豆腐是离不开水的，虽然离井不远，但是每天都要挑许多担水。做豆腐要将磨好的豆浆用布包起来过滤，布包悬空吊着，要不断地摇晃，把豆腐渣过滤出来。但重活还是挑水。虽然路途不远，但我每天要挑7、8挑的水。到井里打水，要用扁担的铁钩钩着铁桶去打，这也是老百姓常用的办法，但是我开始没有经验，不断把桶掉进井里，又要请人捞上来。一次，我不注意被晃荡的铁钩打了自己的眼睛，一边的眼睛立刻肿了起来，眼眶有很长时间都是黑的，我变成了一个“独眼龙”。有时要我赶着毛驴，去集上给人家送豆腐，我不会赶毛驴，也不会驾车。毛驴拉着车往前走，不听我的使唤，我驾驭不了它。到了集上，我送了豆腐，往回走时，此地的驻军有一部新的吉普车停在路边，我那个不听使唤的毛驴，拉着车往前走时，就刮了一点车边，其实只有头发丝那样细的伤痕，但这部车的司机不答应了，要我赔偿，我向他道歉，我说我是干校的，我干校有人会刷漆，给你车刷上漆。他说我这是新车，你恢复不了原来的样子，他不让我走。我说怎么办？要么，到我们干校去赔你钱，他也不同意。正在没有办法的时候，一个军队的干部从这里经过，我就对那个干部说，我是干校来送豆腐的，不慎把你们的车刮了一点，他一看也没有刮到什么地方。平时我们干校同驻军也有来往。这位干部好像是司机的上级，他就说没有关系，你走吧！我才脱了身。回来我跟组长讲，我不会驾车，我不能再送豆腐了，他同意了我的请求。

我们白天劳动很累，到晚上也有快乐的时候。我常常到相熟的同志那里聊天，也没有人管我们。我有时到有家的同志那儿煮一点东西来吃，我们一面东南西北地聊，一面吃一点东西，暖暖身体。到了节日，我们都要到厨房领面和肉馅包饺子，有的不会包，不知道怎么办才好。我同住的包之静，他也不会包，每次他都是吃疙瘩汤。也有不太会包饺子的同志，把药瓶当擀面杖，在一个板子上搞来搞去，结果既不像饺子也不像包子，放在锅里煮就是了。我领了这些东西，常常跑到有家同志那里，把东西交给他们，有时也打点下手，到时大家一起吃，感到很愉快。人总可以落地生根，什么样的环境都可以生活。

在边陲劳动和生活有苦有乐，最让人烦恼的问题是生病和看病。干校有一个医务室，这很不容易了，医生是从机关的干部中请出有医疗知识的刘易之同志担任，她毕业于大学医科，一般病痛到了她那儿都可以治疗和处理。她工作态度极好，在同志们中间备受称赞。但遇到有大病，就要另想办法了。回北京旅途遥远，不太可能去，所以大病只能到宁夏的首府银川市去。从我们住处到银川，旅途不算远，也有一部长途公交车走动，但去一次仍然很艰难。下放在那儿劳动的中宣部出版处处长包之静同志，我的前辈、师长和伙伴，他不幸就长眠在贺兰山脚下了。包长期有病，从上世纪60年代起，就有高血压，心脏经常不适，1966年“文革”以后，更是难以控制。特别是到了干校，病情日甚一日，但他很坚强，服一点药就挺着。不幸在一天夜里，他心脏病发作，人已处在昏迷状态，马上送到银川医院，没有多久，就告别人世了，要是在北京，大概不至于走的如此仓促吧。

在那儿我幸好没有大病，但有一次牙痛得厉害，我一生受牙痛的纠缠，痛苦不堪。这一次又有一个臼齿发生问题，牙痛已经多日，难以坚持了，半个脸都肿起来了。不得已我要请假去银川看病，感谢相关的领导，很快得到了批准。我迅速前往，到了银川就急忙奔向医院的门诊，医生说可以治疗，先不拔掉，但要消炎并填药物杀死牙神经，再补起来，最少要3天以上的时间。天啊!在银川要呆几天了。

天有不测风云，但天也无绝人之路。我有一个老同伴，50年代初，我们一起在中宣部出版处工作的王德坤同志，他就在银川宁夏日报社工作，他的爱人胡海珍同志我也很熟，胡在中宣部也工作过很长时间，我就借住在他们家里，得到他们的照顾。真是他乡遇故知!

记起唐代诗人司空曙的诗句：“故人江海别，几度隔山川。乍见翻疑梦，相悲各问年。”王德坤同志1951年调来中宣部出版处，我到中宣部时他已经在那里了。最初出版处只有处长包之静、王德坤和我3个人。到了60年代初，他调离中宣部，当时他先到浙江工作，以后又调到宁夏。我们到宁夏时，他早已得到消息，他出来迎接我们。因为他在中宣部工作的时间较长，机关内部有不少熟人，久别后和大家见面，这是很好的机会。然而他与我、包之静，虽长期在一起工作过，但我与包当时都身处厄境。照理他对我们二人应有所回避，可是他很动感情，不顾一切，在火车停下来时，他就跑来先接包之静和我，他还为包之静扛起了行李。在这样的境遇里，这很难得。他好像敌我不分了，不知道当时是否有人议论。又过了两年，包病重住进银川的医院，他在医院跑进跑出，直到包不幸离开人世。“文革”以后，王德坤调回浙江，担任浙江教育出版社的副社长，一直到现在，都和我保持着密切的联系。

万物更生春雷动

1970年，“文革”到了第5个年头，人们好像都有一些厌烦了。不是吗？斗也斗了，批也批了，学生都到了乡下插队劳动，或到边疆兵团去锻炼了。机关团体的干部，大都到了干校。所谓有问题的，该关的也关了。一些高级的重点对象，秘密地送到地方隐蔽起来了。城市空荡荡的。人们都是有思想的，年轻人想到以后的前途，干部们也不能永远在这里种田过日子吧，何况亲情分离，夫妻子女各在一方，一个国家、一个社会总不能永远这样下去吧！学生们呼喊着要去上学，特别是读过高中的学生要求读大学，学些专业，掌握些基本功，便于以后工作。青年干部特别是有相当文化的知识分子干部，不愿总是这样继续待下去。就连年少的孩子，跟着父母迁到干校来，干校周围或者没有正式学校，或者老师的学识与语言不适应孩子的要求，家长为之烦恼。当然无论在干校还是在农村插队，要长期这样下去，有诸多问题不好解决。

贺兰山的秋天，天高气爽，黄河不停地流淌，高空不时飞过雁群，有时嘶哑地叫喊，也没有人注意。一日，半空忽然出现乌云，大雨就要来临了，但在大雨来之前，突然有一声惊雷和一道闪光，使人们在沉寂中惊醒。

中宣部副部长陈伯达

我们听到传达，中央在庐山召开了九届二中全会，批判了陈伯达。陈的“天才论”受到毛主席的严厉批评。这个信息，在干校像一枚炸弹，炸开了人们的心灵。陈伯达是中央“文革”重要领导，现在批起他来了。在下面，我们这些人在背地里议论，这绝不是一个陈伯达个人的问题，也不是简单的理论上的争论，牵扯的文章一定是很多的。这可能预示着局势的变动，影响中央核心的变化和政策的走向。

陈伯达长期担任毛主席的政治秘书，从来都是处在参谋的地位，他虽然担任了中央“文革”小组的组长，但他不大可能对全局做出重大决策。他也有相当的理论修养，会撰写文章和出谋划策，不过他不是帅才，他只能依附在最高领导者的身旁。

新中国成立前我在马列学院学习，马列学院的副院长是陈伯达，院长是刘少奇同志兼任。1948年，马列学院驻扎在山沟里，离西柏坡有十多里，我们的驻地村庄叫李家沟口，那里不通公路，刘少奇同志和同学讲话时非常热情，还说以后修一条公路到李家沟口，那样就可以多一些接触了。后来由于形势的变化，没有想到北平解放这么快，1949年春天，我们就搬进北平来了。来到北平还听过刘少奇同志几次讲话。当时的马列学院，陈伯达也不多管事，主要是靠杨献珍同志。杨有很高的理论修养，长期从事理论研究。在抗战前，被关在北平草岚子监狱里。他是一位非常好的同志，他实事求是。不但在理论上有造就，而且工作非常热情，全心全意为党工作。他为人厚道，是很好的领导者，是一位坚强的布尔什维克。

陈伯达担任马列学院的副院长，很少上课。虽然说他有理论修养，但在上课时难以听到有多少新鲜的东西，特别是他的讲话很难听懂。他是福建惠安人，土话很重。他是20年代的共产党员，去过莫斯科中山大学学习，有较丰富的阅历。但是由于他的口音问题，在外面演讲也不大受欢迎，因为大家听不懂。他倒是有自知之明，还比较虚心，大家来听报告时，他说你们来就可以了，听不懂也没什么关系，也可以退场。

陈伯达是中宣部的副部长，但在召开部长办公会议时，他很少来，只有在春节，当处长和部长们聚会拜年时，才见到他。不过他也很少讲话。陈一生撰写的主要著作，我差不多都阅读过，觉得有相当理论修养，文笔也不错。他与我有师生之谊，我很尊敬他，但很少接触。在沙滩大院，他有时来《红旗》杂志上班，偶然在路上或楼道里相见，但不知为什么，总有些敬而远之。在他那里工作的前后秘书，我都非常熟悉，从史敬棠到姚洛，我们都是经常见面说话，特别是姚洛，他是我在马列学院的同学，更是经常在一起，他们都是非常好的同志。50年代初中宣部驻在中南海时，我们都住在迎春堂。陈伯达的为人，也听说不少。

在“文革”中，他是非常受关注的人物。他的沉浮起落，引起我们很大的震动。在干部们的心里，陈伯达只是一介书生，他不像是什么英雄造反人物，更不是造反的头领。然而，在“文革”中，他竟登上如此重要的宝座，充当这样重要的角色。这些年社会如此动乱，造成的损失何等巨大，人们所受到的创伤，无法弥补。在这倒行逆施的年代里，陈伯达应该负有一份责任。1971年3月，毛主席对陈伯达作了这样的批示：“陈伯达早期就是一个国民党反共分子。混入党内以后，又在1931年被捕叛变，成了特务，一贯跟随王明、刘少奇反共。他的根本问题在此。所以他反党乱军，挑动武斗，挑动军委办事组干部及华北、军区干部，都是由此而来。”

此次庐山会议，出现陈伯达的问题，在我们干校的同志们中间，都是非常热切的议题。自1970年秋天以后，我们听到的政治传闻愈来愈多了，原来陈伯达投靠了林彪，充当林彪的军师，林彪抢班夺权，甚至企图谋害毛主席，被毛主席察觉了。到了1971年9月，林彪反叛暴露，乘机出逃，摔死在蒙古共和国温都尔汗的沙漠中。消息很快传开了，人们从迷茫中苏醒过来，这时议论更多了，有的说干校就要快结束了，大家该回北京了！

打倒“四人帮”，“文革”结束以后，陈伯达作为林彪、江青反革命集团的十名主犯之一，被押上最高人民法院的特别法庭，被判处18年徒刑。在“9 · 13事件”之后，批陈整风和批林整风运动中，中共中央从1971年至1972年，转发了三批中央专案组整理的《粉碎林陈反党集团反革命政变的斗争》的材料。对于陈伯达的批判，当时归结为批“黑四论”，即：唯心主义的先验论，唯生产力论，阶级斗争熄灭论，地主、资产阶级人性论。陈伯达被戴上五顶帽子，即：国民党反共分子、托派、叛徒、特务、修正主义分子。1972年7月，中共中央发出中央专案组《关于国民党反共分子、托派、叛徒、特务、修正主义分子陈伯达的反革命历史罪行的审查报告》以及附件《国民党反共分子、托派、叛徒、特务、修正主义分子陈伯达的反革命历史罪证》。以后，1973年8月20日，中共中央批准中央专案组《关于林彪反革命集团罪行的审查报告》，决定永远开除林彪及其反革命集团的主要成员陈伯达、叶群、黄永胜等人的党籍。

陈伯达出狱后，住在团结湖的一栋6层楼顶层的一间屋子里，作家叶永烈先生曾去采访过他。陈回顾了自己的一生，他不胜感慨地对叶永烈说；“我是一个犯了大罪的人，在‘文革’中，我愚蠢至极，负罪很多，‘文革’是一个疯狂的年代，那时候我是一个发疯的人。我的一生是一个悲剧，我是一个悲剧人物，希望人们从我的悲剧中吸取教训。”（叶永烈著：《陈伯达传》）1989年，陈伯达在他的住处病逝，他在人世间活了85个春秋。

林彪“9·13”事件，震撼着人们的心灵。林彪这位接班人，才真正是埋藏在毛主席身旁的定时炸弹。他蓄谋已久，表面上歌颂毛主席，实际上内怀祸心，梦想及早抢班夺权。他的儿子林立果策划的“5·71”工程，企图谋害毛主席，其阴谋败露后，只好连夜乘机逃走。这个消息传开以后，整个中国社会和全世界都震动了。我们干校大部分人知道消息比较晚，忽然听到这样说法，简直不敢相信自己的耳朵。“9·13”事件传出以后，干校的人们就开始不安心了。不光是我们干校，听说中央机关所有干校都发生了动荡。

据说军事领导部门有个干校也设在贺兰山脚下，说他们劳动比我们还辛苦。因为他们干校办得好，我们军管组请过他们干校的一个同志来演讲，传播经验。这位同志是上校，也是被批的对象。他在演讲中，介绍他们在干校如何进行锻炼。我们听他的介绍，他们的劳动和生活都比我们艰苦，而且有严格的组织纪律。我们听了确实有些启发。“9·13”事件出来以后，从那边干校传来一个消息说，给我们来演讲的这位同志，听到林彪摔死了，立刻不辞而别，回到了北京。临别时，他在床上留了一张条子：同志们！我回北京了！可见林彪事件，对军队干校的同志来讲，震动更大。我们在干校，茶余饭后都是这些话题。

解放了

1971年我被解放了，这是在林彪出逃事件之前，当时给我做了没有问题的结论，我心中非常高兴。其时，同我先后被解放的也有一些同志，都怀着无比喜悦的心情，互相庆贺。那时对我的结论是怎样写的，我现在已经不记得了，走资派的帽子肯定是没有了，反马克思主义毛泽东思想也没有了，所谓问题都一风吹了。当时对我来说，烦恼的问题是在我被解放后不久，就让我担任连长。当连长，这可是了不得的事，连长要率领大家劳动。1971年林彪事件后，干校距离结束的日子不多了，我当连长能指挥大家劳动吗？大家还想劳动吗？大家还听我分派吗？形势变了，大家的心也变了，同志们都盘算着到哪儿去，以后做一些什么工作。“9·13”事件以后，请假回北京的人多起来，要求探亲和回京看病的人多了。

以前我们劳动特别认真，在一次传达中，还介绍胡耀邦同志在干校怎么劳动。说他曾经扛起200斤稻谷，我们半信半疑。在一次搬仓库时，让我们把仓库里的稻谷用麻袋装起来，扛到车上去。这麻袋顶多装100斤，有同志说，我们要学胡耀邦，他把这100斤真扛起来了，但还差100斤，可有的同志100斤也扛不起来，我自己就扛不起来。后来我有不少机会，当面见过胡耀邦同志，还同他说话，大家知道他个子不高，不知道他是否真能扛起200斤？但我不好当面问这件小事情。这可能是美好的传说吧，还当真么！

说实在的，我们在干校劳动时都能吃苦耐劳，还争着干重活。例如运输材料时，没有牲口拉车，试着用人力拉，大家都争着去干。可“9·13”以后，大家心散了。有一次插秧，到了傍晚快收工的时候，我说：“同志们，我们再把这秧田的绳子拉好，明天一早就可以来插秧了，免得到时候再拉绳子耽误时间。”我说了可是没有人听我的，人们扭头就走，说该吃饭了。我这个连长也没有办法，望洋兴叹！

林彪叛逃事件，预示着“文革”将早日结束。干校的同志们都想回家了。

林彪事件引起社会震动，非同凡响。老帅们在座谈会上揭露林彪的反叛，心怀不轨，结党营私，其恶劣的行径并非一日之寒。林彪事件以后，毛主席的心情痛苦可想而知。自此以后毛主席对所谓“二月逆流”，又有了新的说法，开始同情老帅们愤怒之情。与朱德总司令一起率军上井冈山的陈毅同志，是最早共同建立革命根据地的功臣。在“文革”中陈毅身陷囹圄，后重病，不久即饮恨长眠。毛主席心感沉痛，预先没有准备，穿着睡衣赶紧去参加陈毅的追悼会。又，1972年8月，毛主席批示邓小平同志的来信，说邓小平同志在苏区时是挨“左”倾机会主义整的，他没有历史问题。还说他打仗有战功，新中国成立后也做了一些有益的工作等等，毛主席还特别强调说；“这些事我过去讲过多次，现在再讲一遍”。这个批示使人觉得邓不再是什么凶恶的敌人了，不是党内第二大走资派。这也预示着邓即将被解脱，还预示着可能请他出山，这也许就是批示的伏笔吧。

我们干部们在学习中，觉得毛主席思想发生了很大变化，当初他很相信“四人帮”，至于林彪对毛主席的所谓无比敬重，超越凡态，出口就是“四个伟大”，“一句顶一万句”，其虚伪之情，毛主席心中也有一些疑虑，多少有一点觉察。1971年八九月，在林彪出逃前，毛主席在湖北、湖南、江西、江苏等地视察，一路上对各地党、政、军负责人进行多次谈话，透露出他重要的思想。说到林彪，说什么“大树特树”，名曰树我，不知树何人，说穿了是树他自己。此时毛主席已感到林彪有问题了。

1971年9月以后，“四人帮”可能觉得他们已危在旦夕，纷纷起来与林彪、陈伯达划清界限，还说他们过去就反对林、陈。真是天方夜谭!不过此时心怀鬼胎的“四人帮”，多少警觉到毛主席不是事事都相信他们了。“文革”结束前几年，“四人帮”还要兴风作浪，他们连周总理也想赶下台，搞什么反回潮，要把复出的邓小平再推倒。然而，社会大多数人是明智的，观察和等待，到了毛主席逝世，事情起了变化，天怒人怨的“四人帮”终于成了人民和历史的罪人，被送上正义的审判台。

1972年，社会开始动荡不定，干部已不安心在干校，城里的学生不甘心老呆在乡下，人民不再想闹什么革命，而是想要工作，要饭吃，社会风向正在悄悄变化。

第五篇 走向转折潮起潮落

乌云还没有消散

从1972年年初开始，一些同志就被分配工作了。有的到河北、河南、陕西，也有的回到北京。中宣部已经不存在了，有些同志到了文化部，或社科院。

黄河开始解冻了，但乍暖还寒，有时河水又结起冰来。此时我也在等待分配工作。可这期间我的腰痛得厉害，在干校劳动时就痛，以为只是腰肌劳损，总是挺着，坚持着干。回到北京以后，去这里看那里看，听医生的又烤电又使用超声波，但也没有多少进展。后来经过好长时间，在一次检查身体中，X光拍片，才发现第7条肋骨后部分有一条断折的裂痕，但是已经逐渐愈合，慢慢痊愈了。原来腰痛是这样的缘故。

中宣部没有了，我到哪里工作呢？心想是继续从事宣传文化方面的工作，还是到其他部门，换一个领域好呢？有一天，老文化部的一位领导同志，我的熟人王益同志来我家看望我。寒暄中，他对我说，徐光霄同志希望你到国务院出版口工作。之后我反复思考，就到了出版口。还是干老本行吧，而且人员也熟悉些。在这里除了徐光霄同志以外，也还有一些过去一起共过事或联系过的老同志。徐光霄是旧文化部的副部长，他过去有很长时间在周恩来同志直接领导下工作，他现在是出版口的主要领导，以前在文化部也曾分管过出版工作，他还是一位诗人，他的笔名戈矛，写了不少的诗篇，在社会上很有影响。我过去就认识他，还有出版口领导成员之一陈翰伯同志，他也是从干校回来，他主管出版部的工作。我到了出版口，就是出版部的主要领导，归陈翰伯分管。这时，王益同志在人民出版社当党委书记，他也是从干校回来不久，“文革”前他长期担任文化部出版局局长，是一位厚道的长者，业务方面非常有经验，过去我在中宣部工作，不时和他见面谈论工作。还有陈原同志，也是老熟人，他从干校回来以后，就是中华书局商务印书馆的主要负责人，当时中华商务还合在一起没有分开。国务院出版口，在“文革”开始时，称为毛主席著作办公室，主要负责毛主席著作的出版印制工作，后来才成为出版口。我到出版口时，出版部已经有几个同志。开始业务不多，随着各个出版社逐渐恢复，从干校劳动的同志不断回到出版社，慢慢地业务恢复和扩大，出版社出书增加，事情就多了起来。这样，出版口的出版部，联系和分管出版书刊的业务也多了起来，人员也逐渐的配备，成为出版口一个重要部门。

我到出版口是1973年5月份。此时，“文革”的动乱并没有停止。早几年林彪、江青反革命集团抛出了王（力）、关（锋）、戚（本禹），王、关、戚被称为“小爬虫”。接着1970年庐山会议，毛主席揭露了陈伯达。此时林彪感到岌岌可危，觉得火已经烧到他身边了。到了1971年，林彪自我灭亡了。自此，好像是“四人帮”的大势已去，“文革”该结束了。但是并不是这样，他们还在兴风作浪。没有多久，又兴起什么“批林批孔”，实际上矛头对着周总理。周总理已经病重在身，难以继续坚持工作，但是他还要被迫出来公开做检讨。在一次大型的会议上，总理在台上检讨时，他的语音已经不够正常，同志们听了，感慨万分！这时，需要有人来主持中央的工作了，毛主席就点了邓小平同志，要他出来主持全国工作。林彪出逃事件以后，毛主席已有此想法。此时邓出来工作也很难，他不断受到“四人帮”的牵制和排斥。按着又掀起了所谓反回潮复辟运动，邓小平同志又靠边站了。在中央国务院各机关，也不平静。在我们小小的出版部门，也有人跟着兴风作浪。

所谓反回潮复辟运动，在我们机关首先批的对象是陈翰伯，往下还批何人，还不知道。不甘寂寞者总是推波助澜。陈在“文革”前接任王益同志的岗位，为文化部出版局局长，他又长期在中央宣传部门工作，而且他是党内的高级知识分子。反回潮复辟运动时，机关里受个别人鼓动又贴出不少对陈的大字报。在出版系统的一次大的集会上，由于他是出版口的领导成员之一，也坐在主席台上，这时有人就往台上递条子，说为什么还让这样有问题的人坐在主席台上呢？陈翰伯也看到递上来的条子，他说我自己下去，他就从主席台上下来了。许多同情陈翰伯同志的，在这种气候中也毫无办法。陈的支部生活在出版部，对陈的批判会，开过几次以后，主持人就说，陈以后就交到出版部去批好了。出版支部开过一次会，后来也就不了了之。某些别有用心的人就说，出版部的人包庇陈翰伯。机关里总有个别人，跟风跟得很紧，有一点风吹草动就煽起大火，唯恐天下不乱。

在出版机关主管的那些出版单位也不平静。目标大部分都是一些老同志。这种运动和极“左”的思潮，持续地影响着业务工作。当时有一个出版社，想将《四角号码词典》修订再版，这是一件好事。对该词典中有些词条是否保留发生了问题。例如，词条中是否要保留周恩来、朱德这两个条目？管这部分工作的同志，就找到我来反映，或说请示吧，因为我是国家出版局的出版部主任。他说有人认为不应该再收他们两人的词条，我说要继续保留，不能不收。过了几天，他又来找我，说此事有不同看法，还是有人认为不应该保留。我明确地说：“要是不收的话，这个词典就不能出版。”他说那人认为可以退让一步，只收一人，行不行？我心里想，这又不是做生意，讨价还价么。我再一次强调：周、朱两人都要收，不能只收一人。如果不收两人的话，这部词典不能出版。我又说了一遍。我还告诉他，要他回去耐心做一些思想工作，并说了许多理由。后来这件事情就没有消息了。过后这本书出版了，我查看是否保留了这两个词条，我很高兴地看到这两个词条还是保留在词典里。此事我反复思索，也不能多怪这位或那位同志，他们也受当时思潮的影响，受环境或所处境遇的牵制。后来听说那位同志以后也站在正确方面了。

那时大批图书积压在仓库里，但是书店里没有书卖。一些老的科技书，在书店里还继续在卖，而社会科学方面的图书，书店里就没有什么书在陈列。因为社科书包括文艺书籍，认为大都有问题，都是封、资、修的东西。一天，有同志拿来一批书目，说这些书都要报废了，请我在上面签个字。这样，经济损失就可以由上面来划拨，出版社和书店也可以不承受损失了。这可能有道理，这位同志多半是好心吧。但是我看了一下那些书目，绝大部分都没有什么大问题，为什么要报废呢？而我感觉更重要的是一个原则性问题，如果我亲自同意报废这些书，就等于我认为这些书都有问题，所以我不能签这个字，不能报废。那位同志说，你签一下就可以报了。我说我不能签，不应该签。此事也许就作罢了。但是后来这件事，我也没有再问，是有人签字了，还是这些书继续存放在仓库里呢？我就不得而知了。

恢复辞书出版

“文革”的动乱已经这么多年了，出版方面，总不能不做正事，所以搞出版的规划就提到议事日程。摆在面前最重要的是要制定一个出版词典的规划。当外宾来访时，客人送我们一部大词典或大百科全书，而我们却回赠一本《新华小字典》，这对比上的差距，实在使我们具有人类优秀文化传统的中国人感到非常懊丧。搞词典的规划，陈翰伯同志早就主持抓了这件工作。但是由于运动的干扰，总是难以进一步展开。1975年邓小平同志出来工作以后，曾有一段暂时安定的政治气氛。这时，国家出版局（1973年9月出版口已改制为国家出版局）就做出了一个编撰词典规划，并拟定召开一次会议，促使这件工作得到落实。1975年3月，国家出版局会同教育部联名向国务院写了召开中外语文词典编写出版规划座谈会的请示报告。这个报告经当时主持中央日常工作的邓小平同志批准，会议在5月23日开始，在广州举行。会议由徐光霄同志主持，我也是会议主要领导成员。会议地址选在广州东方宾馆，是我的主意。我有一位熟人，他同我在广东地下党一起工作过，这时他是广东省委办公厅的负责人，我请他帮助安排，一切事情都非常妥帖。东方宾馆当时是广州最好的宾馆，因在“文革”时期，客人不多，所以我们开起会来也很安静。当时参加会议的有中央有关部门和13个省、市文教、出版部门和高等院校的负责人以及专业工作者，还指名邀请了几位老专家，一共有100多人。会议制定了一个中外语文的10年（1975～1985）规划，规划中列入的词典共有160部。其中汉语部分31部，外语部分129部。这个规划由商务印书馆几位同志起草。商务印书馆长期出版词典工作，他们和专家以及出版词典的有关出版社，都有密切的联系。

广州会议主要是落实规划。“文革”中的思潮，一直在泛滥。有人认为编词典，也要强化阶级斗争的观念，连桌子、板凳都要突出阶级斗争。认为要把无产阶级专政落实到每一个词条，要把帝王将相，还有太监、僧侣等词汇，通通从词典中消除掉，让词典成为宣传毛泽东思想的政治教科书。在会议上，一直强调正确对待词目的编撰。由于“文革”尚在进行，错误的思想不可能进行清理。但在小组会上思想斗争很激烈，在会外绝大多数同志都不同意“无产阶级专政落实到每一个词条”的说法。

但会议最终还落实了规划，进行了分工。会议结束以后，国家出版局于7月16日向国务院写了关于座谈会和规划的报告。这个报告经李先念同志圈阅后送到了邓小平同志处，小平同志批示同意，还将报告和规划送给周总理批。周总理病重在身，但是他非常关心此事，8月21日在病床上审阅和批准了这一报告。批示中还有一句感人的话，“因病在我处压了一下”，以示歉意。国务院很快下达了批文，于8月21日发到各省市和国务院各部委。国务院的批文强调：“目前中外语文词典出得太少，与我国社会主义革命和社会主义建设的发展很不适应。这次座谈会提出的《1975年至1985年中外语文词典编写出版规划（草案）》是积极可行的。”并指出：“要充分依靠群众，调动各方面的积极性，加强各部门的协作，切实帮助解决工作中的问题，力争提前完成规划中提出的任务。”国务院的文件下达以后，引起了各方面的重视。

在汉语大词典中，大家非常关心《辞海》和《辞源》的修订工作。《辞海》是毛主席1957年倡议要修订的，指定由上海负责，由舒新城老先生主编。这部词典说是修订，实际上是重新编撰。上海对此事特别重视，市委宣传部成立了专门的班子组织编撰。但是搞了几年，一直到“文革”开始还未能定稿。他们曾经出版了内部的未定稿版本，也曾送到中宣部来审阅。当时由中宣部副部长许立群为首组织了一个班子，进行审阅，情况向康生汇报，当时康生负责其事。在审阅过程中，我一直参与其事。审阅中大家提了不少意见，意见大部分都是关于政治词目的解释，特别是对于收有“大跃进”、“人民公社”、“大炼钢铁”等词有些意见。认为词典中收有一些不稳定的词条，而对这些词条作如何解释，是值得研究的。“文革”开始以后，上海的红卫兵认为修订《辞海》是毛主席交办的，而中宣部提出这样那样的问题，是对毛主席交办的事进行阻挠。是的，打倒“阎王殿”，凡“阎王殿”做过的事，一切都要打倒，一切都要否定！红卫兵来调查时，气势很高，但我如实作了说明。这时许立群已经关在牢里，他们难以找到许立群对话，所以这件事就落到我的头上来了。上海红卫兵有十几个人到我家来，不过他们的调查，还比较讲理。我还说到这件事是由康生抓的，康生是当时中央“文革”的顾问。那时有谁敢动康生一根毫毛吗？此事也就不再有下文了。

说实在的，这部大词典，词目达10万条左右，经过全国第一流专家分头编撰，几千专业工作者进行工作，又经过层层审阅，应该信得过，是可以出版的。而一部词典，在历史上都是具有时代性的，到了一定的时候再进行修订。对一部词典这样挑剔那样挑剔，也是过于苛求了。“文革”以后，《辞海》又经过整理，1979年才正式出版3卷本公开发行。1984年又修订一次，出版了新的修订本。一直到现在，又多次修订再版，成为国内编撰辞典的典范。

至于《辞源》的修订工作，本来在1958年已经开始，但是修订的工程浩大，短时间难以完成。《辞源》开始于1908年编撰，1915年正式出版。这本词典是大家熟悉的，是知识分子案头上经常放置的。在广州会议上，定下除了编撰《辞海》以外，也要将《辞源》工作的修订，加以完成。当时定下，由广东、广西、河南、湖南四省区协作承担修订工作。修订工作的方针，认为要与《辞海》和《现代汉语词典》有分工，《辞源》为阅读古籍用的工具书和古典文史研究工作者的参考书。这部书由陈原同志主抓。他办事很认真，花了很大的力气。《辞源》修订本终于在1979年出齐了4卷本。这部书因为工作繁重，开始是分册出版的。《辞源》修订工作最后由商务印书馆完成。我们不能忘记吴泽炎先生，他功不可没。他是商务印书馆的老编辑、老专家，搞了一辈子词典工作。他平时注意收集材料，以卡片的形式记载下来，他存有词条和单字的卡片就有几大箱。《辞源》最后由他负责统稿，这些材料也成为他修订的最重要的参考材料。他在世时，我和他有不少接触，他是一位负责的编辑和有深厚学问的专家。他生前交代，他把自己收集的和收存的卡片资料，全部贡献给商务印书馆，为社会留下宝贵的财富。在修订《辞源》的工作中，有一大批的专家，其中黄秋耘、刘叶秋先生更是出力不小。黄秋耘是位作家，老革命，广东人，我和他有来往，他曾对我述说修订《辞源》中的苦衷，我现在仍记忆犹新。

在广州会议中，大家觉得编词典还应该有所突破，除了完成修订《辞海》和《辞源》以外，还应该出版两部中文大型词典。当时世界上最大的两部中文大词典，一部是日本的《大汉和辞典》，另一部是台湾的《中文大辞典》，这两部大辞典都是洋洋大观。我们内地的教授们，也在使用这两部大辞典。而我们自己却没有一部大型语词的词典，也没有一部齐全的汉语单字的词典。在单字方面，虽然我们老祖宗编过一部收字比较多的《康熙字典》，但是年代已久。在广州会议上，就提出要编《汉语大词典》和《汉语大字典》，但是这两部词典工程浩大，有谁来负责都是一个问题。会议经过了很长时间磋商，最后《汉语大词典》由华东几省负责。《汉语大字典》开始无人承担，后来，来开会的湖北省的领导于溪同志很勇敢，她说由湖北省来承担。但是她要联系一下，最好还有一个省，来共同负责。后来，她主动和四川出版界的领导联系，四川愿意共同来承担这个任务。这样，两部大型的中文词典就初步落实了下来。

在词典的规划中，《汉语大词典》和《汉语大字典》两部新编的大书是工作重点。这两部大书工作的任务繁重，国家出版局需要大力来推动。国务院8月的批文下达以后，陈翰伯和我就立即出发到上海。从9月1日开始，在上海大厦召开了《汉语大词典》的编撰会议。到会的有华东五省市出版教育部门的负责人。会议对编撰《汉语大词典》工作的安排和分工，进行了讨论和落实。在上海大厦召开会议以后，各省就开始分头进行工作。

为了进一步促进《汉语大词典》的编撰工作，1977年9月又在青岛召开了这部大词典的编写工作会议。陈翰伯亲自前往青岛主持。头一天翰伯在会议上作报告，他认为前一段资料工作做得很好，人员也开始组织和调动，他鼓励大家克服困难，向前迈步。这时同志们突然发现，他讲话时嘴歪了，而且语音不清。同志们觉得他发病了，劝他停止讲话，但是他还想继续往下讲。后来还是被劝住，送到医院去治疗。在医院发现他脑血管有问题，医生立即进行输液。这样会议就没有人主持了。参与这次会议的领导工作、陪同翰伯去青岛的方厚枢，立即往北京打电话，报告情况。这时王匡同志已到国家出版局主持工作，他要我立即赶到青岛，去接替他的工作，使会议继续进行。我接到通知时已经是晚上，我连忙跑去找谢泰万同志陪同我一起到青岛。我到了青岛，首先到医院去看望翰伯。他正在输液。他说：“人老了！不行了！你来了就好，不然的话会议开不下去了。”翰伯当时67岁，他平时身体还可以，但是由于工作过于劳累，“文革”中又不断挨整，使他疲惫不堪，最后累得躺下了。

《汉语大词典》的青岛会议，总结了词典两年来的工作。这部词典是在“文革”还没有结束的时候上马的，编撰过程中，还有些大搞群众运动的色彩。主要表现是编撰人员过多，队伍铺得太大。编写组的同志大部分来自各地的高等院校，但院校很分散，而且编写人员的水平差距较大。不但许多人没有编过词典，而且对于词典编写的完整概念也缺少。有的编写组开始人数很少，但是任意扩大，人数越来越多，有一点搞人海战术的样子。青岛会议针对这种情况，提出要精简队伍，集中力量，提高收集资料和编写条目的质量。

青岛这个地方很美丽，这是我第一次来这里。“文革”以前没有机会来，这一次本可以到处看看，但因翰伯生病，工作又紧张，也没有多少心思了。青岛会议的住处，出门就是大海，一望无际，海天一色，令人心胸开阔。新中国成立前，青岛也是帝国主义垂涎和争夺的地方，德国和日本都先后在此建立了据点，所以这里都留有侵略者的遗迹。新中国成立后，这里是我们的工业基地，也是我们经济发展的基地，但“文革”后期市井萧条，街景杂乱。以后我又多次到过青岛，与那次比较，真是天渊之别。现在青岛是中国的一颗明珠，不但风光好，有海有山，景色宜人，而且经济蒸蒸日上。

翰伯病情缓解后，回到了北京。以后他逐渐康复，又亲自主持《汉语大词典》的工作。王匡只在国家出版局呆了一年，以后被调到香港，担任新华社香港分社社长、港澳工委书记，主持香港澳门回归以前共产党的全面工作。自王匡调离以后，陈翰伯被委任为代理国家出版局局长的职务，所以更加忙碌。他身体不好，工作又劳累，但他仍然坚持着。

《汉语大词典》经过青岛会议，整顿了队伍，加强了组织，明确了工作方向。尤其是上海正式成立了《汉语大词典》的汉语机构，有了专业人员的班子，专门抓这一件工作，使《汉语大词典》的编撰得以迅速展开。

《汉语大词典》，从1975年上马，前后经历了18年，终于在1994年完成出版。全书12大卷，共收有词语37万多条，计有5千万字，真是洋洋大观。陈翰伯从这部词典开始就亲自挂帅，事必躬亲。但是长期劳累，最终难以坚持，他把这个重担委托给罗竹风。罗有学识和水平，与大家同甘共苦，历尽心血，终于完成了这件伟业。可惜书出来的时候，翰伯已离开了人世。1983年是《汉语大词典》编写最困难的时候，在厦门召开的一次会议上，翰伯说："我想到陆放翁两句诗，'王师北定中原日，家祭毋忘告乃翁。'"他说："早晚有一天，我们会得到消息：《汉语大词典》已经全部出齐。我是无神论者，也是无鬼论者，可是在这一点上我宁可让步一下，希望得到这个消息，能够知道这部书已经出版了，九泉之下也会很高兴的。"翰伯于1988年8月26日凌晨悄悄地走了。《汉语大词典》和《汉语大字典》全部出版，他都没有能看到，使我们非常难过。人类文化的发展，总是一步一步慢慢向前，人们的劳绩，在历史长河中永远留下不灭的足迹。

《汉语大字典》十年磨一剑

在编撰辞书的规划中，另一部大型汉语字典就是《汉语大字典》，连同《汉语大词典》是国家出版局抓的两部大词典。翰伯和我开始就有所分工，他主要去抓《汉语大词典》，我去抓《汉语大字典》。后来这两部大字词典的领导工作委员会，他和我分别成为主要领导人，但工作非常艰巨。

中国是人类文字发明最早的国家之一。对文字学的研究，历史上不乏学者，国外专家也不倦追求。但是新中国成立后的中国，还没有一部对汉字汇集和研究较充分的字典。广州辞典会议规划试图出版这样一部字典，这就是《汉语大字典》。这部字典由湖北和四川两省来承担。工作铺开后，两省的宣传部和出版局的领导都出面召开会议，加以推动，工作非常积极。从国务院对广州辞典会议批文下达以后，两省轮流开会，一回在武汉，一回在成都，我差不多都去参加。工作开始时，大专院校还在停课，教师没有教课的任务，他们都积极来为词典收集材料，准备编写。初时也发现摊子铺得太开太大，人员过多，有一些编写点还设在中学里。许多人员的水平不高，一部分人的文化知识不能胜任这方面的工作，所以中间也进行了整顿，精简队伍，努力提高水平。以后大专院校复课，老师们需要回去担任教课的任务，编写队伍又发生人力缺少的危机。为了稳定编写队伍和保证编写人员级别和工资待遇的提升，教育部曾专门发文，要求各地教育部门，对于参与《汉语大词典》和《汉语大字典》的编写人员与在校的老师同等对待，这样队伍才稳定了下来。

我们编撰这样大规模的词典是史无前例的。在中国古代编撰大部的词书，多半是皇家集中一批人，在一定时间内加以编撰。在近代也有大些的出版机构，召集一些有才能的人，集中精力编撰。在国外，或者是专业的学会组织编撰，由某某基金会加以资助；或者有财力大的出版社，单独组织编撰。而我们现在这两部大词典，则分别组织几个省的教师来编撰，这是少有的，而且这么多人来进行工作，还需要一笔费用，这些费用都由各地分别承担。中央主管部门，几乎没有在经济上拨款。这两部大字词典，还涉及物资的供应，包括印制的条件和纸张的供应，都需要加以筹划。在这一方面国家出版局给国务院关于词典规划的报告中，提出要中央和地方的物资部门给予支持和帮助。

《汉语大字典》收有56000个单字，其单字的数量超过康熙字典9000多个。按照编辑的要求，尽量收齐汉字，并且力求汉字从过去到现在，字形的变化都要有所反应。这样就需要重新刻字，制作铜模，这是很大一项工程，并且需要有大的厂子来承担这件工作。当时没有电脑，像现在有电脑就比较容易一些。为此事国家出版局主管的物资部门还做出规划，帮助解决。国家出版局还拨出专款，来完成铜模制造工作。

这部字典由湖北、四川两省联合编撰，需要有一个集中的领导。在总的方面由两省宣传部和出版局来推动，我作为国家出版局的领导人，从中进行协调。但是在业务工作上需要有一个组织，于是成立了编委会，并且任命武汉大学教授李格非和四川大学教授赵振铎为常务副主编。他们两位对中国文字学很有研究，50年代他们还一同到前苏联讲过学。当时参加编撰工作的院校有10多所。在湖北，除武汉大学以外，还有湖北大学、华中师大、中南民族学院等；在四川，除四川大学以外，还有四川师范大学、西南师范大学、重庆师范学院、南充师范学院等。一些有较多时间来参与工作和有相当业务水平的同志担任编委。被任命为副主编的有冉友侨、朱祖延、李运益、晏炎吾等教授。当时还聘请了国内有名望的专家当顾问，如商承祚、容庚、王力、吕叔湘、朱德熙、陈原、周祖谟等。工作了一段时间，又请出四川大学老教授、在文字学方面有造就的徐中舒老先生担任主编。

这部大字典的编撰和出版，经历了艰辛的岁月。湖北、四川两省，虽然是邻省，但是武汉和成都相距遥远。当时交通不便，信息沟通较为困难，所以两省业务上的碰头会议很多。这就需要有一个词典的办公室，于是成立了词典编撰处。这个编撰处就设在四川出版局内。编撰处由编委会领导，日常工作受常务副主编指挥。这些做日常工作的同志，也非常辛苦，业务和行政上的联系，事情很多。当时四川的崔之富同志出了很大力，他是编撰处的主要负责人，也是四川出版局的领导成员，但是不幸英年早逝。当时还有几位青年，如左大成，他成为编撰处的继任者。从70年代中期，他就开始参与词典方面的工作，至今已经有30年，他被任命为四川辞书出版社的社长。在湖北方面参与经常工作的陈锐科、陈震雷、袁小眉、李航等同志，不辞劳苦，在日常工作中，付出了很多努力。

我在工作中，经常和湖北的余英、于溪、刘介愚以及四川的李致、单基夫、袁明阮等同志联系。他们都是四川、湖北宣传和出版方面的主要领导。余英长时间担任湖北省委宣传部副部长，是新四军五师的老干部。他来分管词典的编撰工作，对于人员组织和调度，包括经费的开支，他管得很具体，的确解决了许多重大的具体问题。四川几位领导对于词典的编撰，也非常尽心尽力，对字典的工作有求必应。如果没有两省的宣传部门的领导，组织这样多的学校和人员来参加工作，进展是很困难的。当时参加工作的骨干达300多人。有些同志从大专院校抽出，专门做这件工作，如冉友侨，他是一位老教授，他全身投入词典工作。在一次开会时他说过一句很生动的话，我现在还记得。他说，编这样高深的字典，在世上是非常可贵的。好比一碗糖稀饭，很好吃，但这碗糖稀饭非常烫，要吹多少次，才能慢慢地一口一口地把它吃下去。副总编辑朱祖延教授，虽然较为年轻，但是身体多病，仍然坚持不懈地工作。同志们非常辛苦，包括常务副主编李格非，有一段时间，他的右腕折断不能执笔，为了坚持工作，他用口述的方式，请家人抄写。我每次到湖北，必定去看望他们。

为了推动词典的编撰和出版工作，国家出版局联合教育部于1978年1月18日又写了《关于加快和改进词典编写出版工作的请示报告》上报国务院。报告中汇报了从1975年广州会议以来的情况，取得的成绩和碰到的困难。为了加快和改进这方面的工作，提出了7条意见。为了解决当时读者缺少词典的问题，提出集中力量在短时间内，新出和重印一部分词典。如新出的《辞海》和修订的《辞源》（部分），以及《现代汉语词典》、《新华词典》等。外语部分有《日汉词典》、《法汉词典》、《简明德汉词典》、《汉英词典》等，共有20余部。

文件特别提出要大力抓好《汉语大字典》、《汉语大词典》和外语的英汉、日汉、俄汉等大型词典的编撰工作。需要依靠各方面的力量，大力协作，才能完成。报告建议将原规划所列的体现我国科研成果和国家水平的大型词典，列为国家文化建设中一项重要科研项目，动员各方面力量力争早日出成果。承担任务的省、市、自治区应将词典编写任务列为正式的科研项目，纳入规划。同时，根据需要给予一定的编制，并从高等院校和文化教育部门抽掉一批专业人员，充实词典编写骨干力量，稳定编写班子。词典出版后，仍应保留少数人员，继续收集资料，听取群众意见，使之逐步完善。文件还提出重要条目的审定问题，认为有关党史和涉外问题等重要条目的审查定稿，请中央有关部门给予大力的支持和帮助。

报告对经费问题也提出了意见，编写词典所需要的经费，根据精打细算、力求节约的原则，按年编造预算，由中央和地方财政部门拨付专款，交省、市、自治区出版局统一掌握，专项使用。报告还提出扩充中外语文词典印刷生产力，保证纸张的供应。对于建立专门的辞书出版机构和辞书编撰人才的培养，也提出了具体的意见。报告呈送以后，只隔半个月时间，2月7日国务院就作了批示，并转发了这个报告，请各省、市、自治区和有关部门参照执行。国务院批准的文件称："加快辞书出版工作，改变当前辞书严重缺乏情况，是刻不容缓的一项任务。"并望各省、市、自治区和有关部门采取有效措施，努力完成1975年制定的中外语文词典规划的各项任务。

国务院批文下达后，我们抓紧这个有利时机，与有关方面磋商具体落实国务院的批示和国家出版局与教育部报告中所提出的问题。1978年11月《汉语大字典》在武汉召开了编写工作会议，进一步落实国务院的批示精神。在这次会议上，明确了领导班子的机构和成员，正式建立编委会。会议还讨论了川鄂两省编辑工作的分工和工作的职责范围；提出调整、稳定、充实编写队伍的措施；研究了进一步加强编写工作和做好资料工作的一些问题。这次会议很重要，两省的领导同志和编委会的重要成员以及参与日常工作的同志都到会。会议开了一个星期，大家热情很高，两省负责编撰的同志还互相交流了编写工作的经验。

这次会议上，我介绍了整个出版工作的形势，并强调要解放思想。我说，我感觉到全国形势可以说是万马奔腾，形势非常之好。有一些问题过去不敢想，现在敢想了。对于“文革”以前17年的一些问题，现在都要重新考虑。解放到现在已经29年了，明年就是30周年，用什么东西来衡量我们过去的工作。是靠本本，还是靠什么？当然是依靠实践的效果来检验。只有实践才能考验我们工作的好坏。我们现在必须以现实的和发展的眼光来看待问题。

会议中，同志们曾反映编写队伍中存有自卑感和胆怯心理，队伍也存在不稳定的因素。我在讲话中强调，对于编撰《汉语大字典》这样大规模的字典，过去想都不敢想，可是我们现在已经开始行动了。我介绍说，日本人对汉字很有研究，他们最近就出了一本《汉字的起源》，很厚的一大本，卖8500日元。我访问日本时，觉得这本书对我们编大字典有用处，就买了一本，回来送给编写组。日本对中国的唐诗宋词也有深入的研究，他们出了这方面不少的词典。对于中国春秋战国时的书，也有注释本出版。他们还出版了一本很厚的《夏文化的研究》。对于《史记》也有专门的注释、索引和评论本。有名的岩波书店出版的《広辞苑》，对汉字和语词很有研究。这部书在日本和国外都有很大的影响。岩波书店的老板岩波雄二郎送我三部《広辞苑》，我送了一部给《辞海》编辑部，送一部给《辞源》编辑部，另一部送给我们的《汉语大字典》编辑部。这是部很严谨的词典，和我们的《辞源》、《辞海》一样，在日本很有学术地位。我问他们编这本书花了多少时间？他们说编了7年，现在还不断地修订。我又问他们，有多少人参加编写？他们说有二、三十人参加。岩波书店有一个很好的资料室，藏书很多。中国和外国的重要图书，资料室里都有收藏。也许我们有很多大学的图书馆，还比不上他们的资料室。他们就是主要靠那个资料室，编撰《広辞苑》。这个资料室是恒温，室内空气是进行控制和调节的。他们的图片是在电冰箱里保存着。我在日本时，看见日本出版的有关中国文化的词典很多，除岩波书店出版以外，还有小学馆、讲谈社、平凡社等都出版了这方面的大小词典。还出版有关中国的人名、地名和音乐、美术等词典。既然日本能编有关中国的这么多词典，而且有的部头很大，难道我们只编《新华小字典》，而不能编《汉语大字典》和《汉语大词典》吗？我又说，现在我们还要编大百科全书，并已经着手进行。我们有这么深厚的文化基础，又拥有充足的知识人才，我们为什么不调动大家的积极性？日本有几个大的出版社，都出版了大百科全书。除了平凡社较早地出版了有影响的大百科全书以外，讲谈社和小学馆也都出版了几十卷的大百科全书。他们能做到，我们为什么做不到？

对于字典的编写组织与人员的稳定问题，我也发表了诸多意见。对字典的质量问题，我反复强调。

与会同志对我的讲话反映热烈，也可能是大家得到一些鼓励吧！在会议的议论中，大家坚定了信心，提出许多加快编写进度和提高水平的意见。

耀邦同志关于《汉语大字典》的批示

中央和地方的领导都非常关注《汉语大字典》的编撰工作。1979年10月，《汉语大字典》领导委员会在成都又召开了一次编写工作会议。这次会议距离武汉会议有一年左右。此次会议总结了前一段的工作，几年来已经取得很大的成绩，编出了六分之一的初稿。但是会议也反应了诸多的问题。

1979年11月2日，我代表词典领导委员会，向胡耀邦同志写了报告。此时耀邦同志是在中宣部部长的任上。报告中就编《汉语大字典》的起因和工作经历，以及现在存在的问题，做了汇报。报告的内容是：

“耀邦同志：最近我代表国家出版局到成都参加《汉语大字典》的编撰工作会议。《汉语大字典》是周总理、邓副总理亲自批发的国务院（1975）137号文件中规划编撰的一部大型字典，由湖北、四川两省协作编写。1975年上马以来，在川鄂两省省委的领导下，有关部门和编写人员作了很大努力，取得了一定的成绩，现已编写出1.1万余单字的初稿。

《汉语大字典》计划收单字6万左右，比《康熙字典》等所有字典收字都多，是我国古今单字的大汇编，要求尽可能历史地、正确地反映汉字字形、字音、字义的发展。这是一件十分重要的工作，近年日本已出版好几部大型的汉语单字字典，可是新中国成立以来我们还没有一部这样的大型字典。由于这部字典规模较大、涉及面广，现有编写人员绝大部分是从高等院校和部分中学借调的教师，当前突出的矛盾是其中一些同志在学校仍兼有教学任务，精力不易集中；同时有的在晋升定级、评定职称、生活福利等方面不能与在校内的同志一视同仁等原因，使编写队伍的稳定，受到很大的冲击，如不采取切实有效措施，计划将难以完成。

为了保证《汉语大字典》的编写工作能够顺利进行，力争于1985年前出版。需要川鄂两省大力加强对大字典的领导，并妥善进行安排，使编写工作中存在的一些困难及时得到解决。在编写工作中所需要的经费，可在两省出版局、出版社的编辑费用中开销。

现在考虑到大字典从编写到出版，有一系列的工作需要有一个常设的机构来担负。大字典的主编大家又推定由四川大学老教授徐中舒担任，经我们征得四川省委有关领导同志的同意，拟在四川成立《汉语大字典》编纂处，作为川鄂两省编写领导小组和大字典编委会的执行机构，负责日常工作，由四川省出版局直接领导。

现汇报如上，如得到您的批示，我们将同四川和湖北省委有关领导部门商量，进一步落实。”

这份报告上报四天后，1979年11月6日，耀邦同志即作了批示：“请川鄂两省有关部门大力协助进行。希望全体编写同志同心同德，克服一切困难，完成这项有历史意义的工作。”耀邦同志的批示，由国家出版局作为正式文件下达。

耀邦同志的这一重要批示，对于参加大型辞书编写工作的全体同志，是一个极大的鼓舞。川鄂两省非常重视，由于批示层层下达，使这部字典的编撰工作，较顺利地开展。

字典的编写非常艰难，但经同志们的努力，两省编写组不断的交流和磋商，又在两省不同地方召开了多次会议，工作有了很大的进展。

在字典编写过程中，为了帮助解决工作中的困难，国家出版局、教育部和两省的宣传部发出了不少的文件，对工作进行指导和解决实际工作中的问题。

1985年12月5日，中央宣传部为加强《汉语大字典》的编撰工作，给湖北和四川两省的宣传部发了文件。此前两省就字典工作进展中的情况和问题向中宣部写了报告，中宣部作了批复。复文指出："编撰《汉语大字典》是一项很重要的工作，这部字典的出版对国内外学术界将会产生重大的影响。目前这部字典已进入终审定稿阶段，望你们督促两省编撰的同志努力工作，团结一致，贯彻始终。"文件对于工作人员评定职称、晋升、住房和其他生活福利待遇问题，具体指出要按照中央和国务院已发的某某文件执行。复文对两省的同志给了很大鼓励，并帮助解决了具体问题。两省工作中发生的困难，在解决问题时就有了依据。

乔木同志的关心和推动

这部大字典共有8卷，经过大家的努力，反复审阅定稿，第1卷在1986年10月就出版了。10月14日在北京举行了发行仪式。这个仪式的规模不大，就在王府井新华书店的大厅里举行。到会的，有中宣部、文化部和北京市委的领导，字典的顾问和专家以及两省有关的领导，也出席了会议。该字典的两位常务副主编李格非、赵振铎在会上介绍了字典的编撰情况。

胡乔木同志亲自到会，并作了重要的讲话。会前，我专门请他出席会议，他不加推辞，当即答应。当天，他早早就到了会场。在会议开始之前，我向他做了汇报，他还询问了字典工作的进展和编写人员的情况。我又向他介绍了主持编撰工作的李格非和赵振铎同志。在会上他首先表示对所有参加字典编写、编辑的同志，所有参加校对的同志，所有参加印刷、出版的同志，还有现在参加发行工作的同志，对同志们的成功表示热烈的祝贺！并希望各个方面的同志再接再厉，能在不长的时间内，顺利地完成其他7卷。

乔木同志说："字典编辑的成功，至少可以说明这样两个问题。第一，中国人可以做出在世界上最好的成绩，在许多方面，至少在我们特别有利的条件的方面，我们完全能够也完全应该做出世界上最好的成绩。《汉语大字典》以及今年将要开始出版的《汉语大词典》就是这样一个榜样。这个榜样鼓励我们所有的出版工作者、所有的编辑工作者，要下定决心去攀登我们出版工作、编辑工作的高峰，在世界上做出中国特有的、杰出的贡献。其次，《汉语大字典》开始出版发行，也说明这样一个问题，出版工作的发行渠道、进行工作的方式，可以是多种多样的。《汉语大字典》和《汉语大词典》都是在比较困难的条件下开始工作的。这项工作都不是由中央的出版单位承担的，而是由地方承担的。地方开始承担起编辑这样两部巨著的重任，工作中确实遇到过一些严重的困难，今后也会遇到一些困难，但是我们终于克服了这些严重的困难，今后也一定能继续克服困难。这说明编辑出版工作是可以有多种方式让我们采取的。这样就可以把全国编辑出版工作的潜在能力，更好地发挥出来。单靠孤零的或者说是非常孤零的一条线的方式，是达不到这样的目的的。”

他还指出：“我们的工作，原来的方法也许有潜在的能力还没有充分地发挥，或者发挥得不够好，也许还有另外的潜在能力，潜在的可能性我们没有找到，或者说还没有充分地利用起来。”他说：“我们希望全国的编辑、出版、印刷、发行工作的部门和工作的同志们，努力来探索新的道路，来为人民的精神生活需要服务，来供给他们对于精神食粮的需求，进而提高精神文明，为全中国社会主义精神文明做出更多的贡献。”

这次会议后，乔木同志非常关心这本字典的编撰工作。我和他见面时，他经常问起编撰的情况。他还建议收集的汉字是否还可以扩大，例如地方语言中的汉字，广东话福建话就很多，已经有不少文字出现，是否可以收集。还说，日本文中，有不少中国的汉字，但是有一部分和我们使用的汉字不同，可否在字典里面出现。这些很重要的意见，我都向两位常务副主编和编撰处的同志转达过，请他们认真研究。

在首发会议上，我也作了讲话，我强调这部字典应在中国历史上做出重大的贡献。这本字典的出版，可以说是中国文字历史的一个里程碑。这是对中国古代以来文字的演变和阐释做出阶段性的总结。字典应该反映现代汉字和语言研究的成果，近代以来包括最近几年发现的出土文物，文物中出现的文字记载和古代文字的书写和记述，都应该加以收集和整理，在字典中有所体现。我还说，字典经过了10年的工作历程，现在除了第1卷以外，其他7卷都处在审阅定稿阶段。资料的核实，文字体例的统一以及表述方法，都要求准确有据。要特别注意质量，除了认真注意编写的质量以外，还应注意印刷、校对的质量，不要有任何的差错。因为字典是供人查考作为依据的，一旦有错，其连锁的影响就特别大。

《汉语大字典》着眼于汉字形、音、义的研究。从字形来说，反映了汉字结构和历史的演变，从甲骨文、金文、小篆和隶书，不同历史阶段文字转化都有体现。从字音来说，现在标注了普通话的读音，同时还采用了现代、中古、和上古三个阶段的注音，这是其他字典所没有的。对于释义不但扩大了古词的义项，而且还补充了一批现代汉语的义项。这部字典突出了汉字研究的特点。而华东几省和上海编撰的《汉语大词典》则着眼于词汇的研究，他们汇集了古代和现代的词汇，并且做了充分的阐释。《汉语大词典》在1986年的10底和11月也要开始陆续出版，他们的工作更加复杂更加艰苦。这两部词典可以说是姐妹篇，它们的出版，是我们出版界的大事，也是社会上的大事。

《汉语大字典》在北京举行了首发式以后，接着在10月底和11月初，又分别在成都和武汉召开了总结大会，并且对编撰工作中有突出贡献者给予奖励。两省召开的总结会议我都前往参加。10月29日四川举行的总结和庆功会，会开得很隆重，四川省委副书记聂贵荣同志亲自出席会议。他对大家的工作给予鼓励，对今后字典的出版，也提出了希望。到会有省的教育、文化和有关院校的负责同志。省新华书店、新华印刷厂，凡参与字典的工作部门也有代表出席会议。湖北的同志也在余英同志率领下前来参加总结大会，他们之中有参与字典领导工作的于溪和现任湖北省出版局局长蔡学俭。《汉语大词典》编撰处主任王涛也前来出席。这两部姐妹篇词典的代表，每一次都有代表出席会议，互相介绍经验，加以促进。

11月6日，湖北省在武汉召开了总结大会。省委副书记赵富林同志和省顾委主任许道琦、副省长梁淑芬同志出席会议。他们代表省委和省政府，对于大字典第1卷的出版表示热烈祝贺。认为出版《汉语大字典》不仅是湖北和四川省的大事，也是全中国的大事。当时出席会议的有各有关大学和地区编写队伍的代表。四川省委宣传部副部长李致同志率领四川参与字典的领导和编写人员的代表，也前来出席了会议。大会开得很热闹，最后还向承编的院校和编写组，授予了锦旗和奖状。

在四川和湖北召开的总结和表彰大会上，我都分别作了讲话。我在会上，传达了胡乔木同志在北京首发会上的重要讲话精神。我说这是一件史无前例的工作，大家的工作是对中国文明和世界文明做出了贡献，这将永垂史册。我强调，图书出版反映一个国家科学文化水平，从图书的内容质量，从它的高度，可以看出一个国家科学文化的高度。大字典的出版，集中反映了我国学者对汉语文字研究的成果，这一成果对推动中国文化的发展，将起着相当的作用。还希望大家继续克服困难，完成后面的工作。我在四川会上，特别表扬了四川新华印刷厂，他们负责字典的排字工作，工作很艰巨，字典多是繁体字和古文，字体又小，任务非常重。

我在四川和湖北会上，都提到和感谢在工作中倒下去和生病的同志，他们为字典编撰工作而献身。我说到武大领导刘介愚同志，他现在住在医院，两省的工作还靠他来协调。他常说，他是四川人，现在湖北工作，他既代表湖北又代表四川，两省由他来撮合，最为合适。他花尽了心血，因劳累成疾，我们非常惦念他。字典编撰处主任崔之富同志，不幸去世了，他生前为字典做了大量工作，湖北同志不忘旧情，这次特别邀请崔的夫人从四川前来参加庆祝大会，当会议的主持人介绍崔的夫人在我们中间时，人们反响强烈，非常热情地欢迎她的到来。

以后陆续出版了大字典各卷本，直到1990年词典全部齐，这部字典分年陆续出版，在出版过程中，收字还有一些遗漏，所以在第8卷还列有“补遗”。后来，又出版了《汉语大字典》的简编本。简编本从1988年开始工作，到1996年正式出版。简编本突出简明实用，删去了部分的字头和义项。简编本的字头共有21000个左右，比原来减少近三分之二。整个篇幅也缩小了，只有原来的三分之一，这样更适合于广大读者翻阅。

负责《汉语大字典》编撰的同志们，到今天还和我保持着密切的联系，我非常感谢他们。四川、湖北有来京的同志常来我家看望。川鄂两省原负责编撰出版工作的同志，现在差不多都已退休了，从该书出版到现在，已经过了多少年，出版社的领导已更换了几次。2007年和2009年，四川辞书出版社现任社长雷华和副社长冷玉龙等同志，曾前来我家，征求我对《汉语大字典》修订再版的意见。湖北出版局原领导蔡学俭等同志，也常有联系，我对他们的心意，深怀记忆。

因工作多年，我也常想起这部《汉语大字典》。由于我长期负责《中国美术分类全集》300卷的编辑出版工作，办公室的同志们在工作中涉猎到许多生疏的汉字，这都是古代文物中出现的汉字，在已经出版的《汉语大字典》中还没有收入，我请办公室的同志整理、收集，一共收集了200多个单字，并附有出处，送予大字典编撰处，请他们作为修订大字典时参考备用。他们非常高兴，还寄来稿费，作为报酬，真是热情之极。

这部大字典从1990年全部出齐8卷以后，川鄂两省两家出版社，又商定如何出版修订本，他们积累了丰富的资料，还根据专家和读者的意见，对个别的地方进行订正。事经20年，2010年4月，又出版了《汉语大字典》的修订版。修订版的工作由大字典编撰处、四川辞书出版社组织实施。这次修订版收的单字，由原来第一版的54678个字，增至60370个字，新添了5692个字。同时对个别不正确的读音、义项进行纠正和删改、更换。此等工作是非常艰苦的。30多年过去了，首创时期的主编徐中舒和常务副主编李格非先生，以及参与工作的许多学者编辑都已经过世，但是当年的常务副主编赵振铎和朱祖延、李运益先生尚健在，他们对修订工作进行了指导。大字典编撰处的骨干，大部分也已经离开人世或年老难以胜任工作，但有青年学者接班人雷华和原来的领导与骨干左大成、冷玉龙等同志负责此事，使其顺利传承，完成使命。我有幸于2010年8月收到厚重的修订本9大卷，旧事涌上心头，不知如何道出庆贺和感激之情！

从《汉语大字典》得到的启示

《汉语大字典》从1975年广州辞书规划会议开始立案，湖北、四川两省共同展开运作，1986年起陆续出版，到1990年全部出齐。这些年两省宣传教育部门的领导和大专院校的教授老师们，不知付出了多少辛劳。回想过去，我为推动这项工作，每年都有几次奔跑于川鄂两省，进行策划、组织和协调。对于最后能不能搞成，特别是成品的质量如何，总不免有些疑虑。现在终于取得成果，而且社会反映热烈，并得到赞许，心里非常高兴。

词典，是知识的宝库，是历史和现代科学研究的归纳与总结。它是综合的或是针对某一门学科，为人们提供简明的全面的知识。而《汉语大字典》，则是一部对汉字从历史到现代综合研究的成果。这是一部对汉字形、音、义进行解释和阐述的大辞书。这部辞书集汉语言文字研究之精粹，是我国社会主义出版事业的重点项目。

《汉语大字典》和《汉语大词典》是姐妹编，有人说是难兄难弟。现在这两部大辞典都出版了，在我国文化历史的长河中，在社会主义精神文明的建设中，立下了值得纪念的碑记！

《汉语大字典》长达8卷，汉语言文字古今纵贯。完成如此艰巨的任务，在编撰过程中，有些什么启示和教益？

一，编撰者的选定。这是首先要考虑的问题，这个问题既简单，又复杂。编撰者选择得当，出书就有希望。《汉语大字典》动员了湖北、四川两省10多所有声望的大专院校的中文系老师，而参加工作的老师，又是经过挑选的。主持其事的教授、副教授，在国内有影响，他们还有著作，在汉语言文字方面有相当的研究。这支队伍的骨干有一百人以上。虽然在组织队伍过程中，也有过一些插曲，例如开始搞资料工作的阶段，受到极左思潮的影响，组织过部分不熟悉业务和缺少文化知识的人来参加工作，这是不适当的，但这一阶段时间很短，很快就纠正了。从总的方面来看《汉语大字典》能顺利完成工作，编撰队伍的组织是正确的，得当的。

二，领导的重视。如此复杂的工作和庞大的队伍，没有坚强的领导是不行的。这一工作从开始到结束，都依靠四川和湖北两省的省委来抓，特别是由两省省委宣传部的领导来负责组织，是非常重要的。在工作过程中两省的宣传部长经常过问编撰过程中的具体事情，包括人员的调配，工作的安排与协调，工作人员的生活问题等。如果没有省委宣传部来领导，工作将难以开展。

这里要特别说到，中央领导部门的关心和支持。四川、湖北两省为《汉语大字典》的编撰工作，曾联合向中央写过多次报告。国务院为加强辞典的编撰出版，专门发过两个文件。中央宣传部也为大字典的工作，做过多次批示。在制定哲学社会科学“六五”规划的时候，《汉语大字典》被列为规划中的一个重点项目。中央领导同志对这部字典的编撰非常关怀。1979年11月，胡耀邦同志还为这部大字典作了批示在中央的关怀和省委的直接领导之下，这部字典的重大原则问题，都得到了妥善解决。1986年10月大字典第一卷出版时，在北京召开了新闻发布会，乔木同志出席并作了重要的讲话，对两省的工作有很高的评价，对大字典下一步的编撰，有很大推动。

三，院校的支持。这部字典编写人员，都在两省大专院校内。在“文革”中，院校的教师无书可教，无事可做，而“文革”以后，教育事业逐年发展，招收的学生越来越多，教师越来越紧缺，如此众多的老师长年脱产专攻字典，学校的困难，是可想而知的。所以，这一工作如果没有学校的支持，没有地方教育领导部门的支持，也是搞不下去的。如果在资本主义国家，动员这样多的有水平的教师来专门编撰一部大字典，是不大容易的吧！

在编撰《汉语大字典》的过程中，许多老师贯彻始终，他们不止是十年八年，有的达十四、五年。老师们有的积劳成疾，倒在书榻上辞世而去。我们将永远纪念他们。

四，质量第一。辞书和一般书籍不同，要经得起长时间的考验。甚至几个世纪都可查阅。例如前人留下来的《康熙字典》和《中华大字典》，虽然存在一些缺点，但是仍然不愧为一部好的辞书。新中国成立前编撰的《辞源》和《辞海》，也为中国文化积累作出了贡献，为世人所称赞。我们现在编撰的《汉语大字典》，集中了许多有相当水平的人才，而现在对汉语言文字的研究又有很大的提高，正是由于这些原因，我们才能够编出一部有质量和具有历史意义的汉语言文字的字典。

要有高的质量，是这部字典编撰者的目标。每次召开编撰会议，提高质量的议题，都摆在重要的日程之内。现在字典收字五万六千个，是历史上收字最多的。而这五万六千个字头，又是经过多次核定的。对文字形、音、义的注释，努力反映历史的源流和演变，同时注意近年文物的最新发现，并吸取了学术界现代的研究成果。但是一部辞书的质量如何，还有待于社会和历史的考验。

五，人才的培养。在编撰字典的过程中，由于工作的磨炼，也培养了大批人才。有的同志开始时知识较浅，后来攻读文献，查阅资料，日积月累，知识逐渐广博，他们专心钻研，成为编撰字典的行家。不少同志在编撰中写有专著，有的还对汉字进行历史的考察，调查了新发掘出来的古籍，深入进行研究，成为有成就的学者。《汉语大字典》的编撰，推动了汉语言文字的研究工作，汉语言文字研究工作的开展，又促进了人才的成长。

六，资料的收集和使用。字典的编撰，是从收集资料开始的。两省为编撰字典，积累了丰富的资料，光是资料卡片，已达六百多万张。这是一份宝贵的财富。如果这些资料有计划的编制程序，输入电子计算机，对今后修订字典或编撰新的辞典，将会有大的帮助。资料是研究学问的基础，查阅资料又是非常麻烦的工作，现在积累下来的资料，对于今后工作是非常有用的。

七，财力和物资的保证。编撰出版这样规模宏大的字典，没有一定的财力与物资的保证，是办不成的。湖北、四川两省出版社耗资百万，如果不是两省财政和出版社的支持，在长时间没有收益和弥补的情况下，是难以支撑的。这部字典和别的字典不同，排字要求繁体，而且书中又有复杂的文字形体，从甲骨文、金文、篆书、隶书到楷书都有反映，这就需要有繁多的铜模和其他技术配备，这些设备都是需要资金的。为了准备印制这部字典，还要扶植印刷厂。国家出版局虽然拨给一定的专款，但也只是少有补充。在印刷过程中，纸张与各种材料的储备，也要有一笔巨款。这些都要依靠四川、湖北两省予以保证，没有雄厚的财力与物资是不能完成任务的。

八，团结合作。两个省合作一个项目，队伍庞大，时间长久，如果不精诚团结合作，事情就办不好。不说两省，同一机关两个单位，也可能有矛盾，家庭中两个人也有矛盾。问题是要互相谅解，从大处着眼，不计较小节，共同为着一个目标。编撰字典如此多年，从两省的合作来看，团结是相当好的，特别是两省主管这方面的省委宣传部的领导同志，提倡谦让和团结，十分克己，这种大公无私的精神非常之好。这部字典的顺利出版，也是一曲社会主义协作精神的凯歌！

张怡荪先生与《藏汉大词典》

上世纪70和80年代，我在往返川、鄂两省协调编写《汉语大字典》的工作中，还同时办有一件特别重要的事情，这就是推动编写另一部辞典《藏汉大辞典》的工作。这件事说来话长，有一位四川大学的教授张怡荪老先生，他长年研究藏文藏字，从年轻时候起，就积累编辞典的资料。1962年他着手编撰《藏汉大辞典》，他孤军作战，想一个人把这本辞典编下来。后来在“文革”中，他受了冲击，遭受批判，工作就停了下来。这位老先生早年曾在北京大学、清华大学和山东大学当过中文系的教授，后来又回到四川大学任教。多少年以来，他梦寐以求要编成一部《藏汉大辞典》。1977年底他给方毅副总理写了一封信，希望领导上支持和帮助他编成这部辞典。方毅同志把信转给主管少数民族工作的乌兰夫同志批示，他们都表示同意，并把这封信转给邓小平同志，小平同志即表示应予支持。这样，这件事就交给国家出版局来办理。为此，我和翰伯到了成都，专门去看望了张老先生，了解了他前后编写的情况以及现在的要求。当时他住在城边的一条小巷子里，住地很偏僻，我们找了多时才找到地方。他了解我们的来意之后，高兴至极，滔滔不绝地讲了自己的历史，还讲到为了编这部辞典专程到西藏收集资料，体会当地的语言。我们回来以后，就和国家民委联系，认为这是一件大事，是应该给予大力支持和帮助的。后来民委副主任萨空了同志和我们一起，多次到成都和四川省委、民委具体磋商，促成此事。藏族有古老的文化，其文字也有悠久的历史。中国研究藏文的学者不少，藏族的知识分子也日益增多，世界上研究藏文者各国都有。编撰一部《藏汉大辞典》非常必要。这样，国家出版局和国家民委、四川民委和四川出版局就联合促成这件事。四川出版局长陈杰同志很积极，她过去在冀鲁豫根据地工作，她老伴刘子毅同志是四川人大委员会的副主任，我们都是在《冀鲁豫日报》工作过的老熟人，他们都是我的长辈，我去四川时常去看望他们。一次我们谈起此事，他们非常赞同，认为这是他们应该做的事。这样各方协同作战，事情展开就很顺利。

当时首要问题，是要成立一个工作班子。因为张怡荪先生已年过八十，他本人的精力有限，还需要年轻一些又精通藏文的人来协助工作。另外还需要一批经费，国家民委和省民委都表示可以帮助解决。其他工作，省出版局也表示帮助。关于调集人力的问题，我们征询张老先生的意见，他提出了几位他的学生和精通藏文的人。有的人还有历史问题，甚至还在劳改农场被管制劳动。经过多方磋商，终于建立了一个班子，并且有一个办公场所进行工作。这个班子，在张先生直接指导下进行工作。我那些年每次到成都，都去过问这件事，不断听取他们的汇报，帮助解决一些问题。

我多次去张先生的家里看望他。一次在初冬时节，我进入他的院子。院子里有点零乱，枯萎的草丛，也没有铲除。张先生带着棉帽，穿着棉鞋，披着大衣，有点冷飕飕的样子。他的侄子跑来照料。张先生还是那样的热情，又要自己去拿这拿那。在我们寒暄中间，我知道他的老伴去世了。他无儿无女，唯有一个侄子，又在外县工作。现在年纪大了，又失去老伴，我们听了也有些凄然。当时我询问他还有什么意见时，他提出“文革”中还有人占有他的房子，希望搬迁和归还，退还给他，因为他的资料没有地方放。他原来的住房是一个小院，除了北房以外，还有东西厢房和南房，但都是老房子，已经破烂不堪。

张先生的生活很简朴，现在已经不教书了，只是在研究他的藏文和筹划编辞典的事。房子问题向上反映以后，已经退还给他。编辞典的工作开展以后，他全力投入，经常找人到家来谈工作。

张怡荪先生主编的《藏汉大字典》，卷帙浩繁。这部辞典收入词目五万三千条，共三大厚本，篇幅有《辞源》三分之二大小。内容包括文、史、哲、医药、历算、法典、宗教、地理、传统生产技术以及风俗习惯与民间谚语，还包括新中国成立后的词汇，真是应有尽有，丰富多彩，洋洋大观。这部词典于1985年由民族出版社出版了，但是年逾八旬的张怡荪先生，一生为了编撰辞典耗尽了精力，在辞典出版的前夕，于1983猝然辞世，可惜他没有亲眼看到他的心血结晶。

张怡荪先生在生前交代，他保存多年的藏文书籍和编撰《藏汉大辞典》的资料，全部捐赠给四川省的民族研究所。

辞典出版以后，出版社给我送来了一部，我非常高兴，但是我看不懂藏文，后来转送到图书馆。

我深感一个高尚的人，在世上往往只追求一件事，这件事对社会非常有益，而自己宁愿过着清贫生活，这就是张怡荪先生的高贵品德，他也为我们编撰辞典树立了一个榜样。

编撰大型词典和系列的大部头图书，往往要经过几代人工作。他们献身于宏伟的事业，为社会传播文明，而不顾个人的得失和安危，这种人也不是个别的。

陈原的语言学和辞书

“文革”后，70年代初，周总理调徐光霄同志回来工作，将徐放在国务院出版口，就是后来的国家出版局。徐为主要领导，他是有丰富经历的好同志。1972年以后，徐从干校调回几位老同志到出版系统工作，其中就有陈原。陈原作为国家出版局领导小组的成员，被派到中华书局商务印书馆联合办事处（当时中华、商务合在一起）主持工作。但是，在那个年代他很难工作，一会儿“反回潮”，一会儿“批林批孔”，一有风吹草动，就把那些重新走上工作岗位的老同志再提出来批判。

1974年，“四人帮”姚文元及其得力干将迟群，借助“燎原煤矿工人评论组”所谓对《现代汉语词典》（试行本）中一些概念的解析，是什么“尊孔崇孔思想”，横加批判和指责，其矛头就是针对着当时主持业务工作的陈原。陈原对那些胡言乱语当然不服，任其大字报糊满全楼全宿舍，他愤而不怒，沉着气儿，不声不响。他有这样的长处，含而不露。任风吹雨打，我就是“岿然不动”。默默地，继续抓他的业务。

当时大家觉得总要做些事，但几年来好像什么书都不能出。外宾来访时，客人送我们一部大词典，我们也只有回赠一本《新华小字典》！这种情况不时受到周总理的批评。于是在陈翰伯的发动下，搞了一个出版词典的规划。这与陈原的想法一拍即合。当时就在商务印书馆由陈原主持，成立了词典规划小组，调集几位同志一起工作。1975年邓小平出来工作以后，有一段暂时安定的政治气候。此时国家出版局向国务院写了召开中外语文词典编写出版规划会议的请示报告。这个报告经当时主持中央日常工作的邓小平同志批准，1975年5月于广州举行。

会议由徐光霄主持，翰伯和我都是会议的领导成员。本来陈原也应是领导成员，但因“四人帮”有上述的作祟，会议又印发了那份所谓“尊孔崇孔”的材料，他被排在领导成员之外，他是何等心情可以想见。但他很有涵养，埋头工作，十分认真地抓规划分工与落实。

如何编纂词典，以什么思想来编纂词典，在会议上发生了争论。一些人认为编写词典要强化阶级斗争观念，连桌子、板凳都要突出阶级斗争，要“把无产阶级专政落实到每一个词条”。陈原觉得这些同志很无知，认为这种观点绝对不能接受，但他不露声色。翰伯、陈原和我三人经常在会下议论这种观点，有时我们指着沙发，开玩笑地说，这些“走资派”能坐吗？干部、工人能坐吗？沙发不是资产阶级坐的吗？陈原乐不可支。

广州会议，落实了辞书的出版规划。最后的报告，还经过在重病中的周总理批准。规划中有几部大型辞书是必须保证的。《辞海》是毛主席亲自指定由上海来搞的，已有成熟的稿本，应由上海修正后出版。还有三部辞书工程较大，一是《汉语大词典》；二是《汉语大字典》；三是《辞源》的修订。翰伯、陈原和我三人也有商量，翰伯除统管全局外，偏重管《汉语大词典》，我分工去抓《汉语大字典》，陈原则负责《辞源》。《辞源》本来就是商务的任务，由他负责顺理成章。但是也不那么简单，《辞源》由广东、广西、湖南、河南四省区和商务共同负责。陈原要代表国家出版局在几个省中运作，工作非常艰苦。事经九年，终于完成，取得正果。

陈原编纂辞典，有丰富的经验，有一套系统的理论。如《划清词典工作中的若干是非界限》，这是他1977年在修订《辞源》工作会议上的讲话，后收在他的《出版文集》中。这篇讲话到现在，都可作为编写词典的教材。对编写辞典的原则，他作了理论的概括。他的讲话，语言丰富，逻辑性很强。那是十年动乱刚结束的一年，在这篇讲话中，他对“四人帮”的批判无比深刻，对其帮腔帮调描绘得淋漓尽致。他说：“‘四人帮’的‘帮八股’，我们可亲自感受多了。他们专横武断，抽换概念，胡言乱语，借古讽今，含沙射影，无以复加。在词典工作中‘帮八股’表现最突出的有三点：一是言之无物，又长又臭；二是穿靴戴帽，千篇一律；三是弄虚作假，欺骗读者。”

陈原在出版工作中，另一贡献是组织出版外国学术著作。为中国读者介绍西方名著一直是商务印书馆的任务。新中国成立以前，商务印书馆为此做过不少的工作。50年代，中宣部派翰伯到商务印书馆主持工作，重要的一环就是要他领导外国学术著作的翻译出版。他到商务以后，制定了一个庞大的规划，包括马克思主义三个来源的著作、资本主义各国启蒙时期的著作，以及近代、现代各流派的学说，列入规划达1614种，规模宏大。“文革”前出了一部分，但十年动乱，规划被迫停止。开始制定此规划时，陈原亦参与其事。70年代初，陈原被派进入商务，“文革”以后陈原就着力抓这件工作。他清理了过去出版此类书的单行本，包括新中国成立前商务出过的，经过整理，定名为《汉译世界名著丛书》，这套书涵盖西方古代以来至近代、现代的哲学、政治、经济、历史各个方面。他认为这许多书的作者，都是一个时代、一个民族、一个阶段、一个思潮的先驱者、代表者，其影响不言而喻。这套书日积月累，在80年代，已经陆续出版了400多种。陈原为此项工程的开辟和接力，做出了杰出贡献。

1984年陈原调离商务，任命到中国语言文字委员会主持工作，但他仍在商务兼任顾问，继续抓外国学术名著的规划。这年3月14日，胡乔木同志向小平同志汇报工作，小平同志提出要系统翻译出版外国学术名著，这次讲话的传达，引起出版界和知识界极大的震动。陈原代表商务印书馆连续召开学者和翻译家的会议，讨论商务重新制定的规划，贯彻小平同志的批示精神。这时我已由国家出版局调回中宣部工作，我参加陈原出面召开的会议，在这一段我的工作也主要是忙这件事。

小平同志认为翻译世界名著的工作很重要，需要用几十年的时间。他说：“除了组织国内人力进行翻译，还可以在英国、日本、西欧分别成立编辑部，组织外籍华人和华侨中的学者进行这一工作。”

陈原为贯彻小平同志批示，真是雷厉风行。他认为商务要把这件事作为“压倒一切的任务，是无可争议的任务，全馆上下都要明确这个任务的重要性，都要想办法去完成它。”为此，还在香山举行大型学术会议，讨论制定长期规划和如何具体选书和进行翻译。在商务印书馆内部，他调动全馆的同志献计献策。

对于如何撰写西方学术名著的序文，陈原特别强调序文要提高质量。他认为序文要有学术性，“不要骂人，也不要吹捧，一定要有学术气氛”。对于西方现代学术，强调要严谨对待，在发行方式上也要讲究。写序文要遵照小平同志的指示精神。小平同志说：“对他们的理论、思想观点，我们不替他们宣传。他们自己宣传什么，主张什么，我们不作评论，不同他们争论，更不要像过去那样公开地批评他们。是对是错，由人们自己去判断。”

陈原做事非常认真负责，他不愧为知识界和出版界的一位优秀的共产党员。他把自己的一生献给中国的文化事业，为祖国的兴旺发达，为新中国出版事业的繁荣昌盛，苦心追求，直至生命的尽头。

2004年10月26日凌晨，商务印书馆杨德炎同志急速来电话，告知陈原走了，我心中为之一震。实际上他已住院多时，有几年时间了，早有预料了。他住在医院时，我有两次去探访他，但他已不省人事。他是我的知心朋友之一，多少往事涌上心头，难以忘却。

50年代初，当我调入中宣部工作时，就和他有来往。开始他在人民出版社工作，以后又调到文化部出版局，“文革”动乱以后，他被派到商务印书馆，我一直都和他保持着密切的联系。他是一位有造诣的学者，知识广博。他对出版编辑，深有研究。他读书很多，文史哲经，包括地理、国际与音乐，样样通晓。他是语言学家，有多种著述问世，而且深受读者欢迎。他会英语，还会世界语，真是少有的一位才子。

“文革”中，他既是“走资派”又是“臭老九”，受到无情的批判和折磨，但他不灰心。他主持商务印书馆的工作以后，对组织编撰辞书和策划翻译外国学术著作，有很大贡献。他的语言著作，还在社会上流传，人们永远怀念他。

第六篇 解除枷锁绘新图

“四人帮”倒了

1976年10月1日国庆过后，连日不见太阳。天空多日阴沉沉。此时，我出差到吉林省去做调查。与我同行的有方厚枢、龙文善同志，我们一行3人乘机到达长春。下了飞机，就被接待的同志领到一个招待所里住了下来。北京是阴天，长春也是阴天。我抬头看房子里墙上的寒暑表，气温只有7度，我感到冷飕飕的。在长春呆了两三天，随即到吉林市去。这里曾是旧时的省会，市街比较窄小，但是很干净，住房排列得也比较整齐。

一天晚上，我到一个老朋友的家里去，他是吉林市文教方面的领导。他曾在中宣部工作过，我们曾住在一个楼里，来往较密切。我们正在海阔天空没有约束地谈论着，这时，他下面一间学校的校长，有紧急事情向他汇报。他们也不避讳我，我就坐在边上。那位来的客人说：从北京回来一位老师，传播说北京最高方面，党中央抓了几个人。抓的是上海帮，在“文革”中最有权力的那几个人。他说这位老师传播谣言，如何处置。当时领导没有表态，说你先回去吧，我再跟你联系。当这位客人走了以后，我们就议论起北京的事来了。我说，这事说不定是真的。现在报纸上整天议论，说什么按既定方针办，很热闹，这里头可能有文章。他点点头，他也是这个想法。我回到了旅馆，就把这件事情给老方、小龙说起，小龙就说，可能真有这种事。

果不出所料，第二天，我们机关出版部主任赵晓恩同志来电话说，领导上要你们现在即回北京，发生重大事情了，把那几个抓起来了。大家很高兴。我一听，就应了昨天的消息。在电话中小龙问赵，抓了几个？赵说，你们快回来再说吧！别问了。小龙一再追问，赵说“四个，四个！”

听了这个消息以后，我们高兴至极，立即赶回北京。回到家里，家里的孩子们全都知道了。抓了“四人帮”了！而且讲了抓“四人帮”时的许多生动情景。还说现在市场上，到处都是卖螃蟹的，四个一串，三个公的一个母的，大声喊卖。这两天街上开始热闹起来了，群众自动游行，敲锣打鼓，呼喊着打倒“四人帮”！打倒“四人帮”！游行队伍都汇集到天安门去，大家喜形于色，好像是全国第二次解放一样。在机关里，也是这里一堆人，那里一堆人，都在议论抓“四人帮”的事。

说也怪，北京天空放晴了，乌云过后总有晴天！

十年“文革”，这是一场噩梦。一个国家上上下下的领导机关都瘫痪了，真是史无前例！特别是意识形态的领导部门，一下子就消失了。以中宣部来说，除了一位副部长含冤自尽以外，部长和全部副部长都被关到秦城监狱，剩下的中层领导干部，也都被关到“牛棚”里。文化部的命运也差不多。说到出版领域，出版社的领导也逃不出厄运，所有干部和领导机关干部一样，都下放到干校。

出版社关门大吉了，还能出书么？是还有些书可以出，但仅仅是马列和毛主席的书能出。据《中国出版年鉴》公布的统计数字，1965年全国出版图书2万余种，而“文革”期间，从1967年到1970年每年出书不够5千种，从1971年到1975年，每年出书1万种。所出版的图书，除了毛主席著作和马列以外，绝大部分是“四人帮”控制的报刊中发表过的评论，将评论编成的小册子。这些小册子带着帮腔帮调，而真正的著作和创作几乎没有。一个国家，十几亿人口的文明古国，没有什么图书出版，真是不可思议！但历史就是如此。

敬爱的周恩来总理，觉得这样下去，总不是办法。他多次发出声音，社会上不能没有书，人们总要看书。没有书该是什么社会，他决心恢复这个领域的工作。早在1977年他就下命令调回在干校劳动的徐光霄同志，调整出版阵地。

徐光霄同志，是抗日战争前的共产党员，青少年时代就参加学生运动和党的地下工作，新中国成立前在重庆《新华日报》工作，直接在周恩来同志的领导之下。新中国成立后曾担任出版总署和文化部的领导工作，“文革”前是文化部的党组副书记和副部长，是信得过的老同志。

回到工作岗位的徐光霄同志，觉得孤掌难鸣，没有得力的人帮助展开工作是不成的。于是他设法从干校调回一些对出版有经验的老同志。这样陈翰伯、王益、陈原、曾彦修、严文井、邵宇、孙慎……等一批同志被调回，他们在“文革”中被打成“走资派”，或者被戴着什么冤屈的帽子，被召回以后，安排在不同的领导岗位上，恢复和开展业务。光霄同志这一着棋，是有一定风险的。一些极“左”分子会质问，为什么不启用“文革”中的精英，又找出旧日的“牛鬼蛇神”？不出所料，日后，在“批邓”、“反回潮”的时候，有人果然提出这样的质问。但光霄没有退缩，不予理会。

光霄在整顿和恢复出版事业中，是有成绩的。在他的运作下，出版社开始走向正常，能够出书。光霄的处境虽然很艰难，但在恢复出版的工作中，仍做了不少重要的事情。

在“四人帮”将要垮台的时间里，记起有一次光霄向机关内部少数领导同志传达华国锋、李先念两同志的讲话，讲话内容就流露出对“四人帮”的不满和批评，语言和思想内涵，非常精彩，我觉得很少听到这样的声音，当时心里很激动。光霄说：“上面是不许传达的，不要再向下面说了。”所以我回来不敢向下面的同志说起。但这次传达，在我心中不时发出回响，华、李讲话的内容，使我很振奋，我想光霄的感受也是同样的。但过了一段时间，光霄觉得将华、李的讲话向下传达不对，心中有点不安，就向中央办公厅写了一封信，表示悔恨不该传达，表明自己的态度。“四人帮”被抓以后，新的党中央要求各部门清理思想，整理内部，并发回光霄先前写信的消息，这样徐的问题，就暴露在群众面前。我为他写信而痛惜。当然这是很大的错误。我想徐一生为党的事业忠心耿耿，大半生追随着周恩来同志，他做出深刻的检讨之后，应该得到谅解吧。现在，光霄同志已过世了，我还是很怀念他。

这期间国家出版局另一位主要领导是石西民同志。他受“四人帮”迫害，1975年刚从监狱里面放出来，就到出版局担任领导。抗日战争时期，他曾经在重庆《新华日报》主持过工作。日本投降以后，《新华日报》迁到南京出版，我从大别山出来住在南京《新华日报》筹备处，那时就认识他。当时周恩来同志不时来同他交谈，准备正式出版这份报纸，党对他非常信任。新中国成立后，他曾担任中宣部秘书长，后又到上海担任市委宣传部长、市委书记处书记。60年代他又调回北京，担任文化部副部长和党委副书记。他一生贯穿着红线，“文革”开始，红卫兵把他当作又长又黑的黑线代表人物。这次到国家出版局工作，时间虽短，但也做了不少好事。我和他是熟人，又是上下级，他对我较信任，在业务方面，他不时征询我的意见。一次，徐光霄要到福建做调查，徐要我随他去。临出发时，石不同意我离开，要我留下来帮他。他要我帮他起草这起草那，包括调来一些人，都要我帮他起草报告。但在“四人帮”倒台之前，他却离开大道越走越远了，他回了上海一趟，自己去找了马天水。大家都知道马天水是“四人帮”在上海的主要代表。他从上海回来以后，一些事情做得越来越离奇，他甚至提出要某出版社两个突出的造反派来参加国家出版局的领导小组，成为领导小组成员，这也许是有人向他建议。但是，他的提议未被大家接受。加上其他方面的表现，感到他“文革”中陷入深深的泥潭中。他已坐牢8年，对世事很少知晓，人们对“四人帮”的憎恨与日俱增，人心所向，老一辈人的心愿，新一辈人的希望，对他都是隔着一层烟幕，一些别有用心者特别的亲近他，包围他，使他迷惘，以致他似从梦中走来，不知去向。一些同志作为知心者，和他说过多少话语，也难以让他改变。我在私下对他有不少劝说，他也不入耳。他本是一位非常有作为的长者，但迷失了指针方向，非常可惜。人们既同情他，又觉无奈，为他而怨恨。这位老同志过去对党很忠诚，在意识形态方面曾起过重要的作用。周总理和陆定一都对他很信任，现在他走到另外一条道路上去了。后来他作了深刻的自我批判，认为他自己是受个人的利益所支配。过后他对我说，他没有听我的劝告，还说：昏了头了！批判了“四人帮”以后，他调到社会科学院工作，但是我与他还不时见面。对这位老同志，就一生来评论，他的功劳还是主要的，我还是很敬仰他。

1975年5月，中央派王匡和王子野同志来国家出版局主持工作。王匡担任局的党委书记和局长，王子野担任副局长和副书记。他们都是老同志，老革命。

“文革”以后，国家出版局面临的任务就是要狠批“四人帮”，解除思想上的枷锁。“文革”十年，一切工作都被“四人帮”搞乱了。在意识形态领域，出版方面是很重要的阵地，清除“四人帮”对出版方面的毒害，首先要检查和批判自身，因为自己机关里也不安宁，也有“四人帮”的阴魂作祟。王匡主持当时国家出版局的工作，任务很重，既要整顿国家出版局机关本身，又要面对整个出版界的工作。在机关内部，首先是批判石西民同志和徐光霄同志。对他们两位的批判主要在小会中进行，他们作了严格的检查和深刻的检讨，最后取得同志们的谅解。

新来的王匡和石西民、徐光霄原先都是好朋友，特别是石西民，他们关系很密切。一个是华东局的宣传部长，一个是中南局的宣传部长，无论在工作上和私下往来都很密切。但是王匡坚持原则，主持批判会毫不含糊。最后，根据群众的意见，解脱了这两位同志。

王匡在运动中对石西民的态度十分严肃，但私下还是好朋友。王匡从港澳工委书记退下后，不幸于2003年12月在广州逝世。他逝世前，曾出版著作《长明斋诗文丛录》，其中收有与石西民1958年在广东新会登山时，王匡写的诗。这诗以王匡亲手笔墨书写的原样，印在书的首页，题为《圭峰巨变》，题后引文称“一九五八年与西民上新会圭峰山，口占一绝”。诗云：“几上圭峰欲赋诗，几番下笔总迟疑。岂因佳句难寻觅，意到诗成又过时。”这本诗文集是1994年出版的。可见王匡对石西民还保持着亲密的友情。

批判中的不同声调

石徐两位犯错误的同志被解脱以后，国家出版局开始对“四人帮”对整个出版界的危害进行清理。其中最重要的是如何评价1971年“四人帮”炮制的中央43号文件。这个文件中有两个极为错误的“估计”，一是说出版领域里是“反革命黑线专政”；另一个是说出版队伍是“资产阶级知识分子的统治”。据当时参加1971年座谈会的同志说，在那一次座谈会议上也是有反对意见的。但是汇报给张春桥、姚文元，他们认为必须做出这两个“估计”。本来在座谈会中，周总理对极“左”的思潮有严肃的批判，认为这个书不能出那个书不能出，社会上没有书卖，是不对的。应该尽快的解决书籍缺少的问题。但是在43号文件中并没有多少体现。

“四人帮”是不会放弃这两个“估计”的，“文革”一开始，斗争目标就对准中宣部和文化部。认为中宣部是“阎王殿”，必须摧毁；而文化部“黑线又粗又长”，必须彻底捣碎。他们认为出版部门是在中宣部和文化部的控制之下，如果出版部门不是反革命还有反革命吗？这种荒谬的推理，的确是符合“四人帮”的逻辑的。

由于有了这两个“估计”，所以凡是出版的图书，除了马列和毛主席著作，都是错误的。这样绝大部分书籍都要销毁，是无疑的。出版部门的干部是管出书的，所以他们绝大部分都不能用，都要到干校锻炼或者到“牛棚”里蹲着，甚至连新华印刷厂的领导和中层干部也不能幸免。

当时对于清理和批判43号文件也有两种看法。一部分好心的同志认为43号文件是中央的，又经过总理和毛主席，不能否定。但是大多数同志认为此文件是套在我们脖子上的枷锁，不加以清除，不彻底批判两个“估计”，我们就不能前进。1977年12月国家出版局召开了全国出版座谈会，这个会上的中心议题就是彻底批判“四人帮”，清除两个错误的“估计”。会议明确肯定新中国成立以来毛主席的革命路线在出版战线始终占主要地位，不存在什么“黑线专政”问题，出版工作的成绩是主要的；出版队伍绝大多数是好的或比较好的。会议还讨论了今后工作的方针和具体政策，并且提出了1978年至1980年3年出书的计划和1978至1985年8年的出书初步设想。会议形成了文件，就是《国家出版局关于加强和改进出版工作的报告》。会后，国务院批转了这个文件。当时开会的时间是1977年12月3日至17日，可是国家出版局上报的时间是1978年6月17日，国务院的批转报告的时间是1978年7月18日。这样，距离开会的时间有半年多。文件为何隔了一段，这其中是有缘故的。

1978年5月20日，国家出版局王匡、陈翰伯、王子野和我到中宣部向中宣部负责同志汇报工作。王匡要我做主要汇报。我把1977年12月会议批判两个“估计”情况和今后出版工作的设想，向中宣部负责同志做了详细的汇报。中宣部负责同志当时很注意听，还用毛笔记点什么。在汇报中我问起，上报的文件为什么还没有发出。他说：“不要再提两个‘估计’了。批黑线专政，无非还是书和队伍的问题。什么叫黑线专政，根本上，就是否定十七年，把这个案反过来就可以了。教育部是发现了迟群隐瞒的几条，出版就没有那么几条。不要提43号文件，直接的、间接的都不要提。因为文件是经毛主席、周总理批示的。”这样，我们大家的意见就和中宣部负责同志有分歧了。中宣部负责同志是长征老干部，富有工作经验，在“文革”中又受到“四人帮”的迫害。于是，我们当时就按照中宣部负责同志的意见，对这个文件做了修改，改来改去，半年过去了。这就是国务院1978年批转的141号文件。

但是中宣部负责同志的意见，和当时主持中央工作的邓小平同志的意见，完全是两种观点。邓小平同志在1977年9月19日和方毅同志以及主管教育方面工作的一些同志，谈教育战线拨乱反正的问题时指出：1971年姚文元修改、张春桥定稿的《全国教育工作会议纪要》里，讲了所谓“两个估计”，即“文革”前17年教育战线是“资产阶级专了无产阶级的政”，是“黑线专政”，知识分子的大多数“世界观基本上是资产阶级的”，“是资产阶级知识分子”。“两个估计”是不符合实际的。怎么能把几百万、上千万知识分子一棍子打死呢？我们现在的人才，大部分还不是17年培养出来的？对这个《纪要》要进行批判，划清是非界限。《纪要》是毛泽东同志画了圈的。毛泽东同志画了圈，不等于说里面就没有是非问题了。我们要准确地完整地理解毛泽东思想的体系。毛泽东同志在延安为中央党校题词，就是“实事求是”四个大字，这是毛泽东哲学思想的精髓（这次谈话已收在《邓小平文集》第二卷和中共中央文献研究室编的《邓小平年谱》中）。

对于1978年6月发的141号文件，未写入批判“两个估计”的内容，同志们有些意见。为了让大家了解当时的内幕和重要情况，我在1979年2月15日召开北京编辑工作座谈会时，作了发言，同时讲到141文件的修改过程，讲到批判“两个估计”的问题，现在摘引我当时发言的部分内容如下：

一、141号文件中为什么没有提到对两个“估计”的批判

1977年12月，国家出版局曾经召开过全国出版工作座谈会。目的是批判林彪、“四人帮”，分清出版工作的路线是非，制定文件用以代替1971年的43号文件。这次会议上产生的文件就是141号文件（国务院批转国家出版局《关于加强和改进出版工作的报告》），这个文件基本上是好的，但是存在一些问题。

141号文件的产生，曾经有过一段曲折的过程。

在1977年12月的出版工作座谈会上，对43号文件中提出的“两个估计”，

作了比较充分的揭发和批判。在起草座谈会文件的过程中，反映了会上对“两个估计”的批判。文件送中宣部以后，中宣部意见是等全国宣传会议召开后再定。而全国宣传会议一拖再拖，一直没有开成。去年5月20日，出版局领导同志到中宣部汇报工作，谈到起草的出版工作那个文件，中宣部负责同志说：“去年出版工作座谈会上批判‘两个估计’是对的，但现在要强调批黑线专政，就不要再提‘两个估计’了。批黑线专政，无非还是书和队伍的问题。什么叫黑线专政，根本上就是否定17年，把这个案翻过来就可以了。教育部是发现了迟群隐瞒的几条，出版就没有那么几条。不要提43号文件，直接的、间接的都不要提。因为文件是经毛主席、周总理批示的。”

根据中宣部负责同志的意见，我们就把出版工作报告中原有的对“两个估计”的批判删掉了，改成目前141号文件中的提法：“这次会议着重批判了林彪、‘四人帮’炮制的‘黑线专政’论。针对林彪、‘四人帮’全盘否定“文革”前出版工作和出版队伍的罪行，会议明确肯定了新中国成立以来毛主席的革命路线在出版战线始终占主导地位，出版工作的成绩是主要的，出版队伍中绝大多数的同志是好的和比较好的。”现在看来，原报告中写的那段关于对“两个估计”的批判是应当保留的。

1977年12月召开的出版工作座谈会上，也议论了43号文件的问题，当时，因为思想还不够解放，有顾虑，因此，同志们没有把对43号文件的看法都讲出来。现在看，43号文件是不能成立的，这是1971年全国出版工作座谈会上，张春桥、姚文元直接插手搞出来的，里面塞进了“四人帮”的东西。如对出版战线的形势的估计是“无产阶级夺回了被资产阶级及其代理人所篡夺了的出版界的领导权”；对出版队伍的估计是“就世界观来说，他们大多数基本上还是资产阶级的，或者还没有得到很好的改造，容易接受修正主义的影响，一遇风浪就会左右摇摆”。这里“四人帮”在出版战线上挥舞的两根大棒，破坏了整个出版工作。43号文件是套在出版工作者脖子上的枷锁，应该予以撤销，否则，出版工作就不好办。

二、43号文件完全违背了周总理的指示

1977年12月会议上，对43号文件不敢完全否定的另一个原因是，有的同志认为当时周总理看过这个文件，在1971年会议期间，总理接见过会议领导小组成员并讲过话。周总理讲话精神都是好的，但是43号文件中不仅没有吸取周总理的指示，而且直接违背了周总理的指示。当时总理的讲话是很激动人心的。比如谈到停售书的问题，总理问北京发行所存书多不多？汇报人回答有12000多种，3000多万册，不能卖的占70%，总理说：要讲一下具体数字嘛！汇报人答有2，000多万册停售。总理很生气。谈到封存售书数字时，总理说这是极左思潮。谁通知你们的。李先念同志插话说："封存售书，你们这是否定一切，这个观点是错误的。再过几十年，现在上岁数的人都死了，青年人就什么历史都不懂了。好像中国是从天上掉下来的。现在主要是极左思潮，包括你们在内。"在谈到《金日成选集》、《胡志明选集》也被封存了的时候，总理讲："这不是极左思潮是什么？"

当时，汇报人讲《鲁迅全集》因为注释和文内提到瞿秋白的问题，也封存了起来。总理说："《鲁迅全集》封存起来干什么，因噎废食。这不滑稽得很吗？所有的书总有点问题，那么只有少数人能看，简直变成了垄断。"

讲到历史书问题，总理说：你们管出版的，要印一些历史书，中国人不讲中国历史，太差劲了。

讲到人的问题，总理说："老弱病残也是人，圈点书也可以，也能工作嘛！"

汇报人讲到掺沙子，说旧的作者队伍统统不能用了的时候，总理说："那是否定一切，不对。必须掺沙子，老的一个不用，接不上茬，通通用新手怎么写啊？"

汇报到风景图片也不敢出版时，总理说："风景也不要了？风景不能叫'四旧'。当然，看你用什么观点抓。"

总理讲话的主要方面是批评了极左思潮，但是43号文件不仅没有吸收总理好的指示，反而把极左思潮作为文件的指导思想，故意和总理指示相违背。

三、43号文件必须推倒

43号文件一开头就写到"狠批了刘少奇、陆定一、周扬一伙在出版界推行的反革命的修正主义路线"。刘少奇怎么样？陆定一同志已经平反了。周扬同志出来工作了。对刘少奇的问题，用那种方法搞材料，说写了材料可以当中央委员。陆定一同志当时是中宣部部长；周扬同志是中宣部常务副部长，管出版工作。刘少奇过问过出版工作没有？我想起《外国名歌二百首》，批评是他的主意出版的。批得对不对可以研究，我看不见得对。中国搞音乐的同志看看外国歌曲也没什么坏处。其他方面，刘少奇还过问过出版方面哪些事，我不记得。陆定一、周扬同志能构成出版界修正主义路线的代表吗？我看是构不成的。

43号文件还提到“无产阶级夺回了被资产阶级及其代理人所篡夺了的出版界的领导权”，代理人是谁？说“抓了夺权、队伍的清理和改造，是完全必要的。”我认为是不必要的。“文革”中把机构拆散了，人统统下干校，书大部分停售、销毁，只剩下十几个人出《毛选》，这是根本错误的做法。只要看看近两年来出版书的情况就很清楚了。据5家出版社统计，出书760种左右，其中再版的有320种，书占了一半了。再版书大部分是“文革”前出版的，这说明了什么？

43号文件中把“狠抓两个阶级、两条路线斗争”作为纲。这个纲对不对？社会主义时期有没有两个阶级、两条路线斗争，我认为有。但是阶级斗争是越来越尖锐，越来越厉害呢，还是在所有制改变以后，阶级斗争越来越逐步走向缓和、消亡？由于从阶级斗争越来越厉害的理论出发，所以在“文革”以前已经是这种情况了，“反右派”斗争，反右倾斗争，接着是“文革”。胡耀邦同志有一段话很精彩，他说：来一次运动打倒5%，全国有几个5%？几次运动就把人搞得差不多了。他说前几次运动他没挨上，最后“文革”挨上了。

43号文件就是在这个“阶级斗争越来越尖锐”的调子上产生的。当然“文革”前不是没有缺点错误。

总的来说，43号文件是立足于“两个估计”，理论根据是“阶级斗争越来越尖锐”和否定一切。这个文件是强加在出版工作者身上的枷锁，我们必须把它推倒。

有人说43号文件是主席看了的。主席讲错了的，也照办吗？人类是要前进的，是要有所发展的，列宁都按照马恩的办行吗？毛主席都按列宁说的也不行。列宁曾讲过一国不能建成社会主义，毛主席就没按照办嘛！一句话也不能动，是不行的。只是背熟马克思的书，也不能成为马克思主义者。理论务虚会上思想是敞开的，我们也在解放思想，从出版的实际情况出发，不要当两个“凡是”派，不要受两个“凡是”的约束，要实事求是，只有这样，才能前进。以上就是我当时的部分发言。讲话的语言与记录，保持原貌，未作任何修改。这次会议邀请了国家出版局直属出版社和中青、中少、北京、文物、电影等出版社的领导同志出席。座谈会谈了编辑工作中的情况和问题，交流经验，交换意见，谈了出版工作的方针、路线。同时也谈到对“四人帮”的批判。

救治书荒

解放思想，解除套在脖子上的枷锁，要放开脚步，大力向前迈进。

当时，最严重的是书荒问题。十年“文革”，书店空空如也，无书可售，图书市场一片荒芜。1978年春天，国家出版局决定开出一批书单，大量印行，满足社会的急需。这是王匡同志的主意，要立即行动。王匡同志，要我开出书目，我当即找几位同志一起凑出一个书单来。粉碎“四人帮”后，我们也曾提出过重印一些青年特别欢迎的书，但是出版社的同志心有余悸，或者想改的更完美一些，总想等修改一下再印。虽然也印了几种，如《红岩》、《青春之歌》等，但是不成气候，这说明我们的决心不大。王匡提出的举措，受到大家的称赞，为此，开出了一批书单，大量重印，非常必要。

当时开出的书单共有35种，这些书是：

“五四”以来文学10种：《子夜》、《家》、《郭沫若剧作选》、《曹禺剧作选》、《红旗谱》、《铁道游击队》、《苦菜花》、《吕梁英雄传》、《新儿女英雄传》、《战斗中的青春》；

中国古典文学9种：《东周列国志》、《唐诗三百首》、《唐诗选》、《宋诗选》、《唐宋诗举要》、《李贺诗选》、《儒林外史》、《官场现形记》、《古文观止》；

外国古典文学16种：《悲惨世界》、《高老头》、《欧也妮·葛朗台》、《威尼斯商人》、《安娜·卡列尼娜》、《艰难时世》、《九三年》、《契诃夫小说选》、《莫泊桑短篇小说选》、《易卜生戏剧四种》、《鲁滨孙漂流记》、

《汤姆·索亚历险记》、《希腊神话》、《一千零一夜》、《斯巴达克斯》、《牛虻》。

开列的这35种书，大部分都是古典名著，外国的如雨果、巴尔扎克、托尔斯泰等都是世界公认的伟大作家，他们的书翻译成各种文本，在西方几乎无人不知。中国唐诗宋词和《古文观止》，从少年到老人，凡初具文化的都会背诵和喜欢阅读。“五四”时代的大作家郭沫若、茅盾、巴金、曹禺等人作品和上面所列的当代革命小说和古典文学，都是几十年来累印不衰的力作。这些书本来都是几十年甚至是几百年在社会上广为流传，受到读者欢迎的书“文革”中都成了毒草，看起来好像是天大的笑话，但是事实如此。

现在重印这些书，每一种印40万到50万，一共印1500万册。印这么多书，需要准备大量纸张，纸张从哪里来？当时准备出版《毛泽东全集》，储备许多用纸，这些纸是不能随便动用的。王匡亲自出马，专程去找主管的领导吴德同志，当面请示，得到了他的支持，同意动用了这些储备，因为当时还未能出版《毛泽东全集》和其他的《毛泽东选集》。

这35种书，要迅速赶印，日夜兼程，赶在1978年“五一”节发行。要求在北京、上海、广州、沈阳、成都、西安等大城市，在节日里售书。结果在“五一”节期间，书店水泄不通，购书盛况空前，一些书店的玻璃都被挤破了。成都一位读者反映，他为了买一本《一千零一夜》，在书店排队排了“一天零一夜”。

书荒问题如此严重，投放这么大量的书，没有解决多少问题，实际上只是杯水车薪。但是这个动作对社会影响很大。读者会觉得这是一个新的起点，天空开始出现一小片彩霞，党的出版政策有新的变化了。

时间过了不久，这些书又分别重印了一次，都是几十万册几百万册送到书店去。到1978年下半年，又开列了其他方面的书籍书目，包括哲学、社会科学和科普、词典等，重印了100多种。这样，陆续地投放市场才解决了一点问题。

解禁少儿读物出版的庐山、泰山会议

当时，最严重的是少年儿童没有书看，这关系到下一代的培养。所以国家出版局召开了一次会议，1978年10月，全国少年儿童读物出版工作会议在庐山召开。此时陈翰伯是出版局的代理局长。原局长王匡已调任港澳工委书记、新华社香港分社第一社长。会议由翰伯主持，我协助他工作。翰伯作报告，题为《解放思想，勇闯禁区，迎接少儿读物繁花似锦的春天》。这次会议是解放思想的会议，必须解放思想，拨乱反正，搞清思想是非，才能扩大少儿读物的出版。在这次会议上制定了少儿读物的出版规划。

开会之前，国家出版局进行了多次调查研究，开了许多小型座谈会，并和作家们进行交谈，了解存在的问题。主要是思想上有很大的约束，十年浩劫，大家顾虑重重。这个书不能出，那个书不敢出，怕挨批。在一次小型的座谈会上，我和翰伯都参加了，当时有同志提出《皇帝的新衣》还能不能出？大家都知道这是安徒生著名作品，内容是极大的讽刺。但是后来又说，这个作品是影射什么，所以很长时间不敢出版。当时，翰伯和我都表态，你们出好了，有什么事国家出版局来承担。上海儿童文学家贺宜，写过一篇《小公鸡历险记》，这篇作品很受孩子们的欢迎，但是被认为是毒草，进行了批判。说书中的主人翁是什么“中间人物”，怕被定为“中间人物”论者，不敢再版。在那个年代里，极“左”思潮设置了许多禁区，所以解放思想是多么重要。庐山会议是出版界“文革”后首次重要的业务会议，会议的中心议题，就是要冲破禁区，解除思想的约束。

这次会议的召开，各方面都很重视，期望很大。人大常务副委员长、中国保卫儿童委员会主席宋庆龄为会议发来贺词，全国妇联主席康克清代表母亲们发来贺词，共青团第十次全国代表大会筹委会发来题为“时代的重托孩子的渴望”的贺词。会议受到作家们的特别关注，严文井、陈伯吹、胡奇、韩作黎、张乐平、贺宜、金近、任溶溶、鲁兵、郑文光、叶永烈等出席会议。当时邀请作家、诗人、画家有41人与会。老一辈作家叶圣陶、谢冰心、张天翼、高士其等写来书面的发言，深情地表示对会议的殷切期望。

当时，对少年儿童读物有4个“2”的说法，就是一年只出200种书（1977年少儿读物只出192种），全国只有2家少年儿童出版社（上海的少儿社和北京的中国少儿社），为少儿写作的只有20人，全国少年儿童有2亿。当时的景况就是归纳的这4个“2”，多么可怜！

庐山会议开得很热闹，作家们的发言激动人心，不少人拟定了写作计划并提出了保证。画家张乐平身体不好，开会时生病，但是心情非常激动。一天夜里，他爬起来画了一张画——三毛要书看："叔叔阿姨们：请给我更多更好的书！"形象生动，又有童趣，给代表们留下深刻的印象。作家严文井在会上作了发言，但是他讲得是一个童话，他说：有一伙人，200多人到一个宝山来寻宝，他们怀着火热的心，来寻的不是宝葫芦，也不是魔戒指，而是神奇的纸，就是要作家变出书籍、图画、音乐和戏剧来。

在会上，作家、出版社和领导一起，提出了一个出书规划，要求1979年为少儿出书1000种；3年出版29套读物包括少儿百科全书、小学生文库、少儿自然科学丛书、外国文学名著，还有老师丛书等。同时，会议还特别提出各地人民出版社都要成立少儿编辑室，并积极创造条件，在天津、沈阳、广州、成都、西安等成立少年儿童出版社。会议形成文件，国家出版局联合教育部、文化部、共青团中央、全国妇联、全国文联、全国科协等7个部门上报国务院《关于加强少年儿童读物出版工作的报告》，国务院于12月21日批转了这个报告。

庐山会议以后，少儿读物有很大的发展。真是高空无霞燕高飞！事过一年多，到1980年，少儿读物就出版了2400多种，印数达5.5亿册，如果不加连环画，统计共出了1400种，印数达1亿册。有一些少年儿童读物包括语言学习、历史故事、科学普及等，印数每种达100万册以上。

1981年3月，中央书记处提出，培养和教育少年儿童是关系到我们国家前途和命运的一项战略任务，全党全社会都要重视和关心少年儿童的健康成长。这是一个具有历史意义的伟大号召，把培养和教育少年儿童的工作提到了一个新的高度。为了贯彻中央书记处的伟大号召，同时，也为了检查1979年10月在庐山召开的少儿读物会议以来的情况，国家出版局于1981年10月在泰山召开了另一次少年儿童读物会议。参加这次会议的有各地出版工作的领导、儿童文学家、编辑、少年儿童工作者和共青团、妇联、科协、文化、教育等有关方面负责人，共260多人。中宣部副部长廖井丹出席会议，给予指导。

这次会议的目的，是交流和总结三年来少年儿童读物出版工作的经验，研究和改进少儿读物出版工作的措施，制定新的少儿读物的重点出书规划，促使少儿读物出版工作有新的提高和发展。

三年来少儿读物工作取得了很大的成绩。首先是解放思想，拨乱反正，突破了一系列妨碍繁荣少儿读物的“左”的禁区，清除“四人帮”遗留的思想影响。其次是壮大了编者和作者的队伍，加强了出版机构。当时除北京中国少儿社、上海少儿社以外又增加了天津的新蕾和四川的少儿两个专业出版社。各地方都在酝酿成立少儿出版社，各省、市、自治区人民出版社大都建立了少儿读物编辑室。少儿读物的编辑已经由200人增加到500人，少儿读物的作者队伍也相应扩大，有的出版社经常联系的作者多达100多人，全国出现了一批新的中青年作者。

这次会议由我做主要报告，题为《关心少年儿童的健康成长》。在我的报告中除了肯定成绩以外，还提出了一些值得注意的问题。第一，少儿读物出版还不能适应形势发展的需要，少儿读物的品种还不够丰富，质量还不够理想。特别是广大农村少儿还缺少读物，少儿读物的印数还不够充足。第二，我们出版工作者对出版的内容还重视不够，这不光是少儿读物的问题，而是关系到整个出版工作的问题。前一个时期，武侠小说、侦探小说之类印得太多。这本来不是少儿读物，但是它占领了我们很大的阵地，夺走了我们一部分读者，在孩子们中间传播了一些消极的东西。有的同志跟北京一间小学四、五年级的学生聊天，问他们：你们心中的英雄是谁？他们异口同声地回答：“当然是岳飞和杨六郎。”又问：你们佩服哪些思想行为？答：“跨骏马，端银枪，跃马杀敌，威震敌胆。”“讲义气，不怕死。”等等，他们回答的都是评书的语言。这些书影响到少年的读者，对他们的道德教育和培养，关系很大，应加以重视，采取措施。第三，少儿读物重要的缺点是，注意少儿特点不够，品种还不够丰富多样。今后应该加强思想品德教育的读物的出版。培养少儿热爱党，热爱社会主义，热爱祖国。十年内乱造成的灾难，社会风气中的不良倾向，对一些少年儿童产生了不小的影响。对外开放以后，也带来一些消极的东西，对少年儿童发生了不好的作用。有的材料反映，有一些青少年学生只求吃喝玩乐，说什么：“不欢不乐，青春白过。”有同志说，我们40年代树立了刘胡兰，50年代有董存瑞、刘文学，60年代有雷锋，这些都是我们时代的英雄。这些英雄人物在青少年中广为宣传，起了很好的作用。可是新的时代还没有树起新的英雄人物。对少儿进行品德教育的确是当前应该注意的课题，要把新社会中光明的进步的东西编成生动有趣的故事，写成各种体裁的作品，供给少年儿童。报告特别提出要努力出好科学读物，增长少年儿童的科学知识，引导他们从小养成爱科学、学科学、用科学的好习惯。提倡大力出版科普读物。报告还强调大力编写和出版低幼读物，比较起来低幼读物显得很缺乏。学龄前的儿童占一半，但是少儿读物中低幼读物还不到五分之一。老师、家长到书店很难找到这方面的读物。孩子只好唱大人的歌，跳大人的舞。报告还提出，要注意编写适合农村少儿阅读的书。据调查，农村有一个公社中学的学生，连鲁迅、郭沫若是何许人都不知道。对茅盾，因为教科书上有一篇《白杨赞礼》还知道，而对张天翼、严文井等儿童文学家，全都不知道。再问，知道不知道安徒生童话、格林童话？在10个人中，有10个人不知道。需要出版大量的读物，不但供应城市，还要供应农村。对于农村读物的定价，还应该便宜一些。对少数民族地区，少儿缺书的情况更加严重，要设法大力改进。

这次会议还提出，加强协作，统一规划，丰富少儿读物的品种。会议提出了若干丛书或百科全书的重点规划。要求组织专门的班子，花一点力气，把书编好。

泰山会议开完，我即在《人民日报》发表题为《繁荣少儿读物的创作》的文章。在这篇文章中我感谢作家们参加了这次会议，儿童读物出版工作没有他们的推动是不行的。我在这篇文章的最后说：没有创作的繁荣，作品的质量也不能提高。为了繁荣创作还需要大力培养青年作者。三年前，经常写少年儿童的读物作者为数很少。现在已有相当发展，有的出版社和刊物经常联系的作者很多。希望老作家和编辑能重视这项工作。形势要求我们繁荣少年儿童的创作。希望各方面互相配合，振奋精神，为少儿创作和出版更多更好的读物。

这次会议对于进一步推动少儿读物的出版，提高质量，起了很好的作用。以后，差不多年年都召开少儿读物出版会议，并且不断对少儿读物的优秀作品进行评奖。到了80年代末，全国各省、市、自治区差不多都建立了少年儿童出版社。每一年出书量成倍地增长，现在从两个效益来看，儿童出版社排在前列。他们还成立了少儿读物出版工作委员会，不时交流经验，促进工作。少儿读物出版社年年都派人参加在意大利波洛尼亚的少儿读物国际书展，与世界各国出版者进行合作，并引进了世界上许多优秀的读物。

长沙全国出版工作会议的追索

粉碎“四人帮”以后，1977年冬天召开了全国出版会议，彻底推翻两个错误“估计”，批判了所谓出版界是“反革命黑线专政”和“资产阶级知识分子的统治”，解除思想上的约束。1978年10月在庐山召开了全国少年儿童读物的出版会议，会议进一步地解放思想，扩大少儿读物出版的天地。1979年12月又在长沙召开了全国出版工作会议，这次会议研究了今后出版工作的基本任务，特别是调整了地方出版工作的方针。

对于地方出版社的方针，在1979年夏天，国家出版局曾到各地进行调查，召开座谈会，研究如何制定地方出版工作方针。这一年4月，国家出版局邀请了辽宁、吉林、黑龙江、河北、天津等地方出版社的领导和编辑的代表在北京举行座谈。许多同志提出“文革”以前强调地方出版社的“三化”，即地方化、通俗化、群众化，现在应该有所改变。吉林的同志提出，应有计划地有组织地协调出版，要面向全国。河北的同志提出，应该从调动积极性着眼，中央出版社和地方出版社统一体制，在国家出版局统一规划下进行工作，面向全国。他们不赞成把地方出版社的着眼点只放在地方特点上。

这年5月，翰伯在山东召开座谈会，会上山东的同志提出，作为地方级的出版社，出书首先要立足本省，同时也要为全国做贡献。有的同志说过去出书受“地方化”这个老框框的束缚，主要出一些本省的小册子，后来胆子大了一些，出了一些有一定水平的专著。粉碎“四人帮”以来，山东本着立足本省，面向全国的精神，编辑出版了一批质量较高、影响较大的书，受到读者的欢迎。

这一年7月上旬，中宣部出版局的同志分别到云南、四川、陕西、广东、湖北、河南等6省进行调查研究，各省的同志纷纷反映地方出版社难办，提出地方出版社“可以立足本省，面向全国。”

为长沙会议做准备，国家出版局出版部的石峯等同志，专程到了安徽、江西、福建等省做调查，写了调查报告《立足本省、面向全国—地方出版社发展的必由之路》，报告反映了各地要求调整地方出版社的方针，要面向全国。

在长沙会议上，许多地方出版社的同志发言，强烈提出要突破“三化”，要立足本省，面向全国。湖南的同志认为，现在人民的科学文化水平比解放初期大大的提高了，过去在“三化”方针下，出版的那些通俗读物，已远远不能满足读者的需要。解放初湖南只有8所大专院校，现在有了18所，省一级的研究所现在已经有60多个。现在要出版多方面的比较高层次的丰富多彩的读物，今后出书应该是立足本省，面向全国，走向世界。认为“三化”过去是适合实际的，也是正确的，但是现在已经妨碍了地方出版社的发展。

四川的同志在会上慷慨陈词，认为过去局限于“三化”，出书强调字大、图多、本薄、价廉。内容要配合运动。结果，书出得不多，有保留价值的更少。他们认为应该突破“三化”方针的束缚，实行立足本省，面向全国。说四川这么大，1亿人口，全国哪个出版社都包不了。

座谈会上，在分组讨论的汇报中，也反映了很多意见。华北组的同志说，地方不能搞文献，其他都可以搞。他们主张提立足本省，兼顾或面向全国。要各省和中央竞争。东北组的同志说，不赞成再提“三化”。中南组的同志说，地方出版社的方针立足本省，面向全国，还要提走向世界。如果只提兼顾全国，这是半僵化思想。华东组山东的同志提出，要冲破“三化”的牢笼。还说“主要的禁区是现代迷信。”江西的同志说，只要不提“三化”就好。

在会上，国家出版局党组听取了大家的意见，我作为会议的领导成员之一，也直接参加小组会并且听取了汇报，有的同志还直接找我反映意见，我自己也觉得当前主要的，是要解决缺书的问题，必须充分调动地方的积极性。

国家出版局党组多次进行研究，常常开会开到半夜，最后统一看法，由陈翰伯代表党组做了全面的讲话。此前，会议有各种不同的意见，有认为当前出书过滥，要着重解决提高质量问题。在全体会议上局里的领导曾作为主要倾向提出过，但在讨论中遭到大家的反对，认为当前主要是要强调开放，继续解放思想。有的地方虽然有一些缺点和不好的倾向，但总体上应该强调开放，不要因噎废食。后来翰伯代表局党组作了全面讲话，受到大家的拥护和称赞。

翰伯在讲话中说，我们推倒了“四人帮”的两个“估计”。三中全会以后，出版工作出现了转折，不仅突破了“四人帮”设置的禁区，有些17年不敢触动的问题，也有所突破。他说，书店经常反映，读者要的书没有，又有一些读者不要的书压在书店里。所谓滥的问题，原因很复杂。马列和毛主席著作积压，有的是由于“四人帮”神化领袖；有的是由于政治学习布置的变化；有的是由于我们思想不解放，印数太多。一般政治理论读物的积压，主要是由于“四人帮”大破坏的结果。某一些会议文件印得过多，有些创作小说不受欢迎，有的书出版错过了时令，群众不要。还有的图书是因为发行不对路，征订数不准确。也有编辑同志思想不解放，为了政治表态，赶浪头而出书。所有这些不能简单的用一个“滥”字来概括。

他认为出版工作的基本任务是宣传马克思列宁主义、毛泽东思想，传播、积累科学文化技术知识和成果，丰富人民的精神文化生活，为提高整个中华民族的科学文化水平，为社会主义现代化建设服务。出书的范围非常广泛。

关于地方出版社的方针，他说，地方出版社要求立足本省面向全国和兼顾全国，可以试行。地方出版社出书不受“三化”限制。又说，要充分发挥中央和地方出版社两个积极性，目前要特别注意，发挥地方出版社的积极性，同时要树立全国一盘棋的思想。

中宣部副部长廖井丹在会上传达了邓小平和胡耀邦同志的讲话精神。他赞成翰伯所作的报告。强调今后要多出书，出更多的好书。

长沙会议开得很成功，在会上虽有争论，但是明确了地方出版社的方针。从此以后，地方出版社都按照这个方针进行工作。特别是1983年6月中共中央、国务院《关于加强出版工作的决定》中，明确指出：“出版工作要在统一领导下发挥中央和地方部门的积极性。地方出版社立足本地面向全国。”中央文件肯定了地方出版社的方针，其中把立足本省改为立足本地，这样会更为准确一些。

长沙会议召开于1979年，到现在已经过去了许多年了，追溯过去，这是很有意义的。人们经常追问是谁最先提出立足本省面向全国的？这的确应该在历史上写上一笔。但是总的来看，这是历史的进程，是形势的驱使，时代的呼声，社会的要求。从上面的叙述中可以看出，在长沙会议以前，国家出版局和中宣部出版局的同志们，到下面进行调查和召开座谈会，已有不少省的同志提出，要改变过去“三化”的方针。因为过去的情况和现在大大不同了，过去科学水平、文化水平和现在不能比。读者的要求也有很大的提高。作者队伍无论是自然科学、社会科学的专业队伍都有很大的发展。作家的数量和水平都有很大的增加和提高。在这一年的夏天我参加了许多调查，特别是我主持了在北京召开的华北、东北出版社领导人的座谈会，他们都提出了需要改变过去地方出版的方针，调动大家的积极性，我也表示赞成他们的意见。在长沙会议上，湖南和四川的同志要求改变地方出版方针的意见很尖锐很突出。其他地方各省不少的同志也提出这个意见。

时间过去许多年了，随着时间的转移，地方出版社在出版工作中，发挥巨大的作用愈来愈明显。我们来看一看出书的数字，1965年全国出书2万种，地方出书不够1万种。“文革”以后，从1979年长沙会议起，经过10年，1989年全国出书7万5千种，其中地方就出5万种，地方占了三分之二。据《中国出版年鉴》（2003年）统计的数字，2002年全国出版图书17万种，地方出版10万种，地方占了多半；从印数来看，全国印68亿册，而地方就达57亿册。比例更大。直到2009年，据统计，全国出书27万种，地方出书14万种，地方仍然超过半数；印数全国印70亿册，地方印50亿册，仍占大部分。特别应该指出的是，地方出版了许多重要的、有分量的在全国发行的图书。地方出版社不断向前发展，这不能不说是长沙会议立了丰碑。当时湖南同志说，冬天在长沙开会，湘江水清绿，风平浪静，预示着来年荷花盛开，出版将会大展宏图。他们的预见，多年来得到了证实。

成立全国出版工作者协会

长沙会议以后，出版、印刷各方面有较大的发展。人们不会忘记长沙出版会议结束以后，接着还在长沙成立了全国出版工作者协会。1979年12月20日至21日，召开了出版界代表会议，宣告成立出版协会。协会成立以后，建立了协会的理事会。理事会第一次会议推举胡愈之为名誉主席，陈翰伯为主席。副主席有9人：徐伯昕、黄洛峰等，我也被选为副主席。粉碎“四人帮”以后，各条战线的工作全面展开，都先后成立了协会。中国出版工作者协会，是协会中成立较早者之一。这可以说是长沙出版工作会议以后的一个重要成果。中国印刷技术协会也于1980年3月12日在北京成立，选举王益为理事长，史育才、王仿子等为副理事长。

在出版界发生了重大影响的，是1980年2月9日中国出版工作者协会在北京饭店举行了盛大的迎春茶话会。到会的有党和国家许多领导同志，胡耀邦、王震、方毅、叶圣陶、许德珩等。会议由协会的主席陈翰伯主持。胡耀邦、王震等同志在会议上做了热情洋溢的讲话。协会的名誉主席胡愈之和叶圣陶做了长篇讲话。他们勉励出版工作者在新的形势下，努力工作，开拓前进。

胡耀邦的讲话语重心长，极为生动有趣。他引用800年前著名诗人、文学家辛幼安的一首词《汉宫春》。他说：头一句叫“春已归来”，春已经回来了！第二句是“东风从此，熏梅染柳”，就是东风从此把我们的祖国山河好好地打扮起来。第三句“年时燕子，料今宵梦到西园”。春天到来以前，料想那个经过风风雨雨的燕子在立春这天晚上，连做梦都梦到百花盛开的园林里去了。我们在座的同志，也是经过多少风雨的燕子啊，我们这些同人民、同党共命运，同患难的时代的燕子，在立春那天，做梦也梦到我们国家的“四化建设”，进入到一个社会主义强国的境界里面去了。他说，出版界有20万人，去年出了15 000多种书，几十亿册，这个成绩当然很大。但是，还很不够啊，现在两种产品都很不够，一种叫物质产品，一种是精神产品。怎么办呢？同志们向我提出一大堆困难，什么纸张不够，编辑队伍青黄不接，编辑人员很辛苦，住房紧张……我们的困难确实很多，我们各条战线，各个地区，各个单位，各个阶层，都存在着各自的困难，那有什么办法。只有一个，就是只好一步一步地来解决。他说，出版界20万大军，人手很多啊，我想起毛主席有一首诗，里面有“二十万军重入赣。风烟滚滚来天半”；我们现在是“二十万军同心干，书刊滚滚来天半”，“齐声唤，前头捉了张辉瓒”。我们也叫“齐声唤，红旗榜上出版界”。我们明年不是要开劳模会嘛，出版界应该争取榜上有名。“红旗榜上出版界”，不押韵，你们想个词嘛！“二十万军同心干，书刊滚滚来天半，万人看”，或者“万人爱”也可以嘛！“红旗榜上出版界”嘛！胡耀邦同志的讲话，引起大厅内极大的振动，鼓掌的时间很长，十分热烈。

到会的有各部门的负责人，著名的科学家、作家、画家、文艺工作者，首都出版界的知名人士共900多人。会议热闹非凡，来的客人把北京饭店大厅挤得满满的。大家分别围坐在桌旁，互相交流。许多书法家、画家当时题字作画，表示祝贺。王震亲笔写下："祝出版事业繁荣昌盛"。方毅挥毫书写"百花齐放，百家争鸣"。著名画家黄胄即兴作画，画的是母鸡带着一群小鸡在春天中漫步，画面生动活泼。方毅在黄的画上题词："春来大地"，书画相映成趣。画家吴作人即兴挥笔书写"春回大地"，字体丰满矫健。"五四"运动领导者之一、人大副委员长许德珩，年届90，为出版协会写了《春光好》的祝词："印刷术发明早，文明称我最古老……现身四化见功劳，勤手脑。"此祝词由著名书法家启功书写成条幅。老前辈叶圣陶、周建人、茅盾等都有祝词。

如此隆重的聚会，出版界史无前例。到会的领导和各界人士如此热烈，新中国成立以来从没有过。特别是老作家和知名人士与会者甚众，到会的还有朱穆之、严济慈、高士其、许立群、王惠德、罗章龙、萨空了、夏衍、林默涵、陶钝、陈荒煤、周而复、罗俊、姚雪垠、华君武、庞薰琹、徐伯昕、黄洛峰、姜椿芳、曾彦修等。此种盛况，说明粉碎"四人帮"以后，社会关心出版，领导和作家期望着有更多更好的读物供应给广大读者。我当时坐在前面左边一桌，和一些领导同志坐在一起，大家交头接耳。有同志问我，今天是什么节日？来这么多人，这么多的领导。好像作家、书法家都来全了！他是又高兴又发生疑问。我说，肚子没有东西吃，人活不了；没有精神食粮，没有书看，人们也难以生存。我自己看着这种局面，也暗中欢喜。我心里想，出版方面从来都是挨批的，这回来这么多人，大家这样关心总是称赞的吧！"文革"开始，出版方面首先受到冲击。随后，除了马列和毛主席著作外，所有的书差不多都封闭了。这些书都被诬为传播封、资、修的言论，都是毒害人民的精神鸦片！而现在又成了新的起点，从排队买书的劲头来看，其热闹程度大大超过人们排队买食品。可见，读者如饥似渴地渴望着有图书满足需求。

中国出版工作者协会自成立以来，的确做了不少工作。成立初期，国家出版局机关人员较少，工作任务比较集中，有许多工作依靠出版协会来做。当时，出版协会的主要工作是：第一，联系和团结广大的出版工作者，协会作为一座桥梁；密切和行政管理者的联系。为鼓励出版工作人员，经常开展评比活动；第二，组织培训班，为提高出版工作人员的素质服务；第三，与海外联系，以出版协会的名义出面，比出版行政领导机关出面更加方便；第四、编撰出版业务的书刊，努力提高理论水平，并积累和提供出版资料，以供研究工作者使用。

在协会主持日常工作的同志，是功不可没的。协会筹备成立时，陈原花了很大力气。以后，比较长时间主持日常工作的是王仿子。80年代以后，是王业康。而近七八年来则是陈为江。他们工作很紧张，协助主席处理业务，非常忙碌。在沟通联系方面，协会不时把下面出版工作人员的思想和业务状况，反馈给行政领导部门，使领导部门更加深入地了解情况。80年代以来，协会进行评奖工作是很多的。比如优秀科技读物的评奖、青少年读物的评奖、书籍美术装帧设计的评奖、校对工作的评奖，以及近年中国图书奖的评奖工作。这些工作是大量的，需要组织大批的人员来进行。

对于培训工作，80年代时很多，工作任务很繁重。以后，由于有关行政部门加强了这方面的工作，协会做得较少了。当时各类别的编辑人员的培训班，参加者很踊跃，协会不断组织，时间短的，有几天讲学活动，时间长的，要住校几个月时间。协会或下属委员会，邀请业内的专家专门授课，我受协会的指派，也不时抽出时间外出讲学。由协会联系，我还到过清华大学、天津市南开大学等大专院校的编辑班讲过课。

对于外事的联系，在版协成立开始时，行政领导把协会作为助手，大量的工作都由协会来负责。例如，与日本、英国、法国、前南斯拉夫、加拿大、澳大利亚等国出版界的联系，都由协会来负责。送往迎来的工作，包括组织代表团出国，也由协会来办理。从80年代末开始，和台湾出版界的联系，也是由协会来做，这主要是通过合作出版促进会来进行的。

至于积累和出版出版业务的资料，协会从1980年以来出版的《中国出版年鉴》，一直到现在，按年出版，一期不少，中间只有一次两年合刊。《中国出版年鉴》是协会的重要喉舌。通过年鉴反映了出版工作一年的成果，业内的重要事迹，都记录下来。重要的文件，在年鉴里历年都有所反映。在这方面的工作中，方厚枢从开始到现在，倾注了不少心血。以后，刘菊兰等主持年鉴的编辑工作，全心全意，日夜操劳。后几年，年鉴的编辑工作又转由周兴俊等同志负责。他们都是兢兢业业，埋头苦干。出版年鉴是出版协会的重要思想宣传阵地，由协会常务副主席杨德炎同志抓总，说明协会很重视这项工作。全国各种年鉴现在有1000多种，出版年鉴编撰最早，而且资料充实，受到海内外同业们的好评。在年鉴的评奖中，出版年鉴不断受到嘉奖。我1993年首次访问台湾时，我们参观了台北的图书馆，这是一个很大的图书馆，藏有中国不少的善本、珍本。我和该馆领导人交谈时，我问：你们有内地的《中国出版年鉴》吗？他说，你来看，他领我们到里头一个库里。他说，这就是你们出版的《中国出版年鉴》。我一看，他们陈列的整整齐齐，历年来一本不少。他还说：这年鉴里期期都有你的文章。我大为惊讶。我说，你们还看这个年鉴吗？他说：我们看，我们特别注意收集内地出版图书的材料。可见出版年鉴在海外也有很大影响。

增设出版机构

80年代开头，百废俱兴，出版工作十分忙碌。揭批"四人帮"和清理洗刷自己身上的污垢以后，大家意气风发，积极性倍增，各方面的工作都在突飞猛进。首先出版社的机构，发生巨大变化。长沙会议以后，出版社的体制有了新的变革，出版社的数量大大增加，出版的实力进一步加强。地方出版社原来大多只有一家人民出版社，后来都分出建立许多地方专业出版社。从一个出版社变成六七个出版社。

新社的建立首先从少儿社开始。1978年10月庐山少儿出版工作会议后，国务院批转会议的文件中明确规定，有条件的省、市应该设立少儿出版社，未有条件的可先设立少儿编辑室，以增加少儿读物的出版。以前只有上海少儿和北京中国少儿两家出版社，而庐山会议以后，少儿出版社在各地纷纷建立，如天津新蕾、山东明天、河南海燕以及四川、浙江、江苏、湖北、江西等少儿社陆续建立。

随着社会的变革和要求，各省市陆续建立文艺、教育、科技、美术等出版社，这些专业社大多从当地人民社分出，有的人民社在这一方面的编辑室已有充足力量，很快就建立了机构；有的是先搭起架子，再充实力量。20世纪70年代末和80年代初，出版社数量大增。例如，江苏省，新建立了江苏教育、科技、文艺、美术、古吴轩，还有江苏少儿以及稍后建立的译林出版社；又如广东省，新增加了教育、高等教育、科技、花城、新世纪、岭南美术、经济、旅游等出版社。还有，在一些经济单列的大城市，也建立了出版社，如青岛、大连、沈阳、武汉等，也都在80年代设立。

省市建立了多家出版社以后，文化艺术和科学技术方面的出版物大为增加。新的作家、艺术家也开始有了新的园地，充分发表自己的作品，对于科学技术方面，也得到更广大的传播。从社会读者大众来说，有了较为丰富的读物，可以选择阅读。

在增设出版机构方面，尤为突出的是，许多大学建立了出版机构。“文革”前，只有一家人民大学出版社，80年代开始，一些有名望有规模的大学均被批准建立出版社，如北大、清华、农业大学、北京师大、外语学院、华东师大、复旦、南开、中山大学、武汉大学、四川大学、广西师大等，一直到80年代中期，陆续建立的大学出版社有70多家。后来又进一步发展，到90年代中期达到100家。这是一支非常重要的力量，大专院校有丰富的资源，教授和研究人员是重要的著述队伍，而且背后有图书馆和资料室，具有特殊的优越条件。发挥这方面的力量，是非常重要的建树。据了解，大专院校出版社现在出书占了全国出书的两成。其出版物不但有教材和辅助教材，而且有多方面的学术著作和系列的历史的和现实的资料，这是不可替代的力量。

80年代工作千头万绪，“文革”荒废的十年，总想很快弥补回来。国家出版局展开的工作非常之多。出版部主管出版书刊业务，许多方面的工作不可或缺。加强农村读物出版工作，非常重要。当时我国10亿人口，有8亿是农民，这是我国基本国情。为农村提供更多更好的图书，是出版发行部门一件不可忽视的大事。为开好农村读物出版会议，出版部的同志进行了大量的调查和研究工作，并起草了文件。会议形成了纪要提出要认真抓好农村读物的编写工作，并提出，城乡分配图书的时候要注意照顾农村。要挑选好书，分批重印，专发农村。这个会议纪要由中宣部1981年4月29日批转全国的宣传部门。

对于少数民族文字的出版，也要大大加强。为此，召开了少数民族文字出版物的工作会议。为加强通俗政治读物的出版，国家出版局和中宣部出版局共同研究召开会议，推动这方面工作。对于翻译西方的学术和文化书籍进行调查研究，并提出规划。对于整理古籍，按照陈云同志的意见，成立了班子，提出了规划。改革开放以后，与国外的出版界接触增多，交流开始频繁。为此，连续召开了对外合作出版的会议，提出了加强这方面工作的意见。由于全国旅游人数剧增，为适应新的情况，国家出版局和国家旅游总局共同召开了旅游出版读物工作会议。为加强爱国主义教育，增长知识，规划地理读物的出版。对于版权，开始建立版权制度，国家出版局建立了版权起草小组，开始进行工作。等等。

上述业务工作，大多由我主持或参与主持其事。开展这些工作需要进行大量的调查研究，这方面主要依靠出版部的同志来进行。当时出版部的人员较为充实，也有相当的知识水平，大多相关文件的起草工作，皆由出版部的同志来承担，工作也非常辛苦。

少数民族出版

少数民族的出版会议，是国家民委和国家出版局联合召开的。会议着重讨论了新时期的民族出版工作方针任务。研究扶持发展民族出版事业的主要措施，还制定了今后3年内出版少数民族文字重点图书的选题规划。会议认为，民族不分大小，凡有通用文字并要求出书的，出版部门都应积极创造条件，给予大力支持。会议强调，要继承和发扬优秀的民族文化传统。来参加开会的，都是少数民族集中的12个省区的有关代表。这个会我参与主持领导，和民委的负责同志共同进行研究。开会之前，国家出版局出版部的同志和民委宣传部门的同志，一起到少数民族地区进行了深入的调查研究。了解了他们使用的文字、知识水平和学校的设立情况。我们中国是少数民族集中的国家，解决好少数民族的精神食粮非常重要。召开这个会和其他会议不同，在生活方面也有许多照顾。例如，会议的早餐需要有奶茶，按照许多少数民族同志的习惯，他们早上都要喝奶茶，奶茶不放糖而是放盐，这也是民间的一种习俗。所以开会要求上面给予另外的补贴。国务院很重视这个会议，1981年3月14日批转了这个会议的报告。批文希望各地和有关部门加强这项工作的领导，并给予积极的支持和帮助。通过这次会议，我和民委的领导同志关系更加密切了。我们工作中互相通气，从张怡荪老先生主编的《藏汉大词典》开始，我们就同民委萨空了等同志有很多的来往，并且一同出差。后来又成立了少数民族文字编译局，这个编译局起初属国家出版局领导，以后体制改变，又划归国家民委，因此我们来往商量问题较多。萨空了曾是著名记者，新中国成立后又领导过人民美术出版社工作，所以我们过去也比较熟，联系工作都比较方便。

全面整理古籍出版

关于古籍整理工作，陈云同志特别关注，多次派他的秘书王玉清同志到国家出版局和中华书局了解情况，并传达陈云同志的指示。在国家出版局我几次和王玉清见面，他转达了许多重要的意见，包括陈云同志特别关注古籍译成白话文的问题。我和王玉清通电话时，他也比较强调这项工作。1981年9月17日，中共中央发出《关于整理我国古籍的指示》。指示要求加强大学的文科教育，并从小学开始，就让学生读一点古文。整理古籍仅作标点、注释、校勘、训诂还不够，要有今译，争取做到能读报纸的人多数能读懂，觉得有意思，才会有兴趣去阅读。今译要经过选择，要列出一个精选古籍的目录，不要贪多。还提出由规划小组拟定一个为期30年的古籍整理出版规划。要组成古籍规划小组，直属国务院，中央决定由李一氓同志主持其事。为此，召开多次会议，进行落实。1982年7月20日，古籍规划小组为落实这项工作写出了请示报告。国务院1982年8月23日作了批复，原则同意报告中的工作和规划。并且拨出专款，解决经费的不足。每年拨给中华书局50万元，一直连续多年，作为他们有关出版古籍的经费补贴。这些工作，我和中华书局的领导多次商讨，我还亲自到李一氓同志住处进行汇报。他当时主要工作还在中联部。

整理古籍的工作，这是持续长久的工作。要前仆后继，要多少人，代代相传。据统计，2010年，全国高等院校已经开设有4个古典文献专业，而“文革”前只有北大一校有文献专业，这是原中华总编辑金灿然同志最先的建议，不幸他已在“文革”时离开人世。现在全国22家古籍出版社一年出书逾5000种，其发展很可观。

《鲁迅全集》出版

在这里要特别说到《鲁迅全集》新注释的出版。大家知道“文革”开始，“四人帮”就利用1958年出版的《鲁迅全集》中的注释，大做文章，特别是针对鲁迅《答徐懋庸关于抗日统一战线问题》一文中关于两个口号论争的注释，横加指责，兴师问罪。鲁迅的著作和思想鼓舞着中国人民，“四人帮”想利用鲁迅这面伟大旗帜，达到其不可告人的目的。

在鲁迅诞辰百年之前，1975年周海婴就《鲁迅全集》的出版问题给毛主席写信，毛主席作了批示。国家出版局为落实毛主席的批示，进行《鲁迅全集》出版的准备工作，1976年4月在济南和北京召开了座谈会，会议由石西民同志主持，但后来工作延缓下来。王匡同志来到国家出版局以后，就考虑新版《鲁迅全集》的出版。经过酝酿，国家出版局于1977年9月向中央报送了《关于鲁迅著作注释出版工作的请示报告》。新版《鲁迅全集》注释本的出版，由谁来负责审定，社会很为关注。后来商议请胡乔木同志抓总审定，并提议由林默涵同志主持编辑工作。林在“文革”前担任中宣部副部长和文化部副部长，实际上他是主管文艺方面的工作，他非常熟悉情况，而且有很高的理论修养，是很合适的人选。但是“文革”开始以后，他被诬害揪斗，身陷囹圄，此时还在江西劳动改造。

由林默涵来负责新版《鲁迅全集》的编辑工作，是非常有意思的事。这是王匡的主意。这样必须对林进行解脱才能回来工作。这真是好主意，即使林上任工作，又令他走出牢笼。后来中央审定了林默涵的问题，林很快从江西回到北京，进入工作状态。

新版注释本《鲁迅全集》在乔木和林默涵以及许多专家的努力之下，已于1981年问世。新版在1958年版的基础上，增收了所有佚文，并对注释作了全面的校订。

我们不能忘记前人对《鲁迅全集》的编辑出版工作所作的贡献，鲁迅先生逝世不久，在极其艰辛的岁月里，由出版界先辈胡愈之同志策划，1938年最先出版了20卷的《鲁迅全集》；以后过了20年，由参加过长征、鲁迅生前的密友冯雪峰同志主持，1958年出版了10卷注释本《鲁迅全集》；又过了23年，由乔木与林默涵同志主持，1981年出版了16卷注释本《鲁迅全集》。

开放旅游出版物

改革开放以后，海外的朋友到中国来参观旅游的人数不断增加，旅游发展非常迅猛，当时旅游者充满中国的主要大城市和重要的旅游点。各地反映，他们需要的旅游读物，我们难以供应，有一些地方简直是一片空白。这时，急需旅游读物的问题就提到我们的面前。因此，国家出版局就和旅游总局商量召开一次会议，为增加旅游出版物做一些工作。1980年6月，我们在无锡召开了旅游出版工作座谈会。我参与此次会议的领导，主持会议具体事务。来参加这次座谈会的有北京、上海、天津、辽宁、陕西等15个省市的旅游和出版部门，以及部分中央级出版社，还有印刷发行单位代表，共70人。我们会议的地点就在风光优美的太湖边上，据说这里是荣毅仁旧时纺织厂的厂址。

旅游出版物具有重要的宣传和教育作用，不仅是开发国外旅游客源、争夺国际旅游市场的有效手段，而且是开展对外宣传的重要形式。各国旅游者，是送上门的宣传对象，我们要利用这个有利的条件，争取更多的人了解中国，以增进各国人民同我国人民的友谊和合作。对于国内来说，提供多种多样的旅游书刊，介绍祖国的大好山河和悠久的历史、优秀文化，并以我国建设的新貌，增进全国人民，特别是青少年爱国主义情感，增强民族自尊心和自信心，都起到积极的作用。会议研究了当前旅游出版物中存在的问题，提出了改进的意见，并制定了《1980～1983年部分重点旅游出版物选题规划》。会议开始由旅游总局副局长岳岱衡和陈翰伯做了讲话。最后由我就座谈会中提出的问题，作了总结。我强调这是很有意义的工作，要解放思想，按照旅游宣传的特点，做到思想性、艺术性、知识性、趣味性的结合。政治宣传要寓于风光介绍之中，注意克服强加于人的空泛说教，让风光、形象、事物本身去说明问题。

在会议中间，讨论出版物的方针和读者对象时，发生了有趣的议论。大家众说纷纭，但是差不多所有的同志包括我在内，都认为旅游读物的主要对象，应该是海外的游客，他们有功夫来旅游，而且我们还可以赚取外汇，这种认识当时似乎是很合理的。但是翰伯不以为然，他独有见解。他说，你们别搞错了，主要对象应该是国内自己人，因为以后旅游多的还是自己人。他说："先是国内旅游者，然后及于国外旅游者"。而且国外旅游者，旅游资料要靠我们陪同和翻译人员加以介绍，我们不提供充分的文字资料，他们一点也介绍不了。我们只有出版大量有内容的旅游读物，他们才能从中汲取。他说："大量对内的旅游读物，是对外的基础，要大力发展中文，在中文基础上搞好外文。"翰伯这些见解，非常高明。经过了多少年，我们深深感觉他的意见正确。大家都看到，现在大小城市和重要的旅游点，我们所见到的是中国人比国外来的朋友多得多。当时我们抓了旅游出版物是非常对的，到现在我自己还感到，去一些地方参观，看不到多少旅游读物，这方面的读物还是很不充分。

改革开放的版权立法

版权立法最初纪事。严冬已经过去，春风吹遍原野，草木出现生机。出版建设的重要项目之一，就是版权立法。确认版权，这是一个世界性的问题。"文革"结束以后，外国学者和出版界代表团，陆续到中国参观访问。他们许多人到书店、图书馆浏览。反馈的信息，既使人烦恼，又催人醒悟。国外的朋友看到我们陈列和出售的图书，有不少是他们出版的，事前未经作者和出版者商量，就擅自翻译出版和销售，他们向我们提出，这是侵犯了他们的著作权。但是我们未参加什么版权公约，算不算侵犯？西方在历史上为了保护资本主义的私有财产，发展资本主义，到现在一直推行版权制度，我们是否也要遵从？

是的，许多理论上的问题还要搞清楚。我们建设社会主义，要发展社会生产力，提高科学水平，实行社会主义市场经济，发展私人企业和引进外资。我们经济比较落后，我们走这条道路，还有很长的旅程。拒绝版权，不承认版权，也就是杜绝知识产权，对内对外不保护、不奖励发明创造，自己就会把自己发展的道路堵死。

版权立法和版权小组的诞生。我国和美国建交以后，1979年1月邓小平同志率团访问美国，中美签订了《中美高能物理协议》，协议中提到保护版权的问题。同年3月，中美双方开始商谈贸易协定，美方再次提出版权保护问题，要求在我方版权公布之前，双方按世界版权公约的规定保护对方的版权。

在新的形势下，我们必须努力向前。1979年4月21日，国家出版局向国务院呈送报告，要求建立版权机构，制定版权法。同年4月26日，胡耀邦同志作了批示："同意报告，请你们尽快着手，组织班子，草拟版权法。"于是，国家出版局立即组织班子，进行调查研究，收集资料，着手起草版权法。我们组织班子，由沈仁干同志牵头，还临时借调出版社一两位同志前来工作，以后又调李奇和汪衡同志等来工作。沈仁干同志是国家出版局出版部早先从中央高级党校调来的，当初是想请他负责国际共产主义运动方面的图书，因为他懂英文。当时出版国际共产主义运动书籍的工作不太忙，就请他牵头运作版权工作。他勤勤恳恳，非常卖力。李奇同志曾搞过对外宣传工作，这方面工作也容易上手。汪衡同志精通英文，与海外的学术界也有接触。早年毛主席在延安接受记者斯诺的采访，斯诺写了《西行漫记》，先陆续在国外报刊上发表，当年汪衡从国外报刊中翻译了一部分，寄给我胶东根据地的书店出版，书店立即出版了这部译作，在根据地广为传播。为了纪念这有意义的事情，前几年青岛出版社再版了汪衡的这部译作。可惜汪衡同志已经去世。

有了起草版权的小小班子，就展开工作，开始时曾陆续邀请国外的版权专家来华讲学，使我们增长知识和吸取经验。

版权立法，当时已不能够再拖了。"文革"以后、改革开放之初有不少外国朋友来中国参观访问，他们当中也有不少学者、教授与知识人士，他们去参观大学和书店，常常看见我们无代价地翻印西方的现代著作，在陈设的地方不做任何遮掩，敞开摆在书架或柜台上，甚至定价出售，引起外界朋友议论，提出意见，还追问中国何时公布版权法，何时参加国际版权公约。

1980年7月，中国出版工作者协会邀请美国《出版商周刊》记者来华访问。《出版商周刊》在世界是有名的，该刊经常对世界书情及出版公司状况进行报道与评述，颇有影响。该刊对我国与美国不列颠百科全书出版公司合作，出版不列颠百科全书之事，也有报道。翰伯为团长组成中国出版代表团，刚刚访问过美国。因此，中国与美国出版界开始有较多交往。当时《出版商周刊》接受了中国版协的邀请，派该刊记者休伯特·洛特曼先生前来，在北京、上海与杭州等地访问了十多天。在北京，翰伯和我接待了他，并与他多次交谈，陆本瑞和版权起草小组汪衡同志，也和他有不少接触。这位罗特曼先生平时住在巴黎，我访问法国时，也和他有接触。他访华以后，在《出版商周刊》（当年9月19日出版的这一期）发表了长达三万多字的文章，题目为《一个美国记者眼中的中国出版业》，文中内容的叙述，是对中国友好的。其文介绍中国出版业在“文革”以后发展的面貌，同时他非常关心中国的版权问题。文中说：“记者在一个发行所的后屋参观时，发现有库存的英文图书，全部是英美先进科技书的新版，连原出版社的版权说明都照印了。但所用的纸张绝不是这些有名的出版社一般所用的那种，甚至也不是国际廉价学生版所用的那种，连封皮也未用那种纸，而书价（平均1.4美元）也不相同。经进一步询问才发现这些书不是由国家出版社或其他正式批准的出版社干的。这些书都是大专院校自己印刷的，没有通过正式的出版渠道。比如说，在新华书店和外文书店的书架上找不到这些书。结果是这种特殊的海盗方式可能激怒了外国的版权所有者，但也同样使中国的图书贸易官员大伤脑筋，因为大量的出版了未经批准的中文出版物和中文原著。”他这样叙述还算客气的。他还询问中国何时才公布版权法，何时才参加国际版权公约？汪衡向他介绍说：“这牵涉到许多因素，不仅是图书，还有电影、广播、戏剧，甚至涉及计算机程序。因此这不仅仅是一家出版社的问题，也不单单是国家出版局的问题。我们不能预计什么时候才能完成这项工作，但是我们非常清楚，我们必须尽快的有一项法律。因此我们正在十分努力地工作。（国家出版局系统以外的一位中国图书的官员估计，中国在三五年内将制定出自己的版权法，有了版权法，加入国际版权公约就会快了）”洛特曼先生的表述，中国经过三五年就制定版权法，实际上到了1990年才公布版权法，比洛特曼所说又推延了若干年。自1979年4月耀邦同志批示赶快组织班子起草版权法，到全国人大通过和公布版权法，经过11年时间，看来时间很长，但对于一个国家来说，一项重大的有世界影响和有长远历史意义的法律，经过11年时间研究和制定，也是可以理解的。

起草版权法，这是非常艰巨的工作，我们不断摸索，多方征求意见，并经千百次修改易稿。对于版权立法，最初我参与主持工作，1982年我被调回中宣部，因我主持中宣部出版局，所以我还继续关注其事。特别是关于参加世界版权公约，各方意见不一，其中涉及版税是否有能力承担的问题。后经我们调查研究和仔细测算，出版社可以承担，不必由国家拨款，考虑到国际关系和我们必须不断吸取国外先进的科学技术与思想文化知识，我们参加世界版权公约不容置疑。基于事情的迫切性，中宣部于1985年4月2日向中央书记处呈上《关于我国参加世界版权公约问题的请示报告》，这个报告由我主持起草，1985年6月24日，中央书记处讨论并同意了此报告。

由于版权立法非一日之功，各方面的意见和争论，达到修改定稿，还需时日。为了推行版权立法尽快实施，我于1983年建议在版权法正式出台之前，先以暂行条例的形式发布，由文化部通知试行，我的建议很快被采纳，文化部即发出文件。以后文化部成立了国家版权局直属机构，同志们做了大量工作，版权法又经多次讨论和修改，终于在1990年9月7日经全国人大常委会通过，正式颁布施行。由于中央书记处已同意参加世界版权公约，又经过磋商后，由我国向联合国有关机构提出申请，1992年7月和10月，分别被批准参加了《伯尔尼公约》和《世界版权公约》。这样，经过多年的努力，完成了我国版权立法的程序。

建立版权机构的初衷。此前，在建立国家版权机构方面，意见很多，有关部门经过长时间的商讨，才取得一致的意见。早在1984年，国务院副秘书长顾明同志建议由中宣部抓总，尽快完成版权立法工作的意见。我回到中宣部以后，于1984年4月19日，邀集两个出版局部分领导同志开会，研究版权法的制定工作，并就版权机构的设立提出意见。会后，起草《中央宣传部出版局关于制定版权法和建立版权管理机构的意见》。《意见》提出，版权法草案已十三次易稿，为迅速建立国内版权管理制度，应当制定和公布版权法。《意见》还建议，设立国家版权局，负责版权立法和版权管理工作。该局直属国务院，编制可暂定100人。这个《意见》上报中央宣传部常务副部长郁文、文化部部长朱穆之、国务院副秘书长顾明，三位领导人很快圈阅同意。据此，文化部经磋商于1984年10月17日向国务院报送了《关于制订版权法和建立版权管理机构的报告》。

但是，由于劳动人事部和文化部对建立版权局有不同方案，我又按照郁文同志批示，于1985年1月4日，邀请劳动人事部编制局和文化部出版局的负责同志开会，商量建立版权局的方案，并最后取得一致意见。会后，由中宣部出版局副局长袁亮同志整理成书面意见，即《中央宣传部出版局关于建立国家版权机构的意见》（1985年1月10日）。《意见》说成立版权局，建制属文化部，名称叫中国版权局，颁发有国徽印章，编制暂定100人。《意见》还说：我国版权法草案，其定稿已报中宣部和国务院，目前正在作最后润色。还说颁布我国的版权法，建立国家版权机构，已经不能再拖了。

郁文很快审阅同意这个《意见》，并于1月29日送给国务院副秘书长艾知生，他还给艾知生同志写信，在肯定以上方案后说："以上意见，如无不妥。请你们报国务院领导审批。"艾知生收到后，于1月29日的当天即批示："请侯颖同志研究一下可否按郁文同志的意见解决。"侯颖时任国务院秘书长助理。此后，文化部出版局负责人多次向侯颖陈述意见，文化部又向国务院送去《关于设置国家版权局的报告》，并提出在设置国家版权局的同时，将文化部出版局改为国家出版局，两块牌子，一个机构的建议。这个报告很快得到国务院批复同意。好事多磨，经过多少时日的议论商讨，终于取得正果。

社会主义需要稿酬吗？

这里还要另外说到稿酬制度，因为稿酬与版权密切相关。早在《版权法》起草之前，"文革"结束一年之后，1977年国家出版局王匡上任不久，就提出要尽快恢复稿酬制度。稿酬制度非常重要，要繁荣创作，使作者有版权，有版权就应该有稿酬。

恢复社会秩序，使人们生活走上正轨，稿酬制度是出版工作中重要的一环。"文革"十年，稿酬制度已经停止。在极"左"思潮的影响下，要恢复稿酬制度，不是一件小事。

社会主义需要稿酬吗？国家出版局向作家和相关的人士征求意见恢复稿酬时，相当多的好心人，不赞成恢复稿酬，可见极"左"思潮的影响。在过去的年代里，张春桥曾大吹特吹反对资产阶级法权。姚文元也大写文章，否定稿酬，认为实行稿酬不合理，不利于消灭脑力劳动和体力劳动的差别。过去多少次运动，知识分子不少受到伤害，或者受到牵连，宁“左”勿右的思想，不是一时就能消除的。

国家出版局提出即时恢复稿酬制度，毫不犹豫，下了决心。经国务院同意后，国家出版局于1977年10月12日发出《关于试行新闻出版稿酬及补贴办法的通知》。当时制定的稿酬，付给作者译者的标准是很低的。但其意义并不在于稿酬多少，而在于政策，在于“四人帮”倒台不久，就很快恢复了“文革”前正确的政策。

恢复稿酬制度后没有多少时间，社会反映极佳。虽然在事前有的作家说要慢一点，但是事情铺开以后，老作家纷纷表示赞成，认为应该如此。一些很有名望的老作家通过报刊表态，说这是繁荣创作的好事，是出版事业兴盛的先声。国家出版局以后又派人外出调查，了解到作家学者和出版社的意见，对稿酬标准又作了调整。1980年5月24日国家出版局又从新制定了《关于书籍稿酬的暂行规定》，新规定比原来规定付费标准又有所提高。特别重要的是恢复了印数稿酬。随着社会形势和经济发展的情况，稿酬制度不断作出调整。

稿酬是一项重大的政策，社会主义社会要不要实施稿酬制度？这个问题争论了多少年，摇摆不定。“文革”前17年，稿酬随社会运动的变化而变化，总是反反复复。承认版权，保护作家学者的著述权利，繁荣创作，发展学术，提高科学水平，这是社会主义的根本政策。保护版权，这是世界性的问题。实行稿酬制度，是版权立法的重要措施之一。

对外交流的最初步履

发展世界文化交流，这是和平时期世界各国的基本国策。新中国建立以后，我国努力开展文化交流，但由于帝国主义和敌视国家作梗，工作受到很大的限制。特别是“文革”十年，我们处于禁锢状态。“文革”结束以后，人们思想摆脱禁锢，积极向外开拓，交流工作发展迅速。但在开始时，大家还有些顾前顾后，等待上级的意见。

对外合作出版工作，从70年代末开始展开。这项工作，国家出版局的分工，由我来负责。在80年代开头的几年，我为开展国外合作出版事业，连续访问了日本、前南斯拉夫、澳大利亚和英国、法国、德国、意大利等。为总结和开展这方面的工作，80年代初曾不断地召开座谈会，进行商讨。1980年1、2月份，我们曾经在北京召开过一次小型座谈会，召集有合作出版任务的北京、上海和少数省、市的出版社参加。会议以后，有一个关于同国外合作出版的报告，报送给中宣部和国务院，中宣部和国务院批准了这个报告。这就是国家出版局1980年5月26日发出的文件。经过了1年时间，国家出版局于1981年5月，又在成都召开了一次范围比较大的全国对外合作出版座谈会。在这个会开始时，四川省委的主要领导杜心恒和省委宣传部代部长沈一之亲自来看望会议代表。这次会议主要任务是总结前一段的工作，并在总结经验基础上制定一个文件。

的确，当时对外合作出版工作进展很快。1979年和1980年两年来，各个出版社与国外出版商已经签订了120多项合作出版合同，合作出版书刊有400多种。和我们联系的国家比较广泛，同我们签订合作出版合同的有日本、前南斯拉夫、美国、英国、法国、联邦德国、意大利、瑞士、澳大利亚、奥地利、荷兰、新加坡和香港等国家和地区。同我们合作的公司有70多家，合作出版的项目，有中国的历史和现状、旅游画册、地图、儿童读物、体育、工艺美术、医学卫生、建筑、铁路，还有文物、考古、烹调、动物、植物以及一些学术性的著作，包括词典工具书等。其中有一些重点项目，是我亲自出面和外国出版公司商定的。如人美社和讲谈社合作的《中国之旅》，上海人美社和前南斯拉夫南评社合作的《中国》画册。这两个大项目，都是我先牵的头。

在成都会议上，我做了讲话，会议闭幕时，我又做了总结。我在讲话中指出，搞合作出版的出发点是为了加强我们的对外宣传，扩大我们在国外的影响，使世界人民了解中国，了解中国的历史、文化，了解我们现在社会主义的生活，提高我们的国际地位，这就是我们搞合作出版的主要目的。

我在讲话中强调，搞合作出版还要依靠外国出版商的势力，包括他们的发行网络，从中开展我们的工作。实际上就是借助外商的力量，来扩大我们的宣传。我们合作出版的重要书籍，在内容上要坚持原则性，在出版以前都要经过我们审定。在经济上我们主张兼顾双方利益，也可以取得少量的外汇收入。特别重要的是我们通过和外商合作出版，可以在海外保护我们的版权，免受侵害。为了开展这方面的工作，我们要提高自己队伍的素质，特别是出版社要有精通外语的人才，要精通英语，会英语对话。有对外合作任务的出版社，必须配有几位外语干部。搞合作出版不会外文是不行的。成都会议一共开了7天，形成了文件。

综述国务院和中宣部批准的1980年5月《关于加强和国外合作出版的报告》，以及成都会议以后，国务院于1981年10月批转的国家出版局关于《加强对外合作出版管理的暂行规定》的报告，其要点是：一、根据我国外交政策和对外文化交流的方针，采取积极、稳妥的步骤，逐步发展和国外的合作。合作出版的图书应有利于我对外宣传，促进各国人民之间的互相了解和友谊，不得有损于我主权和国家利益。二、合作出版的图书双方应在平等互利的基础上给予著作权以有效的保护。与我合作在国外发行的图书，我方要有相应的版权。凡出版社同国外合作出版的个人专著，事先应征得作者同意，并给予适当的经济报酬。三、对外合作的项目，应经双方充分协商确定。合作书刊的编辑方针、书稿内容以及最后定稿，均需我方同意。凡经我方审定的书稿，未经我方同意，对方不得擅自增删或作其他改动。四、对外合作出版，只能由国家正式批准的出版社进行。任何非出版单位，均不得同国外进行合作出版。五、为适应对外合作出版的需要，要求有合作任务的出版社，要注意选拔、培养熟悉出版业务的外语干部，在今后三五年内每一个出版社应配备三五名外语干部，大的出版社还应多一些。

由于派人陆续出国沟通和领导方面不断开会交流情况，使工作有很大的发展。我在1978年9月访日以后，1979年6月又到了南斯拉夫，参加南评社组织西方中小出版社的活动，并且邀请他们来中国。

1981年11月，在成都合作出版会议以后不到半年，我们又和日本出版界举行合作出版交流会。当时由日本沙伊玛鲁出版社社长田村胜夫和东方书店总经理安井正幸，率领日本17家出版社和一家文学代理公司，同我们进行交流。这个交流会，有中国20多家出版社和中国对外贸易总公司参加，双方洽谈合作出版项目，达成了一批协议。

这次交流洽谈会在成都锦江宾馆举行，宾馆内芙蓉花盛开，而市里其他地方芙蓉花较少，据说古代成都到处都种有芙蓉花，所以成都称为蓉城。粉色的芙蓉花在轻风中摇摆，妖娆地对客人点头，客人非常高兴。在这一次会议上，我认识了田村胜夫夫妇，以后我们的关系越来越密切。我到日本时，每次都和他们见面，结为好朋友。沙伊玛鲁是日本很著名的一家出版社，他们专门出版社会科学方面的书。对于中国社会科学书籍，也出了不少。他们还有一个很大的翻译公司，公司中拥有许多精通英语、汉语和其他外国语言的人才。中国领导人访日时，日方也常常聘请这个公司的专家充当翻译。

参加会议的安井正幸先生，我早就认识。他的东方书店专门出售中国书籍，在日本很有影响。同来参加会议的版权专家宫田昇先生，我和他早有来往。一、二年前我们曾邀请他来做版权问题的演讲。所以成都会议很融洽，因为许多来宾同我们都是老朋友了。在会上，也有个别的日本朋友曾提出版税可有一定计算方法，如凡是日方翻译中国的书籍，可给5%的版税，我们感觉到版税太低，不能有此统一规定，此事要由双方出版社具体协商，应该考虑到双方的利益，这是一个原则问题。会上，这位朋友也没有再坚持。

这次会议宋木文与沈仁干等同志亲自张罗，做了许多工作。他们同大家一起共同研究和商量，许多具体事项都由他们主持办理和协调。他们还亲自陪同客人从重庆乘船到武汉，在船上客人和中国出版界的同志又进行了交流。

由于改革开放，图书出版数量逐年发展，输出和引进也随之增多。出版社与海外出版社交流日益发展。邀请国外出版单位来国内举行书展以及我出版社到国外参展，也逐渐增加。特别是从80年代下半年开始，中国图书进出口总公司创办的北京国际图书博览会，以及中国版协国际合作出版促进会每年举行一次的对外合作出版洽谈会，对推动出版与海外交流起了很大的作用。在过去的年代，由于我们和国外基本隔绝，信息难以沟通。“文革”以后大家走出去，迎进来，打开窗户，呼吸清新空气，活跃了思想，业务大为开展。

引进世界优秀文化遗产的历史探索

出版是传播社会文明的基地。人们新的思想意识及科技发明创造的新信息，通过出版物进行传播与交流。

在历史上，西方古代传教，借助印发的《圣经》，迅速传播，特别是在活字印刷技术发明以后，《圣经》迅速推向穷乡僻壤。在东方，佛教的大量传播，也随着佛教经典和佛像的印发，迅速扩大。

在近代，法国启蒙思想通过图书的传播，对人们思想的影响是不能低估的。人们解除了封建思想的束缚，在社会掀起自由解放的浪潮，推动了资产阶级的革命。马克思主义的兴起和传播，引起人们新的思考，到处吹起无产阶级革命的号角。

在中国，19世纪末和20世纪初，中国人民在黑夜中探索，在痛苦中跋涉。鸦片战争以后，中国人民还没有摆脱封建主义的束缚，又遭受帝国主义的侵略和压迫。中国的出路何在？如何摆脱困境？这是时代在发出呼号，社会上的先进知识分子，首先从出版物中得到启示。

中国人民思想上的解放，最初借助于西方。西方自由解放的思想与新的学术，通过知识分子与留学生在翻译的出版物，深入到人们的心坎。例如维新派翻译家严复，大量的介绍新学术。他提倡新学，主张改良，发表《论世变之亟》与《救亡决论》，号召世人奋起。他还系统地翻译西方资产阶级的进步著作，被称为中国启蒙思想家。当时具有先进思想的学者与翻译家，不止一人。有影响的学者蔡元培，他翻译的德国科培尔的《哲学要领》，综合地介绍了康德与黑格尔的哲学，使中国读者思想大为开阔。

这些翻译名著，包括严复的许多重要著作，出版后一版再版，在社会上供不应求。文学作品的翻译家林琴南，靠别人的口译，加以记录和整理，当时他翻译出版的作品，可以说在知识界家喻户晓。这些作品使人们了解西方社会的思想、生活、习俗与向往，启发人们思索自已的国家前途与生活境遇，在社会上发生了重大影响。

为吸取西方思想，当时官方开办的翻译馆，翻译了大量西方的学术著作，特别是科技性的包括医学、机械、兵工等方面，对普及科技知识，起了很重要的作用。据统计，经翻译馆翻译出版的自然科学与公德等方面的西方著作，达一百七八十种之多。翻译馆对社会做出了贡献，在出版史上留下重要的笔墨。还有官办的同人馆，这个馆实际上是为培养翻译人才办的学校。学生一面学习，一面翻译。同人馆还设有纂修官员，负责编辑出版事务。经同人馆翻译出版的许多重要的西方著作，如《世界史纲》、《万国公法》等，在社会上受到极大的欢迎。

出版在文化交流上起着无比重要的作用。当时受封建思想长期封闭的国人，通过引进西方的科学和新的思想，好像打开了长年被关闭的暗室，人们吸收清新的空气沐浴在温暖的阳光里，感到万分的激动和喜悦。

出版既是传播新的学术思想的基地，也是团结知识分子的基地。在中国近代史中，一直到十九世纪九十年代初，都没有正式的出版社出现。有的是官办或外国教会办的机构兼出一些出版物，如上面说到的翻译馆与同人馆，但都不是专门出版印刷的机构，当时虽然有一些刊物出版，但也不是编辑出版书籍的地方。到了十九世纪末，在1897年才出现了商务印书馆。

在中国近代史中，100年以前，也曾出现过一些出版机构，但都未能立足与发展。唯有少数几家，如商务印书馆不但在社会上站住，而且能发展壮大，商务印书馆还相继发展了印刷与发行业务。后来，又在各地分设分支机构，扩大自己的传播职能。

商务印书馆能扩展业务，最主要的原因在于编辑可以审定发行教科书，同时翻译对社会很受欢迎的西方学术名著。人们如饥似渴地等待吸取西方先进的思想与学术，祈望借助启发，来挽救危亡的中华民族。

商务印书馆出版的图书，不仅大量介绍西方思想家的著作，还较早地涉及马克思主义。例如，1925年出版了郭沫若翻译日本的马克思主义者河上肇的《社会组织与社会革命》，1934年出版了吴半农译的马克思《资本论》。人们记得，二十世纪初年，中国为了向国外学习，曾派出大批学生出国留学，其中到日本留学数量最大。日本接受西方思想比我们早，而且思想解放，对欧美的译著也很多。中国留学生中的先进分子，借助日本吸取西方先进的观念，向中国大众传播，也起着很大的作用。日本河上肇，是日本著名的马克思主义者，他是一位学者与教授，其本人的著作非常多。当时中国学者翻译河上肇的著作在中国出版，数量很多，特别是关于马克思主义的政治经济学方面。在中国传播河上肇著作的得力者如共产党人王学文等人。王学文先生，一生研究马克思主义政治经济学，他曾在中共中央马列学院任教，是我的老师。当时中国学者对日本的著作翻译，非常热心。据1972年顾燮光作《译书经眼录》，收入1901年至1904年中国译书目录，包括欧美和日本共533种，美国32种，德国23种，俄国4种，还有其他各国若干种，而我们的近邻日本，我们翻译其著作达321种，占全部译作60%还多。可见日本新思想对中国的传播及其影响。

商务印书馆对西方思想的传播，不遗余力。上面说到西欧、日本新思想新学术的著作，很多都在商务出版。商务还成立有编译所，学者张元济担任该所的所长。张具有新思想与新知识，又能团结知识分子，因此商务能得到发展。

在出版宣传西方学术著作的同时，商务出版了茅盾等主编的《小说月报》及胡愈之等主编的《东方杂志》，这些杂志不断的介绍西方的文艺作品，包括文艺复兴时期及近现代传统观念的小说、诗歌、寓言与散文，对广大读者，特别是青年学生，产生巨大影响。

出版作为新思想传播的重要阵地，在中国近代史上做出了贡献。到了“五四”运动时期，中国思想宣传的主导转向马克思主义，马克思、恩格斯与列宁等伟大共产主义者的思想与著作，在中国大地上通过出版物广为传播。中国马克思列宁主义者的先辈们，他们编译著作，创办刊物，组织发行，为中国新民主主义革命和社会主义革命在理论上奠定了基础。理论为思想的先导，为革命与行动指明了方向。无可置疑，出版物的传播，为新的思想观念与动员大众站到革命的前列，起了显著的作用。马克思主义通过书刊的传播，成为社会行动的先行者。

马克思主义也都是从西方传入。马克思主义诞生也是在继承与批判了前人思想的基础上得以建立。作为学问，我们不能忘记西方近代出现的各个流派与各学派的学术思想。马克思所写的《资本论》，研究过世界四千多种著作。我们后人研究马克思主义的来源，即被列宁称为马克思主义的三个来源和三个组成部分，其著作及其思想我们都应加以探讨。

1949年以后的一段时间里，我们对西方近代及中古代的思想与著作介绍得不多。作为出版西方著作的商务印书馆，开始也有些淡薄。然而研究西方学术，这究竟是中国人的一件大事，于是中央宣传部在1958年明确了商务印书馆的方针，提出应发挥其历史和现实作用，并强调商务应“以翻译外国哲学、社会科学方面的学术著作为主，并出版中外文的语文辞书”。这是非常正确的方针。为了加强这方面的工作，还专门派出有马列主义理论修养与具有外文水平的陈翰伯同志前去担任商务的总编辑。陈去商务以后，承前启后，发挥了商务的优良传统，起了很大的作用。1959年在中宣部和文化部的领导和支持下，商务印书馆制定了翻译和出版外国哲学社会科学著作的长期规划。商务的同志们为实现这个规划，做了大量工作。他们寻找原著和组织翻译队伍，工作十分艰巨。到1966年“文革”时为止，商务已出版外国学术著作300多种，在这方面已取得了重大成果。本世纪八十年代以来，商务重印了这些著作，被称为“汉译世界学术名著”，分批推出，受到社会学者的欢迎。

追索历史，100多年来，出版对思想与学术著作的传播，适应时代的要求与满足人们的愿望，使后人得到启发，发挥了重要作用。回忆在1956年左右，几家有名望的出版社，包括人民、三联、世界知识与商务，曾似定过一个“外国名著翻译规划总目录”，这个目录列入世界名著共1600种。这个目录中可以出版的书籍，还没有出版完全，由于种种原因，步履缓慢难以如愿。从1956年到现在，时间上已过了半个世纪。今天情况更加不同了。改革开放以后，对国外的了解更多了，特别是现代学术著作，包括经济学、历史学、国际关系学、国际法学等，都有了很大的发展。

历史将翻过新的一页，21世纪将是中国人民的世纪，中国人民将昂首阔步走在世界前列。我们不但要继承祖国的优秀文化遗产，也要继承世界优秀的文化遗产。出版发行部门作为传播先进思想的基地，引进并加以推动对西方学术思想的研究，仍然是工作中不可忽视的重要一环。

第七篇 东海波涛书情浓

出访东瀛日本

粉碎“四人帮”以后，最重要的是解放思想和打开窗户，吸收新鲜空气。十年浩劫，与海外文化交流基本断绝，就是“文革”前17年，除了和前苏联有较多的来往以外，与西方也没有多少交流。世界间的经济和科学文化只有互相沟通和互相促进，才能发展提高。我们是世界上一个大国，长期与世界隔绝，自闭门户，对人家的发展不闻不问，这种情况是不可想象的。图书出版是文化交流的重要工具，也是推动科学文化发展的重要手段。在世界文化交流史上，图书的交流起着不可比拟的作用。国家出版局在批判“四人帮”和清理自身的思想以后，就考虑如何促进出版方面的国外交流。因此，1978年就决定派出代表团到日本和英国。我率团到日本，陈翰伯率团到英国。

1978年9月份我们组成访日代表团，共有12人。这是“文革”以后，第一次有这么多人组成的代表团出使东瀛，因此引起了国内外极大的注目。我们访日代表团除我为团长以外，有我国发行界的主要领导史育才，他也是国家出版局党组的成员。还有上海市委宣传部副部长、出版局局长马飞海，他们俩人为副团长。团员有中国少儿出版社总编辑遇衍滨、科学出版社总编辑叶再生、商务印书馆外文老编辑朱谱萱、广东人民出版社副社长邓炬云、印刷技术专家周寿彭、李英才等。我们从9月9日乘机起飞，越过大海，到了东京成田机场。

日本也是文明古国，同中国早有交往。根据日本著名学者井上清所著《日本通史》记载，公元前3、4世纪中国农耕与铁器传入朝鲜，再传入日本，此时日本开始使用铁器工具。从唐代起，中日文化就交流频繁，日本有许多学子到中国留学，与中国著名诗人都有诗文交往。当时中国鉴真和尚东渡日本，直到现在，在奈良还存有他的建筑和史迹。近一个多世纪年以来，日本科学文化甚为先进，是世界上经济发达国家之一。

我们抵达机场时，受到日本出版界的盛大欢迎。我们作为他们的贵宾，在机场还租了会议室，举行小型的欢迎仪式。随后，我们乘车进入东京市内，住在当时最豪华的新大谷饭店。次日早晨，主人领我们登上东京最高的铁塔，瞭望东京市景。看见高楼林立，众多的小汽车像小蚂蚁一样密密麻麻在马路上爬行。这是我第一次到日本，这使我回想起小时听到的传说，完全两样。那时说，日本地震很多，房子只能盖平房，怕震塌了，而现在看到的完全不是这样。是的，东京地震频繁，但是由于科学的进步和建筑设计的精密，建筑高楼也没有顾虑了。我们看到当时有高达60多层的楼房，觉得很了不起。现在情况更加发展了，我后来到日本时，看见了更高更新的楼房又不断地崛起。

晚上，由日中文化交流友好协会和日本出版界举行了盛大的欢迎会。我在会上致辞，表示感谢。日本朋友对客人非常友好，以前中国受日本侵略，身受其害，我自己还记得，日本飞机在我们的头上轰鸣，不断投下炸弹，我心里觉得日本帝国主义惨无人道，思想上还存有憎恨的痕迹。当然，随着岁月的流逝，和日本的朋友交往增多，中日友谊的概念逐渐在心里面占了主要的位置。当时，我在欢迎会上致辞以后，在下边很多日本朋友走到我面前来，同我交谈，表示友好，并希望与我们多联系。这时，有两位日本人约五六十岁，他们到我跟前说，日本在中国作战的时候，我们俩人都是日本士兵，我们做了许多对不起中国人民的事，心中很内疚，我们现在也向您表示歉意。此时，我非常震动，他们有如此的态度，诚恳承认错误，这是普通的日本老百姓、普通的士兵的态度，很值得欢迎。我感觉到我们的确应重新携手，建立友谊。

随后，我们代表团的同志们，就分别访问出版社、印刷和发行方面的重要公司。中国出版界和日本的出版界早有交往，近年来日本出版了许多中国新的出土文物，出版了历代书法和中国博物馆的珍品。这些出版物大部分都由中国出版社供稿，如文物出版社，他们关系比较密切。最近几年，日本重要出版社的社长，曾陆续到中国访问过。如1977年平凡社社长下中邦彦、岩波书店社长岩波雄二郎、小学馆社长相贺彻夫、德间书店总经理德间康快，都先后访问过中国。1978年5月，讲谈社代理社长服部敏幸刚来过中国。在北京我都和这几位见过面，交了朋友。这回我率团访日，大家一见面就熟。我们在东京时，访问了讲谈社、平凡社、小学馆、岩波书店、德间书店和东方书店。我们还访问了日本重要的发行机构，日本出版贩卖公司和东京出版贩卖公司。还到过出版科技书籍的共立社和出版少年儿童书籍的福音馆，以及日本最大的印刷机构大日本印刷公司、凸版印刷公司和图书印刷公司参观访问，还访问了研究和制造新排印设备的写研社。我们又到神田保丁拜访了内山书店，参观了日本最大的书店——八重洲，他们的社长都亲自出来接待我们，详细地向我们介绍了编辑和经营业务情况，使我们对日本出版、印刷和发行有了充分的了解。

日本社会文化的支柱

随着经济的发展，日本出版业也向前飞越，现在日本已经成为世界上的出版大国。人们认为出版是日本社会文化的支柱。日本工业的发展与国家科学文化的迅速发展，有着密切的联系。日本非常重视科学情报，新的科学发明很快得到传播，国外出版的有价值的图书，在日本立即翻译出版。

日本百分之九十九的人识字，人们有较好的读书习惯，你乘坐日本的地铁，看到那儿有许多读书看报的人。据日本的记者报道，在地铁内乘客有四分之一的人在看书。我们坐地铁时，也看到这种情况。许多人看完了书报，临走时就把书报扔在地铁车厢的行李架上，他们的习惯很好。清洁工人在打扫地铁的车厢时，清理废旧报刊图书，成为主要的工作之一。

在古代历史上，日本并不是出版印刷发展最早和最发达的国家。随着日本资本主义的发展，明治维新以后，特别是进入20世纪，日本出版业才开始大步前进。在16世纪，金属活字印刷术传入日本以前，还是使用木板印刷。当时，佛教在日本盛行，刊行的佛教书籍约占40%。日本和中国交往密切，大量刊行中国的经书要籍。京都是日本的出版印刷中心，当时刊印了《孔子家语》、《贞观政要》、《周易》等书。在科技方面，他们参考了中国农书和本草书，为农民编写了《农业全书》，刊行后受到农民广泛的欢迎。

伴随着明治维新运动，日本新的报刊开始诞生。19世纪60年代末和70年代初，日本创办了新闻报刊。此时铅字铸造获得成功，相继创办并用铅字排印了《横滨每日新闻》、《东京日日新闻》、《日新真事志》和《评论新闻》等报纸。在民族民主革命的热潮中，一些报刊成为动员人民进行革命的号角，成为革命舆论的工具。日本的图书出版社，从20世纪初开始纷纷创立。现在具有较大规模的出版社，如讲谈社创立于1909年；岩波书店创立于1913年；平凡社创立于1914年；小学馆创立于1922年。出版是社会文化的重要支柱，对人们的影响巨大。

讲谈社　我们拜访了讲谈社社长野间先生。讲谈社是日本最大的出版社之一，其出书在日本占有较大份额。我们到了野间先生住地，他有病坐在扶椅上，可能得过中风，说话较差。他对中国非常友好，招待我们十分热情。他1966年曾带队来中国访问，那时他身体还好，比较活跃。他创办了亚洲少年儿童绘画作品比赛，每过2、3年评比一次，各国把少年儿童的绘画作品送来，组织评比。评上者获得奖赏。中国的儿童绘画作品也参加过多次评比，而且得了奖，我们出版协会还专门派人去领奖。这个活动一方面推动了少年儿童的教育，另一方面也团结了少年儿童绘画的画家。

我们从野间社长家里出来，就到讲谈社参观。当时，代理社长服部敏幸带领讲谈社的工作人员，在门口列队迎接。讲谈社当年一年出书1000多种，编辑人员水平较高。进入出版社的人员，都要经过严格考试，应考者很多，但从中录取者却很少。服部详细介绍了他们出书的情况，出版范围比较广泛，包括中国历史艺术图籍、欧美的美术杰作和各种门类的著作。当时我们参观了他们社的图书馆，馆里藏书有16万种书之多，在书架上排列得很整齐。我们看见编辑部正在用电子计算机编辑词典，他向我们介绍如何编辑。当时电子计算机采用很少，他们却率先运用。在谈话中，服部先生说，想送一部百科事典给我们。这是他们当前出版的重点书籍。我当即表示感谢，但是我客气地说，这部书是多卷本，比较贵重。但是，翻译把我说得贵重译错成很重，以为我们怕飞机上难带，他就说晚间宴会上再定。到了晚间宴会上，我知道搞错了，便加以解释，表示接受和感谢。服部又说，拟再送一部给北京图书馆，我当时也代表北京图书馆表示感谢。

有个小小的插曲，我们出访时，带有一部《辞海》，我们把这部《辞海》送给他们。而《辞海》在中国还是内部发行，因为还没有修改定。本来我们要原单位把内部发行几个字去掉，另装成新书。结果弄错了，并没有另装，还写着内部发行。这时我只有“将计就计”，我说，因为我们都是好朋友，就把这个内部发行的书送给你们。他们高兴得不得了。后来，他送给我的百科字典，我送给了机关图书室。北图的那一套，他直接送去。

晚间，他在一间柳河饭店招待我们，菜肴很丰盛，席间还有歌舞表演。参加宴会的，有日中文化交流协会的代表和我们驻日大使馆的人员，大家非常高兴。

中国出版界和讲谈社建立的友谊已经多年，除讲谈社的社长多次访问中国之外，他们还出版了有关中国博物馆珍品图书。此次我们访日代表团来之前，中国驻日大使符浩，建议和讲谈社共同出版有关中国旅游的图书。他认为讲谈社在日本出版界很有影响，对中国也比较友好，因此建议中国出版方面和讲谈社进行合作。我访问讲谈社时，谈起此事，该社的领导都表示赞成，并且希望立即起动这项工作。这样我就和他们约定，另找一个时间，具体磋商。次日，讲谈社在新大谷的新楼，另租了一个房间，我们在那里进行商谈。那时候我觉得他们很神秘，避开其他耳目，单独在一个地方进行商议。在商议过程中，我感觉到也没有什么秘密的事，何必这样紧张。后来我仔细一想，可能有道理，这是商家的秘密，不能随意泄漏给外人知道，如走漏消息就会影响到出版社独家的生意，不利于今后的经营和合作。当时我们商定，出版中国的旅游图书定名为《中国之旅》，并且翻译成英文，同时在世界各地发行。我建议讲谈社和北京的人民美术出版社建立联系，共同合作。如何进行合作，请讲谈社派人到北京和人美社具体磋商。

我回到北京以后，就把这件事情告诉了人美社的社长和总编辑邵宇，请他预先做好准备工作。邵宇等人近年也访问过日本，对于日本的社会情况也有初步的了解，他很赞成这项工作。我回到北京以后没有多久，讲谈社就派人来和人美社商量。人美社和讲谈社在北京磋商多次，还在北京饭店举行了正式非正式的会谈，最后签署了协议，共同合作出版《中国之旅》。此书分为5卷，将中国的旅游地区划分为东、西、南、北、中。协定签订以后，就开始工作。讲谈社派了一些摄影师到中国来，和人美社的摄影师共同配合，外出拍照，拍出的照片再从中选定，最后选定图片和书写的文字说明，由双方共同审定，才能出版。在拍照过程中，讲谈社提供了两部汽车，供拍照用。据说这两部汽车翻山越岭，起了不小的作用。车辆在浅河中渡过，在泥泞的土路上奔驰。他们对汽车也照了好多相，把相片拿回日本，交于协助提供车辆的公司，进行广告宣传。这也是日本汽车公司的一个商机。

经过了1、2年紧张的工作，共同合作编撰的《中国之旅》，在日本出版了，每种发行6、7万册，一共发行了30多万册，数量很可观。以后又出版了英文本。通过与讲谈社的合作，中国出版界特别是人美社和日本及讲谈社的关系更加密切了。以后，讲谈社又在中国举办了摄影和书籍装帧展览。讲谈社还和中国版协达成协议，培训中国的出版工作人员。这件工作到现在还在继续，中国的出版人员在讲谈社受过培训的已有几十人。去培训者，到讲谈社具体参与社里的工作，了解和学习他们的业务，并且实地学习日语，他们回到了国内都成为业务骨干。对讲谈社来说，他们在中国出版方面也有了朋友，他们到中国来进行业务活动，也有便利之处。

平凡社　在日本访问期间我们还访问了平凡社、小学馆和岩波书店。平凡社的社长下中邦彦，向我们介绍了社里出书的情况，他们对于出版中国的文物图书，很有兴趣。近年出版了中国历代的书法，还出版了西安的碑林等。他们出版的百科事典，也就是我们所说的大百科全书，很有成就。平凡社出的百科事典在日本很有名气，如《国民百科事典》，1961年编就，其普及版第一版就销了25万套。下中说，60年代日本的经济高度发展，购买百科事典者特别多，现在已经销行了170万套。他们1959年编的《世界百科事典》，已销行190万套。他们1969年作了调查，在东京3 000户的调查中，就有31%买了这部事典。百科事典销行如此之大，使我大为惊讶，我心想我们中国也准备编撰大百科全书了，将来不知如何？

下中告诉我们，这部百科事典组稿以后，文字内容整理有30人，技术整理（包括标点符号）6个人，处理照相图板有15个人。看起来他们出版社的人员，比较集中地攻百科事典。下中介绍，他们全社的职工有260人，其中编辑就有180人。日本当时平均工资每人13万日元一个月，平凡社的编辑一般可拿30万元一月，其骨干可拿50万～70万元，此外还有分红。如此高的工资，我们觉得不可想象。据说，他们编辑的工资比别的社还高一些，编辑都是大学毕业的高材生，有的有著作，有的还在大学里兼课，都是高级知识分子。

我们坐在下中的客厅里，我看见厅里挂着清末中国著名画家吴昌硕的一幅很大的水墨画。下中告诉我，这是一幅原画，是他父亲传下来的。下中说，他知道这幅画的价值，但他准备无代价送回中国。他可能送给一个博物馆，并说现在正在办理中。

在他的客厅中，我们在谈话休息的时候，他给我们放了一些科普电视片。其中一部是啄木鸟的故事，内容是啄木鸟能使用工具，它折断一根小树枝，含在嘴上，用这根树枝捅树洞里的虫子，因为它嘴够不着，所以就用这个办法，用树枝把虫子捅出来，这样它就可以吃到虫子了。我们的经典作家曾经说过，人和动物的区别，人能创造工具，而动物不能。而啄木鸟折断树枝作为工具来使用，这种动作和原始社会人类也差不多。不过，这可能算不上制造工具的概念。下中还放了另一部科普片，内容是落后民族的一些人制造盐的故事。这些人从水中捞起一些草，把这些草烧成灰，之后过滤再煮，就成为盐了。下中说，组织制作和播放这些电影有一个世界组织。日本也有一个分支机构，这个机构的理事就是下中。这是一种公益事业，其本意，是提高社会的科学文化知识。平凡社作为一个出版社，参与其事，也蛮有意思的。

小学馆　我们又访问了小学馆，社长相贺彻夫亲自接待我们。他领我们参观了他们的图书馆，图书馆的藏书更多。而且所有胶片都存放在冰箱里。他告诉我们，他和许多学校和社会的图书馆保持着密切的联系，他们掌握了社外图书馆的部分藏书目录，因为他们主要编辑教科书和教学参考书，需要掌握有关这方面的大部分材料。他们定期出版小学生的各种杂志，其中供少儿阅读的期刊，从幼儿园到小学6年级。按年级分开来编，一个年级出一种。供3年级学生读的和供4年级读的不一样。刊物的用纸很精良，装订很结实，刊物的边角是圆的，免得碰伤小读者，想得很周到。每一个年级的刊物，由7、8个编辑来编，一月一期。期刊的封面和内容均为彩色，颜色鲜艳，内容有趣，看起来很吸引小读者。这个出版社称为小学馆，出版小学生读物，是他们的传统。小读者的期刊，发行数量很大。和我同来的中少社的总编辑遇衍滨，对他们这样编辑期刊的方法，极为赞赏。同年10月，我们在庐山召开的少年儿童读物出版会议上，他专门向大家介绍了小学馆编少儿期刊的经验，认为一个年级一个期刊，非常有针对性，其特点特别鲜明。

小学馆也编辑了不少多卷本的百科事典，如《日本百科事典》，供家庭使用，1962年编成，发行130万套；《原道百科事典》供高中、初中学生用，小学生也可用，1965年编成，是彩色的，发行已超过100万套；《世界百科事典》供家庭使用，1967年编成，已发行80万套；《万有百科事典》，按学科来编，对象主要是大、中学生，1972年编成，已发行了40万套。此外还有《儿童百科事典》、《小学生学习百科事典》，这都是多卷本，都是配合学习功课用。编这些百科事典也是小学馆重要的业务。

日本出版社编撰和行销百科事典，竞争很激烈。编这些百科事典，讲谈社有、平凡社有、小学馆也有，他们不过问重复不重复的问题，谁编得好，谁的行销就比较多。他们编撰的过程，互相保密。编撰的方法和内容，绝不能泄漏。当时日本出版的小连环画册，已经开始大量销行，到了80、90年代，日本的连环画充斥市场，占图书出版数量的20%～30%以上。有出版社的朋友告诉我，为了占领市场，扩大发行，要编出最好的连环画来，有时把重要的画家关闭在一个地方，不让他出门，给予很高的报酬，免得他到别的出版社去编绘。可见他们的商业竞争是非常厉害的。

晚上，小学馆社长相贺请我们到一个叫留园的地方吃饭。留园的老板是盛宣怀的孙子盛某先生。盛某对我们特别殷勤，他穿着一身灰色的长衫，在客人中走动，显得非常潇洒。我很久没有看到穿长衫的人了，甚感特别。大家都知道盛宣怀是清末的重要官员，他主张兴办工业，在当时是具有进步意义的。盛某向我们介绍，他是一个大家庭，祖辈留给他们2000万美元。留这些钱干什么好呢？盖一个大工厂，盖一座大楼，觉得没多大意思。还是留一件东西当纪念比较好。因此，他拿出一部分款项来开一个带有中国风味的饭店。他写了一部书讲汉民族和大和民族的事，他把他这本书签了名，送给相贺和我。我不会日文，我请身边的翻译同志帮我看看，翻译的同志跟我讲，书中叙述了他的家史。晚宴，我驻日大使馆的同志也来参加。使馆的同志对我说，老板对中国朋友很好，他怀念祖国，中国朋友来吃饭时，他在收款方面还有一些优待。老板盛某3年前回过中国一趟，他原居住上海，1933年来日本。盛某说他从香港请来25个厨师，还想从北京请来几位厨师，这个意见曾向廖公（指廖承志）说起。这个饭店是园林式的，很宽大，很阔气。席间，端来菜肴，的确有中国的风味。但是有一道端上来说是北京烤鸭，既黑又硬，完全不是北京的味道。可能当时东京还没有北京的鸭子，现在什么都可以空运了。北京烤鸭没有北京鸭是不行的。

岩波书店　次日，我们又到岩波书店访问，岩波书店的社长岩波雄二郎亲自接待我们。不久前我在北京还和他见过面，他曾经到我办公室来谈论《鲁迅全集》的翻译工作。我们交谈很密切，还谈到翻译中国其他作家的书籍。他们1956年曾出版过《鲁迅全集》，关于修订版的翻译问题，我介绍他到人民文学出版社，请他和人民文学出版社的领导具体磋商。

岩波书店在日本是很老的很著名的出版社。他们出书很严谨，主要出版词典一类的书，人们称他们为词典出版社。他们出版的《广辞源》在日本广为发行，这是在日本知识界很推崇的辞书，其影响不亚于我们的《辞源》、《辞海》。岩波送我两部《广辞源》，我带回来以后，把其中一部送给正在修订《辞源》的编辑组。他们还出版有生物学辞典、数学辞典、经济学辞典，还有各种专门学科的辞典。

该社的规模较大，全社的工作人员有364人，编辑110人，校对有80人。他们出版中国古典文学的著作也很多，李白、杜甫、白居易、苏东坡等唐宋大作家的诗词作品，都有翻译出版。他们给作家的版税相当高，版税为定价的12%～15%，翻译著作10%，对国外的作者另付7%。这样他们翻译国外的著作，就要付到17%，是很高的数字了。

岩波出版有一套《岩波文库》，这部文库到现在已经出版50年了，他们保存有最初的版本，出版的第一本书还拿出来给我们看。《岩波文库》在社会中有很大的影响，历年出版到现在已经有3500种。

岩波的出版物，在社会有很高的声誉，他们销给批发商的图书，不容许退货，这和其他出版社的做法有所不同。岩波书店是一个家庭的出版社，老板都是世代相传。岩波雄二郎的身材很高大，比一般日本人高大很多，他的作风很直爽，很容易和别人交朋友。我们离开东京返回北京时，他亲自到机场欢送我们。

八重洲书店　80年代，日本图书出版业是相当繁荣的。在各种行业中，日本的出版业是较有成就的产业之一。但在社会上的竞争，也是十分激烈的。无论是出版社，还是销售图书的书店，竞争都很激烈。

东京神保町书店街，书店林立，进入书店街，就置身于书的海洋里。我们看见在东京的商店里，顾客并不多，但是书店里，却是另外一种情景，看书购书的人摩肩接踵，川流不息。特别是在假日，或是平时在中午和傍晚，当学生们放假和下课的时候，书店最为拥挤。

新建立不久的八重洲书店中心，读者更加踊跃，一天平均有几万人次。在这八层楼的大厦里，书籍摆得整整齐齐。书架上复本不多，勤上勤添，书架下面的柜子里，就备有一部分存书。当书架上的书一经售出，随即补上。

八重洲书籍中心是世界十大书店之一，平时陈列的书籍多达20万种。这家书店的总经理是河相全次郎，原来他是搞建筑的。八重洲是鹿岛建筑公司开设的，因为他对书籍有很大兴趣，就被派到这里来负责。

河相全次郎来中国访问过，和中国出版界的朋友都有交往。当时他陪同我参观，并和我亲切交谈。他为人开朗、热情、坦率，也十分健谈。此时八重洲书籍中心刚刚开业不久，八层楼只开了四层。他介绍说，这大楼很不容易盖起来。每盖一层，就有一群人起来反对，他们游行示威，不许盖。

“这是为什么呢？”我很不理解地提出询问。河相先生说：“附近都是小书店，大都是一家一户开的，书店里最多陈列几万种，而我这八重洲书店，八层楼，摆二三十万种……你想，他们生意将会怎样呢？”原来是这样。

我心里想着，为什么八重洲盖了八层楼，现在只开四层，也许开业时还没有完全准备就绪，但是这是否与暂时缓和矛盾有关，我也不便多问。

东方书店　我们访问了东方书店，东方书店的总经理安井正幸，他同香港的蓝真先生来接我们。蓝真是香港的商务、中华和三联等机构联合集团的董事长。他们归香港新华分社领导，实际上是香港共产党半公开的机构。蓝真接受东方书店的邀请，在我访日期间，他也来到东京访问。因此我们在东京经常会面，互相沟通信息。蓝真很坦率、大度，有眼光，他是我多年交往的老朋友。

安井我早就见过面，在北京曾有多次的交谈。此时，我和蓝真一起同他交流情况。东方书店主要出售中国的图书，大部分未加翻译，从中国批来在日本出售，包括中文出版的马列著作和毛泽东的著作。在过去的年代，《毛泽东选集》也很畅销。他们销售中国的书很广泛，特别是词典工具书，凡是中国出版的，在东方书店都可以买到。对中国出版的诗词和诸子百家以及汉代的文学作品，在店里也都有出售。东方书店同中国国际书店的关系很密切。安井和国际书店前后的总经理邵公文、曹建飞都是好朋友。东方书店和香港商务、中华的关系也很好，也不少进他们的书在店中出售。

同年11月，我访日以后不久，就邀请安井到成都参加中日出版的洽谈会。他和沙伊玛鲁的社长田村胜夫带队前来，和中国的出版界达成一些合作出版的项目。他不时来北京访问，为扩大业务，不断穿梭于东太平洋之间。有一次我和他在北京会见时，他提出一个问题叫我帮助，他连年定购人民大学出版社的剪报资料，突然停止了。人民大学出版社最早搞剪报，将公开出版的报刊文章，按科目分类整理，分别汇集，大量复印出售。此剪报资料，在国内各图书馆及研究工作者都有订阅。安井说，这些资料他都是按年定购的，现在突然中断了，不给他定购了，问我是否可以继续定购，能否帮助解决。我说我想办法帮助你，这都是公开的资料。我还说过两天邓力群同志要接见你，在接见你时，你也可以把这个问题向他提一下。这时候我已经在中宣部工作了。邓力群同他会见时，他谈了一些问题，其中也谈到剪报资料的事，邓力群当时就表示这都是公开的剪报，是可以的。邓力群就说，此事由许力以同志办理。于是，我帮助他解决了这个问题。以后和他及他的继任者见面时，都对我提起此事，感谢我的帮助。这件事虽小，但对他的经营业务有一定的影响，因为通过这些资料，他可以联系到很多读者。

重视资料搜集

日本对资料的收集与整理，非常重视。为了提供社会上研究和使用，有专门出版资料的出版社。如日本不二出版社，系统出版了中国书籍目录，出版了中国杂志目录。《人民日报》各个时期发表的文章，分类制成篇名索引，特别引起人们注意，《人民日报》的文章索引，包括1949年新中国建立以前《晋冀鲁豫人民日报》索引，以及1946年到1948年《人民日报》的文章篇名。此外，不二出版社还出版有《中国文艺理论文献目录》、《中国语言资料》等多种。

日本各种专业学会，都出版有许多期刊与图书。这些书刊除了收有日本的著作专文以外，还大量收集刊载世界各国的技术情报和资料。如日本铁钢联盟，出版有多种期刊资料，他们定期出版的《钢铁技术总览》、《海外铁钢情报主要记事索引》《海外铁钢新闻》等，收集有美国、英国、联邦德国、法国、前苏联等国的钢铁工业文献和资料，内容包括资源、燃料、运输、设备、投资、技术、产品、贸易以及矿山开采等资料。

日本的化学学会专门成立了学会出版中心，负责搜集资料与出版事宜。出版中心编辑出版期刊多种，定期出版的《日本化学会志》、《日本化学会通报》和《化学快报》等，刊载日本与世界各国各种化学的最新资料。

信息有如人的视听，视听不明，难以迈步。而资料则是研究学问的基础，没有资料，研究工作难以开展。日本的各种专业团体和研究机构，对于收集与出版科学信息与资料，放在很重要的地位。这些机构，有强大的后盾，收集情报信息，出版图书资料，不惜付出百万资财。他们和社会上一般出版社不同，不求赚取利润，通常都是有大笔款项进行补贴的。一些出版社出版类似的书刊，也往往得到有关机构的资助。日本的出版社，许多都与研究团体建立有密切的合作关系。

吸取新思想

中国与日本的交往，历史悠久。唐朝以前早就有交往，唐鉴真和尚6次东渡，最后抵达奈良，弘扬佛教。由于鉴真和尚沟通中日文化和传播阐述佛经，直到现在中日人民和佛教人士交往不断。当年日本曾派许多留学生来中国访问学习，其中有一个叫阿倍仲麻吕，他是奈良人，曾留学长安，和李白、王维等诗人交友，成为莫逆之交。王维的诗作中，还有对这位学者的送别诗文。诗为《送秘书晁监还日本国》：“积水不可及，安知沧海东？九州何处远，万里若乘空。”

“乡树扶桑外，主人孤岛中，别离方異域，音信若为通。”其思念之情，溢于言表。阿倍仲麻吕在中国叫晁衡，曾任唐秘书监，所以王维称他为晁监。王维此诗还有很长的序文，序中对晁衡渡海来唐，发出诸多感叹。

中日交往，历代不衰。100多年以前，中国学生到日本留学者很多。由于日本实现明治维新以后，工业发展迅速，经济急剧提升，社会生活蒸蒸日上。中国青年为救国图存，努力学习外国，日本也是学习的榜样。日本善于接受西方的思想，西方新的观念很快传到日本，当时中国青年学子，每年东渡东瀛者成百成千。中国的革命先辈陈独秀、李大钊、李达、李汉俊、周恩来等都先后到日本留学过，他们在日本接受了新思想。伟大的文学巨匠鲁迅和郭沫若等人，他们的作品在人民中发生了巨大的作用，他们留学日本受到了新思想的熏陶。

这次我们来日本，访问了诸多出版机构，又参观游览了一些城市和名胜古迹，无论在业务方面和认识日本社会方面，都增长了不少知识。同时，还结交了许多朋友，有不少朋友一直到现在都继续联系着。我对日本的访问，留下了深刻的记忆。

的确，图书是智慧的结晶。善于从图书中吸取知识，是提高科学文化的重要途径。深感日本社会文化的提高和经济的进步，对图书的利用，有很大关系。

日本对进口图书，十分重视。每年不惜花费巨资从发达国家引进书刊资料。80年代初，日本进口书刊，一年有1亿美元，并且连年都有所增长。日本从世界200多个国家和地区进口书刊，其中从美国进口占40%，其次是英国和联邦德国，这三个国家占进口额80%左右。人们都知道这三个国家是世界上科学技术比较发达的，而且信息也比较快。可见日本如何重视吸取知识。

由于日本图书进口有很大的市场，发达的资本主义国家的竞争也特别激烈。英美等国竞相在日本设立分支机构，扩大发行网点，并且大力加强宣传推广工作。

为了引进和传播世界先进的科学文化，日本的图书翻译工作，是做得很好的。日本翻译的图书，每年约占其出版图书的10%左右。世界翻译图书的出版，日本处在前列地位，它比美国、英国翻译出版的图书多一倍。国外出版有新特点的图书，有新的科技信息或新思想者，会很快译成日文，在社会中传播。

第三次访问日本

1992年10底，我第三次访问日本。从成田机场出来，坐了3个小时的汽车才到达市内，本来一个多小时的汽车就可以从高速公路进入市内。那天不凑巧正碰到皇家有活动，公路戒严，我们在路上就耽误了这么长的时间，从中国上海到东京也不过3个小时，可是从机场到市内也用了同样的时间。

我这次访日，主要是带队参加日本国际书展和被邀商讨建立亚洲太平洋出版协会。我住于池袋太阳城阳光饭店较高层的房间里。当我进入房间时，东京已经是灯火通明，我瞭望远处，马路上的汽车一辆接一辆，闪耀的车后灯一个接一个，有如一条长龙在摆动。

我打开窗户让一点新鲜空气进来。我瞭望窗外景色，觉得东京的晚上比过去更加明亮了。我第一次1978年访问东京时，住于新大谷饭店老楼，当时觉得街上灯光暗淡。那时有趣的是，一大早起来就听到小鸟的鸣叫声，我以为是住在乡间的别墅里。实则不然，原来是饭店放出的录音，唤起旅客对大自然的幻觉。其时的商店比较清静，好像没有多少人买东西。人们都在田地里和房屋里，他们在急促地赶路或紧张地工作。我第二次访日，在东京也是住在新大谷饭店，不过那一次住在新楼。此处外边是花园，还有小桥流水，树阴蔽日，而各种鲜艳的花朵，在花园的小径上迎着行人，发出诱人的香味。越过花园，在饭店的外面马路上，则有不少的行人匆匆走过。好像市里并不那么安静，比较1978年，市内嘈杂多了。而我这第三次访日，又经过了6年，印象大不相同。只要我走在池袋那一条街道，到处都是人声鼎沸，行人拥挤。特别是进入地铁内，简直是并肩接踵，水泄不通。走进地铁中的商场，更是熙熙攘攘，热闹的情形，同北京的西单商场和王府井的东安商场没有两样。

不过，东京市政的服务设施也和过去大不相同了，地铁和商场的地下室，到处都有电梯，十分方便，上下多半不用爬上爬下。特别是平地的滚动电梯，只要距离远一些，就会有平地的滚动电梯，如同飞机场进出时一样，不用走路，站在上面就可以前进了。

这次显然觉得，东京市区扩大了。在高楼上瞭望，白天看见远处，高楼起伏，一个接一个，此高彼低，朦朦胧胧，一天晚上，朋友请我上阳光大厦59层用餐，在那儿看见高空，星光点点，地下银光闪耀，真有些像人在天上遨游太空。

日本的经济之谜

日本经济的发展，当时对中国人来说，是一个谜，但谜底在哪里呢？

90年代初，日本国民收入，人均已达到27000美元，超过了美国，走在世界的前列，快靠近瑞士了，但是人们知道，瑞士的工业并不是特别的发达，只是金融和旅游业，总是在世界的领先地位。日本的钢产量，已超过1亿吨，虽然，他们没有矿石与燃料，日本的现代化工业，其大公司已有许多在世界上名列前茅，如丰田汽车公司与日产、本田汽车公司，职工都达10万人，为美国通用汽车公司，德国奔驰汽车公司的竞争对手，在世界十大汽车公司中，日本占有3名。在能源方面，日本没有什么资源，石油大多从中东进口，油轮从印度洋穿过马六甲海峡，进入太平洋北上到日本，从遥远的西域到东方，路程漫长。但是东京电器公司与美国老牌的德士古公司，英国石油公司，齐名于天下。建筑业的发达，是最能说明经济发展的程度的，日本的鹿岛建设公司、大成、清水建设公司、其营业额之大，都处在世界建设公司的领先地位（以上材料均见德国“经济周刊”1992年的153期）。

但90年代以后，日本经济发展乏力，持续低微不振。2003年生产总值4.7万亿美元，人均生产总值3万美元左右。以后也没有多少变化。

第二次世界大战以后，日本经济的确飞速发展，从1946年到1970年，25年间每年的增长率达10%左右。从1970年到1990年，增长虽然放慢了一些，但每一年的增长率也有5%左右。这样高速度的发展，是西方各国所没有的。当时日元节节上升，外汇储备日增，据日本大藏省发表的贸易统计，1992年日本贸易顺差达1070亿美元。日本的对外投资也十分活跃，其投资额占世界海外投资总额12.2%，居美国和英国之后，占世界第三位。日本经济从40年代后半叶到80年代末的高度发展，其原因主要在于有和平稳定的环境。50年代朝鲜战争时，日本成为美国的战略基地，战争的物资转运与供应，使它有了机遇，获得大量的外汇。以后美苏对立，长期的冷战和军备竞赛，美国无暇顾及日本，使它有了独立发展的机会。贫穷落后的亚洲，就成为日本商业大发展的市场，人们不能不承认，日本自明治维新以后孜孜不倦的努力提高国民的素质，加强教育，发展科学，吸取西方一切有用经验与技术，扎扎实实地发展本国的实业，在战前已经有了一定基础。经过战争的历程，人们开始唤醒，拼命地劳动，高强度的控制，以精细的管理，使日本的企业，踏踏实实地发展。在战前日本的产品在世界没有什么地位，人们欢迎的是英国货、德国货，产品质量高；而日本货虽然美观，价格低廉，但不坚固耐用。中国过去有一句口头语："那不过是日本货！"意思是表面文章，华而不实。

而以后，日本货却不同了，同过去比较，完全是两个概念。日本电器是世界一流的，现在流行的家用电器，包括电视机、录像机、洗衣机、空调机和照相机等等。充斥整个亚洲和世界市场，日本的汽车占领了东半球：美国和欧洲，如不加强关税壁垒，日本也会占领西方的市场。其他各种机械，电子计算机的设备，在世界上也有很高的地位，中国进口的印刷机器，过去主要来自德国，现在也有相当数量来自日本。当时日本人自己说，玫瑰花正在开放。

日本出版业的发展

随着日本工业的高涨，其出版业也迈大步向前。出版，既反映一个国家的精神面貌，也反映一个国家的工业和科学水平。

日本出版业的发展，早年不必说，只看80年代以来，就有很大的发展。据日本《出版年鉴》的统计，1980年出版书籍27891种，到1989年就达到了39698种，1990、1991已逾4万种，10年增长了近三分之一，从杂志的销售来看，1979年，销216000册，到1988年就销323019册，10年也超过三分之一。随着经济的发展，出版也大展宏图。

日本图书出版业，其特点之一，是大量翻译出版外国的著作，每一年出版新翻译的著作，占新版书总数的10%以上，各种翻译著作的分类统计，自然科学、技工学等，加在一起，约占翻译著作的三分之一。从上述情况可以看出，日本如何重视新科学和信息的研究与引进。把世界上新的有用的知识大量引进来，无疑对这个国家的科学、经济的发展，将起着无比重要的作用。

90年代以来，日本出版业的发展，还拓宽了范围，特别是电子出版有很大的发展。现在新的电子设备，CD正在推广，CD这个小小的光盘可以输入几亿字，当时日本已有很多出版社开发这些电子项目，并且成立了日本电子出版业商会，互相联络，推动这一工作。

日本的图书印刷业和发行业务，80年代以来，也有很大的发展。印刷业，有影响的大日本印刷公司、凸版印刷公司和图书印刷公司等都采用世界最新的设备，而且善于经营管理。大日本印刷公司除在本国公司有相当规模以外，在海外如在新加坡、香港都有分公司，这些分公司在经营业务上都有很大的开展。在新加坡的大日本印刷分公司，我于1988年访问新加坡时，曾到那里参观过，我以那里的设备、职工人数与经营业务情况，与新加坡其他印刷公司做了对比，大日本公司占有很大的优势。香港的大日本印刷分公司也是香港主要印刷公司之一。但是无论在日本、新加坡或香港，印刷公司之间的竞争都十分激烈。

日本的发行业，随着图书出版数量的增加，发行业务，批发与零售都有很大的开展。占据日本图书批发主要业务的日本贩卖公司与东京贩卖公司，他们的批发规模和技术设备都有很大提高。1986年5月，我曾到过日贩储运仓库，1992年11月，我又来到这里。时隔6年，我感觉这里又有很大的变化。日本的营业额每年提高10%左右，他们的书库改建了，比6年前扩大了，现在库存可达10万册，每天收来的订单有50万张。

我在1992年参观日贩的书库时，当时发现他们又新添两部新的现代化设备。一个设备是将收来的订单汇总，分别整理，归到各个出版社去。用电脑阅读的方法，把上千书店送来的几万张订单分别统计划分，汇走后送到有关出版社去，以便根据这个书单订货。几年前，日贩还没有这一大型设备，只有小型的电脑。另一个设备是建造了一个自动化的发货中心。这个中心是将各出版社预购图书，按照书店的订单，用机器将图书集中起来，分别打包，装箱运出，输送到各国零售书店。这个设备规模宏大，占去一大间库房，机器每小时可装43 200册，生产效率相当高，据说东贩的现代化设备也很不错。那时是90年代的情况，现在又经过多少年，变化会更大了。

形势变换书情更迭

但是日本出版业也不都是玫瑰花。由于日本经济近年来陷于衰退，日本出版业也出现不景气，从1990年开始，日本许多企业大产品供过于求，库存大增，国民经济的增长率开始下跌。一些大公司，如丰田公司、松下公司等八大电子企业，1992年上半年利润比上一年同期减少三分之一到二分之一。中小企业破产者比上一年同期增加三分之一，于是日本经济界议论纷纷，内阁也忙于研究对策。经济和出版有如月亮和潮汐，由于国民经济的衰退，已影响到出版业，最直接的是出版方面的广告收入大减，影响最大的是报纸和杂志，广告收入是日本报纸的主要资金来源，约占报纸的总收入一半以上，杂志的收入也有很大程度依靠广告。据蒋道鼎写的“寒流中日本报业”（1992年12月26日《光明日报》）一文中说，在日本舆论界，其主导作用的朝日新闻、读卖新闻以及日本经济新闻，由于广告的急剧下降，1992年其盈利分别下降47.4%、33.1%和48.8%，因此一些报刊岌岌可危，有的开始裁员或对职工减薪，报刊的订数也逐步下降。

日本经济的衰退，还直接影响到纸张。日本一家纸张公司的董事长对我说，近年来纸张出售锐减，生意不好做。纸张涉及广告，涉及包装，还涉及装饰，当然最重要的涉及图书报刊的供应。社会用纸方面减少，供过于求，价格就下跌。

印刷行业受到的冲击更加直接，印刷不但与图书报刊有直接关系，还与商品包装有密切关系。有的印刷厂开始调整劳动班次与作业时间。供应印刷的油墨器材和生产也逐渐波及。

说到图书，80年代以来，日本图书出版业节节上升，曾经出现繁荣景象。日本堪称出版王国，初版图书的数量排在世界前数名之内。据日本书籍出版协会的统计，1991年日本出版图书42345种，印90575万册。杂志349635万册。图书杂志金额共22785亿日元。国民平均一人购买图书7.3册，杂志29.8册，共计18000日元，日本识字与购书的人多，平均购书的水平是不低的。我们在东京街道上看到，不论是候车的人还是在车上的乘客，许多人都是手持书本，在地铁各个车站旁边的垃圾箱内，也不时看到许多丢弃的报纸和杂志，人们随便购买一份日报或者杂志，看看就扔了，不携带到办公室或稍带到家里去。

但是90年代以来，日本经济的不景气已影响到图书出版业，据统计，图书的销售册数1998年以前数年，历年都有增加，1987年增加4.7%，1988年增加0.2%，但到了1989年就开始下降，1989年减少0.3%，1990减少3.2%，1991年减少0.6%，1992年还继续在减少。出版社的社长们见面时都面面相觑，慨叹出版难搞，业务不顺。

日本连环画异军突起

然而花园里的花朵也不是朵朵都在凋谢，也还有另一种花朵迎风盛开，怒放不衰。这就是图书杂志中的逗趣连环画。此种连环画，不知道与现在兴起的动漫画有何关系。这几年日本连环画异军突起，销售不衰。据统计，这类连环画在近几年每一年增长8.5%，其销售金额，1986年为3433亿日元，到1991年已达到5155亿日元，这个数字是不小的，连环画占销售量的四分之一到三分之一，这种现象在全世界是独一无二的。

逗趣连环画是以图画为主，文字为辅，以形象对事物进行表达，画家用有趣的、逗乐的笔法加以描绘。这种连环画是不能全部加以否定的，其优点首先是以形象吸引大众：其次是读者省时间，看一本连环画比读一本书用的时间少得多。茶余饭后，看了还有一些打趣，还有一些惬意。

在东京，书店里销售连环画都有专门书柜。还有不少书店专卖连环画，不出售其他书籍，我在东京池袋地铁车站的宽大的厅堂中，看到有一些书店出售的连环画占有很大比例，有的占一半以上。许多连环画图书采用64开本，既方便携带，价钱又比较便宜，读者购一本放在衣袋内，随意翻阅十分便利。书店为了适应这种连环画开本的要求，把书架每一格的距离进行调整。当我进入书店时，看见书架的格子特别低，十分显眼，我为之惊奇，看看才知道这是为了装64开本的小连环画。杂志的连环画，多为16开本，都是厚厚的本子，用纸大多很粗糙，但是价钱却比同样的书刊便宜。

逗趣连环画的发展，是同日本社会世情有密切关系的。日本社会节奏很快，人们生活、工作都很紧张，闲余的时间不多，电视又挤走空隙。对青少年来说新起的游戏机也占去不少时间，特别是无字的形象显示看惯了，看起书来则很费劲。现在脱离文字视听的器具越来越多，例如戴耳机的放音机曾博得青年的青睐，现在又有小型电动的游戏机。好像不用读书了。

在50和60年代中国出版小开本连环画，曾兴盛一时，其内容多半是历史故事，以武打的更受欢迎，当时有的连环画发行达几百万册，少者也有几十万册。到了70年代后半期和80年代以来，连环画逐渐衰落，出版者想再用连环画做文章，却一筹莫展。连环画很不受欢迎，预定数往往难以开印。而现在中国古代历史的与思想的杰作，由文言文翻译成白话文的，却大为畅销，有的发行达十万册或几十万册，这种现象过去也没有过。追索起原因，是50、60年代中国识字读书的人尚少，特别是在农村，成年人还要进行扫盲。而在城市，当时可供少年看的图书还不丰富，因此简单的连环画就很受欢迎，而现在看连环画已经不能满足人们的需要了，而且少年可读的东西也非常之多。而农村忙于生产，急需的是通俗的、实用的科技读物，因此连环画开始衰落了。人们需要增长知识，古典的富有哲理、又能读懂的则大受欢迎。当然也不是绝对的，有一些内容充实，画技又好、看起来也有趣的连环画仍然受到欢迎。例如浙江美术出版社出的《孙子兵法》连环画、《初中数理化连环画》等，则印20万～30万册，而这些连环画的购买者是着眼于增加知识，形象的读物，比较容易理解，看了的确可以留下深刻印象。一般的连环画，往往滞销。

日本出版这样多的连环画，有不少内容并不很充实。但是由于社会的各种因素，连环画还是很畅销。日本有的知识分子，对此忧心忡忡，一些出版社的同仁也为之感叹。我在东京时，与一位出版社的总编辑交谈，我询问他对连环画的迅速发展有何看法，他说："这是一个怪胎。"但是他又说："这个怪胎已经生下来了，你不管它还不行。"他担心以后文字会衰落，影响到文化和思想也会衰落。他认为，继承历史文化，还是以文字代代相传，文字记载在图书上，供人们仔细思考，反复阅读，没有文字就没有思想。他认为没有文字，光有图像是不可设想的。对连环画书籍他嗤之以鼻，斥之为时代的堕落。我对这位朋友说："先生，你的观点是否太极端了，讲的过火了吧？”他说：“不，实质上如此！”他又补充一句说：“人们都不读书了，还有思想吗？”

东瀛文化传播和亚太出版协会筹备会

10月底到11月初，东京的天气阳光煦和，天高气爽，有如北京的仲秋。这时在东京举行国际书展，气候是很合适的。东京池袋阳光大楼外面，阳光满地，车水马龙，人们熙熙攘攘，蜂拥而入，参观书展。

我第三次访日的目的，除带队参加日本的国际书展外，特别重要的任务是参加筹建亚洲和太平洋出版协会。亚洲太平洋出版协会，最先由日本发起，日本邀请中国出版界代表前来参加。我作为中国出版协会的副主席，被国内委派前来赴会。

东京书展由日本书籍出版协会等6个单位联合主办，两年举行一次，从1984年到1992年，已举办了5次。

举办书展的目的，据称在于“唤起读书的兴趣，刺激读书的欲望”，从而扩大发行，增加销售。开始因书展的场所及其他原因，书展收效甚微。到了1988年第三次书展却发生了很大变化，参加的出版社增加到584家，展出的图书达14.6万册，销售收入增至2315万日元。1990年第四次书展，又达到了出人意料的高峰，参展的出版社减少了十分之一，但参展的图书却猛增到25万册，销售额也跃上到3100万日元，大约为第一次和第二次书展的10倍。

日本出版界从历届书展中得到了启示，认识到日本图书市场存在着相当的封闭性，图书的销售还没有充分展开，市场还没有发挥应有的作用。于是将书展进一步扩大，并向海外“开放门户”，开放海外市场，谋求与海外合作出版，以便与海外商讨图书的翻译出版版权。

此届书展，主办者为了取得预期的效果，在书展之前做了大量工作，书展得到政府的支持，并取得经济上的资助。主办者向世界各国的出版界发出邀请，来参加书展的有22个国家，包括中国、美国、加拿大、英国、法国、德国、印度、泰国、韩国等。书展共254个展台，外国占113个展台，全部展出的图书达10万种，共100万册。

中国出版界派出了庞大的代表团，参加书展127人，代表50家出版社，占有展台17个，展出图书2000种。中国参展的规模除东道主日本以外，仅次于美国，居第三位。

日本为了扩大图书出版的国际交流，在书展期间，以政府文化部的名义，邀请亚洲各国出版协会的领导人前来东京，举行亚洲出版研讨会，并筹划和建立亚洲与太平洋出版协会，应邀前来的有中国、印度、韩国、印尼、马来西亚、新加坡、斯里兰卡、泰国、越南、土耳其，与会的包括日本共11个国家。我作为中国的代表出席了会议。会议推举东道主日本代表、书籍协会会长服部敏幸为主席，我与印度代表马洛霍杜拉为副主席。服部敏幸先生和我有多年的交往，我们是很熟悉的朋友，谈起问题来比较容易沟通。在会上各国的代表都作了发言，介绍了本国出版情况与存在的问题，我也作了发言。大家都赞成建立亚洲与太平洋出版协会（不包括美洲），大家把意见和方案带回本国商量后，再最后定案。现在亚洲太平洋出版协会已经成立了，已经开过几次会了。

在亚洲，日本出版事业是比较发达的，以出版品种和印数来看，除了中国以外就是日本了。

日本书展的规模并不很大，从展览馆的面积来看比中国举办的国际书展要小一些。但查阅日本的出版物，其出版的水平是相当高的。其特点之一，日本出版的画册印刷精良，而且都是系列的，成套地出版，其豪华本，无论是用纸、着色，还是装帧都令人赞赏。在展览馆里，我看见展台上摆有日本二玄社出版的古画，这是访古的卷轴画，供人们在室内布置欣赏的。展在那儿的，内容都是中国古画。我走上前去，仔细欣赏，其制作非常精细，几乎可以乱真。我和二玄社的朋友交谈，了解到他们是和台湾故宫博物院合作，台湾故宫提供资料，由他们来制作。出售的价钱当然是不便宜的，我计算了一下，以人民币算，幅小者5000元，幅大者2万元。海外一般图书比中国贵5～10倍左右，这种仿古卷轴画，又要特别制作，价钱更加不同。

日本书展特点之二，电子出版物很突出。数码光盘是近年新起的出版物，但是日本已经有许多出版社开始制作。有影响的三省堂、平凡社等都参与开拓。日本的电器公司例如索尼公司，也与出版社合作。日本三修社的社长前田完治，他是日本电子出版商会的会长，他领我到数码光盘展览室参观，这里陈列着各种光盘和显示器，展品中有许多是工具书的光盘，如英、德、法、日语对译的辞典。三修社出版的“德日语通用辞典”，就输入光盘内。一些科技基础知识考试必备的工具书与一般语言辞书，都纳入其内。比较流行的辞书《広辞苑》，最早输入光盘，已出售一两年了。前田先生带我参观时，对我作了仔细的介绍，并拆开仪器为我解释，这些仪器他了如指掌。日本朋友说，电子出版物碰到头痛的问题，是版权问题。光盘数量大，可输入内容多，而一个出版社的出版物往往不能满足。这就需要与有关的出版社谈判，而且还有作者的问题，矛盾越来越多。光盘制作数量的计算，如同书籍一样，存在再版的时间与版税的计算方法问题，很复杂。

此次日本书展，有中国这么多出版社参展，又有中国如此众多的朋友来参观，这也算是日本书展的特点之一吧。

十多年来，中国出版界人士多次出国，包括前往法兰克福、莱比锡、波罗尼亚、新加坡、莫斯科等地参加国际书展，没有哪一次比这一次规模大，没有哪一次比这一次来参展的出版社和人员多。真可说是日中出版界的盛会。有许多中国出版界的朋友和日本出版界早有交谊，他们利用此次相聚的机会，沟通信息，商谈合作。为今后双方的业务，开拓新的前景。

日本政界和社会名流参观书展时，特别注意到中国展台，走到书架前翻阅中国的图书。中国展出的图书虽然数量不多，但质量很高，受到日本朋友的赞赏。日本皇太子亲临展场参观时，亦巡视中国展台。当皇太子在展台上看到中国一家大学出版社翻译出版了日本的《八犬传》时，发生了极大的兴趣，就和中国工作人员亲切交谈起来。《八犬传》这是古代的大众文学作品，故事有如中国的《水浒传》，也称为日本水浒。书的内容是描写八位武士，这八位武士的姓氏都是“犬”字旁，故称《八犬传》。

书展开幕那一天，参观者非常踊跃，特别是中国展台，水泄不通。当时我领我的朋友，日本沙伊马鲁出版社社长田村胜夫先生，到中国各展台参观。田村先生为中国老朋友，1981年起就同中国出版界合作，翻译出版了许多中国重要著作，中国朋友热烈地欢迎他，每到一处他都拍照留念。他仔细的翻阅中国展台上的图书，兴趣甚浓。我告诉他，十多年来中国出版变化很大，同他1981年初次访问中国时，大有不同了。他看了那些系列的中国各种百科全书和大型美术图书，感叹地说："这都不是一时能编出来的，这花了多少人的劳动啊！"他本人是一位"蛀书虫"，又是一位辛勤的编辑，他深知编书的艰苦。在闲谈中，他为那些一心为赚钱不负责任地乱编乱出者十分反感。他认为出版是社会的公益事业，是推动社会向前发展的事业，图书刊物是对人类有重大影响的。他主张出版要明确的介绍作者的观点，哪怕这种观点不为世人所赞同，或者过于尖锐，都不必过虑。他主持编辑工作30年，作风朴实，是位具有坚定信念的出版家。

书展期间，我接触到来自亚洲各国出版界的朋友，平时难得有这样好的机会，特别是在研讨会上、亚洲太平洋出版协会筹备会上，以及在共同参观访问过程中，大家交流了思想，互相了解了很多情况。

亚洲是世界最大的陆地，人口最为稠密，国家众多，但是由于经济上的原因，还有许多国家和地区出版事业十分薄弱。然而，在四、五千年以前，世界上发明文字最早的地方是在亚洲。在地中海东岸和波斯湾沿岸，曾经是人类文明的摇篮，西方最早使用文字都发源于这个地方。古老的中国在地球的东方，也是文字最早发明的国家之一。中国的邻国都使用和普及过汉字。历史总是曲折前进的，落后的美洲，登上了人类物质文明的塔顶，先进的亚洲，沉落在塔座的底层。谁能预料，经过多少年，又会有反复。也许现在落后的亚洲，将超过先进的美洲和欧洲。亚洲人将把普罗米修斯的火种接过来，点燃全球，使全人类都得到幸福。

第八篇 从"莫托文"到"法兰克福"

亚得里亚海的"莫托文"合作出版

70年代末，我们筹划着如何开展对外合作出版。自我从日本访问回来以后，正在推动人美社和日本讲谈社合作出版《中国之旅》。1979年5月国家出版局接到中国驻南斯拉夫大使馆电报，说南斯拉夫共产主义联盟主要出版机构《南斯拉夫评论》社，希望同中国出版方面进行合作，共同出版书籍，并宣传中国。于是我受组织的委派，就在这一年6月13日专程飞往贝尔格莱德。

大家知道，由于我们和前苏联的关系以及国际形势的变动，中国和南斯拉夫的关系曾经发生过波折，而现在恢复了两国的关系，我们同南斯拉夫是社会主义友好国家。我们人民出版社已经陆续出版《铁托选集》，南斯拉夫共产主义出版社即将出版《毛泽东选集》。

南斯拉夫是一个巴尔干地区的国家，由于战乱，多年民不聊生。以后经历了艰苦的反法西斯战争，他们在战争中壮大，从游击小组发展到正规部队。1945年在南斯拉夫人民领袖铁托领导下，打败了希特勒，取得了革命的胜利，建立了社会主义的国家，人民开始过着和平生活。

这一年我第一次访问南斯拉夫，是同上海人民美术出版社的社长李槐之一起去的。我心里想，既然与国外搞合作出版，多半是共同搞图片性的旅游读物。当时我国出版美术读物的出版社，除了北京的人美社，就是上海人美社，所以我约了李槐之一起前往。

我们到了贝尔格莱德，受到了《南斯拉夫评论》社同志们的热烈欢迎。

社长托马舍维奇是南斯拉夫的共产党员，他在少年时代，当时只有13岁，就参加了铁托反法西斯游击队。他经历了多次的生死战斗，在战斗中成长。托马的姐姐斯塔娜是老共产党员，是南斯拉夫游击队的重要领导成员，为铁托的亲密战友。战后，托马于70年代后期，被派到《南斯拉夫评论》社担任杂志的主编和社长。这个社既出杂志又出书。《评论》杂志，实际上是南官方的刊物。刊物不时对国际形势发表评论。人们知道，南斯拉夫和前苏联破裂以后，在世界上处在何等艰难的境地，他们如何对待国际形势的变化，如何对待来自帝国主义国家的敌对态度和来自社会主义阵营不同的眼光，事态非常复杂，在这种形势下办好政治评论性的刊物多么不容易。托马这位老游击队员，出生在黑山，做出了成绩。他在主编这个刊物时，受到铁托的重视，铁托的秘书转告他，铁托总统很喜欢这个杂志。

南评社为宣传他们的国家，宣传世界的进步力量和传播先进文化知识，联络欧、美、亚各国中小出版社组成“莫托文”组织，进行出版合作。我们来南斯拉夫就是受南评社之邀，来参加“莫托文”组织的合作会议。

莫托文是一个古堡的名称，这个古堡在亚德里亚海西边普拉半岛上。在莫托文洽谈合作出版，实际上是一边游玩一面商谈，有时在游船上，有时又在一个港口举行会议。这一次我们来参加莫托文的活动，也同大家一起在旅游中洽谈项目。

在古罗马城堡里

我们乘机到伊斯的利亚半岛的古城——普拉，莫托文古堡就在普拉的山上。普拉，是古代的主要战场，军事战略门户。现在是军港和商港，重要的造船工业基地。这里有古代的教堂，古罗马时代的雕塑，是旅游胜地。自克罗地亚从南斯拉夫分出成立共和国以后，普拉属于克罗地亚。

当飞机飞临普拉上空的时候，我发现在那蓝色的海边上出现了一片青翠的绿洲。那绿洲上充满着茂密的灌木丛，还有金黄色的沙滩和星星点点的海鸥。

到了普拉，我们驱车到一个高山之巅。车子沿着盘山公路，曲曲折折，一直爬到顶端，好像登上了塔顶。这就是著名的莫托文，是古代遗留下来的一个城堡。我们就在这个城堡里住了下来。据说两千年前，古罗马人占领了这个高地，建筑了这个城堡。城堡里保留着两千年前的古井，如今依然井水盈盈。井边刻着古罗马的花纹。进入这个城堡有个古老的拱门，是用石头垒起来的。城堡里还有一座大理石的小拱桥，也是古代的遗迹。拱门的宏伟和拱桥的精巧，无不显示着古罗马人的智慧。

我们到达这里的时候，是六月中旬，但是早上却还有些凉意。我们沐浴着灿烂的阳光，沿着古堡的城墙漫步。城墙上不知名的植物在晨风里散发着阵阵的清香。探头瞭望山下，各种款式的住宅，掩映在绿树丛中。古堡的城墙，也是用石头垒的，城墙上可以走战马。你可以想象，当年古罗马战士在山巅策马巡逻，那姿势是很威武的。

来到这个古堡住下的，是世界十多个国家的朋友，有来自美国、英国、联邦德国、瑞士、意大利、比利时、瑞典、丹麦、日本和中国的客人，共二十多位。他们多是出版工作者，其中也有作家、记者、摄影家和美术家。接待我们的，作为东道主的南斯拉夫的同志中，有当年反法西斯战争中的老游击队员，其中有一位是建立了功勋的将军。

托马始终陪伴着我。经常在一起的还有一位领导乌依扎同志，也是老共产党员，他担任过南斯拉夫驻拉美一国家的大使。托马和乌依扎不断给我们介绍南的历史和现状，谈论到人民领袖铁托的功绩，他们还谈到对斯大林的态度，对斯大林言辞非常激烈。托马在1980年调出担任一个电视台台长。在21世纪初，他出版了一本著作《生死巴尔干》，内容叙述他的生平和南斯拉夫人民的斗争。该书在2003年由新华出版社出版了中文本。我受托马和新华出版社之托，为此书中文本写了序言。

当年在莫托文山上，使人难以忘怀的，是我们到达古城堡的那天傍晚，当地市长举行欢迎宴会。宴会在城堡的平台上摆设，在参天的古树底下，排着各种鲜艳的彩灯。席间，市长和主人同大家一起畅谈古城堡的历史，谈当年的游击战争，谈世界各国的文化和艺术。我们中国客人特别受欢迎，主人要我们坐在客人的首席，要我们靠着市长坐下。

宴会一直延续到深夜。这时，几对青年男女，表演了当地民族的舞蹈。这种舞蹈叫做科罗圆舞。男青年戴着小帽，穿着扎着腰带的宽衬衣和紧窄的裤子。女青年穿着刺绣的上衣和宽长的折裙。男女青年随着音乐的节拍翩翩起舞和放声高歌。伴奏的乐器是小提琴、笛子和四弦琴。音乐的节拍、唱和的歌声和矫健起舞踢踏的脚步声融合在一起，爽朗动听，使人感到豪放、健美、生气勃勃。晚会持续到下半夜方散。

清静的海滨

我们在莫托文山顶住了几天之后，就下山到海边去。主人租了一艘带有发动机的帆船，沿着南斯拉夫的海滨，一边在船上开会、谈工作；一边在口岸和岛屿上参观。

在南斯拉夫南面的海岸，分布着一千多个岛屿，叫做达尔马提亚群岛。有些岛屿只是礁石，不住人家。但许多岛屿都有珍异的动物和植物。有的还是古罗马、拜占庭的战场。海滨气候宜人，到处都有天然的浴场。

南斯拉夫联邦政府大力发展旅游事业。2千多万人口的国家，每年接待游客5百多万！旅游业为国家创的外汇，每年达10亿美元。1978年达13亿美元。

旅游的旺季，是7月和8月，但旅游季节从6月就开始了，亚得里亚海海滨属地中海亚热带气候，6月就开始炎热了，但是由于海风吹拂，盛暑也颇凉爽。而在冬天，又很少下雪，很暖和。海岸上，到处都种着棕榈树，那高高的树叶，被海风吹得沙沙作响。气候和我国东海沿岸差不多。

南斯拉夫的航空、铁路和公路交通很发达。我们每到一个海滨城市，都看见许多来自国外的客人。从欧洲来的，许多是自己开着汽车，带着家小。汽车带着帐篷，或者拖着一个拖车，这个拖车就是一间小屋，人们觉得在哪里合适，就在那里住下，或在海滩，或在树丛里。也有开着摩托车来的，因为到处都有旅馆。为了使国外的旅游者入境和出境方便，从1965年到1979年，联邦政府同54个国家签订了免验护照的协定。

在海滨无论大小城镇，商店很多，商品是非常丰富的。到处都有卖冰激凌、啤酒、咖啡的小店。还有流动的书报摊，开着汽车兜售。在好几个小城镇，都看见有这样的职业—给游泳者画像。他们在天然的浴场旁边，搭着凉棚，或在树阴处，放着几把躺椅，游客穿着游泳衣，躺在椅子里休息，青年画家就给他们画像，有画全身的，有画头部的。休息好，像也就画好了。服务既周到，又赚得了外汇。

我们游船每到一个码头，大家都下来漫步，欣赏海滨城市的景色。所见街道都是非常干净的，连烟蒂你也找不到一个。在这样干净的地方，谁也不忍心扔下烟蒂，更不用说吐一口痰了。人们都讲究穿着，尤其是妇女，款式多样，花色鲜艳。但是也有使你惊奇的时候：每每看到外国和本国的一些游客，穿着游泳衣，赤着脚，在街上游逛，甚至进商店买东西，本地人不以为奇，因为这是司空见惯的。

我们在亚得里亚海中旅游。这艘船只有六、七个工作人员，但服务非常周到。每当风平浪静，我们的游船就靠近沙滩，大家就跳到地中海（亚得里亚海也是地中海的一部分）里去游泳，享受地中海海水情调。我为了尝试一下地中海的海水波涛，也跃进那蓝色的大海，随着波浪起伏，畅游了一阵子，感到非常清爽。

我们乘坐这艘船的船长，早先也是个老游击队员，胜利后他成为海军军官，现在转业了，当了这条船的船长。他近60岁，快退休了，但身体还很健壮。6月19日，晚餐格外丰盛，心想一定有什么来由。忽然电灯灭了，点起蜡烛，船长穿着全套海军军官制服，精神抖擞地出现在我们面前，原来今天是船长的生日，于是我们热烈地向他祝贺，大家送他一些值得纪念的礼物。我们送了他一幅徐悲鸿画的奔马，这是荣宝斋的复制品。我们并向他解释，这匹奔腾的马，在中国意味着龙马精神，长生不老，老而不衰。这位老游击队员十分感动，一再和我们亲吻。

我们在亚得里亚号游船上愉快地度过了一个星期。最后一天，我们游船靠近斯普利特。大家就道别，开始分散了。

合作出版《中国》画册

在莫托文山上和在游船上，我们谈定了共同合作出版《中国》画册。回到了贝尔格莱德，就由托马和李槐之签署了正式协议。这本画册是大型的图集，内容介绍中国古代以来的文明历史和今日的社会主义建设、中国美丽的山川和新出土的文物等。画册出版8开本，约有四五百张图片。书中的图片由上海人美社供应，并请南评社的摄影师前来中国，协助我们到各地拍照。画册出版除塞尔维亚文以外，还出版英、德、意、日文和西班牙文本等。画册由上海人美社和南评社定稿。在出版各种文本之前，由不同国家的协办单位，认定出版的印数，同在一个地方印厂一起印制。例如，意大利文版的《中国》画册，由意大利来参与莫托文会议的出版商斯克拉出版社的老板克拉克先生负责，南评社与他商定意大利文版的印数。其他文版的印数也类似。

我们在贝尔格莱德谈定出版《中国》画册之后，还商定进一步合作其他项目，成果很可观。我们驻南使馆的同志悉知，非常高兴。南斯拉夫方面觉得中国同志来和他们进行合作，这是很好的开端，在文化方面两国架起一座桥梁，今后可以进一步开展合作和交流，并且可派人互相访问，密切我们之间的友谊。

我们在南期间，南斯拉夫社会主义联盟主席库尔托维奇接见了我们。在贝尔格莱德，为庆祝我们合作成功，举行了庆祝宴会，大家认为这是很好的开端，都非常高兴。

我们回到中国以后，南斯拉夫评论社很快就派人到中国来，配合上海人美社在各地进行拍摄，并且挑选上海人美社过去拍摄留下来的图片，以供这本画册使用。同时，还聘请了中国专家撰写了说明文字。这本画册抓得很紧，准备迅速出版，在世界各地发行。

我在南斯拉夫时，曾向莫托文组织的朋友发出邀请，希望他们到中国来进行活动和旅游。他们很高兴，接受了我的邀请，所以在1980年5月，这个组织的朋友就到了北京。他们以“评论之友”的名义到中国来。这时我们已经开始合作的各种文本的《中国》画册，已经紧锣密鼓地进行，现在莫托文朋友又来中国，开展新的合作，中国出版界表示了热烈的欢迎。

“评论之友”访华团由南斯拉夫南评社的社长托马率领，该团有11个国家，23家出版社，43人组成。他们来自比利时、联邦德国、意大利、日本、荷兰、挪威、瑞士、英国、美国和南斯拉夫。他们在北京受到隆重的接待，国务院副总理、中宣部部长王任重接见了他们。王任重在讲话中，肯定了对外合作出版是一个很好的办法。他认为要加强国际宣传，必须采取像合作出版这样的有效措施。他对客人说，中国不仅在经济方面同各国合作，而且将在出版事业方面同各国合作。他还回答了各国出版界的朋友提出的问题。

这个代表团在北京的活动都由我出面陪同。因为头一年我去了南斯拉夫，参加他们的活动，所以比较熟悉。我们带领客人参观了故宫、颐和园等名胜古迹。

我们一面陪同他们游览，一面组织在京出版社的同志和他们交谈，他们之间交了朋友，并且有的达成了合作出版的协议，大家都非常愉快。

《西藏》画册在多瑙河掀起巨浪

我们同南评社及莫托文组织的合作不断发展，按照以前合作出版《中国》画册这个模式，我国出版社又合作了其他的大型项目。如《中国动物》、《西藏》画册等。《西藏》画册也是上海人美社的合作项目，他们已同南评社签了协议。这本画册内容是介绍我国西藏的历史，西藏的地理环境、社会风情、民族习惯以及藏传佛教等。为出版这本画册，上海人美社派人到西藏，进行了艰苦的拍摄，并且请专家撰写了文字说明。画册的编撰工作已经完成。对于中国西藏这块地方，在西方看来，充满着神奇的色彩。由于社会和政治上的原因，西方特别关注西藏问题，所以《西藏》画册会引起世界上很大的重视，估计这本书的销售和传播，其影响不会低于已经出版的《中国》画册。但是，最后《西藏》画册出了问题，搁浅了。

我多次访问南斯拉夫，我曾在多瑙河岸边参观过，看见河水很黄，并不像施特劳斯所写的《蓝色多瑙河》，那河水并不是蓝色的，那蓝色大概是音乐家描绘当地人们一种愉快生活的情景。也许这条多瑙河，因季节不同，河水有时清，有时浊。我想我们同南评社合作出版的《西藏》画册，就如多瑙河的河水，现在掀起了巨浪。

这本《西藏》画册上海人美社已经审定初稿，但发到南评社以后，南评社却作了变动。例如增加了一幅地图，地图不知是从那里移植过来的。还有，对我们撰写的文章也任意作了改动，其改动是不适宜的。书中他们还加了一些不妥当的说明。此书最后定稿出版时，上海人美社并没有看过，这本书就在意大利印制了，并且已经出了英文本和德文本。当上海人美社发现这本书与原来定稿不一致时，就向南评社提出质问，但这本书已经在市场上开始销售了。

南评社说将要出版此书时，曾请上海人美社派人来最后定稿，但人美社说，当时难以前往，请把画册最后定稿的本子送到上海来审阅，但是上海还未收到这个稿子，画册已经出版了。这样，问题就大了，上海人美社立即向南评社提出意见，此等作法应该立即纠正。此时上海人美社即将此事层层上报，引起了中国领导部门的重视。因此，中国领导部门还同南斯拉夫领导部门进行了磋商，最后大家同意将已经出版的画册停止发行，收回重印，再重新发出。

如果事情真是这样，也是很好的结果了。这就和中国处理同类的问题的办法一样，在全国通知停售，将书另行改编，再作发行。这在我们国家，特别是政令很统一，是可以做到的，但是在国外未必能这样办理。1981年9月上海人美社派人参加法兰克福书展，从中了解《西藏》画册的情况，结果发现这本画册已经有成书在展出，如德文本、英文本，在相关合作出版商的展台上都有展出。我们上海的同志特别紧张，要求他们停止展出，此书要重新修改。但是南评社说，他们承认这本书有错误，但是不同的出版商已经花了大量的金钱把书印好了，很难停售销毁。这样大的动作，花了很大的投资，其损失由谁来赔偿，如果由不同的出版商来承担这个损失，他们是难承担的。上海的同志在法兰克福经多方交涉，南评社用劝说的办法，在展台上把这本书取下来了，但是问题并没有完全解决。

我们也许太天真了，好像这个事情像国内一样，改版后再作发行。事实上并不这样简单。1982年我访问英国时，顺便问起参加莫托文组织的一个英国出版公司的成员，我说，西藏那本画册已经停止出售了吧？他说，不是这样，这本书有的地方还在继续出售。我大吃一惊，我说真的吗？他说你不信我找一本给你看看，他当天就请人送一本《西藏》画册给我。我一看，天哪！这书跟原来一样，一点没有改动，原来指出的错误依然存在。

当时这本书已经部分在社会上销售，但是上海人美社已声明此书不是他们合作的书，他们不负有责任。以后并没有看见什么好事者挑起矛盾，也就不了了之了。

此事教训是什么？我们有些什么地方值得思考？的确，值得思考的地方太多了。首先，当时我们出国手续很麻烦，要层层报批，一个月的时间，怕还解决不了，出版社很想派人及早出国，但难以办到；其次，国外出版公司包括主办方这样的友好国家，他们办事的办法、习惯与思维，可能都和我们不相同，如果不了解，思想上不做准备，可能会出问题；第三，对于我们自己来说，签署了协定，不等于一切问题都解决了，往往重头戏还在后头，放松警惕，也会出现意料不到之事。教训和思考，可能还不止于此。

后来我见了上海人美社社长李槐之同志，我和他是好朋友。李槐之一贯做事严谨，他研究版画，是从延安出来的老同志。他说合作的这本《西藏》画册，弄得他几个月睡不好觉，几乎天天失眠！我说我也为此事十分烦恼，我们都不大愿意再回忆起这件事了。

往事如烟，多瑙河波浪滚滚，长流不息。当时上海人美社的同志提出，《西藏》画册发生问题以后，是否还和他们合作？因为其他出版社还有和南评社合作的项目。以后事实是，南评社承认了错误，《西藏》画册问题解决后，双方还继续合作出书。后来我们也还继续派人参加在莫托文的集会，由南评社牵头，陆续合作了一些项目，如新华出版社合作的《熊猫》画册等，在世界广为发行。

我在几次访问南评社，认识了一位女编辑，她说她爸爸曾任南斯拉夫驻苏联大使，他爸爸写有一本书，不知是否可以在中国翻译出版。在谈论中，知道书的内容是记述50年代中期苏南关系的历史，我表示我们出版社可能有兴趣，作者就送了我一本。大家知道苏南在此期间，矛盾很突出，这方面内容对于增进读者的国际知识很有帮助。我回到北京后，就把这本书送到人民出版社，并把情况和社的领导作了介绍，很快这本书经翻译成中文，就以三联书店的名义出版了。书名为《莫斯科的岁月》，书出版以后受到读者广泛的欢迎。该书作者为韦利科·米丘诺维奇，他是南斯拉夫1934年的共产党员，战争爆发后他参加了反法西斯民族解放战争，并成为领导干部。战后曾任南外交部副部长、驻苏大使。这本书出版以后，作者与南评社的朋友均向我们致意。可见合作出版也是互相的，互相交流都有好处。

西方文明新格调的法兰克福国际书展

为了进一步开展与世界各国的出版合作，1980年10月初，我前往参加了世界著名的法兰克福国际书展，同时访问了德国、法国和意大利。到法兰克福，我的目的是一方面参观这个书市，另外一方面了解一下上海人美社和南评社合作的《中国》画册，在世界各国推行的情况。

法兰克福是德国工商业中心。1200年以前，这里是东法兰克王国的首都，当时工商业就很发达。战时受到严重破坏，以后划分东西德，1990年又合并为一国，以后法兰克福经济更加发展了，并且成为德国和欧洲交通枢纽。

法兰克福每一年举行一次全世界性的图书博览会。年年都是在10月第二个星期开始，会期一周。在这个城市里轮流举行各种产业和商品的展览。在这里举行的世界图书博览会，更是热闹非凡。

图书博览会开始的那一天，清晨的街道还笼罩着薄雾，汽车就排着长龙从各个街道向展览馆进发。虽然是10月初旬，但这里已经开始落着小雪花。在常年积雪的阿尔卑斯山以北，从10月开始，或者下小雨，或者下小雪，一直到来年三四月春天来临，难得有好太阳。人们就是这样冷飕飕地每天拥向展览馆。

图书博览会规模之大，是世界其他地方所没有的。如果你在每一个展台只呆一分钟，你一、二天是遛不完的。你想查一下某国某出版社在什么地方展出，必须查阅好几百页厚厚的目录。

我们去拜望展览委员会当时的主席威特哈斯先生和新闻秘书斯汪卡先生。他们对来自中国的客人，十分热情。我和商务印书馆的杨德炎同志一起，杨的德语非常流利。主人向我们全面地介绍了这个博览会的历史和现状。

这个博览会从15世纪就开始举行，一直到17世纪，逐渐兴旺起来。后来因战争和各种原因，又衰落下来。直到第二次世界大战以后，才慢慢发展起来。到了本世纪50年代，规模越来越大。1980年这一届，全世界有95个国家，5261个出版社参加，分8个馆展览。博览会共展出图书29.7万种，其中当年出版的新书有8.4万种。博览会是世界图书出版的橱窗，人们称为最鲜艳的花朵。这里是应有尽有的，世界各国有名望的出版社，都把自己认为最重要的和装帧得最好的书拿出来，好像大家就是要在这里比赛一番。

国际书展主席威特哈斯，他已经担任这个职务多年。他1938年出生于德国，父亲是西门子公司的一位工程师，在童年时代，经受战争的波折，曾迁居于奥地利。他小时当过建筑工人，后来到一家书店当学徒，在书店里他读了许多书籍，包括哲学、诗歌、传记。他喜爱心理学，特别喜欢弗洛伊德，还研究禅宗、佛教、瑜伽功。这时他获得了丰富的知识。他常到世界各国去旅游。到丹麦，去哥本哈根学版画。他又到了拉美，到过智利、巴西、阿根廷、墨西哥、哥伦比亚、秘鲁、巴拿马等。他娶智利女子多拉为妻。他30岁的时候，到了“书商交易协会展览博览公司”。他著有自传《愤怒书尘》，中文版由商务印书馆出版。后来他访问了中国。

他说话带几分幽默，目光炯炯有神，对问题很敏感。当时他对我说，法兰克福书展没有中国参加，就不能成为真正的世界书展。他还说了许多赞扬中国古老文明的话语，希望我们扩充中国的展台。说实在的，当时中国参加法兰克福书展，刚刚起步，我们参展只由国际书店（即现在的中国国际图书贸易总公司）负责统筹展出。我们的展厅有几个红灯笼挂在门口，对中国友好的人士川流不息，但是我们并没有多少书在这里展出。

时间过去了30年，到2010年，法兰克福书展，发生了巨大变化，展出图书从近30万种，发展到40多万种。电子图书当时刚刚起步，而现在占有很大比例。中国参与书展，展出图书连年增加。2009年法兰克福书展以中国为主宾国，中国展出图书占有1200平方米展台。中国派出庞大的代表团，并且有数百名作家、艺术家与会，举行各种座谈会和交流会，引起参与书展的各国代表的极大热情，为世界舆论所关注。中国参与书展，获得很大的成功。但是西方一些带着有色眼镜或怀有某种心思的人，企图贬低中国的影响，引起世界正义者的反感。

法兰克福书市的对象，主要是书商。世界各地书商汇聚在这里，大家商谈版权和合作。一般市民是不能进入书市的，只有当博览会快结束时，才对本市学生开放一天。书市平时每天都有多少万人进出。从上午8时半，到下午5时，总是熙熙攘攘，和赶集一样。

图书博览会也给法兰克福带来繁荣。在博览会举行期间，你想在旅馆租一间房子，是非常难的。老客人都是今年预订明年的旅馆，有的旅馆还收取订金。房租是很贵的，特别是从博览会开幕的那一天起，到闭幕那天止，全市旅馆一律加价30%。因为来自世界各国的客人需要有地方住，而市民又可以从中挣点钱，所以从居民中也可以租到一些房子。尤其是郊区，许多人家都腾出房子，打扫得干干净净，迎接云集的客人。

那一年在书市里，我们参观了南斯拉夫评论社的展台，社长托马正在那儿。在展台上，有一幅巨大的广告，吸引着过往的行人。这就是评论社和上海人民美术社合作出版的《中国》画册的广告。展台上陈列着画册的英、德、丹麦和荷兰文版本。这些版本竖的横的摆着，几乎占了展台的一半。当我们访问这个展台时，托马正在和西班牙人洽谈出版《中国》画册的西班牙文版。托马还告诉我，意大利文版就要出版了，当时各种文本已经印了13万册。可见人们如何渴望了解中国。

莫托文组织在书展期间有一个早餐会。年年如此。来参加书展活动的莫托文组织的成员，都来参加约定好的早餐会，当时我也应邀前往。在大厅里客人很多，许多朋友我都熟悉，因为在莫托文集会和在游船上活动都见过面。会议开始，首先由莫托文组织主席托马和布赫先生致辞。布赫也是莫托文组织的主要领导成员，他曾担任过美国最大的出版公司之一麦克劳希尔公司的总裁，他有很高的声誉，能联络世界各地一批出版社。托马和布赫讲述了近年莫托文组织的活动，特别讲到正在操作的多种文本的《中国》画册，引起会上的反响。会议中朋友们一面饮咖啡，一面交流新的信息。快结束时，托马拿出一本新出的英文版《中国》画册，要我题写几个字赠与布赫，我随即书写了杜甫的送别诗句：“远送从此别，青山空复情，几时杯重把，昨夜月同行。”我写好后，请翻译的同志把诗意译出，布赫与托马高兴得不得了，其表情不知如何形容。

德国的古堡新城

我们在德国访问了其他的城市，到了离法兰克福不远的一座城市海德堡。这里在古代也是一个小公国，现在还保存有旧时的碉堡和城墙。在这里有德国著名的出版科技图书的施普林格出版社和海德堡印刷机械厂。施普林格的总经理葛茨先生，曾多次访问中国。他同中国科技出版社有些合作项目，同中国图书进出口公司关系密切。

德国的书刊出版，在世界有很高的地位，特别是科技书籍。德国一年出书6万种，印3.6亿册。我访问施普林格出版社时，葛茨曾向我探询可否直接向中国科学家组稿，他计划着重于医药科学方面的选题。施普林格出版世界各国科学家的著作，他们出英文版图书占公司出书80%，主要向国外销售，其医药图书在世界上有较好的声誉。

海德堡印刷机械制造厂是世界重要的工厂之一，全厂有6500工人。中国也是他们的常期顾客。中国的印刷机械设备有不少来自这里。这个厂制造的新型的印刷机器大部分销售国外。他们的承包代销商在各国都有办事处。他们还培训国外的技术工人，我们参观工厂时，就有挪威35个工人在接受培训。我们进入厂房看见工人们正在紧张地劳动，在工人制造和装配机械的车间里，每一台机器都写明此台机器是为哪一国装配的。我们看见有一台正在装配的机器，注明是印度制造。工人装配机器时非常严格，每一个零件都经过精细的测试。这个厂的厂房不是太大（据说翻砂车间在另外的地方），但是厂的院落很宽敞，院落里种植着许多玫瑰花，周围还有许多苹果树。看来工人们工作的环境还比较不错。

我们还访问了波恩、科隆、杜塞尔多夫和汉堡等城市。这些城市人口都不多，除汉堡有160万人口以外，其他城市只有几十万人。汉堡是德国大城市，是世界的重要港口，称为"德国通向世界的门户"。战时这些城市都毁于战火，但经过二十几年，已经复苏，城市欣欣向荣。德国成为工业大国，其经济处在世界前列。

汉堡大学是德国最大的大学之一，有28000学生，8000教师。我们的朋友、也是在校的老师，领我们参观了大学的东方部。这里设有中文系，学生有150人，学生从第二年起开始学习中国古文，教师讲授诸子百家和唐诗、宋词等，有一位助教在我们面前背诵许多唐诗，使我们为之惊叹！我深深感觉东西文化在世界上联系如此紧密，中国古代文化在国际上有如此地位。

我们参观了大学的中文图书馆，这里藏书很丰富，有中文图书10万种。其中有中国出版的词典工具书和一些小说，有商务印书馆20、30年代出版的平装书。在书架上陈列着一套《中国子学名著集成》100卷，是台湾出版的。在期刊方面，收有中国《新华月报》，还看见有我们三联书店出版的《读书》月刊，甚为惊喜。

我和杨德炎一起访问了离汉堡不远的一个小城市不伦瑞克。在这个小城市里有一家出地图的威士特曼出版社。他们曾经和我们出版协会联系过，希望与中国出版社共同合作出版地图册。这家出版社是弟兄家族的出版社，全社有1000人，其中编辑职工400人，印刷厂工人600人。他们制图的方法比较新，采用了许多先进的手段。例如，采用卫星测试，绘图比较准确。主人介绍这是他们的专利。他们还出版教材，接待我们的社长马克森先生就是教科书协会的主席。我们邀请他们来中国访问，大约过了不久，他们到中国来和中国的地图出版社进行了商谈，建立了交流合作关系。

不伦瑞克也是一座古城，街道与店铺，古香古色。餐厅在晚间灯火暗淡，或只用蜡烛。德国城市都保持古风，这也是当时欧洲的时尚。旧日建筑不能随意拆除或任意改建。不伦瑞克更是古风犹存。这里还留有地道暗堡，多为古代或战时遗迹，现继续保留着，有的改为今日的餐厅。城市只有二十几万人口，古代留下的街道，树阴蔽日，使人感到舒适。

我们访问德国这些城市大多乘坐火车，乘坐火车既便宜又舒适。车上的人并不拥挤。我们访问不伦瑞克时，威士特曼出版社派车来接送。从汉堡到不伦瑞克，访问出版社后，又从这里到海诺威乘火车。小车在高速公路上奔驰，时速近200公里，很快就抵达。开车送我们到海诺威的是一位年轻编辑，他从慕尼黑大学毕业后只工作两年，他和杨德炎聊得很开心，大家交了朋友。

回到法兰克福，我们再乘机到了慕尼黑，准备到意大利去。

慕尼黑是希特勒法西斯的重要巢穴，战火摧毁了这座城市，而现在城市又重建起来。人们都称赞新城市无比优越，有如人们脱去破旧的衣衫，换上了鲜艳的服饰。在机场的路上，建有高塔式的和平之神。车子向前奔驰，那和平之神就迎面扑来。它唤起人们的回忆，祈望战火的年代永远过去。

在慕尼黑，我参观了法西斯时代的达豪集中营，希特勒对犹太人的残忍，令人难以想象。我在这里不想再说，我早已另有文章发表过。

在意大利米兰的阳光下

从慕尼黑到意大利的米兰，飞机不到一个小时就可到达。

飞机飞向高空，俯瞰下面，只看见一片片森林。飞机很快就进入阿尔卑斯山的山区。阿尔卑斯山被皑皑的白雪覆盖着。时现时隐，好像披戴着薄薄的白纱。

越过阿尔卑斯山，就出现一片平原。地上河网交错，飞机降下高度时，看见那河面上的涟漪，鱼鳞状的水面，在阳光照耀下，闪闪发光。

在慕尼黑，早上还飘着小雪，觉得冷丝丝的。到了米兰，却是太阳满天，晴空万里，人们感到好像换了一个季节。

米兰空气清新，天气暖和。意大利的工业当然比不上联邦德国，人均收入也差的很远。但是米兰，却是一个大工业城市，是意大利最主要的工业城市。

米兰在18世纪末叶，曾被法国占领，后被定为意大利王国的首都。当时拿破仑挥军向东向南，横扫欧洲。米兰被拿破仑的侵略军掠夺，人民遭殃，但也打破封建主义，为资本主义生产方式开辟了道路。米兰经过多次战火的洗礼，现在充满着现代化的气息。

我们的朋友克拉克先生，从佛罗伦萨专程前来接我们。他是莫托文组织的领导成员，也是莫托文组织的发起人之一。我们下了飞机，克拉克就领我们去参观米兰的必齐兄弟印刷厂。

米兰是意大利工业集中的地方，印刷厂也集聚在这里。印刷技术是相当好的，欧洲许多国家都到这里来印刷，南斯拉夫的一些出口印刷品，也拿到这里来。米兰的印刷工价，略为便宜一些，同德国、美国、法国比较，同北欧比较，意大利的劳动力要便宜一些。

上海人美社与南评社合作编撰的大型画册《中国》，就是在米兰必齐印刷厂印制的。这本画册，1979年与南评社签订了协议，套印成英、法、意、德、日、丹麦、荷兰及塞尔维亚文版本，在世界各地发行。画册经过拍照和撰写说明文字，只用了一年时间就开始在米兰印刷，这样的效率在国际出版界，也算快的了。

必齐印刷厂是米兰必齐兄弟二人开设的。这个厂共有职工400多人，其中彩色印厂职工350，装订厂职工70人。装订厂大部分是女工。和我们中国比较，必齐印刷厂从工人数目来看只相当于我们的中小印刷厂。我们较大的印刷厂都有几千工人。

必齐印刷厂厂房整洁，厂房的周围朴素无华。厂长必齐兄弟接待我们，对我们十分热情。他领我们参观整个印刷厂，并作详细介绍。必齐兄弟与克拉克先生是好朋友，克拉克先生在佛罗伦萨主持的斯卡拉出版社，出版物大部分也在这里印刷。经克拉克先生联系的南评社的许多出版物，也在这里印刷。

在佛罗伦萨山林之家中做客

我们怀着愉快的心情，从米兰乘火车到佛罗伦萨。我们体会了意大利火车的情形，意大利的火车，比联邦德国火车拥挤一些，人数多些，但还是很干净。

火车到了佛罗伦萨，克拉克先生的夫人驱车把我们接到家里住下。克拉克先生家在佛罗伦萨郊区，距市内约30公里。车子过了阿尔诺河，真奔市外。阿尔诺河穿过美丽的佛罗伦萨，把市区分割为两半。阿尔诺河畔是佛罗伦萨的风景区，河上有好几座桥，人们喜爱在古老的桥上散步。克拉克夫人说，这风景宜人的阿尔诺河畔，也不时有河水咆哮，甚至泛滥成灾。

克拉克夫人一面驾驶车子，一面向我们介绍沿途的风光。车子在山路上崎岖前进。已经是傍晚，山林也看不大清楚了。这时天开始下起小雨来。在米兰时还是晴空万里，到佛罗伦萨来，却是细雨蒙蒙，云雾弥漫。

车子爬到高处，更加颠簸，车轮压着碎石子，吱吱作响。我们好像到林中空地里来了。

“到了！先生们，到我的家了！”克拉克先生忽然打起精神喊起来。这时，他们家里人全都出来欢迎我们。他们帮着我们搬行李，非常热情地招呼着我们。克拉克先生的女儿丽莎，我们早就认识，她曾随着她的父母到南斯拉夫参加过莫托文组织的会议。1979年我们还一起乘南斯拉夫的游船，在亚得里亚海滨，共同旅游过几天。

克拉克先生的住房，是一座旧碉堡改建的。房屋的建筑，外表并不美观，但是房内修整的非常之好，地上铺着厚厚的地毯，卫生间用大理石铺设。室内感到既古老又华丽。现代化的设备，冷热水、暖气，一应俱全。

因为下了小雨，开始有些冷丝丝，大家都在壁炉前坐了下来。壁炉早已点燃了火，克拉克先生不时把木柴掷进去，屋内开始感到暖和舒适。我们好像回到古老的年代，住在山林古堡里，烤着木柴。

晚餐开始了。克拉克先生的夫人，给我们准备了扬州炒饭。她知道我们中国人，大多爱吃大米。大米在半个月之前就准备好了。晚餐还有西红柿烧牛肉、烤鸡等，都是热烘烘的。

克拉克夫人把全家的人，都介绍给我们认识。他们家除了他们俩人和丽莎以外，还有三人，就是他们的养子、儿媳和带着一个吃奶的孩子。这三人是一年以前从东南亚来的，是通过教会组织被克拉克家收留的。他们祖籍都在中国的广东，会讲些普通话。所以他们一见是中国来的朋友，格外亲热，话也特别多。养子就在克拉克先生的店里干活，其妻在克拉克家里帮忙，做些杂务。

他们来意大利克拉克先生处，虽然只有一年时间，但是二十几岁的年轻人，环境的适应能力很强，现在已能结结巴巴地讲意大利语。

我们在佛罗伦萨郊区的山林之家做客，也满有意思的。克拉克先生和夫人原是美国人，后来迁居到意大利。其女丽莎在意大利长大，就是意大利人。这样，他们家庭有美洲人、欧洲人，还有亚洲人，就成了国际性家庭了。真可谓山林里的国际之家。

这一夜，我睡得很香，觉得非常舒服。早上在朦胧之中，忽然听到鸽子咕咕地叫个不停，我被鸽子的鸣叫声吵醒了。睁开眼睛一看，已经是太阳满天，原来鸽子就在窗户旁边。

爬起来就到院子里去，吸一吸那山林的清新空气。空气中带着泥土的气味。克拉克先生早已起来，也在院子里。这里没有什么房屋，院子很大，四周都是树木。环境十分清静。

现在西方都喜欢住在离城市较远的地方，离开嘈杂的市区。住在乡间古都的房子里，或者把房屋装饰的古香古色，多些接近自然界，仿佛回到古老的年代特别惬意。克拉克的住房离城不远，又是修饰过了的古老房子。四周是丛林，鸟儿、鸽子的鸣叫，野花野草送来的芳香，使人离开了喧闹尘世，这正是我理想的地方！

艺术之都和共产党员市长

艺术之都佛罗伦萨，地处意大利中部，古代曾是一个独立的共和国。这里手工业发展较早，羊毛和纺织久负盛名。

有名的佛罗伦萨是欧洲文艺复兴的摇篮，也是欧洲和世界艺术的重要发源地。这里产生了众多杰出的画家和雕塑家。杰出的艺术大师达·芬奇、米开朗基罗、乔木托、波提切利等，在14、15世纪，都出生在佛罗伦萨。为世人特别称赞的拉斐尔，也长期在这里作画。被世界称为伟大而神圣的艺术杰作的乔木托的《犹大之吻》、波提切利的《维纳斯的诞生》、拉斐尔的《圣母像》及米开朗基罗的雕塑《大卫像》等等，都珍藏在佛罗伦萨的博物馆里。达·芬奇的《蒙娜丽莎》为稀世之宝，现长期展在罗浮宫，画家原创作的模特，引起艺术家和评论家不休的争论，可见其影响之大。伟大的思想家、文艺复兴时代的文艺巨匠但丁和卜伽丘，也都出生在佛罗伦萨。他们不朽的作品《神曲》和《十日谈》，为欧洲文艺复兴扫清了道路。他们这些杰作，在世界上差不多每个国家都有译本。中文早就有译本，在中国知识界都是熟悉的。

一天，佛罗伦萨的市长要会见我们。在克拉克先生的指引下，我们怀着兴奋的心情进入古老的市政厅。市政厅已有近800年的历史，是13世纪建造的。当我们进入市政厅的厅堂时，使我们激动不已。这个厅堂不是什么普通会议厅，实际上就是古代艺术陈列馆。厅堂的墙壁和天花板上，都是古代艺术家们留下的真迹。厅堂的四周，摆有米开朗基罗和其他雕塑大师的雕塑。雕塑用大理石凿成，比人体还大些，那雕塑的男子，其骨骼与筋肉匀称，呈现强壮、健美。每座雕塑都有座基，座基是汉白玉造的。雕像竖在高高的座基上，更显的突出和富有神采。天花板上的古画，主要内容是佛罗伦萨建立和在战争中取得胜利的过程。厅堂一切陈设，都保留着古代的风貌。我们进入会议厅，好像进入了古老年代的艺术宝库。

当我们进入市长办公室，市长埃里奥·加布乔木尼热情地接待我们。市长的办公室，也保留着旧时的陈设，例如市长的座椅就是一把古老的非常高大的座椅。

这位市长，埃里奥·加布知乔木尼先生，是意大利的共产党员。市长是选举产生的。70年代末和80年代初，意大利的许多大城市包括罗马、那波利斯、波罗尼亚、都灵和佛罗伦萨，都有共产党员担任过市长。意大利共产党在第二次世界大战中，进行了艰苦卓绝的斗争，与人民血肉相连，党员和群众建立了密切的联系。意大利共产党员在人民中威信很高，他们博得了广大群众的称赞和信赖。

市长埃里奥·加布乔木尼同志，约有四十几岁，精神饱满，为人坦率诚恳。他曾访问过中国，他说中国给他留下了深刻的印象，中国古代宫殿之宏伟，在世界上无可比拟；中国现代的建设，生气勃勃。他认为意大利也受到中国古代文化的影响。他对中国人民的淳朴感情，印象很深。他说11月份，中国南京市的代表团将来佛罗伦萨访问。南京是中国的古老城市，有许多地方与佛罗伦萨相仿佛。到时他们将互相叙述佛罗伦萨与南京的历史，展望这两座城市未来的建设和发展。

埃里奥·加布乔木尼谈到佛罗伦萨市要建立一个语言中心。语言中心想请一位中国语言学者来佛罗伦萨讲学。我们表示，立刻将市长的意见向中国教育部和驻意大利使馆转达。他说中国学者懂意大利语的人数不多，懂英语的人很多。他认为可以先用英语，来到意大利，再学意大利语。他还说到出版事业，他认为图书出版，是重要的文化交流工作，他希望意大利特别是佛罗伦萨的出版物能和中国的出版物交流。

此时市长将准备好的两本画册赠送给我，一本是佛罗伦萨的艺术，一本是市政厅内的艺术，并且在画册的扉页上挥笔题词签名。这是十分珍贵的礼物。这件礼物既可以欣赏佛罗伦萨的绘画、雕塑和建筑，欣赏我们见过的这个古老市政厅的艺术和装饰，也留下了可纪念的亲密的友谊。市长又拿出一本纪念册，要我们题词。我打开纪念册，看见有许多中国来访的领导同志已在纪念册中题词，我代表大家带着激动的心情，也写下为发展两国人民友谊而努力的语言，作为纪念。

我们告别了埃里奥·加布乔木尼同志，就到市政厅各处去参观。参观了小议事厅，参观了当年的书房。小议事厅可容200人，大议事厅可容500人。小议事厅四周悬挂着古老的艺术壁毯，壁毯因年代过久，已有些陈旧，但是保留着古老艺术的真迹，非常宝贵。书房四周都是壁画，壁画的主要内容是叙述点金术，据说王宫的建造者喜欢点金术。书房的旁边，是储藏室。储藏室陈列着古代的珍贵珠宝，宝石在玻璃橱柜里，闪闪发光。

后来我们又回到那议事大厅，准备从那里出来。这时正碰着市政厅的仪仗队从里面出来，他们穿着红艳艳的特别服饰，脚上穿着高筒的靴子，头上戴着红缨的帽子，红缨从头顶披散到肩上，腰间束着黑色的宽皮带，精神抖擞。克拉克先生说："他们就是佛罗伦萨的象征！"因为他们穿着佛罗伦萨古代服饰。克拉克先生邀请他们和我们一起照几张相，他们欣然同意。于是，我们就在那古代雕塑像的前面，留下了可贵的纪念。

佛罗伦萨是世界艺术之都，在人类文明历史的进程中，树立了丰碑。我们参观了世界著名的乌非齐和皮迪美术馆。这两座美术馆收藏着13到18世纪佛罗伦萨伟大艺术家们的珍品。看了这些艺术珍品，使人惊叹不已。

在皮迪美术馆还收藏有中国古代的瓷器，这些瓷器是经过古代的丝绸之路，输送到佛罗伦萨来的。皮迪美术馆的珠宝与瓷器馆的馆长克里斯金娜女士带我们参观这个馆。她是研究世界瓷器的专家。她指给我们观看中国明清时代的瓷器，她站在康熙、乾隆时出产的瓷器面前，做出十分赞美的表情，对中国的瓷器备加称赞。她说："这些珍品，是文明的象征！"她又说："陈列在这儿的瓷器，对你们来说，也许没有什么，而在我们看来，却无比宝贵！"我们看到佛罗伦萨艺术大师们的杰作，心里怀着羡慕之情，惊叹这个亚平宁半岛和意大利人民的伟大，他们为世界文明做出如此巨大的贡献！而现在，又听到克里斯金娜女士对中国艺术的称赞，我的心里也美滋滋的。我们是个文明古国！

古罗马的战神

我们从佛罗伦萨到罗马，坐火车走了3个多小时。这一段旅途，是在意大利的腹地，虽然小城镇较多，但火车多不停留，很快就到了目的地。

罗马，这是欧洲最古老的城市，现在人口有200多万。意大利的工业，在欧洲比德国、英国、法国可能差些，但工业发展很快，国民收入在世界上处在先进行列。

罗马，是古罗马帝国的首都。公元前30年到公元后5世纪，古罗马帝国几乎统治了整个欧洲。它的势力范围，西到比利牛斯半岛，就是现在的西班牙、葡萄牙所在地；东到土耳其、叙利亚中东地区；北到大不列颠岛，即现在英国的所在地，以及德国、法国、波兰及东南欧地区。地中海都在它的控制之下，它的势力甚至延伸到北非沿岸。

罗马到处都留有古代建筑、宫殿和教堂；雕塑随处可见，在表面上看来罗马好像有些杂乱，眼前所见，都是残垣断壁，但是正是这些残垣断壁，显露出它那故日的英姿。罗马就是一个露天的博物馆。在这个大的博物馆里，你所看的，都是多少年以来人类文明发展的见证。

我们到罗马最繁华的广场，也是建筑残存最为丰富的地方。到了那里，使人发出无限的感慨，古代人们如此富有才智，他们所创造的艺术，他们的气魄与毅力，直到现在，有许多地方人们仍然远远赶不上。我们看过威尼斯广场上高高耸立的纪念碑，那是2世纪时的遗物。这个纪念碑高40多米，全部用大理石建成。碑上有浮雕和花纹，记载着当年古罗马帝国征战的战功。经过1800年，这个石碑的原貌犹存，历年的风风雨雨，不改朱颜。

广场的另一侧是古罗马的斗兽场。这个斗兽场是罗马人的骄傲，也是意大利人的骄傲。罗马斗兽场的遗址堪称世界奇观。

斗兽场是公元1世纪的建筑，呈椭圆形。共有四层看台，有94个台阶。四周都是座位，可容七、八万人。斗兽场的门口，更是壮观，高大的石柱，至今还竖立着。宏伟的斗兽场的建筑，已经有部分坍塌，但是它的风姿犹存。

斗兽场靠近门口的侧面，有深深的地下室，室的上面盖着石板和木板，但有一个小小的出口。这个出口就是当年关着斗兽的奴隶和野兽出场的地方。看了这个出口，使人不免联想，当年的奴隶互相厮杀以及和野兽搏斗，多么悲惨、可怕！

意大利19世纪的历史学家和文学家拉·乔木万尼奥里，他写的《斯巴达克》一书，反映了古罗马时代的奴隶生活，反映了奴隶的起义。这本书在中国也很畅销，小说描述奴隶在斗兽场上互相搏斗，使人惊恐。这时我们站在这个斗兽场上，联想到当年斗兽场的生死搏斗场面，好像这些情景就在眼前，令人惨不忍睹。

我们参观了几座古代遗留下来的凯旋门。凯旋门是古罗马皇帝征战胜利归来的纪念建筑，现在凯旋门都已残破不堪，但古代史迹，至今还保留着。有些艺术浮雕，还依稀可以辨认。我们出版的世界美术画册里，反映了这些艺术画面，但是比起这些真迹，还不知差多少。

古罗马皇帝曾征战多瑙河流域，当年挥师西亚和北非，控制整个地中海沿岸，赫赫战功在历史上是不可一世的。其历史功绩是把先进的生产力，传播到落后地区，沟通了各地人民的联系，推进了人类的文明。然而，千百万奴隶战死沙场，葬身鱼腹；更多的奴隶和战俘，过着非人的生活和不堪重负的劳动，忍受着血肉的折磨。这都已成过去了！人类的历史车轮滚滚向前，人民创造的胜绩，鼓舞着后人，古罗马的遗物，都是人类文明的印证。

马赛曲和国际歌，巴黎的思绪

从罗马到巴黎，在欧洲已算相当远的距离了。我们乘飞机要3个多小时才能到达。

法兰西是欧洲的粮仓，是世界上最好的谷物生长地之一。在法兰西的地中海沿岸，到处都种植着葡萄，酿酒业相当发达，被称为葡萄酒的故乡，世界上有六分之一的葡萄酒生产在法国。世界上流行的有名的白兰地，就是最初出产在朗德省一个城市，这个城市叫白兰地。白兰地酒，因地而得名。

法兰西本是一个农业国家，现在工业在世界上也处在很高的地位，近200年来，法国的开拓，在资本主义已站在前列。国民人均收入很高，列在美国、联邦德国之后，高于英国与意大利。

法国和中国两国人民过去联系是比较多的。本世纪20年代初期，中国大批知识分子奔赴法国，寻找中国的革命道路，我们前辈中国共产党的杰出领导者周恩来、邓小平等同志，都曾在法国学习过；还有不少学者，到这里学习西方绘画和艺术。在法国，华侨和华裔很多。巴黎是华人在欧洲集中地之一。在巴黎街上，华人随处可见。

我们了解法国，这是一个经历多次革命风暴的国家，法国大革命与巴黎公社的事迹，在中国知识分子中间，影响是很深的。

当时领我们参观的迪佛先生问道：“你们会唱马赛曲吗？”

“当然！太会唱了！”我们几个都这样说。

中国老一辈的知识分子，差不多都会唱马赛曲。马赛曲和国际歌都是法国人在革命风暴中创作的歌曲。这两首歌曲传遍全世界。两首歌曲代表着两个时代。资产阶级革命，唱出了马赛曲；无产阶级革命唱出了国际歌。

“先生！你会唱国际歌吗？”我们问。“当然！巴黎人都会唱。”他说。

“你们法国人，唱出两首歌，全世界人都会唱了！”我说。

“朋友！法国人现在不唱这样的歌了，现在讲究服装穿着！”他有所思索地说：“世界服装时髦，从巴黎开始！也怪，法国人穿什么，美国人就穿什么，美国人的袜子总是跟着法国人穿！”大家哈哈大笑。

我们到了凯旋门。这时灯光发出的亮光，如同白日。凯旋门中间，点着通夜不灭的长明灯，这长明灯不是一盏灯，而是一团火，那火发出蓝色的光芒。

凯旋门的墙上，记载着拿破仑的战功，铭刻着当时著名将军的名字，对拿破仑各个伟大的胜利战役，都有所记述。

“人们对拿破仑怎样评价呢？”我们有人问迪佛先生。

“凯旋门是拿破仑时代建筑的，距今快200年了！你们看凯旋门长明灯不灭吧！人们还是怀念拿破仑的！现在人们还常常说，法国人今天如果还有拿破仑的气魄多好！”我们一个同伴有意无意地说：“啊！我们懂得法国人还在怀念拿破仑，怀念他的战功，还是怀念他的奋斗精神？”

我们离开凯旋门，就到附近的咖啡馆里去。这时，午夜已过。我们找到一家叫广告的商店，这家商店既卖东西，又设有咖啡座。

商店中灯火通明，比白天还亮。店内客人来往穿梭，热闹非凡。柜台上出售百货，什么东西都有。从打火机到时装，从口红、香水到假发，样样俱全。这家是日夜商店，一天24小时不关门，一年365天，天天营业，无一假期，任何假日、节日都照样开门营业。

“这里生意好，你们看都是游客。这个商店在巴黎是有名的，一年营业10亿美元。”迪佛先生说。我们到咖啡室，找个地方坐下。人们熙熙攘攘，川流不息。但座位并无空缺。这个商店只有一层，也无楼上。我们在那儿逗留了一会儿，终于在靠窗户的旁边，找到一个桌子和座位，通过拥挤的人群，在那儿坐了下来。在这咖啡座内，既有年轻人，也有老年人，他们都是衣冠楚楚，在这里谈笑风生。

“现在过了午夜，巴黎人才开始过夜生活呢！”迪佛先生说：“巴黎，欧洲人喜欢到这里来，美洲人也喜欢到这里来。巴黎不但古老，也很年轻。”

迪佛先生话匣子打开了，喝了一点咖啡，好像很有精神似的。他说：“人们拥到巴黎来，你要看风景吗？有！海滨，森林，湖泊，避暑的地方很多；你要观赏古老的巴黎吗？有！皇帝的宫殿和庭园，现在还修饰如初；你要欣赏艺术吗？请到卢浮宫！你要购物吗？啊！时装是一流的！你要玩玩吗？那就更多了！夜总会到处都是，最大的夜总会，就在附近不远的地方。”

他接着说：“巴黎有严肃的音乐会，有古典芭蕾舞；也有流行歌曲演奏会，有现代舞蹈，例如摇摆舞。……夜总会是多种多样的，有装束整齐的，也有很花哨的，有小型的脱衣舞，也有大型的自然舞，可以一丝不挂。”

“巴黎人怎样生活呢？”有的同伴插话问道。

“人们不过问历史了，现在一方面注意过得舒适；另一方面注意多搞一些法郎。巴黎街上，过去革命风暴年代留下街垒的痕迹，因年代过久，已荡然无存了，但可纪念的地方还有，例如巴黎公社墙，那里弹痕累累！”迪佛先生说着：“不过！巴黎人还是上进的。法国工业发展了，巴黎人奋起向前竞争，法国产品在欧洲有很大市场，在世界上也不能忽视，它的竞争对手，在欧洲是联邦德国和英国。”

夜深了，我们话题越谈越阔，越谈越起劲。迪佛先生是我们的老朋友，他到过中国多次，对我们无话不谈。

在咖啡座室中，人来人往。人们不断更换，但我们依然坐在那儿不动。我透过玻璃窗，瞭望巴黎夜景，汽车川流不息，车后的红色灯光，一个接一个，像长长的霓虹灯。

塞纳河畔的书情

法国在西方世界，文化是比较发达的。本世纪80年代末以来，5千多万人口的国家，每年大学毕业生有15万人；经常出版的报纸近100家，发行量1000万份，平均5、6人就有一份报纸。在巴黎的塞纳河畔，到处都有书摊和书店。

法国在出版印刷和发行方面，比较先进。近年来全国一年出书2万～3万种，发行3亿多册。全国出版社主要集中在巴黎，里昂等地也有一些，但不多，巴黎占90%。

法国出版界，在资产阶级革命时期，出版和传播先进的思想和科学是有贡献的。特别是18世纪在欧洲和世界传播启蒙思想，对推动社会的进步，有很大的作用。当时狄德罗联络伏尔泰、霍尔巴赫、卢梭等伟大的思想家一起，出版《百科全书》，宣传反对神权思想和封建制度的统治。他们被称为“百科全书派”，以编撰《百科全书》来传播启蒙思想。在伟大的启蒙运动中，出版伟大启蒙思想家的著述，对推动资产阶级革命的发展，具有重大的意义。出版物—卢梭的《社会契约论》、孟德斯鸠的《论法的精神》等，在社会上十分畅销。这些书连续地不断再版。他们的著作，成为法国大革命的思想基础。在19世纪末和20世纪初，法国启蒙思想家的著作，在中国也大量流行。

随着工业的迅速发展，现代法国的出版印刷业和发行业，有了很大的进步。他们出版的科技图书是世界上一流的，他们的印刷和发行业，也具有现代化的装备。

法国是一个古老的殖民主义的国家。在资本的原始积累时期，法国的势力伸向非洲、东南亚和北美洲。在这些势力圈内，有法国的移民，并使用法语。一直沿袭到今天，法国的报刊和图书源源不断地输送到世界法语地区。现在法国出版的图书，除发行到欧洲的法语国家以外，还发行到世界有关各国，例如加拿大有三分之一人口使用法语，加拿大的魁北克地区，是法语读物的主要市场之一。法国一些大出版公司，在海外的法语地区，还设有分公司。分公司不但推销法国本土出版的图书，还在海外自行出版与发行图书。

在巴黎，我们访问了一些大的出版集团和公司——拉鲁斯、阿歇特、搏达、纳当、弗拉马里昂、马松等，并会见他们的主要领导人。他们对中国出版界的首次访问，表示热烈欢迎。这次我们的访问，是对法国出版界1979年来华访问的回访。1979年法国代表团的访华，以出版商协会主席伯约先生为首，当时法国与中国两国出版界签订了互访和交流的协议。

我们访问了拉鲁斯出版公司，总经理接待我们，在座的还有编辑部的主要负责人。

拉鲁斯是主要出版辞典、工具书的出版社，他们出版的《大百科全书》，在世界上有很高的声誉，人们怀念18世纪的法国《百科全书》，常常把拉鲁斯现在出版的《大百科全书》连在一起。

拉鲁斯的《大百科全书》，其插图的精美和印刷的讲究，博得社会好评。现在世界上的法语地区，都推行这套20卷的《大百科全书》。总经理介绍，近三年已发行15万套。

拉鲁斯还出版有《拉鲁斯百科大辞典》、《拉鲁斯百科小辞典》。后者为近年畅销书。总经理说："小拉鲁斯已有75年历史了。人们喜爱这精巧的小拉鲁斯，一年发行100多万部。"我们中国是发行词典最大的国家，听到总经理讲到这个发行数字，我们大吃一惊。

主人领我们到四楼资料室。这里资料是很丰富的。在出版社工作过的人，都知道资料室对出版社的工作何等重要。管理资料室的，现在有6个人，其中有两个人专门管理底片。资料室内当年有卡片250万张，照片70万张。这个数字，对一个出版社来说是不小的。主人介绍，图片的积累，经历了100多年，但现在储存的图片，有一多半是1945年第二次大战后积累的。

拉鲁斯出版公司创建于1856年，已有100多年历史。这是家族性的出版社，建立出版社的祖先拉鲁斯（1817～1875），是一位语言学家、人文学者，同时是百科全书的撰稿人。他的编著很多，大部分是语词、语法方面的。他在世时，开始编撰《十九世纪万有大词典》，这部大词典在他去世以后，才由他家族成员完成，以后他家族相继编撰了《插图新拉鲁斯》、《二十世纪拉鲁斯》、《大拉鲁斯百科》等辞书。一直延续到今天，出版了有名的《大百科全书》。现在公司已有相当规模，在国外如比利时、瑞士、加拿大等地都设有子公司。

我们访问了阿歇特出版集团。阿歇特，是法国最大的出版公司，也是世界最大的出版公司之一。阿歇特是综合性的出版公司，当年直接控制的有阿歇特青少年出版社、阿歇特教育出版社、阿歇特普通文学出版社、阿歇特指南出版社等，主要出版教科书、青少年读物、工具书和科学图书。这个集团一年出版图书2千多种，发行1亿多册。另外出版期刊25种。他们出版的《青少年词典》受到学生的欢迎。这部词典收入5千个条目，内容包括历史、地理与科学方面，对学生学习基本知识有相当作用。

阿歇特集团除拥有出版企业以外，还有影视公司和工业公司，国外还有若干分公司和子公司，是一个有影响的跨国公司。当年一年营业额达100亿法郎。阿歇特已有150多年历史，1826年成立于巴黎。

阿歇特在巴黎郊外有一个发行中心，我们曾到那里去访问过。

巴黎有两个最大的批发中心，阿歇特为其中之一，并以阿歇特的为大。阿歇特的批发中心是1978年新建的，耗资1.4亿法郎。厂房面积16000平方米，高18米。高大的书架分七、八层，厂房内有行车轨道，机动货车可以在轨道上滑行，以电子操纵，自动装书、取书。厂房里有一处专为零售商配书和处理退书。在此处工作的工人，有130人，其中以妇女居多。工人中有不少是黑人。他们的工作，大部分是在装配新书；也有少数几个人在处理退回来的书。卖不出去退回来的书，占10%～15%。工人从箱子里取出退回的书，一本一本用白刷子轻轻地刷，以便刷去灰尘，再拿出去卖。按合同规定，6个月卖不出去的书，就可以退货。一次再次发不出去的书，只好送去造纸厂。我们看见准备送到造纸厂的书，有不少是现代著名作家的著作。这些书一大箱一大箱放置在那里，准备发运。

晚上，阿歇特集团举行宴会，欢迎中国出版界代表团。总经理因不在巴黎，由常务副总经理主持。出席宴会的还有该集团的各个部门的主任以及一些期刊的主编，这些主编都是聘请社外的教授兼任。

宴会是在一家特别豪华的俱乐部里举行的。宴会前，大家在客厅里聚会，互相寒暄了一会。当主人表示邀请客人进入宴会时，连接客厅的一面粉色的墙，徐徐降落到地下，宽敞的宴会厅，就显露在前面，像电视中的机关一样。一切就餐用具都已摆好，主人即邀请客人入座。

席间，副总经理作了热情洋溢的讲话。他崇仰中国古老文化，讲到中国科学文化对世界的影响；还讲到他到过中国，在中国所看到的难以忘怀的事。

席间还有许多朋友致辞，一位教授、董事顾问在讲话中，用了李白诗句："举杯邀明月，对影成三人。"他的讲话亲切，富有感情，深深地打动中国朋友们的心。中国朋友也致以热情的答词。宴会近三个小时，朋友们情意融融，气氛热烈。

我们在巴黎期间，还访问了博达、马松、弗拉马里昂和经济出版社。法国政府对图书出版事业，采取扶持的政策。政府一般征收18.6%的增值税，对图书只收7%的增值税，期刊更加优待，只收4%的增值税。

政府鼓励图书出口，其中出口图书占营业额三分之一或四分之一；而进口的图书不够十分之一。

法国政府设置一种"图书文化基金"，帮助图书馆和出版事业。1976年开始拨给，拨出金额占图书营业额近十分之一。据说这项款是从出版业与复制技术征收的税收中得来的。这些基金由文化部的图书与阅读局掌握。基金的使用，图书馆占64%；用于作家与文艺活动占16%；资助出版占20%。一些不营利的学术著作、诗集、剧本等可望得到资助，其中还有一部分，资助国外书籍的翻译。

在巴黎访问期间，我们不时到书店去看看。在我们住处附近，有几家书店。那里的摆设十分考究，青年人看书购书很多。

不列颠的图书文明

我三次访问过英国。英国和中国在历史上，经济与文化方面都有着密切的联系。早在"五四"运动以前，中国就有翻译英国的书籍，"五四"运动以后，英国书籍的中文版书，更是在青年中广为传播。我在小学的时候，就读过笛福的

《鲁宾逊漂流记》，他是英国200多年前的作家，这本书在现代中国社会还在流行，其有趣的故事，很受青少年青睐。在中国流行的文学作品很多，突出的作家如莎士比亚、拜伦、雪莱、狄更斯、柯南道尔、劳伦斯、萧伯纳等，这些作家的作品，我也读过一些。他们在全世界都有很大影响。中国出版过莎士比亚全集。莎翁在中国的影响，非常广泛，专门研究者也很多。我怀着敬仰的心情，访问过莎翁的故里。

在世界上，英国是一个古老的国家。这个国家的资本主义生产方式发展最早，文化也比较发达。出版业有很长的历史，17世纪初，英国就有专门从事征集、编辑、审校书稿的公司，这种公司与印刷所分开。18世纪中期，不列颠百科全书出版公司开始建立，并且出版了《不列颠百科全书》第一版三卷本以后公司出售给美国。从20世纪以来，英国出版业在社会上就有很高的地位，成为社会上重要的行业。20年代，出版业的营业额，仅次于食品、机械、化工、电器等，属于第五位。

英国出版图书的品种数量在世界上站在前列，它居于美国之后，与德国不相上下。20世纪70年代，英国年度出书品种平均为32000种。80年代开始以来又有增长。1985年出版52994种。近几年，21世纪开头几年，都保持在五六万种左右。

英国出版社主要集中在伦敦，其次是在爱丁堡、牛津、剑桥。比较大型的出版社是：朗文、柯林斯、培格曼、麦克米伦、联合图书、国际汤姆森、企鹅等出版公司，还有牛津大学与剑桥大学出版社以及英国政府的出版机构—皇家出版局等。这些大出版公司，一年的营业额都在1亿英镑以上，或者接近1亿英镑。出版公司在社会上竞争很激烈，不断发生变化，有的被并购；有的倒闭了，如培格曼公司。

英国出版商协会的朋友告诉我，出版商协会的工作主要是关注版权，关注推销工作，特别是海外的推销工作。他说：“英国出版业是天之骄子，英国政府对图书、期刊免征增值税。而一般商品是要征收15%的增值税的。”

英国图书贸易，具有突出的特点，图书出口，占有很大的比例。年度出口的营业额占40%左右。这种情况的主要原因，除了英国科学技术、历史文化有相当地位以外，与英国殖民地的影响，英联邦的地域广大以及世界上使用英语的习惯等方面，都有密切的关系。英国图书出口。以本国图书的营业额来说，在世界上首屈一指。出口输向澳大利亚、新西兰约占18%；输往美洲约占20%；输往欧洲大陆约占21%；其余输往世界各地。英国一些大公司，在海外均有分支机构。这些机构主要搞销售，同时也经营出版。据称，朗文公司有70%的业务在海外。柯林斯、企鹅在澳大利亚、北美都有分设机构。20世纪下半叶，英国许多图书都在香港印刷，香港印刷的工价比英国便宜。这样既可以减少图书的成本，又可缩短运输旅途的费用。英国图书输往东南亚、日本、澳大利亚和新西兰，不需渡过万里重洋，从香港发出既经济又方便。

英国图书出口，也不都是平坦大道。图书作为商品，和其他商品一样，在国际市场上往往展开激烈的斗争。英国和美国斗争最为激烈，在东南亚、日本、澳大利亚、新西兰、加拿大矛盾都很大。英国曾称为“太阳不落国家”，殖民地分布全世界，现在还有一定的影响；美国也不示弱，特别是第二次世界大战以后，美国势力日益扩展，其政治势力与经济势力，推波助澜，企图称霸全球。美国的科学技术，许多方面处于领先的地位，特别是科技信息反映在书刊上，美国往往更加迅速。

英美图书在国际市场上的竞争，过去也划分过势力范围，例如在20世纪30年代，曾以英联邦国家为界，英国主要向英联邦国家出口，而美国图书则一般不进入英联邦国家。但在1976年11月，英美双方一致同意取消划分势力范围的协议。此后，英美在国际图书市场上，斗争就更加激烈。而英国在一些地区，常常甘拜下风。例如在日本，人们都知道日本对进口先进技术资料，很为重视，对书刊信息的引进，尤为突出。日本每年不惜花巨资进口书刊资料，它从世界上近200多个国家和地区引进。日本引进书刊资料，以美国居第一位，英国居第九位。据统计，80年代日本进口英国图书占日本全国进口图书总数的四分之一，而从美国进口图书竟占日本进口图书40%。在日本图书期刊市场，美国较英国也占优势。究其原因，除了美国科技进步和信息迅速以外，美国对日本比较亲近些。第二次世界大战后，美军驻扎日本，曾有过密切的联系。更重要的是，美国在日本建立的出版分支机构与销售网点比英国多，业务往来比英国频繁，服务质量也比较高，供货也及时。现在英国出版商急起直追，改善经营管理，提高服务质量，加强宣传推广工作，并给予优惠条件，但是美国并不示弱，也加紧工作。所以，图书市场争夺战将持续下去。

另一方面，英美国家图书的出口与输入国也发生严重的矛盾。例如在加拿大，英美大出版公司在那里有分公司和发行网点，他们不但大力推销图书，而且就地出版图书，在当地出售。加拿大出版商为此极为不满，他们向政府呼吁。加拿大出版商与英美等国出版商在加拿大，分立两个出版商协会，他们意见很大，没有共同语言。英美与法国图书在加拿大占去80%的图书市场。加拿大本国图书无法与之进行竞争。加拿大政府支持本国的出版商，对本国的出版物实行补贴，但是仍然抗拒不过英美图书的侵蚀。

加拿大政府本来对进口图书，一般是不征收关税的。但是从1986年6月起，加拿大政府决定征收进口英文图书的10%的关税。于是，掀起轩然大波。而加拿大征收图书关税后，美国和英国又在伺机报复，进行反击。

英国和美国为争夺图书国际市场，斗争激烈。出口国之间，明争暗斗，各不相让；出口国与进口国，斗争也此起彼伏，对于进口国，为抵制外来势力，甚至发展为民族主义的斗争。

在马克思墓前

1982年11月我访问英国时，在伦敦拜谒了马克思墓。

那天毛毛细雨不停地下着，这时伦敦虽然没有雾，但是烟波浩渺，远地里的树丛，好像蒙着一层羽纱。

伦敦初冬的天气是多变的，一会儿雨停了，早晨的太阳从云中透射出来。人们开始觉得冷丝丝的，阳光一照，又觉得暖烘烘的了。

我们在马路上向一辆走过的出租车招手，车子停了下来，我们一同志说：“哈喽！去马克思墓！”

“马克思墓？在哪里？”这个出租汽车司机居然不知道。我心里想，伦敦人不知道马克思墓，真是不可理解。

正在踌躇之时，忽然又来了一辆出租汽车。我们走上前去，但是这辆车没有空。车上的司机知道我们去马克思墓，就对前面这辆车的司机说明道路的方向，并打趣说："你真不是个好的共产主义者，你连你的老祖宗马克思都不知道！"说完嘴里嘟嘟囔囔的，一面摇着头，一面缩着肩膀，摊开两手，表示连去马克思墓的路都不知道，真是怪事。

经指明马克思墓就在海格特公墓内，于是这位司机就欣然同意把我们送去。我们上了车，他表示歉意，并解释说，他是从北边来的，苏格兰人，在伦敦时间不长。

初次到伦敦来的中国同志，哪个不想去拜谒马克思墓呢？在我，在青年时期这是梦想，近几年又是一种奢望，托马克思的福，居然有机会越过重洋，来到马克思安息的地方。

海格特公墓在伦敦城北，我们车子走了半小时就到了。这时已是上午10点半钟。我们走到门口，糟了！铁门紧闭，吃了个闭门羹！我们同行四人，心情都沉重起来。我们看见门口牌子上写着：每天上午10时到下午4时开放。现在正是开放时间，却还不开门，真不知怎么搞的。我们在那里来回踱步，不想离去。

雨又下起来了，这鬼天气，真恼人！

我们同来的四人中，有一位是我国派来英国的留学生。他埋怨说，他来了三次，三次都未能进去。他忽然记起来，说这不是正门，正门在西边。我们好像有一线希望，就围着公墓的铁栅栏，走到西边去。

我们爬上一段高坡，约走了十几分钟，到了公墓的西门口。天呀！这个门口也锁着！我们又失望了。怎么办？我们没有其他时间，也许没有机会再来了。一同志说，"看你心诚不诚，心诚总是进得去的！"说得大家都笑了。

我们不愿离去，沿着栅栏向北边走着，走进一个小公园。公园里一个老人在扫树叶，我们走上前去，问他知不知道看墓人住在什么地方。可是老人不知道。但是他指给我们说，再往前走些，隔着栅栏，可以瞭望到马克思的墓。我们照着他指的方向，走到那里。的确，隐隐约约，望见了伟大的科学共产主义的创始人马克思的巨大的头部雕像。这个头像耸立在墓碑上。可惜杂乱的树丛挡住了视线，总看不真切。

雨越下越大，我们都未拿雨具。老伦敦的居民，出门总是拿着雨伞，即使是晴天，雨伞也是不离手的。因为伦敦大雾，不时下雨。

我们冒着雨，大衣都被打湿了，还是不想离去。再遛到西门口，又等了一会儿，到中午12点了，这时一个高个子青年，大概是看墓人，骑着一辆自行车，才慢吞吞地来打开公墓的铁门。

我们乐不可支，终于进入了海格特公墓。这里没有什么大道，都是一些小路。我们沿着小路直奔马克思墓。墓的前方围着一些低的栅栏，四周种植着花草，红色的月季花正在开放着，墓碑近旁放着一束一束的鲜花。这是前来瞻仰的人送的。有的已经干枯，有的还鲜艳夺目。有的用塑料袋装着，有的是花环。巨大的墓碑上写着：“全世界无产者联合起来！”“卡尔·马克思生于1818年5月5日，死于1883年3月4日”“燕妮·威斯特华伦，卡尔·马克思的爱妻，生于1814年2月12日，死于1881年12月2日”。

马克思终生的伴侣，马克思夫人燕妮，比马克思早15个月去世。燕妮先葬在海格特公墓，马克思去世后，俩人合葬在这里。

墓碑上还特别写着马克思的名言：“哲学家只是用不同的方式解释世界，而问题在于改造世界。”这段话出自马克思的《关于费尔巴哈的论纲》，在这篇文章的第十一段，即最后一段，也是文章的总结。这句话是马克思主义的精华，它鼓舞着亿万人民，不惜流血牺牲，为共产主义事业，进行不屈不挠的斗争。马克思写《关于费尔巴哈的论纲》时，只有27岁，这是他在1845年春，写在笔记本里的，他去世以后，由恩格斯整理出来。1888年恩格斯收在他写的《路德维希·费尔巴哈和德国古典哲学的终结》一书单行本中作为附录，第一次发表。马克思这一短短的论纲，成为马克思主义重要的经典著作之一。

我们站在马克思墓前，大家首先俯首默默地为马克思致敬。这时雨越下越大。衣服已经打湿了，冷飕飕的。但是我的内心如怒潮，汹涌澎湃，而且感到热烘烘的。

一会儿，又有些人冒雨而来。紧接着我们来的，看样子是印度人、巴基斯坦人或孟加拉人。他们也默默地在那儿致意，在那儿照相。再过一会儿，又有非洲人、欧洲人、美洲人……分不清是世界哪一角落的人，有的拿着鲜花，有的拿着花环，虔诚地献到马克思墓前。

有两个人，也许是管理坟墓的人，他们不时整理献到墓地上的花束。我们和他俩打了招呼，并询问他们有关马克思墓的情况。问他们原来的墓穴在哪儿？是从哪里迁来的？他们说："你们沿着左边这条小路向前走，左边有一些木板垫着的路，再沿着木板路往前走，就找到了。"

我们按照他们的指点，去寻找马克思原来的墓穴，可是走到木板路的尽头，什么也没有看见。天还是下着雨，大家有些着急。有同志提议，还是回去问那两位，再去打听个明白。正在回头走时，在探索之间，忽然有同志叫了起来："找到了，在这里！这里有文字说明呢！"

原来，马克思原墓穴就在木板路的快到尽头处，紧挨着木板路，在小路北边。

原墓地有一个卧式的石碑。石碑上写着：马克思墓1954年11月23日迁出，1956年3月14日重新立了纪念碑。

就是在公墓的这个地方，马克思1883年3月14日在安乐椅上长眠以后，3月17日安葬在这里。马克思最忠诚的挚友、科学共产主义另一个奠基人恩格斯，距离今天整整一百年前，就站在这里用英语发表了著名的《在马克思墓前演说》。这篇著名演说，后来成为马克思主义的重要文献。恩格斯当时指出，马克思发现了人类历史的发展规律和现代资本主义生产方式以及由它所产生的资产阶级社会的特殊运动规律。恩格斯说："一生中有这样两个发现，该是很够的了，甚至只要能做出一个这样的发现，也已经是幸福的了。但是马克思在他所研究的每一个领域（甚至在数学领域）都有独到的发现，这样的领域是很多的，而且其中任何一个领域他都不是肤浅地研究的。"

我们来到马克思墓前，站在恩格斯演说地的地方，此时此刻，我们每个人心情无比激动，感到多么幸福。100年以来，马克思主义在全世界广为传播，动员亿万人民为共产主义事业而斗争，波澜壮阔，可歌可泣。正如恩格斯所说："在马克思看来，科学是一种在历史上起推动作用的、革命的力量。"

是的，马克思主义的科学，在全世界，在中国，马克思逝世后100年来，在历史上起着何等巨大的推动作用！马克思主义在中国的传播不到100年，现在当我们纪念马克思逝世100周年的时候，我们中国起着何等巨大的变化！

站在马克思墓前，大家议论开来。就是在这样一个简朴的墓地，曾经埋葬着世界的伟人、科学共产主义运动的领袖。100年前，这里只是举行了简单的葬礼，参加葬礼的，只有几个人，当然他们都是共产主义运动的代表。有马克思的两个女婿，龙格和拉法格，有从德国来的李卜克内西，有在共产主义同盟的两个老同志——列斯纳和罗赫纳，还有两个科学家，英国皇家学会的会员：化学家肖莱马和生物学家雷伊·朗凯斯特。

当时恩格斯致辞之后，马克思女婿龙格宣读了收到的俄国、法国、西班牙等共产主义战士的代表的挽词。这些挽词高度评价了马克思为人类做出的贡献，并以共同战斗的情谊，致以哀悼。最后，李卜克内西用德语发表了演说，他在演说结束时，发出誓言：“我们一定沿着你所指出的道路前进，不达目的决不罢休。这就是我们在你的灵前的誓言！”这个誓言，也是全世界无产者的誓言，是全世界人民的誓言！

我们默默地站在马克思墓前。这个墓地，1881年12月5日，先葬下马克思的夫人燕妮。当时就是马克思·燕妮的知己、最亲密的战友恩格斯在墓前致辞。恩格斯高度评价燕妮，指出“她一生表现出了极其明确的判断智能，卓越的政治才干，充沛的精力，伟大的忘我精神；她的一生为革命运动所做的事情，是公众看不到的，在报刊上也没有记载。”“这是她的朋友们都知道而且永远不会忘记的。如果有一位女性把别人幸福视为自己的幸福，那么这位女性就是她。”（《马克思恩格斯全集》第19卷第323页，人民出版社，1963年版）

马克思与燕妮，这一对情侣，在孩提时，青梅竹马。在马克思进入大学之前，就许定终身。他们一结婚，就被迫亡命，到处奔波，一会儿巴黎一会儿布鲁塞尔，一会儿又巴黎，再而伦敦。他们的一生，堪称革命夫妇的楷模。

雨继续下着，雨水从头上面滑下来，我不断用手绢去擦着，试着。但是，我们还是默默地站在马克思墓前，我们不能忘记，马克思墓里还埋葬着海伦·德穆特。海伦，20岁就陪伴燕妮到马克思家里，她为马克思一家料理家务，殷勤周到，马克思的亡命生活，也给她带来精神上的痛苦。但是她同情马克思，忠于马克思，忠于无产阶级的战友。她生于1823年1月1日，从青春到年老，她和他们同甘苦，共患难，把自己的生命和他们的生命连在一起。燕妮和马克思去世以后，她又转到恩格斯一家，忠诚地留在马克思主义的另一奠基人恩格斯那里，一直到死。这位与燕妮、马克思、恩格斯生死与共的海伦，于1890年11月4日逝世。她也安葬在马克思的墓穴里。安葬时，还是科学共产主义的领袖恩格斯，到墓前致辞。恩格斯高度赞扬了海伦，他致辞时说："马克思经常向她征求意见，要她在党的困难而复杂的问题上出主意……至于我呢，我之所以在马克思死后完成我的工作，主要是由于她肯到我家来，给我带来亲切的关怀和帮助。"（《回忆马克思恩格斯》人民出版社，1973版，第170页）

海伦合葬于马克思墓里，她的生死年月日都铭刻在马克思的墓碑上。马克思的墓地迁移以后，在巨大的新的墓碑上，镶嵌着一个白色见方的大理石，这个大理石上也铭刻着合葬于马克思墓里的海伦·德穆特的芳名。

我们从马克思墓前依依不舍地离去。雨还是不断地下落着，天色昏暗，四周无人，旁边的树丛迎着雨点，我们只听见沙沙作响。整个松树、槐树、尖叶树，雨水滴滴答答地往下淌着，就像泪人一样。我们衣服几乎全湿透了，也不得不离开了。但我们一路上心情不能平静。

拜见李约瑟博士

科学家和出版社有着密切的关系。我在英国访问了一些出版科学和学术书籍的出版社，在那里拜见了世界一些著名的科学家。

剑桥大学出版社是英国著名出版社之一。这家出版社创立于16世纪30年代，距今已有400多年的历史，以出版科学书籍、教科书与工具书著称于世。年度出书1000种，出版期刊80多种。出版社隶属于剑桥大学，剑桥大学校长为该社名誉社长。出版社由剑桥大学各学院著名教授组成出版委员会进行管理。

剑桥大学很有声誉，据介绍这里获得诺贝尔奖的学者，历届有25人之多。伟大的诗人、学者拜伦、雪莱、达尔文……曾在这里进修过。中国诗人徐志摩早年也在这里学习过。

我们在剑桥大学出版社客厅里，听了出版社的朋友介绍出版社的情况之后，著名学者中国人民的朋友李约瑟教授就要和我们见面。

李约瑟教授是英国皇家科学院的院士，早年研究生物学，是现代化学胚胎学的奠基人。他现致力于研究中国科学技术史。初时，他只打算写一本书，但是工作铺开后，研究的范围就越来越大，兴趣也越来越广，结果制定了一个庞大的写作计划。中国科学技术史要写20多本，成为系列丛书。这样一个人的力量就大大不够了。李约瑟先生是20世纪的同龄人，出生于1900年，现在虽然精力旺盛，志趣不减当年，但是究竟年纪不饶人。所以，为研究中国科学技术史，在剑桥成立了写作班子，这个写作班子有10多人，许多都是对中国古代和现代科学发展有专门研究的，有些也是他的学生、助手和亲密的朋友。

李约瑟先生当时还兼任剑桥东亚科学史图书馆馆长，这个图书馆成为他依托进行工作的重要基地。

李约瑟先生的重要助手，鲁桂珍女士先行来到客厅。她是剑桥东亚图书馆的副馆长，1936年就从中国来到了剑桥进修，从此她就成了李约瑟先生的学生，以后一直在李约瑟先生身边工作，成为李约瑟先生的助手。研究和编撰中国科学技术史，鲁桂珍女士是重要的成员之一。鲁出生于南京，其父是著名的药剂师。所以，从小对中国古代医学遗产与现代医药有兴趣，这正好与李约瑟先生志趣相投，以后主要以医学史家和生物学史家在李约瑟先生手下工作。

过了一会儿，李约瑟先生步到客厅里来了。他满头白发，穿着一套浅灰色的西服，衣服与头发正好相配。不过头发丰茂，梳得整齐、发亮，更显得雪白。他走路稳健，不用搀扶，不用手杖，精神抖擞。他首先向我们表示歉意，说有一点小事来迟了一些，本来应该来迎接我们的。我们都走上前去，对他表示敬意。

李约瑟先生曾在中国工作过多年。1942年，他受英国政府派遣，作为皇家科学院的代表前来中国，并担任英国驻华使馆的科学参赞。抗日战争中，在重庆他负责筹建了“中英科学合作馆”。此时，他认识中国许多著名的科学家，也和周恩来结交，成了朋友。他对中国抗日战争和中国人民的解放斗争，表示支持。1952年他第一次重返中国，受到周恩来总理的接见，并为他研究中国科学史提供方便。以后1958年、1964年、1978年、1981年、1984年又多次来到中国访问。

他同我们见面时，不时回忆起他在中国时的情景，对中国表示十分留恋。

当时我们同来的宋原放同志，把上海出版纪念他80寿辰的论文集《中国科技史探索》等若干书籍，赠送给他，他非常激动。赠送的书都是精装本，他对中国出版的书，现在印得这样好，十分高兴。他谈到了他研究的工作，赞叹中国古代科学技术的进步，他说他后半生把精力全部集中在中国古代科学研究上，但他总觉得时间不够用。

李约瑟先生的中国科学技术史，总规划分七大卷，每卷又分若干分册。内容包括中国古代数学、天文学、物理学、化学和中国科学思想史。他认为中国科学技术在公元1世纪到15世纪比西方先进。西方许多科学技术发明，受到中国科学技术启发。但是中国传统科学一直处于原始状态，而为什么不能自发地出现近代科学和进而发展成工业革命呢？李约瑟先生苦苦地追求，寻求答案。这个问题也正是中国学者深入探讨的问题。这个问题要在社会生产力的发展、经济结构和地理环境等多方面作综合的研究。李约瑟先生对中国科学技术的发展如此关注和投入，有如此庞大的研究与写作出版计划，而且研究成果已经陆续出版，这对中国和世界都是个重大的贡献。不幸，李约瑟先生已于1995年过世了，他在人世间活了95岁。他过世时，中国有关方面举行了深情的哀悼仪式。

获诺贝尔奖的摩提教授和科学家俱乐部

英国泰勒与法郎西斯出版公司，是专门出版科学图书的出版社。主持这家出版社的是诺贝尔奖的获得者摩提教授。该社每年只出版25到30种图书，出版36种期刊。期刊主要是邀请社外有关教授主持编辑工作。

公司的总裁摩提教授是世界著名的物理学家，他是1977年诺贝尔奖金的获得者。他当时已经70多岁了，但仍在剑桥大学兼课。

摩提教授请我们在英国科学家俱乐部吃饭，出席宴会的还有该社的编辑和主持期刊工作的教授。

摩提教授很健谈，也很幽默。我们交流了出版方面的情况，也谈到出版社的经济利益。他说，他们公司没有钱赚，也不想赚钱，如果有点钱就用来发展科学事业。在出版公司工作的都是工程师和教授，他们的志向是传播科学文化。有些出版社为了赚钱，但是各有各的心事，人各有志呀！

摩提教授介绍了科学家俱乐部。他说这个俱乐部有1000个会员，每年都有若干名被评选为会员。他风趣地说了一个故事：有一个理发师跑到俱乐部来理发，可是发现这里全是脱了头发的，说不用理了，没有头发可理。理发师就跑掉了，你们就知道这个俱乐部里的人是怎样的年纪了。

他说，在俱乐部里，常常有学者和大学的领导人邀请英国主管财政的官员来这里座谈，想要他们资助研究机构和研究项目。这里有时还大声争吵，并不那么安静。他说，他们常常费尽心机去争取支持，取得资助也非易事。

摩提教授对中国古代科学文化的发达，表示敬仰。他曾被邀到中国来考察，但有一次正碰着他身体欠佳，未能成行。后来由一个年轻的科学家代替了他。他希望有生之年，一定到中国来。

他说英国和中国在2世纪时就有往来，不过真正有往来是在中世纪。英国航海事业发达于15、16世纪，也正是中国明朝航海事业发达的时候。两个国家在科学文化和经济上早就有了交往。

饭后摩提教授带领我们去参观科学家俱乐部。我们到了楼上的图书室，这图书室既是阅览室，又是咖啡室。室的四周，摆着高大的玻璃书柜。那里陈列着各种各样的书，哲学、自然科学，也有文学书籍。有些书籍很古老，其中有1860年出版的书陈列在那儿。

图书室里，当时有人在翻阅书籍，也有三三两两在一起喝咖啡，小声谈论。这就是科学家的沙龙吧！

这个厅堂，古香古色。灯光的装饰，也是上一个世纪的。厅堂旁边的壁炉上，正燃烧着木头，木头发出熊熊的火光，使人觉得温暖、舒适。但是，我走近一看，这壁炉里原来不是燃烧的木头，而是烧的煤气，那些木头，都是伪装的。这大概是想引起人们对过去年代的回忆吧！

寻访莎士比亚故乡

莎士比亚是世界上最伟大的作家之一。能够去访问莎士比亚的故居，是一件多么幸运之事。

莎士比亚出生在艾玛河畔斯特拉特福镇的农村。这里距离伦敦约有150公里左右，乘车要2个多小时。

我们起了一个大早，随便吃过一些点心，就离开伦敦。我的朋友，长住伦敦的刘先生驱车陪我们前往。

这里已是冬天，天上飘落着小雪花，早上感到冷飕飕的。汽车向前飞奔，早上车辆较少，我们车子加速前进。公路两旁的原野十分开阔，空气异样的清新。在这种季节，在中国的北方，树木已经落叶了，小草也都枯黄了，但在这里，树木却依然苍翠，草地还是那样碧绿。我请教刘先生，问他这是怎样一回事。

刘先生说："英格兰冬天也很冷，但气候比较潮湿。冬天经常飘着小雪，而夏天和其他时候，长年落着小雨。你也知道吧？英国人是离不开雨伞的。"他这样一说，我觉得的确是如此，无论是在电影里，还是在图画中，看见英国人常常撑着雨伞。不管下雨或晴天，人们都习惯拿着雨伞。在中国人的眼中，英国绅士的外表形象，往往是戴着高高的有边的毡帽，身上围上披肩，手里拿着一把雨伞。

刘先生说："英格兰的土地总是潮湿的，原野上的草地，和夏天一样总是很碧绿的。"接着，他把话题一转，又说："英格兰阴天太多，太阳太少了！到了冬天，很少看见太阳，总是雾气沉沉，小雨小雪夹杂着，人们的衣着也感到潮乎乎的。过去伦敦的雾特别重，现在好多了，但总是没有太阳。"他叹道："太阳太可爱了！北京太阳多好。北京冬天阳光明媚，太阳满天，我在冬天到北京，真想在北京多住几天，不想回到伦敦这阴暗潮湿的地方。"我们是伦敦的新来客，感觉刚到这里来还很新鲜，刘先生这样一说，我感到住在北京很幸福，心里乐滋滋的。

我们车子经过牛津，向前疾驰。

前面到了一座古城堡——沃里克堡。这里也是英国一个著名的古迹，刘先生建议我们进去看一看。

也许时光还早，没有看见什么游人。院内有很多的孔雀，这些孔雀拖着长长的美丽的尾巴，在树林旁，在人行道上，好像漫不经心地散步。它不但不怕行人，甚至举步向行人走来，似乎表示欢迎之意。

我们进入堡内，前面出现一个广场，这广场就是一大片草地。草地前面便是古堡和古老的殿宇。古堡是砖石建筑，很高大。古堡约有七八层楼那么高。我们参观古堡时，天气阴沉沉的。这使我想起了莎士比亚的伟大作品《哈姆雷特》。《哈姆雷特》的剧作中，就是在这样的古堡中发生的故事，莎士比亚所描写的故事和人物，时常出现在我们眼前。有同志打趣地说："你们看见鬼魂了吗？"

沃里克古堡建筑于公元915年，距离现在已经1000余年。城堡后来又扩建，现在保存的城堡是14、15世纪的遗迹。这个城堡原是这个地区封建统治者居住的地方，他们的世袭伯爵继续沿袭到本世纪。现在这个地方已经变成一个博物馆，是向公众开放参观的场所。

沃里克古堡的四周就是城墙，城墙内外有两层城堡。城墙的顶上很宽大，可以容纳骑兵在上面奔驰巡逻。

我们爬上这个古城堡。从平地到城堡顶端，要走250多个古老的台阶。一个台阶与另一个台阶的距离很高，从下面爬到顶上，大家已经是大气呼呼的，累得够呛了。

站在古城堡的顶上向下瞭望，如同站在高山上向下瞭望一样。城堡气势雄伟，向远方望去，看见迷雾笼罩下的湖泊、森林和茫茫的原野。

古城堡的建筑，保持着中世纪的装饰。室内陈列着盔甲和兵器。现在装饰在门口的卫士，全副武装。这些卫士头上戴着铜制的头盔，头部和颈部全部封闭起来，身上和手脚也全部是用铜制的护体紧紧地包裹着，背上背着一个长矛。样子很威武，全身好像刀剑不入。装饰在那里的骑兵，马的全身也套着铜制的甲胄。屋内的墙上，挂着当年的长剑短剑，墙根竖着长矛。室内点燃着蜡烛，座椅和用具都很古老，一切保持着当年面貌。

莎士比亚许多剧作，都出现有古代的城堡。这个有名的城堡离莎士比亚故居不远。也许在莎士比亚的作品里，就有这个古城堡的影子。

我们急切地盼望着早些到莎士比亚故居去，离开了那古老中世纪时代的沃里克堡，就继续驱车到斯特拉特福去。莎士比亚故居坐落在偏僻的乡间，这里离斯特拉特福镇，还有十几里远。

“到了，我们可以和莎翁会面了！”陈先生高兴地说。我们到达了目的地。

莎士比亚的故居，是乡间古老的砖木结构的房子。房子是两层的小楼。院子不大，草地很平整。在草地旁边种植着一些花，这些花有的还在开放，冬天并没有凋谢。房子的窗台，爬着藤蔓。房子外面的木头，经历多年的风霜，已有些枯朽。院子里有几百年生长的老树，据说莎翁在世时就有。这老树的叶子还繁茂，但枝杆已经很衰老，现在用木杆支撑着。这古树正好配上这老房子。院子里一切都显得很古老，显然这是几个世纪以前的院落。

莎翁故居的负责人C先生来迎接我们。我们寒暄过后，就送上中国翻译出版的《莎士比亚全集》。这是朱生豪先生翻译的，1978年人民文学出版社出版的版本。

C先生喜出望外，他说：“你们这份礼物太珍贵了！你们中国也出版了莎士比亚的著作，而且出版了他的全集，这是很好的纪念品。”此时，我向C先生介绍了莎士比亚作品在中国翻译出版的情况。

19世纪50年代，莎士比亚的名字传到中国，当时一些刊物介绍了莎士比亚的情况。莎士比亚的作品，最初是上海达文出版社于1903年出版的，书名为《澥外奇谭》，该书收集了莎翁剧作的10个故事。1904年，商务印书馆出版了林纾和魏易的《英国诗人吟边燕语》，翻译了莎翁全部剧作故事。当时虽以文言文译出，但是该书影响很广，最初中国上演莎翁戏剧，大多都以此书为蓝本，加以改编。20世纪30年代以来，莎翁的作品在中国大量传播，莎翁作品的单行本不断出版。新中国建立了以后，莎翁的著名作品《哈姆雷特》、《罗密欧与朱丽叶》、《奥赛罗》、《威尼斯商人》等受到中国广大读者的热烈欢迎。这些著作，累印不衰。莎士比亚的戏剧，在中国各个城市不断上演，也博得中国观众的热烈欢迎。

C先生带领我们首先参观了莎士比亚的图书馆。这图书馆是为莎士比亚诞生400周年（1546～1946年）纪念而开设的。房屋不宽大，大约有100多平方米。馆里放置着许多高高的书架，陈列很整齐。这里收藏的都是英国与世界各国出版莎士比亚的作品。有全集、选集，也有单行本。我试着查找了一下，看有无中文的版本。也许我看得不仔细，只看见陈列着几种莎翁的单行本。C先生知道我在查找中国出版的版本，就说：“你们中国出版了莎士比亚的全集，为莎士比亚增加了光彩。现在你们又跨过万里重洋，带来这份珍贵的礼物，我们将永远珍藏在这个图书馆里。"C先生的这些美好言辞，我们听了内心也很激动。

随后，C先生带领我们参观莎士比亚出生和居住过的房屋。C先生给了我们很高的礼遇，我们可以随便照相。而一般的客人，是不能在屋内开动相机的。我现在一直保存着那些珍贵的照片，不时翻阅，唤起对往事的回忆。

莎士比亚的故居，保存着他出生时的床，还有他上小学时用过的木头桌子。他在世时用过的一些用具也陈列在这里。400多年了，儿时的房屋与用具还依然保持，也非易事。据说，英国政府1847年下令保护莎士比亚故居。

莎士比亚父母原是农民，父亲后来做些羊毛、皮革和谷物生意。后来当了斯特拉特福镇长。莎士比亚小时读书不多，但后来生活经历丰富，在剧院当过杂役、演员，又成为剧院的股东。他的剧团曾到女王宫廷演出，受到王族的青睐。

莎士比亚的时代，是属于英国资本主义原始积蓄的时代。这个时代产生了新兴的资本主义，封建主义开始受到冲击。人们为摆脱封建主义的束缚，为自由而呼号。莎士比亚的剧作充分地反映了当时社会的矛盾，反映了社会的特点。莎士比亚富有幻想，他向往自由，关心人的命运。他的作品反映了新兴资产阶级的思想，是资产阶级人文思想的集中体现。

莎士比亚的14行诗，在中国知识界很有影响，许多人学习他14行诗的写作方法。他的诗歌大多歌颂纯洁和忠贞的爱情，表现人们对光明和未来的希望。

莎士比亚的作品，400年以来受到社会极大的重视，历史上许多重要的作家都学习他，模仿他和研究他，许多作家都受到他的影响。虽然对他的作品社会上也有些不同的评论。但他的思想和智力被一致赞扬。他的作品和改编的故事是世界上最畅销书之一。他的戏剧几百年来一直在世界各地不断演出。他堪称一代文豪。

从世界各地来莎士比亚故居参观的人很多，一年有几十万人。C先生介绍，每年都有许多大使到这里来，他们首先升起国旗，之后又到墓地去献花圈。英国女王也到这里来过。单是1981年的这一年，世界上就有141个国家的人来到这里参观。

在莎士比亚故居的室内，有一本很厚的签名簿。这签名簿签署了来访者的姓名和地址。来访者经常是排着长队，在那里签名。在我进入室内参观开始签名的时候，C先生向我介绍，许多伟大作家来过这里。这里的签名都有记载，英国著名作家狄更斯也来过这里，他签着名字的时间是1838年10月27日。

故居内陈列有莎士比亚最初出版的剧本。莎翁在世时他的剧本很少出版。原因可能是为了保护剧本的专利，免使剧本被其他剧团沿用。1623年在莎翁逝世后7年，他的剧本才由他的同事赫明和康德尔两人编成全集出版。但是当时出版的全集都是古文，现代一般人很难读懂。

C先生带领我们到新的展览厅，这是“莎士比亚中心”。这个中心显示莎士比亚的世界性，门口设有一个大地球模型，模型表示全世界都有莎士比亚的“足迹”，到处都有莎士比亚的作品，全世界都在演他的戏剧，任何地方都受到人们的欢迎。莎士比亚跨越国界，也没有民族的区分。

这个中心塑造了莎士比亚剧作中的各种人物的模型。无论他写的悲剧和喜剧或是历史剧，剧中的重要人物，都在这里出现。罗密欧与朱丽叶、奥赛罗及其妻苔丝狄蒙娜、哈姆雷特与奥菲利亚、李尔王和他的小女儿科底科亚、安东尼和克里奥佩特拉、夏洛克和波亚西等等，这些人的雕像，都具有剧作的特点。人们看了这些人物，就会回忆起莎士比亚剧中的故事。

C先生建议说：“你们到剧中人物那儿去，和他们照个相如何？是喜欢罗密欧与朱丽叶，还是奥赛罗、恺撒？”于是我们分别去和剧中的人物站在一起，和那些有名的形象拍了照。然而，拍下的照片并不令人满意，因雕塑的模型比人高大得多，虽然模型神采奕奕，栩栩如生，但是并不合拍。

我们离开“莎士比亚中心”，就到莎翁的妻子的出生地去。莎翁的妻子叫安妮·哈瑟维。她也是农家女子。安妮·哈瑟维的出生地离莎翁的故居不远，驱车十几分钟就可到达。

这里是一座三、四间的茅草屋。看上去和中国茅草屋并无两样，上面覆盖着厚厚的茅草，下面是用木头和土墙支着，住屋的前后都有小的庭院。庭院的四周生长着小树丛，这是一个典型的古老的小农家。在英国现在要找这样的小农家是很不容易的了。

我们又驱车到莎翁剧院去，路很近，一会儿就到了。这座剧院最早建于1879

年，不幸在1926年遭到大火。无情的烈火把剧院焚烧了绝大部分，只剩下一些走廊。现在的剧院是1932年重新建筑的。

剧院的负责人S先生热情地接待我们。S先生说："旧剧院也很别致，当时的舞台一直伸到观众中去。演出时使剧中人物更接近观众，这是很有意思的。"他说："旧剧院有许多照片，现在留着模型，烧去的残余东西现还保留着，将来还可照原样建一座旧时的剧院。旧剧院是为了纪念300周年建的，如果恢复历史原貌，更有意义吧！"S先生带领我们一面参观剧院，一面滔滔不绝地向我们介绍情况。他是很健谈的。

在我们参观的时候，剧院正在上演莎士比亚的戏剧，在座观看的人为数不少，演出中间观众不时发出笑声。

S先生领我们去看化妆室，演员们正在那里化妆。我们又到走廊上去，这是烧剩下的走廊改造的。走廊上陈列着演出时各种人物穿的衣服。

S先生说："先生们，请看李尔王穿的衣服，开始设计的衣服很小，后来设计越来越大。"他指给我们看，一件一件的旧戏装陈列在那儿。他又要我们去看剧照，这些剧照是50年代以来，历次重要演出的剧照。他说："你们看那剧照，同样的剧中人物，他们所穿戴的服饰不尽相同，每次都有不同的式样。许多衣服，穿一次就不要了，又要更换了！"

S先生忽然有趣地问我们："你们中国演莎士比亚的戏，演员穿什么衣服？是不是穿中国的长袍和现在流行的西装呢？"他这一问，引起我们大笑不已。我们没有一人是演员，也不是剧作家，不知如何答复他。有一同志也很幽默地说："亲爱的朋友！中国演莎士比亚戏的剧团，曾请过英国的裁缝，英国裁缝做的服饰，大概不会错！不过英国的裁缝是现代的裁缝，也许你们演出时，请了古代的裁缝！"S先生听了，更是大笑不止。

在谈笑间，S先生说："希望你们中国的剧团来这里演莎士比亚的戏！莎士比亚的戏，语言不用翻译，他们的动作就是语言！"S先生这些话是很真诚的。他介绍，从1890年以来，英国有名的演员每年都来这里演出一次。S先生说："这是很值得纪念的！"

他领我们看陈列出来的剧照。这里有莎士比亚剧中各种各样的人物。有些打扮和化妆很特别，形象很突出。他指一个剧照给我们看，说："请你们看！这是英国懒人的典型形象，他又抽烟又喝酒，他腆着大大的肚皮。"他感叹地摇摇头，又说："这个形象多好，英国懒人太多了。"这时，我们同来参观的有一个中国的留英的学生，他对我说，英国对懒人是很讨厌的，但觉得懒人实在太多。他刚来英国时，一位教授风趣地问他："你来英国学什么？学懒来吗？"也许这话另一方面是勉励他，要他努力学习。

我们参观剧场到了一段落，大家就到剧场外面去饮咖啡去。

艾玛河从剧院旁边流过。当时，一些人在河里划着小船游弋，有的人在高歌，有的人在谈笑。河水碧绿，轻风吹起涟漪，河中有几只飞来的白天鹅在那儿戏水，人们不伤害它，向它泼水，它也不飞起。小船划到它的身旁，它并不害怕，依然自由自在地游荡着。在莎士比亚剧院门前的这些景致，又给来剧院参观的人，增添了一些兴致。

南大陆民族的抗争精神

在殖民主义开拓时期，欧洲人发现了美洲大陆，以后又发现了这个南大陆的澳大利亚。澳大利亚经济的开发，时间不长，但是现在已是一个文化相当发达的国家。

200年以前，澳大利亚居住着30万土著，他们还处在石器时代，过着原始生活。18世纪末英国开始向这里移民。19世纪50年代，这里发现了金矿，英国人和德国人、意大利人、南欧人、北欧人蜂拥而至。到19世纪末，全澳人口已达200万人。这些四面八方来的人，合成一个开发澳大利亚的整体，但他们主要是英国的移民。

澳大利亚，20世纪初以来，人们精神焕发，科学文化和教育事业发展得很快。从图书事业来看，在80年代，全国还不够2000万人口，出版社却有150多家，每年出版新书2000多种。

美国评论家约翰·根在《澳新内幕》一本书中认为，按人口平均计算，澳大利亚读者的人数是世界上数一数二的。他说："这是旧沿袭下来的传统，在当年的牧羊场里，读书几乎是唯一的娱乐。一部内容一般的小说可以相当容易地售出5000本，这样的销数，即使在人口多四倍的英国，也算很好的了。"

在澳大利亚，我们到处听到这样的呼声：澳大利亚，是澳大利亚人的澳大利亚。本土人富有民族精神，人民要求发展自己的民族文化事业。澳政府也支持人民的要求。澳政府规定，凡澳洲本地作家的著作，在本国印刷出版者，政府对出版社补助25%。为了鼓励本国作家创作，澳政府在墨尔本召开的图书商联合会25届年会上，宣布澳大利亚作家的版税，由原来10%增加到20%，从1981年7月1日起实行。可见澳大利亚当时政府是在努力扶持本地作家和出版事业。

在悉尼，我们访问了兰士当出版社。这家出版社在悉尼郊区，坐落在一片树林里，楼房和庭院隐蔽在浓阴之中。该社工作人员有90人，其中编辑25人，一年出版新书80种，再版书150种。

在参观时，我发现了一张世界地图，令人十分惊讶。一般世界地图都是把欧洲、北美洲画在上边，把非洲、南美洲、澳大利亚画在下边。而这张地图却把各洲的地理位置颠倒过来了。这真是大胆的创作。我仔细地观察，地图的比例都是合理的。我对经理说："米勒先生：这张地图真是新奇的作品！"他说："啊！你们注意到了，真是好眼力。"原来这张地图是该出版社的编辑自己设计绘制的。他们认为地球是圆的，为什么澳大利亚一定处在下边？难道不能在上面，不能改变一下过去的画法吗？

澳大利亚人民的民族抗争精神，在这个出版社也表现得很突出。这是一个综合的出版社，但宣扬澳大利亚历史和地理的书，出得特别多，而且都是大型画册。一年以来编辑出版的，就有《最大的海岛》、《澳大利亚的幻梦》、《内陆的植物》、《海边风光》等。为了宣扬澳洲大陆的美丽和富饶，编撰了《最大的海岛》一书。该书的编撰，花了很大的力气，为搜集资料，他们租用了三架飞机，围绕着澳大利亚海边和内陆飞行，派摄影师随机专门拍摄。这本书发行了9万册。为了传播和记录澳洲的历史,他们又编撰了《澳大利亚的梦幻》,派人专门搜集4万年以来澳土著族的历史文物。这本书初版印了3万册。无论印9万册或3万册，对这个国家来说都是很大的数字了。

兰士当出版社是注意编辑结合实际的。为了编辑出版植树养花的书，出版社专门请了有经验的园丁来充当编辑的顾问，并协助管理庭院中的植物进行实验。有一本书《亚洲菜谱》，8年来发行100万册，向世界各国销售。该书编者是出版社的高级编辑安尼·费尔松，她能做出整桌的好菜来。我们有幸尝到她亲手做的地道的广东菜。

在澳大利亚的出版物中，颇多具有民族特点而受到国际重视的作品。澳出版协会主席麦克威尔先生请我们去访问麦克菲·格瑞布出版社。这是一家很小的出版社，1975年开办，全社只有18人。主要负责人是两位妇女，名叫麦克菲和格瑞布。他们是经理，又是编辑，同时也是图书的设计员和校对，她们样样都干，是多面手，年纪在40岁上下。这家出版社主要出版儿童书籍，在国内发行，但现在已有许多读物被译成意大利文、西班牙文和希腊文，在世界各地销售。书的内容，结合实际，强调澳大利亚人本乡本土的特色。该社出版的书籍一般印5万册，多者可达10万册。儿童读物《我们的世界》，选编了全澳儿童的作文和绘画，反映本国孩子们的学习和生活，很受儿童和家长的欢迎。文艺作品《紧紧钩住的手》现在已改编成电影。

值得注意的是，在澳大利亚图书市场中，英国和美国出版的图书仍占相当大的比重。澳主要语言是英语，英美出版的图书大量流入，进口具有方便的条件。你只要到悉尼、墨尔本的书店走一走，就会看见到处都有英美的书籍。在伦敦、纽约书店里可以买到的书籍，在澳大利亚这些主要城市的书店都可以买到。

正如外国资本在澳工矿业中占很大的比例一样，在出版事业方面也是如此。一些美国和英国的大出版公司在澳均设有分公司。如美国的麦克劳·希尔公司、威利父子公司，英国的企鹅公司、培格曼公司等在澳洲都有分公司。这些分公司的编辑都是澳人，经理也大多为澳人，分公司都可以独立出版图书，但都受总公司的支配。

我国出版工作代表团访问了澳大利亚，我们从首都堪培拉到悉尼的途中，参观了科伦斯出版公司。这是一家英国分公司。经理钦·威尔第先生向我们介绍说，他的公司向全澳6000个零售书店批发图书，一年经营3000万澳元。它发行的图书占全澳发行十分之一。据他说，全澳读者的一年购书可达4.2亿澳元。按全国人口平均计算，每人合30澳元。而美国平均每人购书30美元，那时澳元比美元的比值高，因此，澳洲读者购买的图书超过美国。

科伦斯公司的经理钦·威尔第先生向我们介绍，他们公司批销的图书80%到90%，都是英美出版的图书。他说，其他的发行公司，情况与科伦斯类似。

据美国《出版周刊》1979年统计，澳本国出版图书只占全澳市场的37%，海外进口图书占63%。这家周刊说，澳、英、美三国出版的图书，占澳市场各为三分之一。

澳大利亚出版事业的兴起，是20世纪的事。近年来增加了一些本国人开办的中、小出版社。澳文化界和社会舆论对国外图书占领本国市场颇多议论，他们支持发展本国民族出版事业。澳政府也大力资助和鼓励民族出版事业。可以预见，澳大利亚的民族文化和出版事业，将会逐步繁荣发展。

澳大利亚有无边无际的桉树林。不论是在那波涛汹涌的海边，或是在那热风吹拂的内陆，到处都覆盖着绿色的桉树林。这里一年有340天的日照，使得桉树生长繁茂、茁壮。它那厚厚的叶子，水分饱满充足；它那光滑的叶面，反射着灼热的阳光。千百年来，原始的桉树适应澳大利亚的干旱气候，成为这个大陆的主要树木。人们喜欢这土生土长的桉树，澳大利亚的国徽就是以桉树的叶子和这里特有的袋鼠、鸸鹋作为标志的。遍山遍野的桉树，在阳光里挥发出一种油星，升发到树林的高空，这些小小油星受阳光的折射，产生出一种蓝色。因此，澳大利亚大陆，呈现着蓝色，有人称为蓝色大陆。

3月，在我们中国正是春暖花开的时候，首都北京，桃花怒放，榆叶梅含苞待发。而在澳大利亚，已经是秋季了。我们从墨尔本，经堪培拉、悉尼，到昆士兰首府布里斯班时，虽然布里斯班比墨尔本和堪培拉气温略高，但也已秋风瑟瑟，早觉凉意。

在布里斯班，我们参观了杰克兰德出版公司，又由该公司经理斯柯林先生安排，会见了土著族女作家凯斯·沃克（Hath·Walker）。

凯思·沃克生长在布里斯班北边斯托洛兰包岛。这里是一个小小的海岛，海岛全长只有23英里，宽7英里。这里居住着土著族。

她穿着蓝色花绸连衣裙。她的皮肤褐黑，在那凹陷的眼窝里，两个大大的黑眼睛，炯炯有神。她和我们交谈时，兴致勃勃。她热情、直爽。我们有同志问起她受过什么样的教育时，她说她念过小学，但未念完，13岁就离开学校，给人家当佣人。她当佣人时多么想看书，可是总不让她进图书室，她想尽一切办法偷偷地去读书。到了她34岁的时候，才进了一个秘书学校，这个学校相当一个职业初中，她在那儿念了一段时间，没有念完。

“尊敬的沃克女士，你到过土著族的其他地方吗？你和他们能通话吗？”我问。

“是的，我去过土著族聚居的许多地方，我到那里去给自己的民族作宣传。土著族没有文字，但以前用桉树皮作画，用画纪录祖先的历史。土著一共700种方言，但也有母语，有些地方用母语教育少年儿童。例如北边特区就用母语教9岁的儿童。我可以用母语说话。”

接着，她向我们介绍，这里移民来之前，土著不知道用陶器，但知道用火。用火烧热石头，把猎获物如袋鼠、兔鼠、獾、鸸鹋……放在石头上烤，烤好后拿来吃。武器是用石头做的，石斧是用木头把石头和树脂、藤缠捆在一起。飞去来，是土著最重要的狩猎工具。这种飞去来，用石斧把桉树或其他硬的树木，砍削成曲尺状，有如“7”字形。打猎时，如遇有袋鼠之类，就把飞去来用力打出去，若没有打中猎物，飞去来就会拐一个弧形返回原地。

“我们土著财产都是公共的，虽然不会计算，只能从1数到10，10以后就是多。但办事公道，不像现在的那些人，算得很清楚，精的过头，这是你的，那是我的。”沃克非常赞美土著的生活。她向我们介绍了土著的生产方式，她说：“土地是公共的财产，猎获物业是公共的财产。一个少年成年时，给他一块土地或一个小水库，交给他来管理，他只是负责管理。”

这位女作家沃克富有深厚的民族感情，有时说话慷慨激昂，怀念和留恋祖辈的生活和道德。对土著古代的艺术和传说，津津乐道。

“沃克女士，你写了多少著作？”我问。

“写了多少？啊我忘记了。”她说。我们大家都笑了起来，是她写的太多，真的忘记了，还是表示谦虚，不好说呢？

她想了想，说：“写了三本，还写了好些诗和文章，出了一些选集，共有五个集子。”

沃克既是一位作家，又是一位艺术家。今年61岁。她给我们介绍她现在的作品，她现在正在作画，她给我们看她的一本草稿，原稿书名为《天父地母》。画好后，就交杰克兰德公司出版。

我们会见女作家沃克时，杰克兰德公司经理，这位留着满面胡须的斯柯林先生一直在座。斯柯林先生是地道的澳大利亚人，他是澳洲移民的后裔。他强烈主张澳大利亚应是澳大利亚人的澳大利亚，反对外来的盘剥；他曾担任过大学的高级讲师，他对沃克的言论和感情，表示同情。他积极出版沃克的作品。当时，斯柯林先生插话说：“凯思·沃克的作品，都由我们出版。我们的编辑，目前正在和她研究《天父地母》这一本画集的版本设计。”

沃克的《天父地母》画集，保持了土著人树皮画和壁画的传统。笔调粗犷、豪放，线条简洁，色彩鲜艳。这本画稿画着土著人的一些传说，天父地母有四个孩子，即太阳、月亮、岩石和海洋。太阳和月亮又有他们的随从，这就是星星、云彩、风、雨和雷电。岩石的随从是野兽、飞鸟和昆虫。海洋的随从是潮汐、海浪，还有海里的动物，鱼、虾和螃蟹等。在没有人出来以前，天父地母和他们的孩子、随从是十分幸福的。可是人出现了，土地被糟蹋，树木被砍伐，可爱的蜜蜂走了，鸟儿远飞了，痛苦和危险伴随而来了。

沃克在画上写上：“当心：人这种动物是最危险的动物！”这位土著女作家向我们解释说，她这画的目的，一是为了保护土地和环境，她“不能想象矿产公司来破坏环境”；一是教育儿童，使他们懂得这些画，是他们土著的传统画法。因此把这个画献给她自己的孩子和孙子，献给所有土著的孩子们。

沃克自己有两个孩子，四个孙子。其中有一个充当土著的辩护人，另一个作些小生意。

沃克和我们谈得很开心，她不时发出爽朗的笑声。她说，他们土著族的代表团前几年曾访问过中国。代表团回国之后，到处演讲，他们对中国劳动人民的生活很爱慕，大家很珍惜中国朋友的情谊，一直到现在。

我们和这位著作家将要分别时，她送给我们每人一本诗集，并签了名，给我们留作纪念。这是一份珍贵的礼物。

这本诗集，是沃克自己的作品，是杰克兰德公司1981年出版的。诗集题名为《我的人民》，共收有72首诗。沃克的诗充满着民族感情，词义奔放，语言昂扬。她热爱和平与自由，为争取未来而呼唤。

她在一首《希望之歌》中写道：

抬起头来吧！我的人民，
黑夜将要消失，
世界正在觉醒，
在新的光明的一天，
再没有人来诽谤我们，
再没有人来约束我们，
再没有种族歧视，
再没有人来嘲笑我们。

她的诗集中，有一首题为《所有人都是一个民族》，呼唤全世界人民团结一致，大家平等相待，不同的肤色“黑色的，黄色的，红、白或褐色的”，都应该是一个民族。诗歌中还有专门吟诵《自由》之篇，为幸福而吟诵《寄予希望》之篇。

我们和土著作家凯思·沃克的会见，给我们留下了深刻的印象。我们访问了这个蓝色大陆，时间过去多年了，但是与沃克会见时的情景，还不时跃现在眼前。她代表土著族发出的声音，还在我的耳中回响。

寒冷的北国，人们的进取心声

北国加拿大人，其进取精神令人钦佩。从加拿大的领土来说，是世界最大的国家之一，除了俄罗斯，就是加拿大，国土面积，为世界第二位。加拿大在地球的北端，其面积997万平方米公里，但人口只有2000多万。这个国家大部分地区覆盖着冰雪，但东南地区比较温暖。人口大部分集中在东南狭长地带。

加拿大的出版事业，从规模上来看，比不上世界上其他国家，如美、英、法、德、日等国。但加拿大的出版事业有着不同的特点，它的民族进取精神，比较突出。

观察加拿大人，他们基本上使用两种语言文字，一为英语，一为法语。东南地区是加拿大最先开发的地方。17世纪法国人最先进入加拿大东部沿海陆地，开始移民。移民们艰苦奋斗，开拓了整个东部地区，就是现在的魁北克省。这里接受了法国的传统文化，融合变化成了加拿大部分的新的文化。在东北部海岸边缘的魁北克，就是加拿大文化的摇篮之一。

加拿大的西南部地区，包括安大略省和哥伦比亚省等广大地区，通行英语。200年前，美国独立战争中英军退出美国进入加拿大南部。此后英格兰人，苏格兰人、爱尔兰人陆续移民到这个地区。德意志人也有一部分移民进来。加拿大的西海岸，哥伦比亚的弗莱塞河谷，后来发现金矿，又促使大批移民进来，特别是从美国旧金山和中国内地移来了很多华人。加拿大的移民，除英、法、意、德国人以外，就是华人，华人占移民的第五位。温哥华气候温和，有如中国北方沿海，生活较舒适。移民还有从意大利、西班牙、葡萄牙等国来的，也有来自南美洲的。本地的印第安人和北海边的爱斯基摩人，他们土生土长，为加拿大最早的祖先，他们在人类社会的早期，为加拿大文明做出了贡献，但是由于生活和生产的条件、种族的歧视和各种历史的原因，他们的人口越来越少，据称现在不够加拿大人口的1%。他们不时发出斗争的呼声。

在80年代初，加拿大的出版事业，基本上分为英语和法语两个部分。全国共有出版社310家，其中英语部分有250家，法语部分有60多家，全国一年出版图书3000种。英语出版社，大部分在多伦多；法语出版社集中在东部的蒙特利尔。但出书以国外的公司为多。加拿大出版有10卷本的《加拿大百科全书》。全书系统的介绍加的历史、文化、教育、地理和经济的状况，介绍全国的工业、商业、交通运输和进出口的面貌。《加拿大百科全书》在世界的学术界，占有相当的地位。

多伦多是加拿大全国文化中心，开设有不少的书店，其中有世界最大的书店之一，名称就叫“世界最大的书店”。这家书店被认为和世界最大的书店—伦敦的福依尔书店齐名。

北国加拿大，比较重视文化，政府为了提高人民的科学文化，大力发展教育事业，取消书店交纳营业税。一般商业，需纳税7%，而书店则可以优待，得以免除。书店中的读者很多，特别是星期六、星期日和中午，看书和买书的青年很多。所有图书，除豪华本以外包括新装的画册，一般都开架售书。有部分画册，用透明塑料袋纸包装好，不能随便打开，但旁边都有样本，读者可以任意翻阅。书店充满着青年人。

加拿大的出版社，无论是出版英语图书的出版社，还是出版法语图书的出版社，大都是中、小出版社。加拿大本国人开办的出版社，规模更小些。这里有许多国外的大出版公司，如美国、英国、法国在加拿大都有分公司。美国的泰勒公司，英国的培格曼公司、麦克米伦公司，法国的阿歇特集团，在这里都有分支机构。有的既搞发行，又出版图书。在加拿大书店中出售的图书80%以上为英、美、法出版的进口图书。国外的图书占领着加拿大图书的主要市场。而加拿大本国出版的图书只占市场的20%，居很次要的地位。这种情况，除了语言上的原因（与美、英和法国有相同的语言文字）之外，和加拿大的经济情况有很大的关系。加拿大的工业、矿业，国外的资本占有相当大的比重。因外国私人企业对加拿大的生产资料占有、控制和影响很大，对其国民经济起了不小的作用。对于这种情况，加拿大的知识界不时流露微言，广大人民产生着一种民族的抗争精神。这种精神在加拿大出版的文学作品中，也有所反映。

在加拿大，其出版商协会不只一个。有英语系的称为加拿大出版商协会，由加拿大具有民族资本的出版社参加，地址在多伦多，是加拿大中小出版社的联合组织；有法语系的加拿大出版商协会，是加拿大东部地区中、小出版社的组织，地点在蒙特利尔；还有代表外国在加拿大的大出版公司、或外国与本国合资经济的组织，称为加拿大出版商理事会。此外，还有一些地方性的或专业性的私商协会。他们协会与协会之间的来往不多，但在自己的协会内部，则交往密切，例如一起到国外参加书展，联合向政府提出某种要求，联合出版共同的刊物，发出共同的呼声。

在文化中心的多伦多，我们访问了代表民族资本的加拿大出版商协会主席—里斯托先生。我们到里斯托先生自己开办的出版社去，他的出版社称为“里斯托与但尼斯出版社”。这家出版社坐落在一条僻静的街道上。他们有一座三层的小楼，楼内外十分整洁，室内铺着地毯。主人把我们引到楼顶的平台上，平台四周摆着花草，环境幽雅素静。里斯托先生把一位身材苗条的女士介绍给我们，她就是但尼斯女士。但尼斯女士和他合作办这家出版社，所以名称就叫“里斯托与但尼斯出版社”。

我们从里斯托先生那儿了解到，加拿大图书全部收入10亿加元，其中有8亿是属于外国财团的，2亿到2.5亿属于加拿大本国出版社。加拿大为了鼓励发展本国图书事业，政府补助成本20%～30%，一年拨给2千万～2.5千万加元。里斯托先生说：“如果不是这样，就很难和国外出版集团竞争。”另外，地方政府对本地出版社出版的图书还有资助。把加拿大出版的图书，翻译成外国文字向国外发行，也提供帮助，政府资助一部分翻译费用。有特殊情况，还可向政府提出申请，政府视情况还给予补贴。

这家里斯托与但尼斯出版社规模较小，他们一年出版图书20种，营业额100万加元。全社的职工共有10人，出版的图书以文学书籍和一般社会科学书籍为主。他们出版的图书有三分之一出口。他的出版社在加拿大有相当地位。

加拿大的法语系出版社，情况与英语系出版社相同。我们在蒙特利尔访问了法语系出版商会。这个协会的出版社，大多一年出版几十种书籍，但是有1/3的书籍出口。蒙特利尔也是加拿大的最大城市之一，人口200万。过去蒙特利尔比多伦多繁荣，现在不如多伦多。但它仍是加拿大很重要的城市。工业矿业很集中，贸易十分发达，是加拿大的第二大城市。这个城市的图书市场，法国的图书占有重要位置。书店里八成图书是外来货。民族资本的出版业，处在弱势的位置。

蒙特利尔的出版社和多伦多的出版社一样的，本国人开办的出版都得到加拿大政府的补贴，同时地方政府也不时资助。政府对民族资本的出版业的帮助和支持受到称赞。要发展和壮大民族资本的出版业，也不是一时就能做到的，这是整个国家民族的经济地位问题。在经济领域，外国资本和外国公司占有重要位置。美国是他们的邻居，富有的兄弟就在他们的身旁。他们的祖辈英国和法国，和他们有着千丝万缕的关系，欧洲人的富有，也不会忘记那广漠的和有着丰富资源的大西洋北国。加拿大本土民族的抗争，已经经历了许多年代，现在还在继续，要与那些强国富国平起平坐，还有待于子孙的斗争和奋起。

第九篇 邓小平理论传西方

中国人民清算了“四人帮”的罪行，批判了极“左”的政策，执行共产党正确的思想路线，在邓小平同志领导下，中国开始实行改革开放政策。人们摆脱了陈旧思想观念的束缚，精神焕发，迅猛前进。此时，中国社会的变革和发展的势态，引起世界极大的关注，人们想了解中国，想阅读邓小平的著作。

1984年，西方出版社首次出版了一部《邓小平文集》。这部《文集》的出版，引起舆论界的轰动，对西方社会发生了重大的影响。

在现代历史上，邓小平同志是中国的重要领导人之一，但是西方还没有出版过他的文集。以前有些文章是作为中国共产党的文件，通过媒体在西方传播，但是没有系统出版过他的著作。

这部《文集》的出版，从开始到结束，我都参与其事，包括最先策划出版、组织联系和推动方面的工作。为了促进和完成这件大事，我受组织委派曾多次出访英国。

《邓小平文集》英文版于1984年首次在西方出版，这是邓小平理论系统地向海外传播的发端。负责出版这本文集的，是英国当时最大的一家出版公司——培格曼公司。《文集》出版之前小平同志写了“序言”，这篇“序言”当时在国内还没有发表。

小平：我深情地爱着我的祖国和人民

这本书在1984年12月6日开始在世界各地发行。在该书即将问世时，我写了一篇介绍文章，讲述全书的内容，还特别介绍小平同志书写的《序言》。《序言》中说：“我荣幸地以中华民族一员的资格，而成为世界的公民。我是中国人民的儿子，我深情地爱着我的祖国和人民。”我引述了这些充满着激情的语言，并且用上述后一句作为我文章的标题。我的介绍文章在12月5日由新华社发出，《人民日报》和各地报纸纷纷转载。新华社当时亦将我的介绍文章翻译成多种外文，向世界各地传播。书出之前，由于“序言”未预先发表，所以国内外都引用我在文章中的介绍。“我是中国人民的儿子，我深情地爱着我的祖国和人民。”小平同志这些激动人心的语言，广为传播。文章发表以后，我就接到不少电话，想了解内情的朋友，纷纷向我询问小平同志这些热切的词语，如何查找。

小平《文集》在西方出版发行以后，引起轰动。他在“序言”中还说：“中国人民将通过自己创造性劳动，根本改变自己国家的落后面貌，以崭新的面貌，自立于世界的先进之列，并且同各国人民一道，共同推进人类的正义事业。”这些话体现了一位经历艰苦卓绝战斗的伟大爱国主义者和国际主义者的宽广胸怀，表露了他将继续进行不屈不挠战斗的决心。

“序言”指出：从20世纪50年代中期到70年代末，世界历史在错综复杂的矛盾和激烈的动荡中发展，社会主义中国和中国共产党也走过了自己的很不寻常的道路。这本《文集》里的第一篇讲话，即1956年在中国共产党第八次全国代表大会上的《关于修改党的章程的报告》发表的时候，我国的社会主义事业，正以其蓬勃的生机和造成中国社会深刻变化的巨大成就，为世界人士所瞩目。六十年代中期以后的“文革”，使我国人民遭遇了一场巨大的浩劫。我们的国家经历了一场严峻的考验。从1976年10月，特别是中国共产党1978年召开的十一届三中全会以后，我们重新走上了健康发展的道路。这本《文集》里的大部分讲话都是属于这一时期。我想，这本小小的《文集》可以为各国对中国的情况、中国共产党的工作以及我们几十年来的历史感兴趣的人，从某些侧面提供一些材料。这就是我当初策划组织出版这本《文集》的原因。

西方对《文集》的内容，特别关注。因为那时中国的改革开放，引起全世界极大的重视。

“序言”还非常谦虚地说：近年以来中国经济、政治、文化各方面的发展，使得我产生了这样的想法：如果今天再就本文集中的同样的题目讲话，我也许会讲得更加完备一些。但是，已经客观地存在着的历史，除了不断地加深对于它的认识、理解之外，是谁也改变不了的。因此，我同意照讲话当时的样子全文编入文集，不做任何改动。如果有一天这些讲话失去重新阅读的价值，那就证明社会已经飞快地前进了。那有什么不好呢？“序言”中诚恳和坦率的言辞，表露了一位伟大领导人的宽广胸怀。

《文集》出版工作的发端

事情开始是在1980年的冬天，有一天中国图书进出口总公司的领导，同国家出版局联系，说英国有一较大影响的培格曼出版公司的董事长罗伯特·马克斯韦尔先生在北京，他想见出版界的领导，国家出版局的领导是否可以同他见一见面。那时我还在国家出版局工作，曾任副局长，当时就由外事部门安排，我以中国出版工作者协会副主席的身份和这位董事长相见。地点在国际俱乐部，以便宴的形式，在用餐中交谈。

闲谈间，马克斯韦尔忽然切入说，他们想出版邓小平的文集，文集将列入他们出版的世界领袖丛书中，希望我们能提供文章和照片；他们还想出版周恩来的传记，列入世界领袖传记丛书，如果有可能，希望同意他们派人来收集材料，整理编写出版。过一会又说：“传记写好当然要经中国领导看过。”还说：“如果可能，想请周总理夫人、中国著名人物邓颖超女士写序，最好还帮助搜集一些图片。”

对他提出的问题，我毫无思想准备，我原以为同他见面只是一般谈谈出版交流的问题。这时，我东问西问，实际上是在酝酿思想，搜索语言，考虑作答。我说：“这是好事，我个人是赞成的。”我接着又说：“写周总理的传记要搜集好多材料呀！时间是要比较长的。”在我脑子里，觉得小平同志的文集是可以出的，他们传播小平的理论，帮助我们作宣传，让西方了解中国，认识邓小平，不是很好的事吗？而且文章也是现成的。至于周总理的传记，自周总理过世以后，世界许多地方的出版社都有这样打算，但困难较多。我过一会儿又说：“好事我要促成，既然是好事我为什么不去促成呢！”

马克斯韦尔见我有如此表示，脸上立刻露出了笑容。他说：“我看你没有胆量办这件事吧？”这位商人采用激将法。我回答道：“我请示一下看看。”一会儿我把话题转到周总理的传记上，我说：“邓大姐也有相当的年纪了，而且公事也较繁忙，你们写传记要找邓大姐谈，可时间不好办吧？”当时我已经知道中国有一家有影响的出版社经邓大姐同意，已请人民大学一位教授在撰写周总理传记，作者与邓大姐已有接触。于是我说：“如果可能，我们给你们提供稿本，供给照片，由你们出版如何？”他说：“也好！不过还是由我们写好些。”我很懂得他的心思。但我的话语还是婉转地希望他接受供稿。当时便宴的气氛很好，我们还谈了一些交流图书的事宜，就互相告别了。

我回机关以后，就向上级写了汇报。同时对培格曼公司和马克斯韦尔的情况进行调查，并征询我驻英使馆的意见。

培格曼公司的确是英国一家大的出版公司，在美国、加拿大、澳大利亚都有分支机构。马克斯韦尔是英国的富豪，其拥有财产，在英国排在第六位。他是英议院的议员。当时他的事业很有发展，购买了英国《镜报》，据说该报仅次于《泰晤士报》，后者接近上层，前者接近中下层。他又购买了澳大利亚的《时代报》。他还拥有一支足球队，经常参加比赛，扩大影响。20世纪80年代初，非洲大旱，埃塞俄比亚尤为严重，马克斯韦尔捐助100万英镑，救济灾民，他还乘专机前往灾区表示慰问。撒切尔夫人为此写了一封信给他，大加赞扬。于是，他的名声大振。他本是捷克人，在第二次世界大战中，他到了英国，白手起家，成为富人。英国同业和他合不来，几乎水火不相容。

对于《邓小平文集》英文版，是否可以由培格曼公司出版，征求我驻英大使馆的意见，使馆作了长时间的调查研究，大使表示同意交该公司出版。

于是国家出版局正式向中央写了报告，报告很快得到批示同意。我们将此事通知培格曼公司，《文集》由他们出版，马克斯韦尔非常高兴。这样我们就开始操作，与有关方面和领导商量将收入哪些言论，还要张罗搜集小平同志的照片，以便上报送审。《文集》共收入8篇文章，这就是：《关于修改中国共产党的章程的报告》（1956年9月16日）；《在全国科学大会开幕式上的讲话》(1978年3月18日)；《在全国教育工作会议上的讲话》(1978年4月22日)；《解放思想，实事求是，团结一致向前看》(1978年12月13日)；《新时期统一战线和人民政协的任务》(1979年6月15日)；《在中国文学艺术工作者第四次代表大会上的祝辞》

(1979年10月30日)；《中国共产党第十二次全国代表大会上的开幕词》(1982年9月1日)；《中华人民共和国成立三十五周年庆祝典礼上的讲话》(1984年10月1日)。

收入上述言论，当时有这样考虑：

第一，坚持马克思主义，从中国实际出发，建设中国特色社会主义的思想。粉碎“四人帮”以后，中国向何处去，是国内外十分关注的问题，《文集》要回答上述问题。小平指出：无论是革命还是建设，都要注意学习和借鉴外国经验。但是，照抄照搬别国经验、别国模式，从来不能得到成功。只有把马克思主义同我国的具体实际结合起来，从实际出发，才能取得胜利。小平说：“走自己的道路，建设有中国特色的社会主义，这就是我们总结长期历史经验得出的基本结论。”

第二，表明中国坚持改革开放的政策。对内经济搞活，对外经济开放，是长期的政策。我们实现四个现代化主要依靠自己的努力，自己的资源，自己的基础，但是离开国际的合作是不可能的。应该充分利用世界先进的成果，包括利用世界上可能提供的资金，来加速四个现代化的建设。小平指出：马克思主义的基本原则就是发展生产力。搞社会主义，中心任务是发展生产力，一切有利于发展社会生产力的方法，包括利用外资和引进先进技术，我们都要采用。

第三，阐明科学是重要生产力。小平说：现代科学技术的发展，使科学与生产的关系越来越密切了。科学技术作为生产力，越来越显示出巨大的作用。现代科学技术正在经历着一场伟大的革命。近三十年来，现代科学技术不只是在个别的科学理论上、个别的生产技术上获得了发展，也不只是有了一般意义上的进步和改革，而是几乎各门科学技术领域都发生了深刻的变化，出现了新的飞跃，产生了并且正在继续产生一系列新兴科学技术。现代科学为生产技术的进步开辟道路，决定它的发展方向。社会生产力有这样巨大的发展，劳动生产率有这样大幅度的提高，靠的是什么？最主要的是靠科学的力量、技术的力量。

这些文章中还有许多重要的论述。文章主要反映了改革开放以来，邓小平同志在推动和指导我党我国人民医治“文革”创伤，拨乱反正，实现伟大的历史转变过程中，作出的卓越的贡献；并根据马克思主义和我国国情，确立了走具有中国特色的社会主义正确道路；反映了我党恢复和发展了毛泽东思想的实事求是的思想方法。

好事多磨

出版《邓小平文集》，这是一件何等重要的工作。

《文集》的出版计划与收入书中的文章，经请示同意后，就请中央编译局译成英文，照片请新华社帮忙。编译局与新华社非常重视，工作进展很顺利。我们将译好的文章发给培格曼公司，同时将全部文章的副本抄一份给我驻英使馆。

在与培格曼公司的联系中，马克斯韦尔又提出，在《文集》出版之前，他希望见到邓小平先生，并且提出一些问题，请邓小平先生回答，以便同时刊载在书上。不久我在北京第二次和马克斯韦尔见面，他再次提出想见小平，并说他出版各国领袖的丛书，他都见过那些领袖。还说他去过前苏联，多次见过勃尼日涅夫。他见邓小平先生，可以是礼节性的，希望照几张相刊在书上。他说了许多话，其实我早就懂得这位先生的心思。

为此我们又向上打了报告。报告很快得到批复，当时中央主管宣传工作的领导邓立群同志，他给我写了一封信：

"力以同志：问了小平同志，他说：一，相片只提供一二张，向新华社要；二，可以书面答问，请把问题先提来；三，是否见面，到时再说。"时间是1982年2月17日。

上述第二和第三点的意思，我婉转地告诉了马克斯韦尔。后来他想向小平同志提问的问题，送了过来。但他不断表示，希望邓小平接见，即使时间很短，照几张相也行。

他提出的问题，小平同志很快作了书面回答。这样《文集》中加上《罗伯特·马克斯韦尔提问的书面回答》，就有9篇文章。还有需要的照片，我们从新华社取来许多各个历史时期的照片，请小平同志亲自挑选。他选出不是一二张，而是31张，全都同意他们发表。小平同志为《文集》的出版，还写了《序言》。

书面答问和照片，以及小平同志写好的《序言》，都一并送出。文字的副本，也送我驻英使馆一份。但是事过半年，《文集》还未出版，我使馆的同志去催促，亦无结果。我们很想甩开他们，另寻途径。

1982年12月，我正好有一机会率出版代表团访问英国，由英出版协会邀请。我为《文集》出版之事，急不可耐地奔到培格曼公司，与马克斯韦尔见面。他非常客气，但是他的中心话语仍是希望出书之前，得到小平接见。我婉言劝说，书出之后也可寻找机会，但是他好像没有转变念头，还一再说，他本人无论在伦敦、北美、澳大利亚或南非，在世界任何地方，只要有一电话召唤，他立刻可以飞往北京。在这次会见中，他又提出《文集》中，希望补充新内容，于是我们主张加上小平同志于1982年9月1日发表的《中国共产党第十二次全国代表大会开幕词》，正好十二大刚开过，我使馆也有此文件的英文本，我回来即从使馆取到文件送去。

事情还是不那么简单，《文集》的出版又拖了时日，我使馆做了许多工作，都未见效。这位被称为友好的商人，不断出现波折。当我们催问急时，他竟撒谎，说印厂失火，稿子被烧了。事实上经我从旁查对，并无此事。话说回来，即使烧掉，我们也有副本，他并没有提出要求。如真有此事，还有赔偿问题。我们生气之极，想立即同他切断干系。后来还是使馆和我们一起对他多做工作，说明今后中国出版方面与培格曼合作的前景，晓以利害，最后还提出要撤回稿件，并告其已有合作者。

过了不久，他改变了态度，表示歉意，准备出版。这样我们就原谅了他的过失，《文集》还是让他们出。为了保证事情不再发生变化，我国出版协会王仿子副主席还专程赴英，与培格曼出版公司签署了正式协议。

受派遣赴英参加《文集》出版发行仪式

柳暗花明又一村，事情终于有成。我们也不计前嫌，出了书就是好事。1984年《文集》出版了。

这年12月，我受组织的派遣，前往伦敦出席《文集》的出版发行仪式和新闻发布会。这部《文集》在西方的出版，我心情特别激动，因为我自始至终联系这件工作，觉得经过不短的时日，这件大事终于有了好的结果，心中有说不出的喜悦。

《文集》的出版，在欧洲、美洲和全世界引起注目，西方媒体已发出了信息。12月6日，出版发行仪式在中国驻英大使馆大厅举行。当日中午，伦敦的学者名流、同中国交往密切的朋友、外国的记者以及中国驻英的《人民日报》与《光明日报》记者被邀前来与会。正在英国访问的中国科技出版代表团，亦前来参加。与会人数虽不多，但厅堂不大，很是热闹，大家情绪很热烈。

厅中的长桌上陈列着许多新出的印有红色封面的《邓小平文集》，红光熠熠，很有生气。早来的朋友有的在交谈，有的在翻阅这本《文集》。开会的时间之所以定在中午，是让大家有充裕的时间。伦敦的冬天，早上多半是有雾的，等到雾散云开，对前来与会的朋友，在交通方面也较方便一些。

会议开始，首先由中国驻英大使陈肇源同志致辞。他叙述了中国经济的发展和对外开放的政策，尤其是他着重讲了邓小平同志在中国所作的贡献以及对世界发生的影响。他在讲话中特别感谢英国培格曼出版公司出版这本书，使世界广大读者了解中国，认识邓小平。

接着由培格曼出版公司董事长罗伯特·马克斯韦尔讲话。他讲到这本书在西方最先出版的意义，还介绍了这本书出版的过程，其中说到我给他的帮助。又说《文集》在1981年作者就写了《序言》，但一直拖到1984年才出版，他表示歉意。

会议第三位的发言轮到我。我本来准备有发言稿，但是看见前面两位都没有拿稿子，我也没有从口袋里取出来，免得过于拘束了。我介绍了《文集》中列入的文章，特别说到小平同志专为《文集》的出版写了《序言》，《序言》充满感情，我当即朗读了我这篇文章开头引的那段话语。我还介绍了书中有小平同志《对罗伯特·马克斯韦尔提问的书面回答》，这篇答问，让世界人们了解中国当前发展的局势和改革开放的政策。我还说明收入小平同志各个历史时期的照片，连同封面的照片共31张，这些照片是小平同志亲自选定的，而且大部分都未发表过。我在发言中感谢培格曼公司出版了这本《文集》，同时还说到这本书的出版，我驻英使馆的同志们出了大力，给予帮助和推动。我还特别说到我这次来伦敦以后的前些日子里，曾去参观过培格曼公司的印刷厂，当时亲眼看见工人们正在赶着印装《邓小平文集》，当陪同的朋友介绍我们来自中国时，工厂里响起热烈的掌声，对我们表示欢迎。

会议的讲话结束以后，大家举杯为《文集》的出版表示热烈的祝贺。会议是一种酒会的性质，朋友们三三两两聚在一起，随意交谈。有的在议论世界的形势，有的关注香港的回归和发展的前景，那时小平同志已经同“铁娘子”撒切尔夫人谈妥，中英已签署了协定。有的朋友在指点《文集》的照片，兴趣甚浓。会议和聚谈有两个多小时。大家随意用了一些点心以后，每人都带一本《邓小平文集》，高高高兴兴地离去。

向小平汇报，在北戴河的接见

《文集》出版了，小平同志较系统的言论在西方最先传播，引起全世界很大的反响。国内外都作了重要的报道，外国媒体发了介绍和评论。由于培格曼公司在世界各大城市都有分支机构和联系单位，发行较广，影响很大。培格曼在加拿大和澳大利亚的分公司，我曾有接触，我访问澳大利亚时，曾到过这家分公司做客，认识分公司的经理，这位经理也曾来华访问过，我还接待过他。所以对他们的经营业务，并不生疏。《邓小平文集》出版发行时，培格曼的加拿大分公司和美国分公司也举行过发行仪式。

《文集》出版以后，小平同志要见马克斯韦尔。通知到了英国，马克斯韦尔喜出望外，当即带随从数人，其中还有他属下的一位女记者，一同飞抵北京。他说通知他来北京时，他正在莫斯科，他立即赶来。

他到北京以后，在一次酒会上，他对出版《邓小平文集》拖延了时间，当众表示道歉，他说他犯了大错，我们原谅了他。看来他当时态度是比较诚恳的。

此时是夏天，小平同志在北戴河，通知我们领客人到北戴河见面。

这是1985年8月2日，我们陪同马克斯韦尔一行到了北戴河。我们一起前往的有朱穆之和刘杲等同志。为了赶时间，我们从南苑机场乘专机前往。下午三时，在驻地俱乐部，等候接见。这里距离海滨很近，只有几百步之遥。俱乐部大厅，也是接见宾客的大厅。厅前喷水池，喷出高高的水花。厅堂内布置素雅，厅堂上方墙壁上挂着一大幅国画，题为三友图，即松竹梅岁客三友，以老松为主体，老松茁壮青绿，下边满开着梅花，而在边上却衬着淡淡绿色的竹子，满有些诗意和寓意。小平同志在北戴河时，常在这里接待宾客。

我们在厅堂内，等待小平同志接见。不一会儿小平出来了，我先向他作了汇报。小平听力有些差，他示意我坐在他旁边，靠近他一些。我向他汇报约有20分钟，将《文集》出版的过程，以及马克斯韦尔在英国的地位等情况做了简要的叙述。小平问，他多大年纪了？我说，61岁。小平说，年轻人嘛！我说，《文集》收有小平同志一张新近的照片。小平说，是呀！我种树的那张。

小平又说，是礼节性见面吧！我说，马克斯韦尔还想提出一些问题。他想了解小平同志对世界局势的看法。他还要求合作出版《中国概况》画册，他在伦敦见赵紫阳同志时，赵紫阳同志已经答应他；他还想做《中国日报》在欧洲发行的合作者。小平即说，好嘛！我就说以后可以和他进一步商量。

我的汇报接近结束时，在客人进入之前，同我们一起来的周水玉同志，她是在国家出版局搞外事的，乘空拿出一本《邓小平文集》。请小平签名。小平即说，签名？好办嘛！他不戴眼镜，随手即签。

过了一会儿，马克斯韦尔一行进入接见室。小平同志和他们一一握手，并照了相，就开始谈话。这时马克斯韦尔将准备好的用羊皮特制封面的《邓小平文集》，赠送与小平同志。次日报上刊登了新华社发出接见的消息，并刊登了接见时的照片。晚上电视台播放了接见时的新闻。

在接见时，小平同志谈了许多，态度十分平和。在谈到中英关系时指出：中英关系是良好的。双方正在努力扩大合作领域，双方对相互间的合作都抱积极的态度。他说，我们很愿意同欧洲发展经济关系。如果英国和其他欧洲国家在技术转让方面采取更开放的政策，中国同它们的经济关系将会有更大的发展。道理很简单，如果中国不能从西方包括欧洲在内取得技术，因而生产出能适合这些国家市场的产品，那么，相互间的贸易是不能发展下去的。希望欧洲会有更多的资金投到中国市场来。

小平同志在谈到美国的“星球大战”计划时说，“星球大战”同增加几个核弹头、改换几个新型号的导弹有着质的不同。“星球大战”干不得，它会使两个超级大国之间的军备竞赛发生质的变化（谈话内容请参阅《邓小平年谱》1065

页）。

小平同志的接见，使马克斯韦尔非常兴奋，他高兴至极。在回来的路上，他的话语不断。我们回程时，因天气关系，由飞机改乘火车。在车上，他又与穆之同志聊了不少时间。

以后《文集》英文版又再版，在世界各大城市扩大发行，邓小平理论，在海外影响与日俱增。

马克斯韦尔回到伦敦不久，培格曼出版公司寄来一些稿费，小平同志收到后，即转赠与少年儿童基金会，以资助少年儿童的活动。

在这里，我还要向读者顺便说及，培格曼公司的董事长马克斯韦尔，这位英国富豪、出版巨头，最后他的事业走到末路上了。他因大量贷款而欠债，无法偿还，在20世纪80年代末的一个夏天，他失望之极，孤单一人乘游艇到地中海，假装游玩，跳入碧波的大海，一去不复还。他破产了，商号倒闭，资不抵债，儿子也受拖累。马克斯韦尔先生成为历史上广受评论的人物了。后来他夫人出版了一本书，也叙述了他们的家庭和马克斯韦尔的景况。

第十篇 改革开放照四方

《关于三中全会以来出版工作汇报提纲》起草时的形势回顾

1981年5月8日，中共中央总书记胡耀邦同志批示，中央书记处要对出版工作进行讨论，要有关同志作些准备。这是非常重要的事情。因此，要写出向中央汇报的提纲。当时国家出版局党组不断开会，商量提纲如何起草。

中央讨论出版工作，这是难得的好机会。这件事到现在已过去近30年，回顾当时的详细情况，也非易事。

20世纪80年代开头，大的形势是，自小平同志主持中央工作以后，各方面工作在党的正确路线引导下发展很快。1981年6月，中国共产党召开了十一届六中全会，会议作出了《关于建国以来党的若干历史问题的决议》。这个《决议》关系重大，是党对新中国成立以来的历史的总结，是今后工作的指南。这是人人关心的大事。《决议》回顾了党的发展历程，肯定了“文革”以前17年的伟大成绩，指出了“文革”的严重错误和人民所遭受的损失，明确了毛泽东思想的历史地位和贡献，同时指出毛泽东同志所犯的错误。

“文革”以后人们对毛泽东的议论较多，对毛泽东个人有不同的看法，不少人对毛泽东的缺点有许多说法。当时人们思想较开放，因为没有过去那样的对待了，说错一句话就如何如何，甚至关系到一个人今后的命运。人们的顾虑少了，所以在各种场合都有不同的声音。

对于毛泽东、毛泽东思想，应该有统一的思想和看法，特别是小平同志认为，对这个问题不能再拖延。在起草此《决议》之初，小平同志就不同意一些同志认为应等待以后再作决议的意见。小平提出：《决议》要特别明确，要确立毛泽东思想的历史地位，要坚持发展毛泽东思想。他认为这是最核心的一条。他同时指出，对毛泽东同志的错误，一定要毫不含糊地进行批评。但是一定要实事求是，分析各种不同情况。小平还说：总的来说，1957年以前毛泽东同志的领导是正确的，1957年“反右派”斗争以后错误就越来越多了。总之，新中国成立后17年一段，有曲折，有错误，基本方面还是对的。说到“文革”十年，小平说“文革”同以前17年中的错误相比，是严重的，全局性的错误。它的后果极其严重，直到现在还发生影响。说“文革”耽误了一代人，其实不止一代，它使无政府主义、极端个人主义泛滥，严重地破坏了社会的风气（详见人民出版社出版，中共中央文献研究室编《关于建国以来党的若干历史问题的决议》注释本，小平同志对起草《决议》的意见）。

《决议》的起草，在小平同志直接指导下，并按照他的论点写出初稿，最后经中央全会讨论通过。《决议》通过以后，党内有了共同的看法，在社会上也得到赞同。《决议》对混乱的思想起到了澄清的作用。当然，在社会上也免不了有不同的声音，这也是可以理解的。

改革开放几年来天空放出光明的异彩，人们思想比较活跃，但社会上也出现不少混杂的声音，此种现象引起小平同志的注意。他发表了意见，要主管方面高度重视。这就是1981年7月17日，小平同志同王任重、朱穆之、周扬、曾涛、胡绩伟几位同志的谈话。小平同志就当前思想战线上的问题，特别是文艺问题发表了意见。他说有些人思想路线不对头，同党唱反调，作风不正派，但是还有人欣赏他们，热心发表他们的文章，这是不正确的。谈话还列举了思想战线特别是文艺战线存在的问题，严肃批评了《苦恋》等作品的错误，并指出当前的主要问题，不在于有这些现象，而在于我们对待这些现象处置无力，存在着涣散软弱的状态。小平同志还特别指出，这不仅是文艺战线的问题，其他方面也有类似的问题。小平又指出，当然对待当前出现的问题，要接受过去的教训，对于这些犯错误的人，批评的方法要讲究，分寸要适当。不要搞围攻、搞运动。

小平同志谈话以后，中宣部召开了思想战线问题座谈会，讨论了小平同志的谈话。接着相关部门都作了讨论。出版方面，国家出版局党组根据中央十一届六中全会《决议》和小平同志对思想战线问题的谈话，进行深入的讨论，并对相关的问题提出了意见。

从1979年到1981年，改革开放已有三年左右，这三年出版事业发展的确很快。当时恢复和整顿了被“文革”破坏的出版体制，调整了地方出版社的方针，加强了学术著作、文学作品和通俗读物特别是政治理论通俗读物的出版。对外国学术和文学的翻译工作，也提出了初步的规划。词典方面，重头戏《辞海》已经出版，《辞源》正在加紧修订，大型辞书《汉语大词典》和《汉语大字典》也抓紧有步骤地进行。《大百科全书》的筹备，已设立了出版社，并建立编委会，分专业开始编撰工作。在印刷方面，逐渐恢复，并且逐步增加了设备。发行工作，虽然有一部分压库的书等待处理，但市场销售很热，工作步步上升。据统计到1981年底，全国出版图书已达25000种，印数55亿多册。品种和印数增长很快，每年以两位数字增长。1981年出版用纸量是最高的一年，比1976年增长了一倍半。此时，“文革”造成的严重书荒已经大大缓和。从1979年12月长沙会议以后，到1980年底一年的时间，出版社就增加了50多家，出书范围扩展，质量都有很大提高。

但是问题也有不少，重要的是一些出版社强调经济效益，出版了不少内容不健康的畅销书，甚至有的对青少年思想健康有害。表现较为突出的是神怪、武侠等古旧小说印数过多，有泛滥之势。国家出版局曾三令五申，对此类读物在印数上严加控制，特别是还规定了这类读物印数不得超过3万册。但是指令归指令，违规者并未刹车。因为没有什么处罚措施，法律没有跟上，单靠做思想工作，或只有上级行文，都难以制止。

探讨其根源，根本上的问题是出版社的经济利益问题。有的是经济收入不多，难以补助出版印数过少的学术性的以及有科学文化传播和积累价值的著作。有的因上交任务繁重，或为增加职工的福利考虑，出版社的天平就倾到了另一边，再加上思想看法不同，就出了问题。

这种现象，除了干部的修养和工作人员的政治素质以外，还涉及国家对出版事业的经济政策，如上交指标、经济上扶持、资助以及税收等方面的问题。当然也要考虑到国家的财力，而不能只有单方面的要求。在主观方面，领导上采取措施和管理不得力，思想工作没跟上，都是问题发生的原因。

1981年总的形势是很好的，小平同志的谈话，为思想战线工作的同志们敲了警钟，使大家思想更加明确。

出版工作的汇报提纲就是在这种形势下起草的。汇报提纲的执笔者为当时国家出版局办公室主任宋木文、出版部主任刘杲和研究室主任倪子明同志，他们都是国家出版局的秀才。他们日以继夜，根据党组多次讨论的意见，数易其稿。起草者深深感受到当时的形势和周围的气氛，提纲不但要体现当时思想战线上的问题，而更重要的是要从总的方针政策上着眼。执笔者的工作很辛苦。汇报提纲在听取了中宣部领导的意见再作修改后，由中宣部送请中央书记处进行讨论。

提纲名为《关于三中全会以来出版工作汇报提纲》。开头先根据中央六中全会及思想战线问题座谈会的精神，检查了近几年来的出版工作，接着就如何改变出版部门领导的涣散软弱状态以及当前发展出版事业亟待解决的问题，提出改进的意见。

提纲肯定了近年来出版工作取得的成绩，并提出工作的基本任务。对今后出版事业的发展，图书出版的规划，队伍的建设和规章制度的制定以及如何加强印刷和发行工作，都提出了意见。

对于贯彻执行出版工作的基本任务，汇报提纲提出："出版工作的基本任务：宣传马列主义、毛泽东思想，传播和积累科学技术和文化知识，丰富人民的精神文化生活。"

"针对当前存在的问题，正确贯彻出版工作的基本任务，要求我们既要重视图书的宣传教育作用，出好系统的有说服力的阐述四项基本原则的著作，广泛宣传社会主义和共产主义的思想、道德风尚、劳动态度和高尚的思想情操、生活方式和审美观念；也要重视图书对智力开发和文化积累的作用，广泛地介绍和传播一切有利于社会主义建设的科学技术和文化知识。对于涉及现实政治问题的书稿，必须遵循中央规定的统一的宣传口径；同时要鼓励著译者的独创精神，书稿的取舍上要有利于促进在社会主义方向下的学术讨论的自由、各种文艺形式和风格竞赛的自由，使创作和著述繁荣起来。"

汇报提纲还提出大力提高出版物的质量，认为质量第一，力戒粗制滥造，在提高质量的前提下积极增加图书品种。要采取多种办法鼓励优秀图书的出版。坚决克服出书中的混乱现象，制止坏书的出版，反对传播不健康的、消极的甚至有害的图书。

汇报提纲提出要根据中央宣传部转发的《出版社工作暂行条例》的规定，认真总结经验，健全制度，加强领导班子和编辑队伍建设，努力提高管理水平。

对于现有期刊，认为主要问题是有一些刊物编辑力量薄弱，有的领导骨干缺乏理论基础，容易受错误思潮影响。要求各主管部门要切实加强对刊物的领导，定期讨论编辑方针，及时研究解决编辑工作中的重大问题。

针对书刊印刷厂和书店资金的困难，提出城市建设部门要把书刊印刷厂和新华书店门市部的建设纳入城市建设规划，希望中央和地方有关部门在核定基建项目和物资计划、外汇计划时，要积极支持出版部门的需要。

中央书记处在中南海勤政殿讨论出版工作

1982年2月4日上午，中央书记处召开会议，讨论国家出版局党组《关于三中全会以来出版工作的汇报提纲》。这是20世纪80年代初，中央书记处第一次听取汇报和进行讨论这方面的工作。

开会之前，中央办公厅通知王子野、王益和我参加会议。陈翰伯因为身体不好，没有通知他参加，但当时他提出希望容许他也去，他的要求被同意，这样我们四个人同去参加这次会议。我们按时到了中南海勤政殿，中央办公厅秘书局副局长周洁在门口等候我们。周洁此前曾担任人民出版社的副社长，我们很熟悉。

中央领导同志到会的有：胡耀邦、胡乔木、万里、习仲勋、余秋里、谷牧、宋任穷、彭冲。参加会议的还有国务院秘书长杜星垣；中央办公厅邓力群、冯文彬、王玉清；中央宣传部朱穆之、赵守一、廖井丹、边春光；国家出版局我们四人。

会议由胡耀邦主持。会议开得生动活泼，许多领导同志提出尖锐的意见，有的在插话中提出重大问题。整个上午议论的气氛热烈，批评中肯。

胡耀邦首先讲话，他说，我们是社会主义大国。一是我们建立了社会主义制度，但在经济上有困难。我们必需巩固和发展社会主义制度。二是必须提高我们的科学文化水平。要牢牢地掌握这两条。不能容许那些反党反社会主义的言论和作品、那些乱七八糟的东西来腐蚀我们的思想。

他说，斯大林非常赞扬列宁提出的关于共产主义思想不会在工人中自发形成，要靠灌输的说法。共产主义思想要灌输几代人。任何时候都要重视政治理论书的出版。政治读物可以不赚钱、少赚钱或有意识地亏本。这一条必须坚持。

第二条发展科学教育事业，提高人民的科学文化水平。教科书的出版，任何时候都要放在第一位。解放前，上海等地出版鲁迅的书，拼命发展文化和文艺，这也是为政治服务的。现在文艺不能不发展，科学也绝不能不发展。小青年叫唤文艺书买不到。出版部门要重视科技书的出版。出版科技书，对于提高人民的科学文化程度有重要的作用。

耀邦说话总是提纲挈领，开头就把问题提到理论高度。

当读到提纲中讲贯彻出版方针、出版方向的问题时，耀邦觉得提纲对问题没有说清楚，需要有一个文件，有了文件就可遵循。他当即提出，你们要国家出版局代中央起草一个文件，五、六页就可以。

会议接着又讨论了有关期刊、科技书的印数问题、印刷质量问题、需要对书店员工进行培训及书店库房不够应如何解决等问题。特别是谈到教科书不能及时供应，大专教材40%课前拿不到书的问题时，耀邦说，这是关系到子孙后代的大问题。大家对这个问题的认识非常一致。会上，乔木提出了出版社利润可否不上交或大部分留成的问题。他还强调出版社在政治上要把关，并且加强工作制度，提高出版物质量。

会议最后，乔木建议，请中宣部代中央和国务院起草一个加强出版印刷发行工作的决定。凡须加强的事，都列出来。胡耀邦强调说，由中宣部牵头，乔木同志把关，这个文件拿出来要下点工夫。不能主次不分，思路不清。

会议开了3个小时，到中午才散会。这次会议对出版工作，的确认真做了讨论，而且对问题提出了解决的途径和办法。乔木主管这方面的工作，会上为解决工作困难，大力呼吁。

会议缺少主管经济方面的领导参加，是一缺憾。但是对经济方面，大家异口同声呼吁要给予帮助，要解决问题。事实证明，后来中央财政拨款帮助建设书店的库房，在印刷设备方面也分年投资，解决了很大的问题。

会议最重大的成果，是为中央起草一个决定，这是耀邦先提出来的。这个决定就是中共中央、国务院《关于加强出版工作的决定》，此决定经中央书记处讨论后，已于1983年6月发出。

这是“文革”以后，中央第一次全面讨论出版工作，是一次非常重要的会议。当天下午，由我负责就中央讨论出版工作会议的情况，向国家出版局党组其他同志做了详细传达。以后大家展开充分讨论，并议论下一 如何贯彻和落实。

走马上任中宣部出版局局长

1982年春天国务院机关进行调整，这年5月，我被调回中宣部，担任出版局局长。

国务院机构的调整，从年初就开始酝酿了。2月3日，姬鹏飞同志主持在中南海小礼堂开会，由有关单位的司局以上的干部参加，动员文化部等五个单位机构进行合并工作，对外文委、国家出版局、国家文物局、外文出版局合并于文化部。此后，合并工作就逐步展开，下面机构没有变动，只是领导关系进行调整。调我到中宣部工作，调令早就下达，但是我有一些收尾工作，过了这年的五一节，才去报到。我调回中宣部之前，边春光主持中宣部出版局，机关调整后我和他对调，他调任文化部出版局局长，为文化部党组成员。

我自1951年到中宣部，一直到“文革”开始以后，又到宁夏干校，至林彪摔死在温都尔汉，干校基本上结束了，才离开老窝。此时中宣部这个“阎王殿”也还没有恢复，干部都分配到各单位去了。我到了国家出版局工作，那时叫出版口。

在国家出版局工作，其性质同过去差不多，只是行政事务方面多了一些。“文革”以后这里事情特别忙碌，有一天一个老同志到我办公室来，看到我办公室人来人往，穿梭不断，他就说：你在这里能思考问题吗？能做思想工作吗？还能写文章吗？他坐下来和我交谈，还没有说几句，又被进来的人打断，他只好匆匆离开了。

我回到中宣部以后，又在中南海办公，过了一段时间才搬到六部口。我回到中南海时，当时心情很不一般。中南海的景色如前，海里的绿波还依旧轻轻荡漾，海边的便道还是树荫蔽日，在海边散步，仍然感觉很舒适。但是经过了多年，好像是换了人间，这里的房子有的进行了改建，有的是新建的，汽车也增多了，感觉境遇变迁，好似到了另外一个世纪了。

中宣部原来认识的同志不多了，领导层王惠德还在这里工作，他是中宣部副部长，我的老相识洪禹是理论局的局长，干部局局长郝一民、副局长唐联杰等也是过去相熟的同志，除了他们老中宣部的同志就不多了。过去在老中宣部通讯班工作的同志，那时还是青年，现在都是中年和老年了。他们见到我很亲热，过去大家一起打打羽毛球，是很亲近的。

新的出版局比以前的人多，老中宣部的人除了袁亮和赵含坤以外，都是初相识。有些在以前开会时接触过，也不算生疏。他们都有相当的工作经历和水平，大都经过"文革"的锻炼。

这时中宣部的部长是邓力群同志，他也是同年3月份被任命为中宣部部长的。他来了以后，宣布中宣部的局长名单时，说到我已经到任，并说新闻局钟沛璋就要到职。主管出版工作的是副部长廖井丹，他来中宣部已经有几年了，在工作上早已有来往。

从"文革"到1982年，中间16年，好像过了小半辈子了。此时人和事都有很大的变化，在文化宣传方面变化很大，周围干部也不熟悉了。面对工作，好像很生疏，似乎都要从头做起了。

我回到中宣部以后，主管出版工作的副部长廖井丹同志要我注意抓几件工作：头一件就是抓为中央对出版工作决定的起草工作；第二件是关于期刊的整顿工作要提出意见；第三件是考虑智力投资问题。这都是很大的事，廖井丹同志总是从大原则着眼。中宣部常务副部长郁文同志在5月13日和我谈话时，也强调希望今后出版工作要"虚"一点，不要多管行政事务，只管方针政策。在谈话中，他还鼓励我，说我过去一直在老中宣部工作，富有这方面工作经验，他相信我能搞好这个领域的工作。我觉得责任很重，在新的境遇中，不知自己能否胜任，心里不够踏实。

为中央起草加强出版工作的决定

20世纪80年代初，至关重要的是为中央起草关于加强出版工作的决定。自1982年2月中央书记处讨论出版工作汇报提纲以后，就按照胡耀邦同志的指示进行起草工作。

2月8日，中宣部出版局和文化部出版局领导一起就一些大的问题进行沟通，如方针原则、出版任务、发行与印刷措施、经费问题、干部培训等。起草人还是请汇报提纲的执笔者宋木文、刘杲、倪子明，加上袁亮4位同志动笔。接着，两局负责人又于同年3月和4月召开了多次联席会议，讨论《决定》的几次草稿，确定了修改思路。以后又召开专题座谈会，与北京的出版、印刷、发行、财务部门的负责人一起，详细研究印刷、发行事业落后的现状及解决资金的途径，为起草《决定》提供参考。

起草工作非常艰苦，草稿不知修改过多少次。这件工作由胡乔木、邓力群同志直接领导，1982年8月23日至25日，邓力群、廖井丹同志又连续召开三次人数较多的包括新闻出版有关单位负责人的座谈会，进一步研究《决定》的起草和修改。会上，大家又提出许多重要的建议。我在发言中，特别强调两点：一是要明确和端正指导思想，二是要解决经费困难。我觉得要发展出版事业，从当前的实际情况看，有没有经费，是一个非常重要的问题。要钱不是很多，只要中央关注，财政部门着力帮助，就可以解决。

在会上，邓力群同志讲了话，提出了许多要求。他还宣布，由中央书记处研究室徐荇、文化部出版局刘杲、中宣部出版局袁亮、人民出版社张惠卿四人，继续进行起草和修改工作。1982年12月28日至1983年1月8日，中央宣传部和文化部联合召开全国出版工作会议，征求对《决定》稿的意见，在这次会上，国家经委、计委等14位各部委负责人及各省、自治区、直辖市党委宣传部部长、出版局局长对《决定》草案的修改，提出了许多重要建议。这次会议对《决定》稿进一步修改到最后定稿起了很大作用。中央书记处于1983年2月21日开会，讨论并原则通过《决定》草案。

起草《决定》是在这样背景下进行的。“文革”以后几年，出版工作取得了很大的成绩，陆续出版了一大批读者需要的图书，基本解决了十年内乱造成的严重书荒问题。图书的品种包括学术著作、科技图书、文艺作品、少儿读物和工具书，连年来都有较大的增长。出版工作开始呈现了初步的繁荣景象。但是存在的问题的确也不少，有一些书刊的内容质量不高，甚至粗制滥造。一些出版单位为追求利润，古旧小说和侦探小说印得过多，过滥。出版印刷发行物资技术条件比较落后，印刷周期长，出版的队伍人数不足，青黄不接，思想水平和业务水平都赶不上新形式下发展的需要。在起草过程中，1982年9月中国共产党召开了第十二次代表大会，出版工作应根据十二大的总任务，大力推动社会主义精神文明建设。出版工作是思想文化科学的主要传播手段，直接影响着我国的经济、政治、文化和教育发展的水平，解决出版工作中的问题，大力发展书刊，关系到思想科学领域的提高和对青少年新一代的培养，关系到发挥学术界和作家的创造力。文件的起草，必须根据当时的形势和问题加以归纳和阐述，指出存在的问题和发展的前景。

对于文件中表述出版工作的性质和指导方针，过去也都有过一些提法，这次的文件必须站得很高，表述得很准确。如对长沙会议提出的地方的出版方针，过去还没有正式文件下达，在这次中央文件中明确了这一方针，即“立足本地，面向全国”，原来提的是“立足本省”，把这个“省”字改成“地”，这样就更加准确一些。对于地方出版社工作，在文件中也有比较详细的阐述。对于经济方面，特别是利润、税收的表述，经与有关方面反复磋商多次，也做了较恰当的表述。

中央书记处第二次讨论出版工作

为中央、国务院起草《关于加强出版工作的决定》，在文件最后的草稿定下以后，提请中央书记处进行讨论。

1983年2月21日，中央书记处召开了会议。这次会议还是在中南海勤政殿举行。这次讨论，距离1982年2月4日讨论国家出版局的《汇报提纲》，已整整过去一年和两个星期。这一天中央办公厅通知中宣部副部长郁文、廖井丹和我去参加会议。此次会议和上一次不同，上一次我们占了半天的时间，这一次我们只是从

10点半才开始。

10点半我们被召入会议厅，在座的有姚依林、方毅、胡乔木、薄一波、邓力群、余秋里、胡启立等同志。

我们还没有坐定，乔木就开始首先发言了，他说基本同意这个起草的文件，他提出出版社、刊物要提倡节约，不知道节约下来的钱能不能够弥补利润上的亏空。他还主张把稿费提高一点。

邓力群指出文件中主要是两个问题有争论，一个是利润留成，一个是纸张的补贴。他强调利润提成已有中央书记处的文件，争取是3000万元。

与会同志一起讨论了有关纸张补贴、书价是否要上涨、稿费可否适当提高及出版社利改税后的利润上交问题等。

谈到了11点就要结束了，《决定》原则通过。至于纸张的补贴问题，大家同意视具体情况酌情调整；书价大家认为应该上涨一些，但教科书不能涨；稿费也可以调高一点。书记处的会议就要进入第二个议题了，我们开始陆续退出。整个会议对于方针内容没有提出什么不同意见，只是在经济问题上作了一些议论。

在中央书记处开会以后，《关于加强出版工作的决定》的文件，又作了一些修改，特别是经济方面的问题，和财政部多次商谈，最后文件按照财政部的意见作了表达。

出版方面的经济问题，账目的确算不大清楚，财政也不断有补贴，特别是地方上有的许多照顾，后来中央机械协调小组，在张劲夫和范慕韩支持和帮助下，国家按年拨款，改善印刷设备。

本来，《决定》在中央书记处通过后，应该很快公布。但由于财政部门和出版部门对经济问题的表述有不同的观点，所以又进行了长时间的反复协商。主要的问题是涉及利润留成、纸张增支的补贴以及中央各部委的出版社是否包括在内。最后几经磋商，才达成以下协议，即全国出版系统（含中央和地方的出版、印刷、发行、物资等单位）实行利改税，近几年内税率为35%。纸张支出计入成本，财政不再补贴。但上述规定，仍不包括中央各部委办的出版社。以上经济政策写入《决定》。实行这项政策，虽不如出版部门开始的预期，但仍较过去增加了一些收入。

第十一篇　社会的声音和业者的探索

大众读物的走向

回到中宣部以后，我在抓紧起草加强出版工作决定的同时，还抓了推动大众读物特别是几套通俗政治理论读物的出版。

出版通俗政治理论读物，是非常重要的工作，几年来召开了不少次会议，差不多年年都开会，从1980年开始就抓这项工作。我在国家出版局时就曾经组织过几套大众普及性的读物出版，如《祖国丛书》、《中国地理》丛书、《帝国主义侵华暴行》系列图书等。这都是胡乔木布置的任务。回到中宣部以后，也是和文化部出版局的同志一起来进行组织，在具体工作方面，文化部出版局承担的工作更多一些。

出版《当代中国》丛书

总结历史经验和进行社会主义教育的《当代中国》丛书的出版，由新成立的当代出版社来抓。1983年2月19日，中宣部在中南海怀仁堂召开会议,开始部署工作。当时，胡乔木、薄一波到会，会议由邓力群主持。参加丛书工作的各部党组书记和写作班子各来一人，共300多人出席会议。力群预先通知我，要我出席，并要我今后加以推动和督促。

会上，乔木首先讲话，他强调《当代中国》丛书要写新中国成立30多年以来的伟大成绩，要着重于实际工作。“文革”的浩劫说得太多了，这里可以不说。但许多重要的建设，如宝成铁路、滇黔铁路，都是在“文革”中完成的，这都要写的。各行各业还要从中总结工作经验。他建议退下来的部长、司局长参加编撰，这是很重要的工作。新的领导班子没有时间写，可以督促检查，把班子组织好。

乔木还提出，要出版《中国地理》丛书，请中宣部来抓。

薄老讲话，认为编写《当代中国》丛书，是非常重要的工作，其贡献与宝山钢铁厂建设一样，和武汉建设07厂比，不下于07厂。在解放初期王鹤寿和吕东开始搞鞍钢，做了许多工作，后来也就忘记了，可是编写一本书就忘不了，其贡献不下于这些伟大的事业。他还强调写东西要注意体现党的领导。

负责这一套丛书的当代出版社，社长丁伟志介绍了选题的规划情况。丛书编委的主要领导除邓力群同志以外，有马洪、武衡同志。会议开到12点才结束。当时在座的有朱穆之、于光远、何东昌、胡绳、张友渔等同志。

这套书的编撰与出版抓得很紧，80年代就开始陆续出版。丛书中有一部《当代中国出版》，编委会以王子野为主任，具体工作由曹治雄等同志负责。这部书分上、中、下三册，1993年8月出版。书中有我写的两章：《中国出版的国际交流》和《中国对外合作出版》，约有2万字。事前我忙于其他工作，不大想接受此任务，曹治雄来我家多次商请，只好应承。但文章写就，出版前又多被变动，写作不如心意。以后，我又在另外地方，重新发表。在组稿和发表过程中，曹治雄非常热心，十分尊重我的意见，我对他极为感谢。这都是后话了。

中央领导很重视通俗政治理论读物的出版，这是很大的项目，要全国出版社都来协同工作。为推动这类书的出版，还进行评奖。

1983年7月29日，在全国通俗政治读物评奖大会上，乔木同志亲自出席，并且作了长篇的讲话。开会前几天，我请他出席这次会议，他当时就答应了，并且说这是一件很重要的工作，应该抓紧进行。到开会那一天，他按时来到会场。在评奖会上进行了一段仪式以后，他就开始发表讲话，他说他参加今天的评奖大会非常高兴，因为这是党中央多次号召，经过同志们几年的努力，终于取得了非常可喜的成绩。他代表党中央向各位受奖的作者、编辑，以及有关的出版社，表示感谢，祝贺！

在出版聚会中难得有中央领导出来讲话，这一次乔木同志的讲话，受到大家的热烈欢迎。但是他讲话开始时，后面的办事人员非常嘈杂，影响了他的讲话和大家听讲。他感觉到环境不安静，有些生气了，他说“要有一点平等的态度啊！我讲话怎么还这么吵啊！”当时我主持会议，甚为尴尬，我请别人到后面去维持秩序，才安定下来。

他在讲话中间首先关注有关方面的同志是否来参加，他询问解放军的同志参加没有？还问工青妇方面的同志来了没有？当他知道有的单位邀请了没有来，有的单位没有邀请，他感到很遗憾。他认为各方面都应该参加，评选出来的书也应该互相交流。实际上我们组织工作有缺点，没有积极地去邀请他们。

乔木讲话很认真，他事先准备了65个选题，可以考虑出版通俗读物。许多选题是关于人生哲学、道德规范、远大理想，还有世界和社会基本理论知识以及文化知识。例如：人为什么活着？他说这是个老题目，但是涉及现在人们的生活、劳动和生产。又如，什么是人的价值？这个问题报纸上文章很多，但是对青年的影响很大，人的价值同人性、人道，这些东西都属于历史的范畴，现在很多人再提出问题，就需要答复。又，人能够绝对自由吗？什么是美？什么是丑？什么是善？什么是恶？这都需要回答。他提出要写中国历史100个名人；中国革命史上100个名人；中国100个学者；世界史上的100个名人；世界上100个学者等等。

他这次讲话起了很大作用，在内部还发了他的讲话，并且根据他的讲话精神组织会议设定选题，陆续出版通俗读物。

乔木做事很是认真具体，他在发奖会上讲话的第二天，7月30日，就给全国总工会领导郝建秀写了一封信，信说：昨天参加优秀通俗政治读物授奖大会，出版局竟未通知工青妇教各组织，我很不满，因为优秀通俗政治读物是要靠工青妇教（除正规学校外，还有各种业余学校半业余学校和广播电视学校等）来组织和推荐给群众阅读的。同时我又看到，受奖书籍的出版单位，中国青年出版社名列前茅。因此想到，团中央能把中国青年出版社办好，何以全总竟不能把工人出版社同样办好呢？受奖的书没有一本是工人出版社的，工人出版社也简直没有什么书，工作太落后了。必须大力加强，充实人力，并立即从工人日报社独立出来（包括党组）。

信又说，工人出版社可出的书范围很广，政治经济历史地理文学艺术，特别是科学技术和劳动纪律、劳动保护、劳动道德、劳动态度、劳动模范、劳动效率、劳动管理、劳动心理、劳动卫生、业余学习、文化娱乐、工人生活、工会工作等可以无所不包，任其至今奄奄一息，若存若亡，实在可惜了！全总工作有许多困难，但还不是事事都无能为力。

以后中宣部出版局和文化部出版局与工人出版社及其上级主管密切联系，并检讨过去联系少的错误。后来工人出版社给乔木送来一些书，乔木在1984年1月22日又给工人出版社写了一封信，说你们去年出了4本书，并有一种是十大畅销书之一，知道了很高兴。

为了推动通俗政治理论读物的出版，贯彻乔木在1983年7月29日的讲话精神，并进一步落实这套书的选题规划，当年8月底又在太原召开了通俗政治理论读物出版座谈会。会议由中宣部出版局和文化部出版局主持，邀请全国有关出版社和部门的领导同志出席。此次会议很重要，邓力群出席并讲话，他指出这套书出版的意义，并对大家的工作给予鼓励。

出版《祖国丛书》

加强通俗政治理论读物的出版，实际上是一个综合性的大项目，许多读物例如《祖国丛书》的出版，就是这个项目的重要内容。关于组织《祖国丛书》的出版，当时也花了很大力气。1983年10月底，中宣部出版局和文化部出版局召集了有关出版社开会，研究这套丛书编写的指导思想、出书范围、读者对象等问题。宗旨是宣传爱国主义思想，丰富爱国主义感情，提高民族自尊心和民族自信心，增强对社会主义祖国的热爱，焕发建设祖国的热情。读者对象主要是具有中学文化水平的读者。这套丛书规划的选题约1000种，分别由人民出版社、中国青年出版社、上海人民出版社出版，计划用8年到10年的时间完成。为制定这套书的规划，以人民出版社为主，成立规划小组，由人民社的领导林言椒带头，进行调查研究，他们积极工作，流了不少汗水。

为推动这项工作，中宣部在1983年11月26日发出《关于〈祖国丛书〉编写出版工作会议纪要》，希望各有关部门加以帮助和推动。

这套丛书的规划，分为综合类和当代中国、祖国各地、历史事件、历史人物、少数民族、科技医学、文化典籍、历史文物和遗址等部分。综合的如《可爱的祖国》、《中国文化的发展》、《中华民族的足迹》等。《可爱的祖国》可以编写得很生动，并作为政治教材，有如过去前苏联出版的《伟大的祖国》，发行数量非常之大。一些历史的如《中国原始社会史话》、《中国石器时代》和《中国抗日根据地》等，都可以编写得内容丰富和生动有趣。为推动此项工作，于1985年3月，又联合人民、中青、上海人民三家在上海召开会议，进一步调整和落实选题，加紧进度。并强调要避免选题重复，因为有的书过去已经出过，或其他丛书已有类似选题，如《当代中国》丛书，避免撞车。

1985年11月20日，对已经出版的部分图书，举行了《祖国丛书》出版发行仪式。仪式在北京王府井书店举行。胡乔木、朱穆之、朱厚泽等领导同志和首都各界人士200多人出席，售书大厅挤得满满的，非常热闹。

乔木在首发仪式上作了热情的讲话。他说，为我们的青少年多搞些深入浅出、生动活泼地反映中国历史、文化、地理知识的书籍，使他们更多地了解自己祖国的传统和发展过程，是出版部门应该承担的职责。

由几家出版社议定，《祖国丛书》第一期计划出书350种，拟定1990年出齐。已经出版的有《可爱的祖国》、《中国的古塔》等43种，这些书都受到读者的好评，其中《可爱的祖国》印数较大，以后又陆续再版。

80年代中期，中央领导同志特别强调要加强青年的教育。当时报刊上曾出现一些右倾的思潮，社会上也有时刮起反社会主义的歪风，违背四项基本原则的现象时有发生。所以宣传战线强调反对精神污染，坚持走社会主义道路，特别强调对青年进行正面教育。为贯彻中央指示精神，出版方面积极配合。当时组织出版的许多读物，如《祖国丛书》、《中国地理》丛书、《当代中国》丛书，大部分都是供给青年阅读的。为突出抓青年读物，1985年1月于天津又召开了专门的座谈会。这次会议由中宣部出版局和文化部出版局共同召开。到会的有全国有关出版单位和相关的部门。

当时随着我国对外开放和经济体制改革的扩大和深入，青年层次也有很大的改变。除了在校的青年以外，从事农业的青年走向专业户和经营性企业的也不断增多了，城乡就业门路开阔了。青年的经济状况、生活方式、思想意识、消费观点等都发生了很大的变化，还有大量的青年走向各级领导岗位。绝大部分青年有建设祖国的宏伟的志愿，思想比较活跃，勇于探索，锐意改革，求知欲比较旺盛，学习勤奋，对一些新学科很感兴趣，知识面比较广。当然，他们也分不同类型，不同层次，有各自的特点，他们同时也有许多弱点，有些对社会没有正确的认识，不少人缺乏实际锻炼，往往幻想多于实际。因此针对青年特点出书，是非常必要的。

当时一些出版社出版的青年读物，很有成绩。除出版《祖国丛书》以外，一些出版社还出版过不少受青年读者欢迎的读物，如中国青年出版社出的《青年生活丛书》，上海人民出版社出的《塑造美的心灵》，河北人民出版社出的《青年知识手册》，四川人民出版社出的《走向未来》丛书，贵州人民出版社出的《青年生活向导》，北京、天津、上海、广东四家出版社合作出的《当代大学生丛书》，都产生了重大的影响。这些书发行量很大，有的印了100多万册。

在召开的座谈会中，大家要求扩大青年读物的领域，要寻找新的题材。例如，教育青年掌握现代化管理的能力，鼓励他们学习科学技术知识，帮助他们设计生活，正确对待现实、理想、前途、学习、工作、家庭、婚姻恋爱中遇到的矛盾。大家在议论中，一致认为思想教育的读物，既要有思想性，又要有知识性，使读者感到题材新颖，文字有趣，符合青年的口味。

这个会议形成了纪要，纪要强调必须经常深入了解和研究青年的思想实际，弄清他们的要求，摸准他们的动向。出版物不光是讲道理，还可以讲故事，讲人物，讲生动的事件。不是教训人，而是谈心。要把握青年的脉搏，熟悉他们的心声。读物要改变老框框，老面孔，文字要写得生动活泼，富有文采。

为加强青年读物作者队伍的建设，要采取积极的措施，扩大作者队伍，在充分发挥老一辈青年读物作家作用的同时，要特别注意发现、吸收和培养那些从事青年工作的作者，希望他们写出有新思想、新观点，受青年欢迎的读物。

对于青年读物的规划，要求各出版社可以自由结合，共同编撰一些读物。如《农村青年文库》、《青年工人文库》、《商业、服务业青年文库》、《青年自学丛书》、《职业道德丛书》、《青年企业家丛书》等。争取在两三年内出版一批质量较高、有影响的丛书，满足广大青年读者的要求。

会议还强调，各出版单位必须积极争取共青团、工会、妇联、教育、文化科学等部门的协助和配合，各方面共同努力，争取出版更多更好的青年读物。

中宣部很重视在天津召开的青年读物座谈会，我去看廖井丹同志时，他说："天津召开的青年读物座谈会开得很好，这件工作应该花力气来抓一下。"

座谈会的会议纪要，在1985年3月25日由中宣部转发全国宣传有关部门。

为推动青年读物的出版，以后又连续召开过几次座谈会，并举行评奖活动。为使此项工作能持续进行，大家商定以中国青年出版社为主，联合有关出版社成立青年读物研究会，建立了专门组织，作为全国出版协会一个二级机构，进行经常活动。

出版《中国地理》丛书

为落实乔木在1983年2月19日提出组织出版《中国地理》丛书之事，中宣部出版局于2月24日，邀请有关单位来磋商。到会的有科学院地理所、商务印书馆、中国青年出版社、人民出版社、地图出版社等单位有关领导同志。大家认为这件工作是非常必要的，但是过去考虑较多，特别是顾虑泄密，未能展开。从出版社的汇报中了解到，已经出版的中国地理方面的图书，多数是一些知识性的小本本，而且偏重于自然地理。中青社"文革"前出版过《中国地理小丛书》，由吴晗主编；商务印书馆也出过一些，但是也不够系统。

当时大家考虑出版一套《中国地理》丛书，每一本可有20万～30万字，有文有图。内容包括自然地理和经济地理。着重宣传社会主义中国的建设，其中也应该有历史的叙述。请商务印书馆拟出一批选题，做出规划，再进一步讨论。选题可以有综合地理，如中国沿海岛屿、中国的湖泊、中国的河流、中国的森林、中国的草原、中国的经济特区、中国的历史名城等。还有各省的地理。

经中央领导同志批准，中宣部出版局和文化出版局联合召开了《中国地理》丛书编写出版工作会议。会议于1983年6月7日至12日在安徽合肥举行。参加会议的有中国科学院下属的10多个地理研究单位，近30所高等院校的专家、教授、学者40多人，还有各地出版部门的同志共100多人。会议由我主持。我在讲话中首先传达了胡乔木、邓力群对编写这套书的指示。

近几年来全国有关出版单位，出版了一些地理读物，但是数量和质量都未能达到一定的要求，远远不能满足社会的需要。30多年来我国建设事业的发展，普遍地、深刻地改变了祖国大地的面貌，广大地理工作者进行了大量的考察和研究，使我国地理学的发展在理论上和实践上，都达到了一个新的水平。这些都为编写《中国地理》丛书创造了良好的条件。编写这套丛书对于广大群众特别是青年，普及中国地理知识，激发他们的爱国精神，将会起到积极的作用。同时也可以促进世界各国人民对我国的了解。丛书的编写既要反映祖国地大物博，建设资源丰富，又要反映利用这些资源在建设祖国所取得伟大成就。要反映地区经济开发中的潜力和前景，同时还要反映中国地理科学研究的成果。

会议在大家讨论中形成了一个纪要，纪要指出了编写出版《中国地理》丛书的目的、任务、方针和措施。纪要认为这套丛书是普及地理知识的中级读物，其主要对象是有中等文化水平的群众和干部。要求丛书引用有关经济建设方面的数字和材料，要以国家和省、市自治区公布的为准，所画的地图应以1980年以来，地图出版社公开出版的地图为准。凡是涉及有争议的边界，及国家机密材料要十分慎重，应主动向有关部门请示。会议制定了选题81种，包括人文地理和自然地理，还有地方地理，以及普及性的地图集。

中宣部于1983年7月22日发出批转纪要通知，通知各省、市、自治区党委宣传部和中央宣传系统，各单位的党委党组，要求组织与监督有关部门，共同努力密切配合，作好丛书的编写工作。

丛书组织了编委会，主任为候仁之，他是中国有名的地理学专家，人们知道他写了许多关于北京古建筑和全国地理方面的专著。他担任主任是乔木建议的。副主任是陈述彭、左大康和我三人。陈是摇感学专家，左是地理研究所的所长。

纪要附有这套书的规划，包括书名、编写和出版单位的名单。

会议开得很成功，大家非常高兴。召开会议的会址是在合肥的稻香楼。这里环境很好，周围都有茂密的树林，到处可以听到鸟儿的清脆叫声，早晨每每被鸟儿的鸣叫吵醒。在中国大城市里，这样好的环境是少有的。我们在这种地方开地理会议，感觉到很开心。

回到北京以后，连续开了一些小会，工作开展比较顺利。我还和一些专家通信，从中推动。广东华南师范大学教授曾昭璇，他在1986年6月8日向我来函说，他撰写的《中国地形》因自己抓紧，出版社又配合，很快可以出书。他说广东科技出版社值得表扬。又说他主编的《南海诸岛》，组织了3位华南师大地理系的主任撰写，开始时发生问题，后来他动笔帮助写，估计一年也可以出书了。

在这封信中，他还建议自然地理不要只偏重于全国性的，还应该增加地方性的选题。例如，台湾岛的自然地理，海南岛的自然地理，喜马拉雅山等等，都有很值得对国人介绍的自然地理知识。还说，他可以找到一些人才，来帮着编写。他的热心，令人感动。

他在信中还说："新华书店不愿意要书，如我的《中国地形》，据说上海一本也不要，广东只要150本，故书店(广州科技书店)也没有得买。"他的信的确值得注意，但这反映了书店根据读者的需求，应该加强宣传和推广工作。发行方面如何配合，值得仔细研究。

在这里还要说及，我们抓上述这些读物，成果和成绩是应该肯定的，但是工作中也存在不少缺点。主要是工作铺得太开，有些丛书规划的选题过多，后来印数少而不好销的书，在出版社就搁浅了，有的规划往往难以持续，由于经济上的原因，有的出版了部分或大部分图书以后，也就停止了。此种情况只好留下遗憾。按照现在的情况，应该申请一些资金补助，以保证计划落实，一些书印数少，出版社增加开支，的确有困难。在过去的年代，同志们做出如此大的努力和贡献，令人感动。

书评刊物《博览群书》

20世纪80年代初，在推动图书出版事业向前发展的过程中，加强图书评论工作，也是很重要的一环。图书评论向社会推荐好书，使有益读物在读者中扩大影响，并使出版者受到鼓励。图书评论批评坏书，对出版者也是一种监督。与此同时，对不同学术的内容，发表不同的见解，为活跃学术界的思想、促进研究工作进一步提高和发展，都有好处。

领导上也很重视开展书评这项工作。胡耀邦同志担任中共中央总书记之前担任中宣部部长时，一贯关注出版工作。他曾指示出版工作要抓两头，一头是抓出版受广大读者欢迎的好书、质量高的有水平的，有教育和鼓舞作用的读物，要大力介绍和推广，引导读者阅读；另一头是抓学术著作，要组织，要支持。

为贯彻中央对出版的指导精神，我们主张创办一个书评刊物，这个刊物要在中宣部的指导下进行工作。当时考虑，要使这个刊物既能联系群众又能在读者中发生影响，书评刊物最好依靠一个报纸来办。这时我们反复商量，与光明日报社磋商，他们非常赞成办一个书评的刊物。这时就有一个叫“博览群书”刊物，出现在社会上。这个刊名是我拟定的，博览群书这是一句古话，其意为鼓励人们多读书。汉代王充说：“博览古今者为通人。”在元曲中也有：“博览群书贯九经，凤凰池上敢峥嵘。”为这个刊物在社会上能发挥作用，我请耀邦题写刊名，他很快就同意了，他亲笔题写了“博览群书”，他的潇洒笔法在这个书评刊物上，一直沿用至今，已经有二十几年。光明日报社派出他们的副总编辑王强华来担任这个刊物的主编。为了使这个刊物和中宣部密切联系，中宣部派出版局期刊处的处长赵含坤兼任副主编，赵对出刊富有经验。

这个刊物筹备了很久，准备1985年1月份出版第一期。这一期出版之前我思考要有一些重点文章发表，于是，1983年筹备时，我曾在9月20日给乔木写了一封信，信说：“您曾倡议办一个读者对象广泛的、比较通俗的书评杂志，经多方商量筹划，这个杂志确定由光明日报社创办，刊名为《博览群书》。胡耀邦同志已亲笔为该刊题写了刊名。创刊号要在近期出版。同志们很想请你写一篇文章，在创刊号上发表。如您没有时间写，建议将您去年在通俗政治理论读物评奖会上的讲话，全文发表。如不能全文发表，可发表前面一部分。我觉得仅发表前面一部分，对读者、编者和发行工作者就是很大的鼓励和鞭策，对这个刊物的创办也很合适。如刊登前面一部分我另加了一个题目，并作了一个注脚。行文在个别地方删去了几个字，不知合适否？如何办为好，望得到您的指示。”信送出以后，乔木在9月25日就给我回了信，他同意全文发表。这使我喜出望外，全文也不长，约有1.2万字。他在这个讲话中提出编写通俗读物的65个选题，每一个选题都有说明。他为这篇文章另起了一个题目叫做《把优秀读物推荐给读者》，并且在这篇文章中写了一个附记。

附记说："这是我去年7月29日在全国通俗政治理论读物评选授奖大会上讲话的一部分，原不是准备发表的。现在光明日报社出了旨在向读者评介各种书籍的刊物《博览群书》，我很高兴。但是编者向我索稿，这却使我很为难，一时不容易写出适当的文字，而勉强拿这个讲稿的片断来应命。作者附记，1984年9月。"这篇讲话发表时，他作了若干文字上的修改和删节。

这个刊物的创刊号，还有一些德高望重的老同志题词，如彭真同志："理论联系实际取精用宏"。方毅同志："读万卷书行万里路"。胡愈之同志："读书好！好读书！读好书！"。科学家茅以升同志："非学无以广才，非志无以成学"。

我为刊物写了发刊词，题为《书山有路》。文章说明创办这个刊物的目的，是想促进广大读者多读书，增长知识，开阔视野。由于十年动乱，小学和中学遭受到了严重的破坏，大学停办，出版社关门，期刊停止出刊，图书馆也不景气，"读书无用论"在社会上到处传播，受害最深的是这个时期的青少年。他们正是青春年华，精力旺盛，记忆力强的时候，失去了读书的机会，甚为可惜。《博览群书》的创办就是希望作一点补课的工作，无论是提高理论修养方面，还是吸收科学文化知识方面，刊物将向青年人推荐一些读物，让大家来选读。希望刊物成为青年人在书海中的引航者，在书山上的带路人。大家共同努力，"书山有路勤为径"！

刊物出版以后，反响较大，社会影响较好。以后刊物由韩嗣仪同志担任主编，工作很有成绩，他也和我经常联系。我们了解到出版方面的动向，不断向他提供。刊物在推荐好书方面的确起了很好的作用，特别是由《博览群书》发起，联合若干报刊共同举办了图书的"金钥匙"奖，"金钥匙"奖为一年一度，由群众评选出得奖图书，分别在报刊上公布。这项活动一方面让广大读者关心众多的出版物，议论优秀的与低劣的出版物；另一方面对出版者来说，也起了鼓励、表扬与监督的作用。当时由上海发起的读书活动形成热潮，并影响全国，《博览群书》随即举办了读书竞赛，收到了很好的效果，受到社会的好评。

刊物还是存在缺点，亟待改进，后来由于我们联系不够密切，尤其是我们兼职的副主编因忙于出版局本职的工作，也不能在刊物那儿坐班，因此与刊物慢慢就疏远了。

书评刊物《中国图书评论》

我们感到这样办刊物也不是很好的办法，还是由自己编辑和组织撰写文章，才能够得心应手。后来我们主张由中宣部出版局自己办一个书评刊物，先是不定期的出版，以后变成定期出版。此事请示了邓力群同志，得到他的同意，我们就与辽宁人民出版社商量，由他们出面来承办，我们编辑撰写和组织稿件，由他们出版。这个刊物就是《中国图书评论》。从1996年3月开始出版第一期，到现在已出版近二十几年了。刊物正式出版时，召开了座谈会，邓力群出席并鼓励大家，努力办好这个刊物。当时刊物由我担任主编。由伍杰、孔祥贵和辽宁人民出版社的陈志强同志为副主编。编辑部主任为王大路、宋镇铃。开办时辽宁人民出版社为中国图书评论的出版，在经济上和人力上给予了大力的支持和帮助。每一年还拨出10多万元，给刊物以资助。

这个刊物办起来以后，对于贯彻中宣部在出版工作方面的精神很有帮助。刊物每一期都发表有评论，评论是中宣部的同志根据当时的形势和领导上的意图来撰写的。刊物也不断刊载我写的文章，特别是我针对出版的形势，每一年都有一篇综合性的评论，在刊物上发表。

辽宁人民出版社参加这个刊物工作的同志，很是辛苦。他们两边跑，一会在沈阳，一会在北京，两地不断穿梭，取稿、送审和排印、校订，一月一期，真是忙得不可开交。这个刊物越办劲头越大，尤其是80年代开始搞图书评奖，后来规范化，两年一次，使中国图书奖成为全国重要评奖的项目之一，与中宣部办的“五个一工程”奖和新闻出版总署办的“国家图书奖”，为三项重大奖项之一。现在中国图书奖由中国出版协会主持，每一次有100多种图书受奖，对全国出版社、编者和作者都是很大的鼓励。以后《中国图书评论》迁到北京编辑，并继续开展评奖活动，王大路出了大力，他全心全意，埋头苦干，不幸英年早逝，令人痛惜。

《中国图书评论》杂志和中国图书奖，相互影响。各出版社希望自己出版的图书得到奖励，邀请专家学者写出评论的文章，交与中国图书评论。刊物也不时针对出版业中不良的倾向和低劣作品发表评论，引起社会的重视。

在这里我还要追溯一下，为了推动图书评论工作，中宣部出版局1985年5月在济南召开了一次全国图书评论工作会议。参加会议的有部分省、市、自治区党委宣传部和出版部门、报刊社等单位的有关负责同志，共70人。会议回顾了新中国成立初期和近几年中央关于加强书评工作的多次指示，分析了出版战线面临的新形势和新任务，讨论了进一步加强图书评论工作的意义，提出了今后改进和加强图书宣传评论工作的措施和意见。这个会议形成了一个《纪要》，这个《纪要》于1981年7月1日由中宣部转发。中宣部并发出《通知》。《通知》要求各部门主管报刊、电台和出版等有关单位的同志认真研究，参照执行。希望各级党委宣传部门认真抓好这一工作，有影响的报刊都要经常发表图书评论。《纪要》中强调开展图书评论，是宣传出版部门的一项重要的经常性的工作，要逐步扩大和完善图书宣传评论的阵地。《纪要》还特别指出，书评要实事求是，对所评的图书要深入研究，既不能只说好话，也不能夸大缺点错误，或简单否定。要容许发表不同的见解，容许对批评进行辩解和反批评。会议建议中宣部出版局促成创办一种公开发行的指导性的期刊（这就是后来中宣部出版局创办的《中国图书评论》杂志），会议还建议成立书评学会（学会已在1996年建立）。

济南书评会议，由我主持，我在会上做了讲话。讲话已经收在我的《出版工作文集》中。

在这一次书评会议中，值得注意的情况是，我们了解到世界各国对书评都很重视。例如美国重要的报刊都经常发表书评。负有盛名的《纽约时报》，日报和星期日的副刊经常发表书评，星期日版的副刊设有《纽约时报书评专刊》，每一周都有40～50篇的书评发表；《洛杉矶时报》日报设有书评栏目，该报每星期六还以副刊的形式出版《洛杉矶时报书评》栏；《时代》杂志和《新闻周刊》是美国很重要的新闻杂志，这两个杂志每一期都有几篇书评发表。还有，美国《出版商周刊》，都按期登有大众读物、儿童读物和学术著作的书评。这个刊物经常报道世界出版物的动向，该刊在80年代初曾派记者到中国进行访问。这位记者叫休伯特·洛特曼，他在中国访问了两个星期，陈翰伯和我都同他谈了很长时间的话。他还到上海等地采访，回去以后，写了一篇长达3万字的专题报道，题为《中国实地采访录——一个美国记者眼中的中国出版》，文章刊登在《出版商周刊》1980年9月19日出刊的这一期。后来，我去参加法兰克福世界图书博览会期间，还见过这位记者洛特曼先生，又和他进行了交谈。

自1985年5月在济南召开全国性图书评论工作会议以后，1986年4月又在北京召开图书评论工作座谈会。此次座谈会与会的同志，有几位中央领导和中央有关部门的负责同志，会议以中宣部的名义召开。座谈会开得很热烈，很生动。邓力群同志在会上讲话，他说：通过图书评论，优秀图书才能发挥更大的作用；不健康的图书才能受到批评和分析，限制它的消极影响。他又说：青年人社会阅历浅，读书尤其需要指导。书评应实事求是地进行评介，指导广大青年读者多读书，读好书。书评工作要同在青年中开展读书活动结合起来，组织专家写书评，同时组织读者在读书时进行书评，共同把书评工作做得更好，以促进读书活动进一步开展。

副委员长周谷城发表热情讲话，他说：书评要提高质量，要实事求是，那些一味吹捧的评论，对社会对读者只会产生消极影响。一本书只值60分，你给打90分；一本书只有60分的坏，你说它有90分的坏，都会发生副作用。他建议，多搞点提供信息的书评。不急于评说好坏，进行褒贬。这种提供信息的书评古今中外都有，我喜欢这类书评，希望书评刊物多提供这类评论。在座还有许多领导同志讲话，对今后书评工作寄以厚望。

《中国图书评论》杂志创刊时，编委们提议要同时开展评奖活动，这是对书评工作的扩展。1987年7月，我们进行了充分准备，由我主持又召开了首届中国图书奖发奖大会和全国书评工作座谈会。到会有许多领导同志。胡乔木同志发来贺信，邓力群同志到会祝贺。乔木在信中说："《中国图书评论》编委会和出席全国评论工作座谈会的各位同志、各位专家：很抱歉，因事不能出席中国图书奖发奖仪式和全国图书评论工作座谈会，否则我必然欣然前往。现在谨向各位致热烈的祝贺，祝座谈会圆满成功！这次中国图书奖的举办者《中国图书评论》编委会各位同志的工作十分严肃认真，各出版社和各位专家也通力合作，令人钦佩。

获奖图书我只窥豹一斑，但是我充分信任各书的编著译校审定者和出版者，很愿意为读者向各位表示谢意和敬意。相信图书评奖和图书评论工作今后会获得更大更好的进展。”此后，又开过几次中国图书奖的颁奖会，李瑞环、李铁映、邓力群、吴阶平、周谷城等领导同志出席并讲话，此事在报刊上发表以后，在社会上发生了广泛影响。

当时，中国创办的有关图书书评和出版资讯刊物，除《博览群书》和《中国图书评论》以外，还有早先创办的上海的《书林》和文汇报开辟的《读书与出版》专刊，以及《文汇读书周报》，山西创办的《编辑之友》杂志等。这些刊物都和中宣部出版局取得密切的联系，有的刊物创办时要我为他们撰写发刊词，我都应允写出。我觉得创办这些刊物对于推动图书评论和出版编辑工作的研究，都有好处。1984年2月我为文汇报的《读书与出版》写了创刊词；1985年1月除为《博览群书》写创刊词以外，又为《编辑之友》写了题为《编辑工作者的历史重任》的创刊词。在这些创刊词的文章里，除了说明书评的重要性以外，特别强调研究出版编辑理论以及努力培养人才的意义。我在文章中还强调书评文章要有可读性，一方面要坚持原则，另外一方面不要摆起面孔说话，要以理服人，要讲道理，避免过去那种每每以教训人的口吻，甚至致人于死地。希望人们读了书评文章，不读原书只看这篇书评，也能增长知识。文章要引起读者的兴趣，启发他们去读书，不是让他们望文生畏。

80年代初，为了推动出版编辑工作的研究，加强同业的理论修养水平，中宣部出版局的同志编撰了一系列图书，如《编辑与出版丛书》，由我担任主编。丛书中有：《马克思恩格斯关于出版问题的言论》、《编辑与出版基础课程》、《简明编辑出版词典》和《编辑家列传》等。《马克思恩格斯关于出版问题的言论》一书，中宣部出版局的同志们花了大力气，大家分头从马恩全集中，摘录了有关出版方面的言论，经整理编辑汇集成书。如编目中有马恩论出版的地位和作用；出版物的阶级性和党性；出版自由问题；对资产阶级书报检查制度的批判；保障著译者应有的权益；以及关于书评等。书出版以后，社会影响较大。书中摘录了《马克思恩格斯全集》第47卷，马克思在《经济学手稿》中说了一段非常重要的话，这段话放在这本书的首页。马克思说：“火药、指南针、印刷术——这是预告资产阶级社会到来的三大发明。火药把骑士阶层炸得粉碎，指南针打开了世界市场并建立了殖民地，而印刷术则变成新教的工具，总的来说变成科学复兴的手段，变成对精神发展创造必要前提的最强大的杠杆。”这段话过去未引起注意，现摘录出来，常被出版研究工作者所引用。

出版《编辑家列传》

为表彰现代从事编辑工作人士，传播他们的先进事迹，使后继者进行学习，丛书编辑了《编辑家列传》。这个列传一共出了3本，著名人物从张元济、叶圣陶、邹韬奋、胡愈之、王任叔、冯雪峰一直到现在有贡献的编辑。如此集中地汇编编辑家的传记事迹，是过去所没有的。丛书以后又编撰了《出版家列传》。我为《编辑与出版丛书》写了序言，我在序言中说，为了造就大批出版工作方面的人才，必须努力进行教育培养和选拔工作。培养这样的人才非一时之功，要做长期打算。为了提高思想，交流经验，帮助编辑和其他出版工作人员增加业务知识，编辑出版了这一套丛书。出版编辑的理论研究方面，过去考虑较少，现在必须加强。为了推动研究工作的开展，编出多种书籍，包括出版的历史，列入在这个丛书之中，提供给大家进行研究和参阅。

对于当时出版的《编辑家列传》，我在序言中说，为了表彰那些在出版战线中默默无闻、艰苦奋斗，在工作中做出突出成绩的无名英雄，丛书为他们出版列传。列传不仅记载他们的模范事迹，更重要的是使后人学习他们的经验，为建设社会主义事业而奋斗。这套列传出版以后，在同业中引起强烈反响。《编辑与出版丛书》，由中国展望出版社出版。

十年“巨子”大百科全书

20世纪70年代末，建立了中国大百科全书出版社，计划陆续出版《中国大百科全书》。这套大百科全书原计划出版80卷，后来压缩成74卷。此多卷本的《中国大百科全书》，其中有一卷为《新闻出版》卷，此卷分两部分，一部分为新闻学科，一部分为出版学科。《新闻出版》卷从1980年就开始动手，到1990年才出版，时间长达10年。出版卷成立了编委会，由我担任编委会的主任，副主任是倪子明和戴文葆，编委会的委员包括出版、发行、印刷、物资等各方面的领导和从事研究工作的同志。编委会分为几个小组，出版学由高明光、孔祥贵、沈仁干负责，高与孔在中宣部出版局担负行政工作，同时进行理论研究，沈是版权方面的领导和专家；编辑学由倪子明、戴文葆、吴道弘、杨寿松负责，他们是人民和三联编辑工作的领导，而且多有著述；印刷学由万启盈、周寿彭来负责，他们长期从事印刷技术研究，是这方面的专家，但他们都在上海；发行学由郑士德负责，他大半生在新华书店工作，也是那里的领导，有多种论著问世；中国出版史由方厚枢来负责，他是这方面的专家，是出版的活字典；外国出版史和外国出版学由朱福铮、仲辉负责，他们是中国图书进出口总公司的专家，朱长期主编《世界图书》杂志。

编撰工作开始，大家积极性很高，差不多一两个星期就开一次编委会，议论如何组织和编写稿件，稿件中出现什么问题如何来处理。此书大部分稿件，已在80年代的中期就完成了，但是由于核对资料、收集图片以及反复修改内容，拖了很长的时间。有一些重点的条目，如关于出版物社会属性、出版自由、编辑道德、编辑职责等条目，经反复讨论，多次修改才能定稿。大百科出版社和我们联系的责任编辑，主要是赵素吾同志，她经常给我们通报各卷编撰工作中遇到的问题，提醒我们注意一些事项，她还供给我们许多有关的资料，让我们参考。她对工作很热心，责任心很强。

我本人除了负责这一卷的全面工作以外，还承担写一篇出版总论，这就是印在书前面的《出版和出版学》，约有1万多字。我这篇文章写了两个星期，我的确尽心尽力，查考各种资料数据，参阅了过去报刊登载过的有关这方面的论述。初稿写出来以后，请有关的同志反复审阅修改。同时也交与大百科出版社的领导审阅，并提出修改意见。文章基本定稿以后，我先在上海《编辑学刊》杂志上（1989年第2期），用《出版是人类进步的杠杆》题目发表。目的是文章发表以后，看社会的反响和同行有何意见，最后修改才作定稿。

大百科《新闻出版》卷为何需要10年的时间才能出版？说实在的，并不需要这么长时间，但是有一个“拖”字，包括我们和出版社在内，把时间拉长了。开始制定框架花了一段时间，因为最初没有经验，参考国外的百科和国内的有关词典，反复征求意见和修改。以后在试写条目中，也经多方讨论，最初许多稿件不大符合要求，多半文字过长，语言不精炼，不符合词典的要求。各个分编本来都有规定的条目和文字的数量，但是往往突破，分编之间文字不平衡，条目的比例不协调等，都需要进行调整。对于人物方面的条目，收入书中的人选，反复考虑，与各卷对比，特别是和新闻卷的人物对比，还要往上请示，多方磋商，才能定下来。对人物传记的编写，也经过很长一段时间，有的编写的人员不落实，经过几次变动。由于我们主持工作的人员都是兼职的，很难有专门的时间来工作。最后审稿定稿也花了不少的时间，稿子编完了以后，出版社反复斟酌，条目审阅修改，也非一日能完成。还要说到，在工作中间经费不落实，大家都是义务劳动。最初搞这项工作时，国家出版局曾拨出3万元给予支持，但这个款项都列到出版社的账目中，编委会几乎没有钱可以开支，那笔钱可能用于排版印刷和后来作为支付稿费用。稿酬的标准也是很低的。

编撰大百科全书是一件非常重要的工作，据我所知，编撰工作都交与各业务部门去做。分管业务的各部委，都非常重视，组织了强有力的编委会，网罗本部门著名专家来进行工作。大百科出版社本身是没有经费的，靠国家每年拨款给予资助，所以各部门负责编撰工作，都拨出专款来支持这一事业。

我们主持编撰的这一部《新闻出版》卷，终于在1990年12月出版了，我们高兴至极，因为长时间怀胎生下“巨子”，是一件十分可喜的事。每一个编委成员都等待着，希望得到自己编的一部书，这部书实际上就是10年工作的重要的酬劳。媒体已经报道，《新闻出版》卷早已出版了，而且已有相当时间了，但是我们的编撰者，还迟迟没有得到这本可爱的书。我不断接到同志们的电话，询问这本书什么时候能到手？我无言以对，我作为编委会主任也还没有拿到这本书。

极为可笑的是，有一天新闻广播说，中国大百科全书出版社为《新闻出版》卷出版，举行了新闻发布会，进行座谈，隆重庆贺该书出版。我听了这个消息大吃一惊，为什么召开座谈会宣告这本书的出版，没有本书的主编参加？我同时接到我们编委的成员不断地给我打电话，询问在会议上议论了一些什么？有哪些人出席？当我告诉他们我没有被邀请时，他们无比惊讶。此时，我打电话给中宣部新闻局局长钟沛璋，因为新闻卷原来的主任是萨空了，萨过世以后，就由他主要负责。我问他，《新闻出版》卷的新闻发布会你是否去参加了？他说：他们没有邀请我。他很奇怪为什么不邀请他和其他的副主编。我觉得这件事情大百科出版社做得太过了，在当天近午夜12点，我即挂了一个电话给大百科出版社的总编辑梅益，他亲自接了电话，我问他睡了没有？他说没关系你说吧！因为我不时和他通电话，通电话总有些重要事。我在电话中对开新闻发布会的事，询问他并说了一通，我对这位前辈十分不客气，语言极为激烈，他在电话中频频表示歉意。第二天早晨，刚过8点，梅益总编就派他的副总编辑，带了一本可爱的《新闻出版》卷到我家里来，把这本书送与我，并且不断地道歉。我向他们说，这不是我一个人的问题，这是关系到整个编委会的劳动和荣誉。同志们说大家从来不计较报酬的，但是事情搞成了以后，你们取得正果，却把别人一脚踢开，这样作法不够道德吧！太无情了吧！

新编《中国出版百科全书》

中国大百科出版卷编撰10年，始能出版。这是中国有史以来第一部中国出版百科词典，很值得庆幸。但这是与新闻卷合为一本，全书150多万字，出版卷占一半，只有80多万字，一本词典只有80多万字，似乎太少了。我们自己感觉内容少了，读者也反映词条应更加充分一点，所以原来的编委们议论要重新编一本，书名为《中国出版百科全书》。

重编一本，从80年代后期就有此打算，并且展开工作。当时山西出版社的领导很积极，他们很乐意承担新的出版百科全书的出版任务。

新的出版百科全书，基本上是原百科全书出版卷的人马承担工作，编委会略加调整。这部新词典除原来的主编、副主编以外，增加了副主编高明光和吴道弘、周文熙，以后编委也做了调整，增加了重要成员邬书林和郑德深、杨寿松等同志。印刷分支原来设在上海，后感联系不便，所以就由北京的专家郑德深负责。各个分支的工作和上一部出版卷相同，每一个分支都有好多人在进行工作。

这本书本来在出版卷问世以后，没有多长时间，就基本上编成了，但是在出版的时候也中断很长的时间，一直到1997年12月，才由山西书海出版社出版。出书的过程也出现不少的周折，最后时隔多时才正式推出。

这部新的出版百科，在内容上增加较多。例如，在出版理论和知识方面，增加了不少的条目。对于出版法规和著作权法规，作了比较充分的介绍。对于编辑理论和业务方面，也大大增加了条目。中国重要的出版社和期刊社都列有条目，对这些出版社和期刊社成立的年月和出版书刊的范围，以及已经出版的重要的书籍，都有列入。在装帧艺术和印刷原理和技术，以及书刊发行方面都有很大的扩充。中外出版史方面增加了许多中国近现代有名出版社期刊的词目；外国出版史方面，过去列得较少，现在对世界各国有名的出版社，都加以收列。关于中外出版人物，过去因为篇幅有限，纳入较少，现在增加了一倍还多。对于出版图书的文献，过去只个别收入，现在增加了一系列的词目。这部书还收集有许多新的图片，从最早记载有祭祀文字内容的牛肩胛骨的甲骨文到石刻文字和新出土的汉简、唐代最早的《金刚般若波罗蜜经》(藏于伦敦不列颠博物馆)和敦煌发现的《金刚经》，以及泥活字和木活字一些古版本的图像，以后一直到明《永乐大典》和清乾隆时《四库全书》，还有《共产党宣言》在上海1920年出版的第一个中文全译本，以及最早创办的《新青年》、《湘江评论》、《红色中华》、《生活杂志》等最早的封面，都有照片收入，在这方面李辛海同志出了大力。一部大书没有索引是不行的，所以这部书整理了《条目笔画索引》，便于读者直接查阅。

这部《中国出版百科全书》洋洋大观，文字达160多万，堪称有史以来的出版大词典，比上次编的出版卷大一倍还多。这部书从开始搞框架，到组稿、审稿，核对资料直至最后出版，也有差不多10年的时间。上一本从1980年开始编撰到1990年出版，用了10年时间。这一本书在出版卷没有出版以前，就开始动作，到了1997年才出版，也差不多用了10年时间。一共交叉20年，怀育了两个“巨子”，也算有一点成果。但是消耗的时间太多了。从当初开始编撰起，间隔了这么久，好多材料都陈旧了，以后不断地调整增加，此事邬书林同志花了不少工夫。当书交与山西准备出版时，又由于人事变动，经费不落实，也拖了一段时间。最后山西出版方面的领导拨出了资金，落实了人员，终于使这本书问世。山西的同志，工作比较仔细，在审校过程中也提出了不少问题。对于书的完成出版，非常感谢山西出版的领导和同志们。

书出版以后，因为出版界从来未出过这样大的出版辞书，所以受到极大的关注。无论出版研究人员和高等院校的编辑和发行专业的师生，在案头都有这本书可以翻阅，他们都称赞编者做了一件好事。现在主要编撰的同志，绝大部分都已经退休、离休，也有的已经告别人世了。我们本想把这一本出版百科全书，重新整理，进行修订再版，但是原来的班子大多已进入耄耋之年，大家都力不从心了。

第十二篇 “灰皮书”和“黄皮书”

现代外国政治学术著作出版纪事

党的十一届三中全会以后，理论界提出要求，希望恢复出版外国学术和政治理论方面著作。1980年由于光远、王惠德、陈翰伯、曾彦修几位同志建议，成立了一个翻译出版规划小组。这个小组由人民出版社、商务印书馆、社会科学院马列所、情报所、苏东所、中联部七局、外交部苏欧司、中央编译局、北京图书馆等单位的同志组成。小组由国家出版局联系和领导。小组的任务是，从国外近年来出版的学术著作中，选出一批进行翻译出版，重点是有关科学社会主义的理论，第二次世界大战后国际共运中新的社会主义流派和社会主义建设模式，以及有关政治经济体制改革和政党作用方面的著作，还有关于国际共产主义历史和哲学、社会学、经济学等。

出版外国现代政治理论著作，追溯到“文革”以前，曾经出版过一批这方面的书籍，那时称为“灰皮书”和“黄皮书”。当时有一个规划，由中宣部制定，具体工作由中宣部出版处办理。“灰皮书”列入老修正主义者、机会主义者的著作；“黄皮书”列入现代修正主义者的著作。当时钓鱼台有一个反修写作小组，直接在中央领导下工作，康生是小组的主要领导，中宣部也有副部长参与这个小组工作。他们非常关注“灰皮书”和“黄皮书”的出版。出版那些书，大多是他们的主意。这套书的出版，实际上是为反修服务的。

这批内部书，一共翻译出版了200多种，其中有伯恩施坦、托洛茨基、布哈林等人的著作。翻译出版工作，主要由人民出版社、商务印书馆、世界知识出版社等几家承担。一般只印三五千册，也有个别印一万至三万册的。发行方式，均为内部发行，并且区分甲、乙、丙三等。这套内部书后来又增加外国文学方面的选题，翻译出版工作主要由人民文学出版社来承担，大多为内部发行。

此项工作，“文革”开始即中断。这套书的出版对于提供“反修”参考资料，对理论研究工作者及有关领导了解国际共运与学术方面是有作用的。

当年斯大林逝世，赫鲁晓夫上台以后，中国共产党在国际共产主义运动中就扛起反对修正主义大旗，特别是前苏联全部撤退来华工作的专家以后，中苏关系就完全破裂了。1960年在纪念列宁诞生90周年之际，《人民日报》和《红旗》杂志连续发表题为《列宁主义万岁》、《在列宁革命旗帜下团结起来》等文章，尖锐批评苏共赫鲁晓夫修正主义。当时苏共报刊也发表文章对我们反击，这样中苏关系就完全破裂了。接着到1963年，我们连续发表9篇评论文章，文章题为《苏共领导同我们分歧的由来》、《关于赫鲁晓夫的假共产主义及其在历史上的教训》等，于是两党完全对立。

为“反修”服务，就要出版“反修”的参考书。我们对过去国际共产主义的历史情况，除少数人以外，中国共产党的干部，包括大部分高级干部并不了解，特别是对国际共产主义运动各个时期的代表人物的言论，以及当时的思潮、背景，并不很清楚。为了了解这方面的情况，就要出版这方面的读物。

这件工作是很艰难的，主要是资料来源缺乏，国内的资料很少，胜任翻译工作的人员也不多。人民出版社和中央编译局出了大力，他们从国内国外进行搜索。在国内去寻找有关图书馆，包括个别人的存书，真是煞费苦心。但终于有了一些成果。中宣部出版局负责此项工作，特别是处长包之静同志，花了不少心血。当时人民出版社有一个专门办公室来做这项工作，并且出版向上反映的《简报》。在这方面范用、冯修惠、张慧卿等同志出了大力。出版那份《简报》，设计和使用一种专门的形式，式样很新颖，其中有领导的批示栏，康生不时在《简报》上有批示。

粉碎“四人帮”以后，理论界希望恢复此项工作。经规划小组调查研究，进行新的规划，初步选出了100多种外国著作选题，发给有关单位征求意见。并将这个书目分送有关领导同志。

耀邦在7月21日作了批示：“我赞成科学翻译现代社会主义各流派的一些著作，以及当代资产阶级学者关于社会学的一些名著。现在我们这方面知识贫乏得惊人。我不知道全国是否有十来个人认真读了十来本这一类的著作。没有这一条，谈什么探索新理论？但这类著作浩如烟海，纸张、翻译都有限，因此要认真选择。你们这一百本，至少有两千万字吧，这恐怕不行。应指定一二十个有水平的行家再精选一下。"

为了推动这件工作和贯彻耀邦的批示精神，在1981年1月经中宣部批准，国家出版局在京西宾馆召开由部分出版社和有关单位参加的座谈会。会上讨论了这批书目和发行的方式，对原来拟定的书目作了调整，最后落实为95本。在讨论中，大家认为应该着重于有现实意义有参考价值的，在理论上有见解的，对现实社会主义中出现的问题加以总结的，而对于那些猎奇的和没有意义的则不应入选。选题强调严肃性、科学性和理论性。为了节省篇幅，可采取编译或摘译的办法。1982年3月又布置落实了第二批选题72种，共计167种。

为了加强理论研究，了解世界各国社会主义的动向，了解世界上对共产主义理论的各种观点，出版这套书是有意义的。《关于建国以来党的若干历史问题的决议》指出，"要在全党大大加强马克思主义理论的研究，对中外历史和现在的研究，对各门社会科学和自然科学的研究。"耀邦在庆祝党的60周年大会上也说："无论人家成功的经验或失败的经验，我们都要通过自己的分析，吸取有关可借鉴的东西。因此，我们要在努力研究和总结自己经验的同时，努力研究和分析别国、别地、别人的东西。"

但是这些书大部分发行数量都比较少，出版社是要赔钱的，所以在分配这些书目时，除人民出版社和商务印书馆等比较积极以外，许多出版社都不太积极，所以工作开展起来也比较困难。

据统计，到1983年年底为止，这套现代外国政治学术著作已经出版了有64种。如《西方马克思主义探讨》（英）佩里·安德森，印6500册；《三十年代斯大林主义的恐怖》（美）鲍里斯·列维茨基，印18500册，内部发行；《让历史来审判》（上下册）（美）罗·亚·麦德维杰夫，印13000册，内部发行；《民主与社会主义》（南）爱德华·卡德尔，印7500册；《布哈林案件》（英）肯·科茨，印23000册；《科学社会主义研究》（日）不破哲三，印7500册。以上为人民出版社出版。又如，《权力学》（上下册）（苏）阿·阿夫托尔哈诺夫，印50000册；《斯大林死之谜》（苏）阿·阿夫托尔哈诺夫，印60000册，内部发行；《卡德尔回忆录》（南）印19000册。以上由新华出版社出版。《资本主义、社会主义和民主》（美）约瑟夫·熊彼得，印17000册，内部发行；《第四国际》（英）皮埃尔·弗兰克，印7000册，内部发行；《第三世界的社会主义》（美）海伦·德斯福瑟丝等，印10500册，内部发行。以上由商务印书馆出版。

这套书中有不少著作对于有关领导同志和研究人员，了解国外政治学术动向，有一定参考价值。但是从一些书的内容来看，的确存在不少问题。1982年4月耀邦批评内部书刊中有一些是专门丑化共产主义、丑化共产党的书，他提出像《权力学》这样的书就不应该印。这本书描述了斯大林如何利用权力在肉体上消灭列宁的老干部。《苏共野史》，也是说斯大林利用权术来消灭异己。还有《斯大林秘书回忆录》、《我曾是斯大林的秘书》，这两本书是对苏联伟大卫国战争、对前苏联人民、对爱国主义精神进行诅咒谩骂。这些书印数未加控制，如《权力学》印了50000册，《我曾是斯大林的秘书》印了59000册。还有的书出版并没有在规划里头，如《斯大林前后》、《同斯大林的谈话》等。为此，中宣部根据耀邦指示的精神，在1982年8月20日发出了《关于改进现代外国政治学术著作翻译出版工作的通知》。通知对翻译出版这套书作了严格的规定：凡是从根本上反对社会主义制度、攻击共产主义、丑化共产党的书籍，不要翻译出版。有一些反动内容但可以作为参考研究的书籍，要分为甲乙两类，严格控制印数，均在内部发行。

1983年10月，由中宣部出版局和文化部出版局联合召开了现代外国政治学术著作出版工作座谈会。对于第一第二批选题进行清理和调整，撤消了一批选题，最后共留下141个选题，以精选为原则。

乔木谈人民出版社内部书的出版

1984年2月15日上午，乔木同志通知我到他家里去，中宣部理论局也有一位领导同志前往。

乔木一开始就"倾盆大雨"，他说，我很早就注意到人民出版社的方针问题了。人民出版社是如何定的？班子的情况怎么样？思想倾向如何？领导班子里我只认得曾彦修，他现在退休了。

我一开始就感觉到问题大了，这回挨批了，心中惶恐不安。

他说，曾彦修同志出了《生活》杂志，开了座谈会，出版了试刊，印了座谈会的纪录。我根据座谈会的纪录，写了一封信给他，我不赞成出。作为人民出版社，如出版宣传马克思主义、党的路线政策的刊物，是可以理解的；如出版自由舆论的刊物，就不容易理解了。后来曾彦修说，乔木不赞成办，就不办了。

乔木说，人民出版社相当于前苏联的国家政治书籍出版局，是国家出版社的地位，到"文革"以前一直保持这个状态。三中全会以来情况就不同了，你们看出这样的书…此时他即从里屋搬出一些书来，其中有《马克思主义是科学还是"启示录"？》、《三十年代斯大林主义的恐怖》。在他说着话的时候，又搬出来几本，其中有《布哈林案件》、《布哈林思想研究》、《关于过渡社会的理论》（曼德尔著）、《科学社会研究》（不破哲三著）、《第三条道路》等。他说，许多书都是讲斯大林主义如何如何。公开发行还是内部发行，这个问题要好好研究一下。国家政治出版社出版托派的书，出版反对前苏联的书，出不破哲三的书，这些书用什么形式出版，应该好好地研究一下。

他又说，我们党从托派成立以来，就坚决反对，托派在中国是反革命的组织，只要有活动我们就法办，现在公开出版国际托派的书，这是与我们党的方针直接违背的。

他说，现在中国青年的思想本来就很混乱，人民出版社还出这样的书更增加思想的混乱，希望你们迅速研究一下提出一个办法。

于是，我向乔木同志汇报了这一套书的出版经过，并说这是我们根据理论界的意见，召开了几次会议研究后选定的。我说：开始出书的时候耀邦同志赞成出版，但他的意见，要精选。我还说人民出版社的出书方针是经过中宣部批准的，他们出版这套书也是有计划的，是经过批准的。

乔木说，这些书的出版应该有什么程序，要有个办法。他又说，究竟人民出版社的宗旨是什么？这些书如用商务印书馆的名义、用三联书店名义出版，情况又不同。人民出版社应该由中宣部来管，我和邓力群同志说了，政治书籍的出版要很好地研究。

他说，有些人对人道主义、异化兴趣很大。人民出版社出沙夫的《论共产主义若干问题》，这本书虽为内部发行，实际在中国有影响，会引起青年反共反社会主义。这本书头一章就是讲革命异化，第二章是讲社会主义和官僚机构。这本书已做了处理。

乔木还讲了许多话，讲到不破哲三的政治观点以及日本共产党和中国共产党的关系，讲到南斯拉夫理论家曼德尔的政治观点。他说：曼得尔关注《关于过渡社会的理论》有这样的小标题"工人政权的官僚化"；还有"在工人阶级的国家里进行政治革命的必要性"。出版这样的书，比异化厉害得多了。这些书也不是都不能出版，如果用三联的名义出版，情况就不同。

他说，重要的是，一条是采取了自由主义的态度；第二条是公开出版；第三条是不去批判这些书，就是批判也不等于就能出这些书。商务印书馆出了这类书，用了一句话说：这是资产阶级的，应该批判！

我们做宣传工作，扩散这些东西，不能不说是精神污染。对这类书如何出？哪些出？哪些不出？对人民出版社和其他出版社要有个要求。

他还说到青年的思想和读书情况。他说，现在有了读书热潮，工人、学生中，都有读书会，这是个积极的现象。他们读了一些理论书和历史书，可是学生在课堂里头教材不好，教材主要是不联系实际，这要改进。编的方式与内容都有缺陷，可以共同来研究一下，我如有精力愿意来参加。

他又讲到对现在青年思想的教育问题，强调我们要根据青年读书的需要编一些适合他们的书。说我们要改进马克思主义教育的工作，使马克思主义的宣传生动活泼，有吸引力。

临别时，乔木同志送我们到门口，又讲到新华书店的工作，他说书店的工作应该搞开去，不要光在书店和书亭里售书，要出去宣传推销。农村要背篓宣传推广科技书，学校里可以请推销员，和推销员订合同，有的商店里也可以卖书，我们好的书应该广为宣传，应该推销，书店工作应该搞开，现在售书渠道多了一些，但是还不够。对于营业员要加强培养。

我从乔木那儿回来以后，心里很不平静。我当时觉得乔木对人民出版社的批评，我们应该首先承担责任，出版这些书，对出版社承担的任务以及选题的分配上，缺乏考虑。出书时缺少批判性的前言后语，对书中的内容很少有评论。虽然中宣部1983年10月对于现代政治理论学术著作已经发了一个通知，对于其中的问题已经在通知中指出，并加以纠正，对书目也做了调整。但是在整体上还未作充分的研究。我听了乔木的批评，思考要有一个新的改进意见，再把乔木的谈话一起向邓力群和部里的领导做汇报。但是邓在当天已经从别的同志那里知道了乔木的批评意见，在乔木谈话的次日，在召开的部长办公会议上，邓说起此事。邓说：“老许，听说你们昨天去了乔木同志那里，你把情况向大家说一下吧！”我未有准备，当时震了一下。于是我就将乔木的意见详细做了汇报。当时常务副部长郁文同志认为非常重要，要我立即到人民出版社对编辑室主任以上的干部进行传达。这时，我心里想，这下子坏了！我预感到事情的不妙。

人民出版社听了我的传达立刻掀起轩然大波，有人以激烈的语言，表示不同意乔木同志的意见。据说曾彦修同志给乔木同志写了信。他曾是人民出版社社长，是一位老同志，长期与乔木同志相处，申述自己不同的意见，是很正当的。乔木接了这封信以后，见到我时对我说：我那天的意见是对你们说说的嘛！你怎么跑到人民出版社去传达呀？我真感到很茫然！

说实在的，按照我的本意我不是这样做的。我想先在领导层研究一下，对过去的工作应有探讨，哪些是对的，哪些是不对的，但当时过于匆忙，人民出版社的同志听了传达对乔木的意见很大。事情处理成这样，我心里非常难过。

乔木再谈人民出版社出书方针

1984年3月6日下午3点，乔木同志找了人民出版社的几位领导，曾彦修、陈茂仪、张惠卿和我去谈人民出版社的工作。这次谈话距离我上次到乔木家里，只有20天。

这次谈话，一开始乔木就说，人民出版社的事情我以前没有过问，现在整个出版方面也归宣教口，我想了解一下从粉碎“四人帮”以后，人民出版社的任务、方针、计划、制度，以至于最近几年工作中的问题，有哪些好的经验，有哪些方面得到了发展，存在一些什么问题?

此时人民出版社的几位同志先后做了汇报。其间，乔木详细询问了出版社的方针制度如何制定、一年出多少书、什么书印得最多、什么书印得较少等问题，张惠卿和曾彦修一一作了回答。

乔木同志建议说，人民出版社可以出版一些理论读物参考资料，也可以出版些当前年轻人需要的书，如批判卢梭和萨特的书等。同时他又指出出版也要创新，可以出版一些中宣部之前批准了的外国政治学术著作等。

在谈到不同出版社的分工问题时，乔木同志说："要弄清楚人民出版社为什么要存在，任务是什么，哪些书适合人民出版社来出版。要正确引导大众的价值导向。我们为理论界服务，理论界又为谁服务？有人说，他就是为了研究、探讨问题。他们得了这些书后就去宣传，而不是去批判。理论界离开了党，我就不能为他们服务了，我们不能让他们牵着鼻子蒙着眼睛走路。我希望人民出版社经过整党，把出版社的方针问题研究一下。同其他出版社要有分工，都是为了社会主义的利益，使社会主义兴旺发达，怎么做有利，就怎么做。"

乔木还谈到了国内理论读物的出版问题。他建议出一些通俗理论读物，但要比中国青年出版社高一些。如随着全国读书活动兴起，调查一下青年读者需要什么，根据他们的需要定出丛书（例如一百种），他还建议人民出版社要有更多的力量放在这方面，只要选题选到点子上，再做好宣传工作，理论读物也是会畅销的。但同时要注意出版社格局平衡的问题，像参考书之类可以考虑由社科院情报所来出，另外一些可以由商务印书馆来出。

乔木建议人民出版社可以考虑办个《学习》杂志。通过办杂志联系人，可为编书做准备，还可以培养作家和编辑。杂志可以包括很多内容，文史经哲都可以，许多问题都可以先在杂志上发表，然后修改补充出书。现在青年中有许多问题要讨论，还有工作中的问题也都要学习、讨论。他还强调说，人民出版社要办好，翻译的著作还是要的，但在相当长的时间内，恐怕还是用编译为好，就是将几种外文书编译成一本书。在这个基础上逐步做到著书立说。与此同时，还可以考虑出一种综合性的翻译杂志，同样可以培养人才。

当我汇报人民出版社的归属问题时，乔木表示赞成文化部朱穆之的主张——人民出版社由中宣部全部管起来，使之成为一个中直单位，他表示，人民出版社的隶属关系、出版方针等，还是要由中宣部讨论后报中央书记处决定。

随后在讨论到人民出版社经营管理问题时，乔木提出可以出版一个综合性的翻译刊物，如翻译各种经典名著等，稿源比较容易，还可培养翻译人才，同时也能够成为发行量很大的刊物。

乔木这一次谈话，我感觉到对人民出版社的方针，需要重新调整，对于现代政治学术著作问题，他不是全盘否定，这方面的参考资料还可以考虑出版，但是在选择上和发行上要特别加以注意，这些书由哪些出版社来出版，都要进行研究。他针对现在的形势，提出要加强通俗政治理论读物的编写和出版，在这方面我们虽已在进行，但还要加大力度。在谈话中，我和人民出版社的同志对乔木也有一些汇报和插话，目的是使他了解更多的情况。

总的感觉，和乔木的这次谈话比2月15日谈话的态度缓和得多，上一次批评比较严厉，这一次情况很不同，对人民出版社的同志还加以鼓励。最后他还说请转告对人民出版社的同志表示慰问。

在3月9日，这一天星期五，在邓力群同志主持的部长办公会议上，我又把乔木同志3月6日和我同人民出版社曾彦修等同志谈话的情况，作了详细的汇报。汇报完了以后，大家对乔木的讲话进行了讨论。

在这次会议上，我听到新闻局局长钟沛璋同志的汇报。说乔木同志在我和曾彦修等谈话之前，找过钟沛璋谈了半小时。谈的内容主要是要他们注意培养人才，注重人员培训，从而提高新闻稿件的质量。（以上参见胡乔木《谈新闻出版》一书中的《从实际出发规定新的出版方针和任务》、《新闻工作要从基本功抓起》第525、366、369页。）

我从办公会议开会回来以后，又把3月6日乔木和我们谈话的记录整理出来，分送邓力群和少数几位领导。

以后，部长办公会议又议论起人民出版社的归属问题，但是在议论中，有的部领导同志认为人民出版社归中宣部直接领导和管理，事情会很多，可能麻烦的事就会不断地提出来。因此，不赞成人民出版社归属中宣部。我本来已根据乔木同志的意见，对人民出版社做了一些了解，在人事和经济方面的情况都摸了一下。人民出版社是很老的出版社，建国之初就建立了，现在干部比较充实，领导力量也比较强，在经济方面还是比较充裕。当时一些出版社如中央文献出版社、中央党校出版社、中共党史出版社等还没有建立，或者刚刚开始工作。重要的政治书籍除马列和毛泽东的著作以外，中央的重要文件、党史和重大事件的参考材料，都归人民出版社出版，没有分流。

由于部的主要领导成员不赞成人民出版社归属中宣部，此事就搁置了下来。

小平谈对西方理论著作的出版

过了几天，我听了传达，1984年3月14日，乔木同志向小平同志做汇报。汇报时，邓力群同志亦在。乔木汇报说："文革"前为了批判修正主义，曾经内部出版发行了"灰皮书"、"黄皮书"。当时看这些书的人，很少受影响。1979年后，人民出版社和其他一些出版社，出版了一些现代外国学术著作丛书，原来选题100多个，现在出了40～50种。这些书中，有托派分子写的书，有为托派和布哈林翻案的书，有揭露斯大林搞恐怖的书，有前苏联、东欧持不同政见的人写的书，也有宣传其他观点、反对我们党的书，还有一些其他错误甚至内容反动的书。这些书，用黄皮封面，据了解是内部发行的。但是，流传范围相当广。现在的思潮同"文革"前的思潮不同了，那时看了这些书，不受影响，现在相反，很容易受错误的和反动的思潮影响。对这些书的翻译出版发行，现在不必追究责任，但应接受教训，出版部门要拟定一些办法。

小平同志说：这件事，对我来讲，是头一次听到的新闻，很需要管起来，制订一个方针。

小平同志在谈到同外国党在思想理论上分歧问题时指出："还是按照中央已经定下的方针办。政治问题上要维持和发展友好合作的关系。对他们的理论、思想观点，我们不替他们宣传。他们自己宣传什么，主张什么，我们不作评论，不同他们争论，更不要像过去那样公开地批评他们。是对是错，由他们自己去判断。"

在谈到翻译世界名著问题时说：“这个工作很重要，需要用几十年的时间。除了组织国内人力进行翻译，还可以在英国、日本、西欧分别成立编辑部，组织外籍华人和华侨中的学者进行这一工作，订立合同，稿费从优。”

在谈到改进大学政治课教学问题时指出：“在青年中发现和培养马克思主义者，是一个很重要的任务。现在发现的还少。大学、中学的政治课都要认真改进。”在谈到清除精神污染问题时指出：“过去一段时间，精神污染搞得很厉害。我说过，那是搞资产阶级自由化。二中全会后，整一下精神污染，很有必要，把那股搞精神污染的风刹住了。起码现在没有发现有什么人再搞二中全会以前那一套了。同精神污染的斗争，是长期斗争，要做长期的工作。”（参见《邓小平年谱》1984年3月14日）

根据小平同志关于翻译世界名著谈话的精神，结合乔木同志对这方面工作的多次谈话，中宣部出版局受部领导的指示，起草了《关于出版外国学术著作情况和意见的报告》，报告明确了以下几点：（一）翻译出版外国学术著作和政治著作，是一项必要的不可忽视的重要工作。它对于我们开阔视野，增加知识，将是有益的。我们要改进和加强这项工作。（二）对世界各国的从柏拉图、亚里士多德以来的古典学术名著，要在今后若干年内，全面地系统地翻译出版。（三）对现代的外国学术著作和政治著作，包括有关国际共运和社会主义各流派的著作，以及资产阶级的各类著作，要有计划有选择地翻译出版。（四）要加强对外国政治学术著作（包括古典名著在内）的评论工作。报告由我主持，由袁亮等同志执笔，经反复修改后上报部领导，经过讨论后，于1984年3月31日上报中央。同年11月1日中央书记处讨论通过此报告。接着中央办公厅于11月26日发出通告，将报告转发各地和中央部门。由此，人民出版社和有关出版社在总结经验的基础上，调整了工作。

在这里我还要说及，乔木同志很关注翻译外国名著的出版工作。小平同志同他谈话以后，在3月19日我们正在开会时，传来乔木同志的电话，说请力群同志找出版局、商务印书馆同志开个会，研究一下在美国、日本，甚至前苏联、香港设立商务印书馆编译部或分馆，主要翻译外国名著，也可考虑把中国古籍译成外文（小平同志同意了的，力群同志知道）。也可以请外国人参加这项工作。这样做会碰上哪些问题，比如外交、法律上的问题，以及稿费等具体问题。讨论出个意见，搞个方案材料。

此事后来做了多次的讨论和研究，特别是关于翻译出版外国名著，“文革”以前就开始做，而且有一个完整的规划，后来被终止。现在又另做计划，议定后上报。的确这是一件非常重要的工作。20世纪80年代开始，商务印书馆出版了系列的汉译名著丛书，遵照乔木同志的意见，又加强这方面的工作。商务印书馆在国外设馆之事，与商务印书馆的同志反复磋商多次。香港与新加坡已有分馆，可进行工作，至于在美国、欧洲、日本等地设馆，其中有经费与人员诸多问题，几次方案上报，都难以落实。

第十三篇 质量和管理

中央书记处第三次讨论出版工作

近年来中央非常重视出版工作，1982年2月4日，中央书记处讨论国家出版局的“汇报提纲”；1983年2月21日，又讨论通过《中共中央、国务院关于加强出版工作的决定》；1985年11月18日，中央书记处又一次听取和讨论国家出版局关于《出版工作为精神文明建设服务的汇报提纲》（1985年7月国务院批准文化部出版局改称国家出版局，仍隶属文化部领导）。

此次会议，由胡耀邦同志主持，到会有万里、杨尚昆、胡乔木、陈丕显、乔石、李鹏、邓力群、王兆国、王鹤寿、朱厚泽、朱穆之等同志。薄一波同志后来也到会。在座的还有计委袁宝华、财政部等有关同志。我很早就赶到中南海。

会议开始，首先由文化部出版局边春光汇报。他汇报说：“一些理论普及读物，像《科学社会主义常识》、《通俗哲学》等书发行量都有几百万册。”耀邦认为书好不好销，一是写得好不好；二是有没有行政引导。

在汇报到发行方面的情况时，乔木指出：“出版社与书店的关系，如单由新华书店去卖，单渠道，新华书店可能承担不起。书店经理如何有学问，看了这个书，没有办法下决心要多少。这书那书该印多少，订多了，书店要赔，没有办法。如出版社自己去搞门市部，去搞书店，也不可能全国都有门市部，农村你就没有办法，所以书店与出版社的关系一定要解决。去年一个老的出版局长提出一个意见，要寄销，卖不掉的，由出版社负责。这个问题要解决，确是卖不掉的由书店负责，也负担不起，确是增加了书店的困难。”他又说：“出版社多，造成出书重复，粗制滥造，助长低级趣味。现在出版社面临纸张涨价，而纸张是由于木材涨价而涨价，所以出版社与书店面临‘经济危机’。”

此外，大家还讨论了古旧小说要控制出版、私人能否成立出版社、及如何对待武侠小说出版等的问题。还议论图书大幅度涨价问题，大家都不赞成，尤其是教科书涨价。乔木、力群、万里和耀邦等同志都发表了各自的看法。

乔木针对图书的发行说："书发行得多，都有一些特殊的手段，像进行推荐等。现在读书的需求有了变化，这说明出版与书店脱节，这包括整个社会的构成有变化。一本书销得好，有可能是作为学校指定的参考书，发行可以有保证，假如不是这样，发行就很难卖。"他还说："现在我们搞四个现代化，经济技术的书好卖一些。政治书不好卖。文学艺术比较好一些，但也好不了多少。文学书籍比较严肃的，哪怕是古典名著也不好销。思想政治方面的书滞销，明清公案、鬼怪小说这类东西好卖，不单是出版部门的问题，是包含着整个社会问题。"

乔木在谈到出版机构问题时说道："出版机构，主要是下面没有腿，这是需要解决的，也老早就提出来了。出版没有健全的管理机构，书记处把出版局、宣传部批一通，也解决不了问题。上面对下面没有指挥权，指挥不动，遇到重要问题更解决不了。从1982年国家出版局合并到文化部以后，地方原有的出版管理机构基本上都被撤销了，许多关于出版工作的意见难以贯彻执行，给出版管理工作带来很大的困难。"

在谈及图书发行体制改革时，乔木形象地说："图书在由新华书店独家经营改为多渠道发行后，新华书店和出版社的关系紧张，相互指责。靠新华书店一家不行，要多渠道。书店征订了，一种书进多少，别说'小辫子'，就是博士也没有办法。进少了，脱销，进多了卖不出，书店亏损，也没有周转资金。靠出版社自办发行，开门市部，也解决不了多少问题。有些出版社自办发行卖畅销书，又和书店产生矛盾。去年出版局王益同志提出搞寄销，由出版社承担经济责任。这个问题还未解决。出版社面临纸涨价，就出畅销书赚钱。现在，出版社和书店都面临财政危机。"

随后，又讨论了图书的价格问题。耀邦、万里、乔木、朱穆之、李鹏等同志都一致认为：小学课本不能涨价。要把财政支出尽量用在合适方面，要使人民的生活方面多得益处，让他们在科学文化水平上多提高一些。的确，文化教育部门历来资金困难，虽按年也有增加，但幅度不大，常常呼吁都难以解决。在座的宣传部门的同志听了这些话，内心非常高兴：这样精神能真正落实就好了。

最后，耀邦做系统的讲话，他说，看起来问题没有解决。确实出版方面问题很多，不是同志不好，不是没有成绩。出版问题多，可以由中央国务院发一个文件真正说清楚一些问题，这些问题需要研究之后起草。我建议由朱厚泽带个头。新上任的要有所作为，一个月不行，两个月，讲清方针性的问题，只有一个法规不行，要由中央、国务院说清楚方针性问题。在这方面，我讲不全。我说几条：

1.要讲清现象，出版是什么事业。必须指出的问题很多，指出之后就接着讲，出版事业是什么事业，是什么地位，是提高精神文明的一个重要方面。不单是出版界要认识清楚，全党都要认识清楚。

2.写写出书。出版方针是什么，放在第一位。出书的出发点，在于提高我们整个社会主义社会的职能，同时考虑到群众的负担。出书的方针，要切实抓紧。你们说第一出马列，第二出拳头的书，这个方针研究透了没有？你马列全集有多少人看，一个是买不起，你们都是一套一套出，你们年鉴（如机械方面年鉴），不是几寸厚，是几尺厚，谁买？马列的书究竟出多少，包括老革命家周总理、张闻天等的书出多少。中国古典如三国、水浒，加上“五四”以后新文学运动的书，你要大量印，不印那些乱七八糟的东西。

3.严禁方面。禁什么，不靠各级党委如何禁，不禁，让这些东西来毒害青年，我们就犯了罪。焚书坑儒，我们不干，我们没有那么狠。但我们有什么责任，要说清楚。

4.价格问题。明明涨一倍，远远不止。要有一个价格政策。科学、学术杂志如何办，要有价格政策，所有部门都要遵循。

5.体制问题如何办，我讲不清楚，如体制解决不了，就互相打架。农村，书下乡问题，离城几百公里，你不贴本？要把体制问题研究清楚。

6.出版队伍，如何提高素质，必须讲一段话。

邓力群接着说，由他牵头，请计委、教委、财政部门参加，不然搞不清楚。

这次会议提出许多重要问题，特别是涉及文教部门的资金与使用，出版部门的经营管理，各类书籍的出版与市场经济的关系，书价与纸张物资，尤其是小学课本的价格是社会的重大问题。课本涨价的幅度，亏本如何负担，这都是大事，如何讨论落实，这要忙一段时间了。

出书的方向

为贯彻中央书记处讨论出版工作会议的精神和乔木同志最近谈话的精神，我们进行了多次议论。有如跑步，我们做了不少预备动作。当时议论和研究，由朱厚泽同志主持，邀请有关方面共同磋商，召开过几次会议。我们中宣部出版局同文化部出版局也不少碰头研究，如何落实中央领导的指示，并且多次起草文件，征求意见，进行修改，但当时还没有完整文件出笼，后来朱厚泽同志也调离了中宣部。

根据当时中央对出版工作的意见和领导同志的指示，我们先归纳三个问题，进行讨论。第一个是出书的方向；第二个是经济方面的问题；第三是传播，即出版社和书店的关系。

出书的方向问题。我们要极力增加出版好书，对社会有益的书，包括学术著作；同时要进一步扼制坏书的出版。

对于促进出版对社会有益的读物，出版界的领导一直是加紧推动的。我们强调出版优秀学术著作的同时，要抓大众的普及性的读物。当时抓紧编撰《祖国丛书》和通俗的政治理论读物、青年知识读物等。鼓励出版反映现实生活而内容有进步意义的小说，有研究成果和有见识的论著。对这些读物，出版社的观点也是一致的。但是这些书有的发行量很大，很受欢迎，而有的发行量不大，不那么受欢迎。有的内容不错，但读者范围受到限制。这样，销售广泛的书，出版社可以多出，能增加经济效益，而那些印数少的，虽然选题不错，但是出版社也不大乐意印制。

对于新旧武侠小说，出版领导部门发了不少文件，这些文件是能起一些作用的，但是也不能完全堵住，因社会上有一些人喜欢这些书。由于一些出版社出这些书有较大的收益，所以在明里暗里不断地推出，光靠文件是难以完全制止的。一些科技出版社也曾经超出范围出版此类畅销书，他们说：我们很困难，我们出一点有什么不可以，你们领导上开一个口子怎么样？那些综合出版社出这些书，收益很大，而我们这些“贫困户”，出一点弥补一下也可以吧！

乔木讲现在读书的兴趣有很大变化。的确，社会上喜欢读那些武侠和言情小说的人很多，例如电影，这些票房价值也很高。社会情势的变化难以人们的意志为转移，经过各方面的艰苦工作，也可能会好一些，但是能否持久，也很难说。

现在和过去不同，50年代初期，反映抗日战争时期的小说很受欢迎。前苏联的小说《钢铁是怎样炼成的》，发行量很大。诸如《卓娅与舒拉的故事》，也是几十万册地印，市场供不应求。“文革”以前，革命小说《红岩》、《青春之歌》，在市场上出售如火如荼，城市和乡村的青年人都爱读。那个时代虽然有的出版社出过《三侠五义》和一些其他的古旧小说，这些小说在市场上的出售竞争不过上述的革命小说。而现在读者的兴趣和以前大不相同了，人们喜欢追求新奇，喜欢娱乐。这种变化是多种因素形成的。

我们现在靠文件，靠主管部门的通知，来堵住那些趣味低下的书，是难以完全堵住的。在这一方面我们没有立法，哪些是违法，哪些是侵犯公共利益，没有法律作依据，光靠一些通知是难以彻底纠正的。对优良的出版物给予奖励，鼓励青年来阅读好书，这当然是好的做法，但其影响不是很普遍的。现在市场价值法则支配着社会，出示公文往往不能彻底解决问题。如果有法律条文加以约束和追究，情况又有不同。

对于武侠和言情小说，大量传播对青少年思想教育不利，但是出版并不违法，不违背国家民族利益，有的多少年已在社会流传，也受到群众的欢迎。如何处理，还要慎重。

对于好的学术著作的出版，出版社和编辑都是认可的。但是由于市场的销售，因为书籍的本身，读者的对象受到限制，发行量小，出了这些书可能收不回成本，出版者就不那么乐意再出版。虽然一些好的学术著作，出版很应该，出版社要以盈补亏，但是出多了，出版社就难以承担。

在80年代初，我曾经起草过一个文件，想设立一笔基金，以这个基金来资助学术著作的出版。这个文件是按照力群指示精神起草的，耀邦也表示赞成的。这个文件他们已经认可，但是和管钱的部门商量，他们不赞成。文件上要求每一年拨给800万元，按照成本计算当时可以出版200本书，以作为亏损的弥补，对社会来说算是一件好事。在当时各地还没有设立基金，也没有什么退税这一项目，没有其他的办法，只能是伸手向财政部门请求，他们不同意，也只好作罢了。而现在有的单位也设立了一些基金，做些好事，但是现在要出的好书很多，仍然是杯水车薪，难以解决。

至于一些科技社出书的范围，这是我们自己制定的。50年代初我们许多作法模仿苏联，建立出版社的体制。只要有一个中央部门，主管一个方面的业务，他们就可以成立出版社。最初出版社出自己专业书，如有亏空，主管部门也可给予补助。但是许多专业出版社成立以后，上级往往要求他们上缴利润。如不上缴，能自己维持也行，但是随着业务的开展，人员不断地增多，开支日益增加，有的入不敷出，要维持就得出一些在经济上有收入的书，不然难以为继。在资本主义国家私人出版社是不断在竞争中被淘汰的，此起彼落。每一年都有新起的出版社，每一年也都有关门的，就和其他企业一样，受市场价值法则的支配，有的发展，有的消亡，竞争非常激烈。而我们不是这样的，只要批准那个出版社存在，他们就千方百计设法维持下来，除非上面有命令，或者犯了什么错误，暂时停止一下。撤销他们的编制，这是很少有的，只有他们犯了大错，而他们主管部门也赞成撤销，才能做到。不然，虽然奄奄一息，仍可以等待时机，焕发生机，东山再起。“文革”以后，也曾有几个部门的出版社合在一起，部门恢复以后，又分别建立。不过，有不少出版社也是搞得很好的，特别是上世纪90年代以来，有的科技社如同插上翅膀，高高飞翔，一些老的有名望的出版社也望尘莫及。

现在出版体制正在进行改革，出版社逐步转向企业化，大家进入市场竞争的行列，情况正在向更好的方面转化。

出版经营的经济法则

关于经济方面的问题。在80年代中期，出版社大部分过得去，其经营多有盈余，少数有些亏本或不景气。但是在印刷方面，难以适应于出版的要求。当时印刷周期长，一般出书的周期在一年以上。主要的原因是印刷设备不足，要求出版的东西很多，往往印不出来。虽然印刷设备也不断有所补充，但是总赶不上出书的需要。以印刷行业和其他行业比较，其收入大多数不如其他行业，因为收入小利润少，靠自身扩大生产就比较困难，因此不断地要求国家拨给资金，增加投资，改进设备。虽然国家也有一些投资，但是很难满足印刷行业的需要。自从经济委员会指定范慕韩同志成立印刷机械设备协调小组以后，每一年国家拨给一定的资金，对印刷业加以改造，情况就有了一些好转。

对于出版社的经营，由于市场经济变动，物资涨价，影响到图书增加成本，图书也需要涨价，包括课本，如不涨价，出版社就难以经营下去。但是图书涨价，受到社会的批评，尤其课本涨价，受到家长的指责。不涨，出版社没有办法解决。

人们都知道以前物资的供应，有两种价格，一种是计划调拨的价格，可以低价供应给国有企业；另外一种物资投向市场，价格由市场调整，企业可以在市场上随意购买物资，但其价格比计划调拨物资的价格要高。而物资的调拨往往不充分，不能满足生产单位的需求，生产单位就需要到市场上购买，到市场购买时就增加了成本。出版方面也是一样，例如纸张供应，国家按照计划以低的价格调拨给出版部门，但是调拨这部分远远不能够满足用纸的需求。

为解决这个问题，领导上也是多方设法帮助。1985年6月13日张劲夫同志召开会议，讨论出版用纸问题。当时到会的有计委、经委、轻工、财政、外贸、物资、物价等部门的负责同志。乔木非常重视，他早早就到会了，召开这次会议也是他的建议。在会上张劲夫说："今天是讨论出版的用纸问题，特别是讨论课本的用纸问题，说乔木同志非常关心此事。"

这时候乔木首先讲话。他说："今年是教育改革的第一年，教育改革每一年都要做一些好事，如果课本不解决，学生上课没有课本那就是坏事了。还有练习本和橡皮、粉笔、黑板和板擦都要解决。"

张劲夫觉得这些物资的供应非常重要，这时他忽然发现商业部的领导同志没有来，因为筹备供应练习本等商品要商业部协助，所以立即请人打电话要商业部的领导同志来。可见张劲夫非常重视这次会议。

会上文化部出版局的同志汇报了纸张供应情况，说明出版缺口的纸张很多。纸张主管部门保证计划供应的纸张，其比例还不及用纸的三分之一，除了课本以外，其他方面也都需要大量用纸。出版部门要求保证计划供应的纸张不低于50%。同时还说，由于需要向市场购买高价纸，书籍的定价应该容许有浮动的额度，不然解决不了问题。

张劲夫要中宣部的同志发表意见，所以我在会上作了发言。我说：纸张问题主要是价格问题，因为纸张是有的，供应部门欠交出版部门的纸张，其原因是把纸张投向市场，纸张被高价买走了。由于纸张利润低，工价高，原材料包括木材以及燃料、电力都加价了，所以生产部门也没有办法。现在不是有议价电、议价煤吗，生产纸张的部门如果按照计划价格拨给出版部门，他们就收不回成本，这样只有从市场的高价上才能够有所弥补。而出版部门纸张不够用，不得已只有去购买市场上的高价纸。今后的问题无非是两条，特别是对于课本来讲，一条是国家补贴；一条是涨价。因为纸张涨价了，书的成本高了，书价不涨，是不能维持的。我还说，或者采取兼顾两头的办法，一头请国家补贴一部分，主要是课本；另外也容许书刊涨一点价，这样两方面都来进行，就比较好一些。

在会议中谈涨价或者要求国家给予补贴，都是比较困难的问题。因为物价涨了，无形中书价也要涨，课本如果得不到补贴，也要适当涨价。实际上书价已经涨了。在这中间，也有少数乘机多涨价，如得不到监督就会从中提高利润。所以必须规定有一个额度，不能随意抬高书价。任意提高，应该加以惩处。

此时，乔木同志说话，他认为书报的发展要根据国家经济的可能，按照生产的程度来安排，不然老是自己背着包袱。乔木同志的意见，是非常正确的，这是一个战略问题。他提出要起草一个文件，采取控制的办法。但是在市场经济的条件下，控制也较为艰难。

在这次会上，有关部门都了解了出版方面的纸张供应和价格情况，但应如何妥善解决，确实没有能找出解决的方案，只好容后再做商议。

图书的传播

出版社和书店的关系，这是图书传播中的问题。出版社和书店都希望读物能大量销售，这个愿望是共同的。但主要矛盾是，出版社出的书，希望书店多订货，而书店的订货往往与出版社的愿望相违。过去的体制是这样，出版社出的书，写出简单的提要，交与书店去征订，书店从省到县的门市层层下达，由他们预定多少，进行统计，将总数报与出版社，出版社就根据书店的报数，酌情安排书籍的印数。有时书店的预订特别少，如只有几本几十本，出版社就犯难了，印与不印？不印，出版社认为这是好书，已经编好了，若印，书店只要几本或几十本，按照这个数量如何开印？若加印2000到3000本，出版社才能收回成本，但加印的书书店不要，那么出版社如何处置？

“文革”以前书店对出版社的书都是包销的，只要书交给书店，书店的款项就拨给出版社。改革开放以后，情况不同了，出版社多印的书，书店不接受。所以在发行方面就出现了多渠道发行。出版社也想办法发行自己多印的部分。有的出版社专业性很强，他们有垂直系统可以销售，在垂直系统销售比书店销售的数量还多得多。有的有其他渠道，如在各地设立的门市部、销售点，也销售得较多。这样，也不时发生矛盾，书店认为想买书的人都由你们供应了，我们还卖给谁？所以出版社和书店在销售方面矛盾很大。有同志提出可以采取寄销的办法，就是说印出的书委托书店销售，书店销不出去，规定在若干时间内可以退货。出版社认为这个办法对书店当然有利，可是书店大量退货，出版社就难以处理。我们在国外访问时，例如在日本，了解到他们退货往往占3成，卖不出去的部分，运回来整理一下再卖，如再卖不出去，就切碎作纸浆造纸。我们开始一听就感觉到太可惜了，好好的书就切碎了。而我们现在也慢慢地走上这条路了，要么无限期地堆在库房里，存书占了库房的空间，要么回炉造纸。

书店和出版社的矛盾始终是存在的，处理得好矛盾会缓和。以出版社来讲，出书的选题要对路，要进行调查研究，无论是交给书店或者自办发行，书籍都比较好销，这就好办。对书店来说，发行渠道要宽广和畅通，发行的门市，要更加能够接近读者，办法要多样，例如要流动，要在学校和众多的读者群地方设点。还要考虑营业员的水平与利益。

书籍发行的根本问题是，要在市场上进行竞争。销售部门不能由一家一统天下。在改革中，书店可采取股份制，也可由私人经营，甚至外资也可进入经营。书籍有两种属性，在思想方面主要由出版社来掌握，而作为商品属性，在市场就基本上和其他商品一样，进行竞争销售。书籍出版以后进入市场，就要采取各种办法，充分销售。

在发行方面，中央制定政策，指出改革的方向，如何进一步展开，这就各有千秋了。

第十四篇 中国出版的文化情缘

中国出版与海外交流的走向

世界文明的发展，是在不同国家和不同地区之间相互交流和促进的。在中世纪以前，人类文明发源地的中国，将造纸、印刷、丝绸纺织和制造陶瓷技术等精湛的工艺，输送到西方，促进了西方科技的进步。而18、19世纪以来，经过产业革命的欧洲和科技进步的美国，又把先进文化和科技传到衰落的中国。思想和文化的交流，对世界文明进程，所起的作用是不可估量的。世界先进文化的推进和交流，是世界发展必然的趋势，是社会的规律，不以人们的意志为转移。

人类文化的传播与积累，到今天为止，仍然是通过文字记载的物体特别是图书加以传播和保存，使其发生影响的。诚然，人类从开天辟地以来，语言的传授和世俗习惯的延续，对于社会生产和文化的传播与继承，起着相当作用，但是比起以文字记载的图书，对社会和后世的影响，无论从广度和深度来看，都是难以比拟的。

社会经济的发展，使文化生活得以提高，而文化的传播对社会所发生的影响，也不能低估。1949年新中国成立以后，改变了旧的生产关系，建立了新的经济生活。为适应经济基础的变革，上层建筑随之发生了根本性的变化，社会文化也开辟了新的天地。为新社会服务的出版事业，进行了大量的工作，其中通过出版物同海外交流方面，也做出了重大的贡献。

下面我试着概述1979年以来，我国出版领域同海外进行交流的走向，以便观察20多年以来这方面工作的发展过程，使我们面对21世纪的开篇，更加清晰。

1979—1989年的对外交流

推倒“四人帮”以后，人们解除了思想上的束缚，出版工作走上正道。虽然当时工作千头万绪，但是对外交流一直没有放松。“文革”后出版领域首要的任务是解决书荒问题。当时国家出版局组织一切力量包括纸张和印刷物资设备，出版群众急需的读物，这些读物最先考虑重印的除了受欢迎的中国作品以外，就是外国古典名著。为了打开思路，吸收新鲜空气，从1979年起组织大批人员到国外访问，与同业联系并向他们学习；参加各地国际性书展和业务会议，与同业建立友谊；邀请世界著名书商来华访问，举行座谈会，从中汲取经验。

从1979到1989年，这是“文革”以后，我国出版界对外交流的起步阶段。虽然我国还没有正式通过著作权法，也还未参加国际性著作权保护组织，但是我们出版界与海外交流非常活跃。此10年工作的基本情况和特点，归纳如下：

（一）开展对外合作出版

这是当时最突出的工作，从领导到出版社都非常关注。这10年与海外合作出版方式多样，方法灵活。合作的范围很广泛，合作图书的选题涉及社会科学和自然科学，涉及中国古代文化与现代的研究成果。合作项目也很广泛，从学术著作到文学作品，从外语工具书到专业词典。在中国参加国际性著作权公约以前，通过合作出版可利用国外出版公司，对合作出版的图书在海外得到版权保护。同时也可利用海外出版公司的发行网络，把合作出版的图书，发到平时我们中国出版的图书很难进入世界各地的大书店。

从1979年到1989年的十年间，据统计，中国出版界与世界各地区，签订图书合作出版的协议有600多项，已经合作出版的图书1000多种。与中国出版社合作的海外公司有200多家，涉及20多个国家和地区。合作出版有几种主要方式：

1. 与海外出版公司商定选题，共同制定编辑计划，合作出版。图书的内容双方议定，在经济上共同投资，所得利益，双方平分。这是一种真正的合作，是国际上典型的、普遍采用的方式，特别是发达国家所惯用的合作方式。中国出版与海外合作，最早都是采取这种方式。例如1979年人民美术出版社与日本讲谈社合作出版的《中国之旅》五卷；1980年上海人民美术出版社与南斯拉夫评论社合作出版的《中国》画册，以世界多种语言出版；1986年中国对外出版贸易总公司联合中国摄影出版社，与澳大利亚威尔顿－哈代公司合作出版介绍二万五千里长征的《中国－长征》，以及从空中观察自然风光和社会面貌的《俯瞰中国》，这些大型画册都是采取的这种合作方式。但是这种方式波折较多，特别是在经济上难以计算和监督，后来中国出版社都不大主张采用这种方式。

2. 双方商定选题，由中方提供书稿与图片，对方负责出版发行。这种合作，对方对稿件与图片根据海外读者的志趣和要求，可以提出不同的意见，在编辑过程中，可以商量修改，但中方保持有最后审定稿件的权利。这样在原则问题上，我们就能把住关口；在具体问题上，在艺术风格和文字笔法上，也考虑到海外读者的兴趣与习惯。在经济上双方可以协商，便于计算。例如文物社与日本平凡社合作的《中国石窟》20卷，与日本讲谈社合作的《中国博物馆》16卷等，中国出版社比较欢迎这种方式。

3. 双方共同编撰，分别出版和发行，书稿的内容由双方审定，书籍的盈亏各自处理。例如商务印书馆与英国牛津大学出版社合作出版的《精选英汉·汉英词典》，其中英语部分由牛津大学出版社负责，汉语部分由商务印书馆负责。又如新华出版社与海外几家出版公司合作出版的《国际钱币制造者》，由8个国家的银行联合编撰，分别以中、英、德三种文字出版，在世界各地发行。该书的中国部分由中国人民银行负责编撰，中文版由新华出版社出版发行。其经济盈亏由中国方面处理。

4. 将对方原书进行改编或增删，在中国出版发行。这种合作的方式，在书籍的内容上比较适合中国的实际情况。如中国大百科全书出版社与美国不列颠百科全书出版公司合作编译的《简明不列颠百科全书》中文本，经对方同意中国对原书进行了增删，特别是有关中国的条目，比原书增加20%。为在中国合作出版发行这部书，1980年9月8日，邓小平同志还接见了不列颠百科全书出版公司总裁查尔斯·斯旺森和该公司董事会代表团，中央对此项工作非常重视。

合作出版的方式，主要概括如上。改革开放后的头10年，我们对外合作出版工作取得了丰硕的成果。虽然工作还缺乏经验，业务不够熟练，外语干部也准备不足等，但总的情况是好的。

（二）扩大中国出版物向海外传播

经受“四人帮”灾害的10年间，中国同海外的正常文化交流，基本上已经停顿。图书的出口，除毛主席的著作以外，几乎全都是宣传极“左”思想内容的小册子，差不多都是赠送的，或者在仓库里堆积如山。扩大书刊的对外传播，关系到对外开放政策的顺利实施，做好这方面的工作，对于扩大我国的国际影响，争取世界人民的同情与支持，具有重要的意义。1983年6月6日中共中央和国务院《关于加强出版工作的决定》中指出：“要大力改善和发展对外书刊的出版发行工作。根据对外宣传的要求和对外政策，针对国外广大读者的需要和兴趣，生动活泼地介绍我国基本情况和社会主义现代化建设的新成就，应当是出版发行对外书刊的重点。”

为了扩大中国图书在国外的影响，中国出版社直接参加国际性的图书展览。1979年以前，中国出版界大多由国际书店代表出版社在国外参加书展，这当然也起了不小的作用，但中国出版社对国外情况还是比较隔膜。1979年后，情况发生了根本性的变化，中国许多出版社积极发展对外业务，派出代表直接参加了许多国际书展，如法兰克福图书博览会，莱比锡、莫斯科、开罗、新加坡等地的国际性书展以及意大利波罗尼亚的儿童图书展览会等，在会场设立展台，将中国图书展示在国外读者面前。为了把中国图书向国外广泛推出，中国出版界除积极参加国际书展外，还在世界上许多国家和地区先后举办了中国书展。

1979年以后的10年，我国对外发行图书，不但品种大量增加，而且改变了过去品种单调，内容贫乏的情况。图书对外发行，开始向多样化的方向发展，特别是中国文学艺术、学术和传统医药、语言工具书等读物品种繁多，引起海外读者极大的兴趣。据统计，1988年中国出版的外文图书，出口达1100多种，比1978年出口的243种，增长了3.5倍。中文图书的出口品种增加得更多，1988年中文图书出口3万种，比1978年对外出口的1500种，增长了19倍。中外文报刊的出口，也大量增加。

图书的对外发行，其特点不但是图书品种大量增加了，更重要的是海外的发行网络扩大了。在五六十年代，图书主要发向前苏联、东欧社会主义国家和世界上发展中国家，而70年代末和80年代初开始，就扩展向西方。西欧、美国、日本、加拿大与澳大利亚等国家，发行网点也大大扩大，这些发达国家的大书店，也与我国出版发行机构建立了联系。

（三）积极引进国外书刊

为了学习国外的新科学、新知识，借鉴海外的经验，为了研究世界上人类社会文化思想的发展过程，我们必须掌握丰富的资料，加大对海外书刊的进口。从1979年起，这方面的工作有很大的发展。为增加书刊进口，我国所用的外汇有很大增加。

为了开阔视野，增进知识，中国出版界也不断邀请国外出版业者来中国举办书展。在80年代，日本、联邦德国、美国、英国、法国、荷兰、加拿大、澳大利亚、新西兰、前苏联、新加坡、菲律宾、印度等国家的出版业，都在中国举行过书展。许多书展除在北京展出外，还到上海、西安、成都、沈阳等地展出，有的还在高等院校展览，与中国知识界广泛接触。在展出过程中，还举行座谈会，互相进行交流，这也是了解世界科学技术和学术研究情况的一个良好机会。

汲取国外的学术研究成果和知识，翻译和介绍国外重要的学术著作和文学作品，是我国出版界的重要工作，也是国际间文化交流中不能缺少的工作。1979年以后，我国翻译出版外国图书数量有很大增长。1978年以前，我国翻译出版国外社会科学著作，数量有限。80年代起逐年增加，1988年一年就达900多种。外国文学作品，“文革”以前17年，平均每年翻译出版不足200种，而1988年一年就达1000多种。五六十年代，翻译图书偏重于前苏联作者的著作，以后翻译图书的范围广阔，包括世界各地，美、英、法、德和日本等国家的著作都在选择之列。翻译外国社会科学方面的著作，还注重了改革开放的需要，实用经济学、工商管理、银行、信用保险与财政等方面的著作都比较突出。商务印书馆出版的《汉译世界学术名著丛书》，分辑陆续出版，过去着重于古典，到了80年代，对于近现代法律、哲学、经济等有影响的著作，翻译介绍为数也不少。外国文学方面，开始注意系统出版名著，陆续出版了莎士比亚、巴尔扎克、雨果、高尔基等人的全集与文集。对当代名著也比较注重，人民文学社与上海文艺社联合出版《外国文学名著丛书》的同时，也注重选译当代各流派的作品，他们出版的《二十世纪文学丛书》，很受文学爱好者和研究工作者的欢迎。

中华民族有优秀的文化传统，我们应该加以发扬；对于国外先进的东西，我们也应该努力去吸收。拒绝接受外国先进的科学文化，任何国家、任何民族要发展进步都是不可能的，闭关自守，只能使自己落后。新中国成立以后，曾经强调过这个方针，这也是列宁与毛泽东多次反复讲过的。但是，由于某些原因，这一方针一直未能很好地贯彻。自中国实行改革开放的政策以后，中国重申了这一方针。1986年中共中央《关于社会主义精神文明建设指导方针的决议》中指出：我们“摈弃资本主义的一切丑恶腐朽的东西，但是必须下大决心用大力气，把当代世界各国包括资本主义发达国家的先进的科学技术、具有普遍实用性的经济行政管理经验和其他有益文化学到手，并在实践中加以检验和发展。不这样做就是愚昧，就不能实现现代化。”中央在这一文件中强调，“对外开放作为一项不可动摇的基本国策，不仅适用于物质文明建设，而且适用于精神文明建设。”

社会主义文化事业，是为人民服务的，是人民大众的文化事业。图书是为提高我们科学文化服务的。我们出版工作旨在增进人民的学识，鼓舞人民的斗志。翻译介绍国外作品，也要对人民有益，使读者得到启发，或多或少增长知识。不加选择，甚至推出垃圾，那不是我们出版工作者应该做的。

图书集中反映一个国家民族的科学技术成就，反映这个国家的政治、经济、文化、思想和生活面貌。通过图书进行国际间的文化交流，开展对外合作出版，扩大书刊的进出口，引进国外先进的科技，介绍西方重要的学术思想与艺术杰作，这对于中国出版事业的发展，对于提高我国人民的学识，都将起着重要的作用。

1990—1999年的对外交流

如果说1979年至1989年的第一阶段是对外合作出版与书刊交流的初步发展的阶段，那么从1990年至1999年的第二阶段，就是兴旺发达和蓬勃发展的阶段。到了21世纪，又更加扩展。

中国是一个文明古国，土地辽阔，资源丰富，改革开放对世界有着重大影响，特别是从90年代初以来，我国经济向前腾飞，科学与教育事业水平亦大为提高，因之中国出版事业也随之迅速发展。改革开放后的1979年，全国出版图书1.7万余种，到1989年就发展到7.5万种。90年代开始，一直到2000年，一年出书已超过14万种。21世纪开始，又连年增加，2009年出版达27万种。以新书统计，约占一半以上。90年代初以来，图书出版无论在内容方面还是装帧设计与印制质量方面，都有很大的提高。

十多年来，中国对海外的合作出版与书刊交流方面的特点，综合如下：

（一）与海外建立正式版权贸易关系

90年代以后，合作出版的规模日益扩大。1990年9月7日全国人大常委会通过《中华人民共和国著作权法》，自1991年6月1日起实行。接着中国参加了国际性版权公约，《伯尔尼保护文学和艺术作品公约》和《世界版权公约》分别于1992年10月15日和30日起在中国实施。从此我们受国际版权法的约束，引进出版必须遵守法规，尊重版权，出版海外的书籍，要得到作者的认可。我们推出的书籍，与海外合作出版，亦受到海外法律的保护。

90年代初，我国刚参加国际版权公约时，翻译著作大为减少。原因是出版社不敢轻易出版译作，顾虑会陷入版权的纠纷。近年已发生根本变化，由于出版社加强与海外出版公司的接触，建立了正常的关系，出书取得授权，互相信任，合作出版与引进逐步扩大。

据统计，从1990年到1995年，每年与海外合作，签订版权协议，一年不超过500个项目。而1998年到2000年，每年签订的出版项目6000到7000项，在不到5年的时间内增加达10多倍，21世纪以来，又成倍增长。发展十分迅速。从国家和地区上，也大加扩展。80年代书刊合作与交流主要在西欧、美国与日本等国家中进行，至90年代末以后已扩展到欧洲各国包括北欧、东南亚各国各地区以及南太平洋和大洋洲澳大利亚、新西兰等地。地域上，贯穿地球东西与南北。随着中国经济的飞速发展，全世界都有中国语言文字与文化思想的传播。中国也扩大引进世界各国各地区的科学与文化思想读物，使中国与世界各地的人民进一步沟通。

（二）与海外合作出版的图书，走向系列化

对外输出与对内的引进，开始注重有分量的读物。80年代与海外合作，我们推出的图书多为单行本，现在许多是系列图书，如《中国美术全集》60卷、《中国大百科全书》74卷、《中国古代建筑》10卷，还有著名画家作品与民间艺术系列，以后又有医学方面特别是中医中药系列图书。我们引进的图书也大有变化，过去着重个别畅销书，现在着重大部头，如引进欧美的大百科全书就有七八套。除中国大百科全书出版社与美合作的《简明不列颠百科全书》和重新合作出20卷外，还有中国友谊出版公司与英合作的英汉《剑桥百科全书》，全书400万字；商务印书馆与美合作的《康普顿百科全书》14卷及河北人民出版社与美合作的《美国学院百科全书》21卷等，其他合作的还有一些重要的词典。这些图书的合作出版，可以看出我们一些出版社有长远的考虑，而不仅仅期望在短期内取得经济效益。

其他社会科学读物，近年引进成套的世界历史以及其他学科的读物。如多卷本《剑桥新编世界近代史》、《非洲史》、《世界文明史》等。文学艺术方面，也系统地出版了一些世界著名文学家的作品。80年代出过高尔基、莎士比亚、巴尔扎克等人的全集、文集，现在又出版了塞万提斯、易卜生、莫泊桑等许多名家的全集、文集，包括儿童文学和科幻作家，如法国凡尔纳的作品，“文革”前出过一些，60年代在“左”的批判高潮时，也被罗列罪名，但“文革”后被纠正。80年代中国青年出版社重新再版过其作品的一部分，中国少年儿童出版社亦出版过绘画本，1998年青海人民出版社则系统地出版了凡尔纳的全集。

（三）注意高科技读物的引进与合作

引进高科技的理论与技术读物，对于提高我国的科技水平与发展现代化产业，其作用是不可低估的。科学本身是没有国界的，我们必须注意汲取，才能有所启发。北京大学出版社在输出学术著作版权的同时，已开始分批引进一些高科技专著的版权。电子工业出版社与美国电子专业及科技专业的著名出版公司签订了长期合作出版的合同，引进了高科技图书上千种，高科技期刊5种。人民卫生出版社与美国一些有名望的出版社合作，引进不少重要医药图书。努力发展高科技和高科技产业，已经纳入了我国“科教兴国”的战略部署。加强对国外高科技产业发展情况的了解，并借鉴其有益的经验是很必要的。美国微软公司和英特尔公司是10多年来发展最快、影响最大的两家公司。微软公司的总裁比尔·盖茨与英特尔公司华裔副总裁虞有澄，分别总结了这两家公司发展成功的经验，前者书名为《未来之路》，后者书名为《我看英特尔》，都很有价值，在世界各地传播很广。

北京大学出版社以5万美元购到《未来之路》版权，投到市场以后，发行了80万册以上。

三联书店也用重金购买了《我看英特尔》版权，出版后同样受到社会广大读者的关注。盖茨与虞有澄曾多次来过北京访问，并同我国高科技产业有多方面的合作，这两本书的出版，对我们汲取其经验，开启思路，很有帮助。

（四）合作出版深入到教材领域

人们都知道教材的发行量很大，是非常重要的出版门类。教材在内容上非常严谨，过去都是审了又审的。现在也开始与海外出版社合作。不过这主要是涉及学习外语的教材，而且邀请国外专家与国内有经验的学者共同编撰，经多方征求意见与实地试验后才定稿。如人民教育出版社根据我国政府与联合国开发计划署达成的协议，并得到该署的资助，与英国朗文出版社合作编写出版了九年义务教育的《初中英语》和新《高中英语》教科书。这些英语教科书已获国家教材审定委员会通过，并已在全国推广使用。据人教社的同志说，教材结合我国英语教学实际，培养学生语言能力与思维能力，是我国目前质量较高的中学英语教科书。外研社与朗文出版社合作共同合编《当代大学英语》，这套英语教材由英国著名教材编写专家与北京外国语大学、北师大、武大、中山大学等七所院校的教授共同编写。教材共分六级，融语言、文化与知识于一体，对学生着重学习能力的培养。教材还配有录音带，便于学生自学。教材推出后受到教师和学生的欢迎。

（五）购进版权，直接翻印原著出版

此种办法在西方各国是很流行的，现在我们也开始仿效。随着我国文化水平的提高，外语程度日增，特别是高等院校的师生，为了学习外语和研究专业的需要，他们要求阅读原著。外研社汇辑出版了《当代国外语言学与应用语言学文库》，近年取得授权，又翻印有关原文图书达100多种，受到师生们的欢迎。清华大学出版社购进版权，汇辑信息技术学科与电气工程学科系列，翻印国际知名大学原版教材，已出版多种。此种工作，许多院校出版社都在进行。

（六）对外合作音像制品迅速增长

现在图书载体正在发生变化，发达国家将图书资料输入光盘，日益普遍。尤其是对历史档案、统计材料、内容丰富的百科全书与语种复杂的辞典等，纷纷纳入电子制品轨道。由于光盘载量大，收入作品多，使用普遍，因而版权也较为复杂。在这方面，我们也开始起步。现在统称为数字出版，我们发展迅速。引进也有很大增长，每年进口音乐制品和引进版权出版音像节目项目很多。与海外个人与实体合资建立音像制作、复制公司连年上升。西方注视着我国13亿人口的视听市场，千方百计地想法打入。但这是意识形态中最敏感的部分，版权的问题又很复杂，对待合作，必须十分慎重。

有的出版社很重视音像的出版工作。翻译出版国外读物，常常配有音像磁带，特别是涉及语言教学读物，必须赶上潮流，认真对待。外研社通过与国外合作编制电视教学节目投下大量的资金从日本购进设备，制作音像制品。他们还专门成立“对外汉语编辑室”，推动汉语走向世界，扩大汉语教学出版物的工作。他们在1999年制作了一部大型的对外汉语电视教学节目《汉语世界》投资500万元，于1999年底完成拍摄和出版任务。与此同时还正在制作一大批对外汉语教学辅助用书。

过去使用几千年的文字载体——纸张，将被磁带、磁盘等新的载体逐渐替代，数字出版成为潮流。这种替代，是不可避免的，但在过渡时期两者会交叉使用。也许老一代人不大理解，不大适应。但年青一代会赶上潮流，适应新的载体。现在高科技的发展日新月异。所以有战略眼光者，应特别重视高科技的运作。

（七）与我们台湾的同业交往

这里顺便说到，近20年来我们同海峡对岸我国台湾的交往。自我著作权法建立以后，我们立即宣布台湾同业的版权和内地一样，得到相同的保护。自台湾1987年宣布解严以后，台湾同胞开始访问祖国内地，出版界的同业亦千方百计地返回祖国与同业取得联系。初时，有的为避免台湾当局的注意，绕道日本，通过与我驻日机构取得签证，回到祖国内地。血浓于水，内地出版界对台湾同行非常热情，两岸同行相见甚欢。由于两岸同文同祖，都是中国人，只是由于历史原因，几十年隔断了联系，现在有机会恢复业务往来，这是值得庆幸的事。为此，两岸出版的合作和书刊贸易，大为开展。

现在两岸同业的合作与交流非常广泛。近年每年有1000多个项目以上的版权贸易，其中与台湾合作，输往台湾约占三分之二。内地出版的大部头的著作，有不少授权台湾同业发行繁体字本。如近年陆续出版的规模宏大的图集《中国美术分类全集》300卷，已经有一部分在台湾发行。《中国大百科全书》在台湾已发行60卷。又如工具书，包括《辞海》、《汉语大字典》与部分外语词典，也陆续在台面世。台北一些大的出版社如锦绣、光复、远流、淑馨、新学友、五南、汉光等出版公司，都与内地出版社有联系。

两岸出版界的来往，日益频繁。1993年5月，中国版协由国际合作出版促进会组织12人代表团访台，与台出版界建立了密切的联系。代表团成员包括商务、人民文学、人民美术、中国建筑、上海科技与广东科技等出版社的社长，这是内地出版界众多成员的第一次访台。代表团受到台湾同业热情的接待，互相交流了业务。当时与台出版界达成了五点共识：在两岸轮流举行出版研讨会、促进出版同业人员的交流与互访、在两岸互相举办书展、推动资讯交流、交换出版印刷方面的经验。上述五点共识，我们经主管部门同意后，已逐步推行。此后，内地出版界的代表访台逐渐增加，90年代规模最大的为1994年3月和1997年8月，两次在台北举行规模宏大的书展，两次访台各有100人。各省市的出版机构，以后也分别组团访问台湾，与台湾同业建立联系。台湾的同业访问内地出版社，也更为频繁。近年来，自两岸三通以后，同业往来，更加密切。2008年，为庆祝两岸出版交流20周年，两岸同业举行了纪念座谈会，内地组织出版界访台，举行了大规模的书展，气氛十分热烈。

为了加强海峡两岸和香港三地的出版联系，从1995年起建立三地、后加入澳门成为四地，称为出版联谊会议，每年一次，在内地、台湾与香港、澳门等地轮流举行。由四地出版协会组成代表团出席。会议商讨华文出版在世界上的问题和四地有关版权事项。会议对于沟通四地的出版业务和了解世界华文图书出版的发展势态，都有所帮助。

对外交流，前景广阔

改革开放以来，我国同海外的合作出版与书刊交流，开辟了新的天地。头10年，我们打开门户建立了基础。后10年，我们延伸发展，与世界各国各地区建立了关系。21世纪以后更加扩展。从80年代下半叶起，中国图书进出口总公司在北京每隔两年举办一次国际书展，中国版协国际合作出版促进会每年在深圳、杭州等地举行一次合作出版洽谈会，邀请海外许多同业的朋友来赴会，使中国出版界有机会更多地与海外接触交流。以后中国同业又不断单独出国访问，与国外建立联系。现在我国较大的出版社和合作出版工作开展得较好的出版社，都与国外同业有交往。一些省市还成立有版权代理公司，帮助本省市出版机构与海外沟通业务，进行版权交易，所以现在我国出版界与海外交往广泛，接触频繁。

在书刊的贸易方面，也发展得很快。80年代初，书刊进出口一年只有几百万美元的交易，90年代以后，每年达五六千万美元。进口书刊，为科学与教育文化的研究部门提供了重要的资料，为有关部门增加了新的信息。世界如此之大，不参考海外发展的资料，不了解国际新的信息，视而不见，将是一事无成。

20多年来，合作出版与书刊贸易取得了很大的成绩，但在前进道路中遇到的问题也不少。首先是思想还不够开放，与海外的联系，还不够广阔。出版社与海外同业建立关系，也只限于少数出版社，许多重要的出版社还未引起足够的重视。其次，体制上也还要加大改革的力度，有关领导部门要为出版社及人员外出提供便利，帮助他们开辟渠道。近年出版主管部门，在这方面给予很大的支持，包括在资金方面，都有很大动作。2009年中国出版界参加法兰克福图书博览会，中国作为主宾国，其影响空前。再次，干部的问题，仍然是这方面工作最要紧的一项。思想上重视之后，就要培养干部。要有一批懂得外语的人才。外语就是桥梁，没有懂得外语的业务干部，就等于过河没有桥梁。有了懂外语懂业务的干部，才能阅读国外的资料，才能进行交流。这是要反复强调的。我们现在回过头来看一看交流干得比较好的单位，都知道他们有一批人才，特别是有众多的内行的外语干部。要把中国出版物推向国外，只靠华文图书是不够的，必须加大出版外文图书的工作。而编辑出版外文图书，没有大批精通外文的编辑，是不行的。

可喜的是，出版体制改革以后，一些大的出版集团，开始与国外出版公司建立了联系，业务有了新的发展。

对外交流，我们仍要注意输出版权。改革开放头10年，我们以输出版权为主，以后情况发生变化，引进扩大。现在引进与输出项目，引进比输出大得多，为10与1、2之比。这种形势的发展，今后可能会持续下去，虽然今后会增加版权输出，但也不会超过引进。

加大引进图书，无论是版权引进还是书刊贸易，都是非常必要的。对我们这样科学文化比较后进的国家，事在必然。我们看看世界各国，如我们的近邻日本，他们引进图书是有名的。凡是世界出版的新书，其重要者几个月之内就有日文翻译本问世。据日本版权专家告诉笔者，他们版权引进与输出是100与1之比，即引进大于输出100倍。世界科学先进的德国，现在一年出书中，有15%为翻译国外的图书。而我们现在翻译的图书，还不够1%。

为贯彻“科教兴国”思想，出版领域还必须大力加大引进工作。只有引进得力，才能使我们更多地了解西方，才能更多地学习西方先进的科学和知识。切不能夜郎自大，自我陶醉。当然，我们还要大力加强输出的工作，调动各种积极的因素，扩大对外传播。

国际合作出版促进会成立前后

由于开展合作出版工作的需要和满足出版界同志们的要求，成立了国际合作出版促进会。这个促进会成立于1988年2月25日。

说起酝酿成立“促进会”，时间已经很长。80年代初，中国出版界参加南斯拉夫评论社发起组织的莫托文组织，就开始有此想法。从1980年以后，每一年都有中国出版界的代表团前往南斯拉夫参加莫托文组织的聚会。莫托文组织最初由我来联系，但后来要有一个具体的单位来进行联络，这样这方面的工作就由中国出版对外贸易总公司来进行，总公司的总经理娄明做了许多工作，副总经理魏龙泉和他们主管现代出版社的领导常振国等，在这方面也付出了很多心血。考虑到，日本、新加坡和欧美出版界有许多的具体业务来往，所以就需要成立一个组织。

1988年2月25日国际合作出版促进会成立的这一天，中国出版协会的副主席王仿子和秘书长王业康出席会议。到会的有人民文学出版社、人民美术出版社、文物出版社、新华出版社、解放军出版社、北京大学出版社、建筑工业出版社、轻工业出版社、中国青年出版社、中国少年儿童出版社、电影出版社、北京出版社、展望出版社、现代出版社、摄影出版社、解放军画报社、林业出版社等主要负责同志出席了会议。会议选举我为会长，选举娄明、王业康、许邦为副会长，龙文善为秘书长，常振国为副秘书长。理事会的理事除上述同志外还有：王仿子、王代文、王宪铨、邓励耕、田郁文、邝锦宽、阮波、肖耀先、陈早春、周谊、周万平、杨向欣、赵荫华、麻子英、钱彧境、蔡云、魏龙泉、杨永源等。

会议经过讨论，通过了《国际合作出版促进会章程》，会议还议论了今后如何开展工作。

会议本着这样的宗旨：扩大对外合作出版业务，加强我国出版界与国际出版界的交往，向世界各国介绍出版中国优秀的科学、文化和艺术作品，引进国外有价值的各类书籍，促进和发展文化交流。

国际合作出版促进会成立以后，工作很多，不断地接待国外来访的客人，联系国内出版单位，进行交流。促进会还考虑出访外国和港台地区，举行图书展览，以及召开座谈会介绍合作出版工作的经验。以后促进会有几次改选，理事会成员也做了调整和增补。

从国际合作出版促进会成立到如今，已经有20多年的历程了，太多的人为此倾注心血。特别是常振国、龙文善、周谊、张三杰等同志，在这些年的工作当中做了大量具体的工作。促进会有声有色的工作得到了新闻出版总署的大力支持和国内出版社的普遍认可，在海内外产生了积极的影响。

莫托文组织来华活动

海峡两岸在上海举行了首届展览活动以后，经过半年，国际合作出版促进会较大的活动，是接待莫托文组织来中国访问。他们一行46人，包括前南斯拉夫、美国、英国、法国、瑞士、比利时、加拿大、联邦德国、挪威、日本、荷兰、意大利等12个国家30多个出版公司。这次活动是应我们国际合作出版促进会的邀请前来。我国有40多家出版社参加与莫托文出版集团活动和洽谈。此前，1980年5月，莫托文组织曾组成代表团来过中国访问，当时有11个国家23家出版社，王任重同志接见他们，那是第一次。

这次组团来访为第二次，此次活动从1989年4月26日开始，到5月10日结束，共有半个月的时间。莫托文出版集团到北京以后，就前往陕西，然后经成都再到重庆，在重庆活动了两天以后，我们就模仿莫托文组织在亚德里亚海滨的模式，从重庆租了“白帝”号游船，一面乘船旅游，一面洽谈业务。客人们游览了大三峡，同时也游览了小三峡。

在小三峡，大家坐小船经过浅滩，参观了古代的栈道。导游向客人介绍，栈道就是古代人在悬崖峭壁上，遇到难以通过的地方，架起悬空的木桥，让人们通过。特别是古代军事上所用的小道，在三国演义中有许多描述。还有高山悬崖上的悬棺，就是古代人把棺材高高地悬吊在山崖上，是古代的一种习俗。客人听到这些特别的故事和亲历天下奇观，感触很深，觉得中国古代人民神奇的文化习俗和古老的文明，丰富多彩。来的客人中还有一些是世界著名的摄影师，他们拍了很多难得的照片。我们在船上彼此都非常热情，交流的内容很多，谈定了许多合作的项目。在游船上也有一些出版社的领导，曾经到过南斯拉夫参加过莫托文的活动，对这些出版公司的主要负责人也比较熟悉，所以谈话比较融洽。这次活动，也是我国出版界与莫托文组织建立联系10年来最热烈的一次，中外双方都感到满意。

莫托文组织的执行主席托马舍维奇，在当年6月就给我来函，表示他们来华访问期间受到国际合作出版促进会的热情招待，非常感谢，认为这次访问非常成功。来函还提出几件事：一、拟邀请中方精通业务和英语的编辑，每次派出少数几个人到莫托文成员的公司进行培训，时间可从2个月到12个月；二、建议莫托文成员每两年在中国举行一次业务洽谈会；三、莫托文成员将捐赠他们各自出版的优秀图书给中国，办一个莫托文组织的图书馆。这些建议我们都很赞成。我们很欢迎他们组织西方出版公司来中国举行业务洽谈会，借此可以推动我们的对外合作出版和加强同海外的联系。为了落实双方这些美好的意向，我以会长的名义即向托马舍维奇复函，对他们的提议表示赞成，并希望和他们加强联系。

这次我们和莫托文的活动，正是1989年4月底到5月上旬，这个期间正是“六四”事件的前期。客人们从重庆上船以前，看见街上学生们的游行和静坐活动，当时重庆学生在这个期间的活动，是非常激烈的。莫托文组织来华期间曾经带来南斯拉夫电视台的一组人员随团活动拍了不少照片，重庆学生们的活动场面他们也录了许多镜头，至于他们回去如何使用这些拍照，我们不得而知。

大家知道“六四”以后，西方对待中国的态度发生了重大的变化，从此这些国家的人到中国也大为减少。由于南斯拉夫以后发生分裂，莫托文组织每一年举行的会议也受到影响。后来莫托文这个地方属于从南斯拉夫分裂出来的克罗地亚，以后会议也不一定都在伊斯特拉半岛的山上莫托文古堡中举行了，有时候在意大利的边境上，或者在威尼斯的海边举行。虽然中国的代表也不时参加莫托文的活动，但是联系和合作，都大大地减少了。我们总想恢复旧日合作的“繁华世界”，共同开展出版合作业务。我们不断地发出邀请，希望莫托文组织再到中国来，虽然付出了很大努力，但是至今没能恢复旧日美好的意愿。

1988年首届两岸书展

两岸之间的波涛，隔不断同胞的情谊。80年代初，内地的人们对台湾总带着神秘感。1980年我到香港访问时，看见香港书店里充满着台湾出版的书籍，印象中市场上台湾的书籍比香港和内地的书籍还多。当时我到欧洲，在德国、法国、意大利和英国，看到华人书店，大多都是出售台湾出版的书。书的内容主要涉及中国传统文化，如古代经典文献、诸子百家、二十四史和历代诗词阐释等。有一次我在德国一所大学图书馆的东方部参观，看见台湾出版的一部中国古典诗文汇编100卷，装帧得非常精致，整整齐齐地摆在书架上，十分显眼，使我甚为惊叹。在这里陈列的其他方面台湾出版的书籍，为数也不少。而内地出版的多是几十年前出版的旧书，近年出的只是几本工具书。

台湾文化教育与科技，究竟现状如何？几十年的音讯完全隔绝。“文革”

后我到厦门，登高眺望台湾对岸，隐隐约约看见海那边的金门，还有些军人在操练和走动。尽管蒋介石退踞台湾几十年，但敌情势态，仍保持不变。停止打炮以后，我们厦门前沿，还是满目疮痍。

1978年中共中央十一届三中全会以后，邓小平同志提出改革开放，全国形势大变。人们自解除“四人帮”套在身上的枷锁后，精神振奋，兴国图强，各方面工作大步向前，与海外也开始沟通。1979年元旦，全国人大委员长叶剑英发表《告台湾同胞书》，号召两岸三通。由此我们有关部门制定了一系列有利于两岸交流的具体政策。

1987年7月台湾当局发出解除戒严令，允许台湾同胞回内地探亲。此时虽然天上的浓雾开始消散，但是长期被封闭的人们，仍然不敢随意移动脚步。

此时内地的出版界的同行开始议论，我们同世界各国都有了交流，能不能和我们对岸也沟通一下，大家思想上有些考虑。

国际合作出版促进会成立时，主要是和欧美出版界联系，例如邀请南斯拉夫南评社组织的莫托文集团（有欧美几十家中小出版社参加）来中国访问，组织中国出版社参加莫托文集团的会议，邀请西方出版界人士来华座谈等，工作多见成效。与外界的联系，实际上国际合作出版促进会在成立之前已经开始，因为要和莫托文组织以及西方出版界进行联系，在版协领导下，已经有同志在工作，主要据点就在中国出版对外贸易总公司内。由于和外界联系，书信往返，电话传真，客人的接待，都是要一些费用的，为此，当时中国出版对外贸易总公司是出了大力的，例如接待莫托文组织来华访问，既出钱又出人。在此还应特别感谢中国出版对外贸易总公司和总经理娄明同志。

为了和我国台湾同业人士交往，促进会开始想出各种办法和他们沟通，通过香港与台湾有联系的同业，通过个别文化人士、教授、画家，了解台湾出版界的信息。

与台湾在经济与文化上沟通的构想，首先来自中央领导。1937年5月，杨尚昆同志率团访问美国，在纽约市举行的美中关系全国委员会的午宴会上，杨尚昆同志向台湾方面传递了信息，表达了两岸进行文化交流的愿望。

内地希望台湾来内地举办书展，这是出版界的心愿。近几年西方不少国家来过内地举办书展，对于沟通文化联系有很大作用。希望台湾也来内地举办书展，此愿望得到洛杉矶华文长青书店总经理刘冰先生和在美同业友好人士陈文英女士等的支持和推动。刘冰对两岸出版界人士都很熟悉，刘于1972年赴美之前曾担任过台湾出版社的经理。他在洛杉矶的长青书店与内地同业联系也密切，特别是与我国搞图书对外贸易的负责人多有交往。我在1986年访美时，曾到长青书店参观过，与他认识。他亦多次往返内地，是内地同业的亲密朋友。

自杨尚昆同志访美发出信息以后，刘冰曾给台湾图书出版事业协会的负责人写信，希望能联络台湾出版社来内地访问和举办书展。台湾出版协会秘书长陈恩泉回忆，台协会为此召开过四次会议，商量来内地举办书展之事，参加会议的有台湾商务印书馆、世界书局等同仁。台湾执政当局1987年7月虽发出解除戒严令，但在1988年5月台官方又公布维持所谓“三不”政策不变，即“不接触、不谈判、不妥协”。所以在这样情势之下，台湾出版同业来内地举办书展，并非易事。当时台湾同业对于来内地举办书展进行讨论，大多数出版社顾虑重重，特别是对于被派到内地的代表，能否被台湾当局同意回台没有把握。

但是台湾的一些朋友，想来内地访问的心切。代表协会的陈恩泉态度很积极。于是与若干出版社撮合，就有光复书局、维新书局、正大书局、台阳书局、新学友书局和天下杂志社等多家出版单位，组成团来内地举办书展。

内地出版界早就期望与台同业交往。为促成两岸举办书展，各方面都在接头，新成立不久的版协促进会大力倡导和推动此事。促进会副会长、中国出版对外贸易公司总经理娄明积极联系台联及上海图书出版与发行方面，最后确定在上海中国科技图书公司住地举办。上海出版界领导积极支持此事。中国出版对外贸易总公司派出副总经理袁琦专程赴上海具体筹划。中国科技图书公司住地，就是新中国成立前商务印书馆和中华书局的所在地，在此举办，非常有意义。

一切筹备妥当，只欠东风。两岸举办书展，一个大难题是：当时台湾的出版界难以把大批图书运出台湾并转运到内地。如何办？主持此事的台湾出版协会秘书长陈恩泉，想起有一好友吴中兴先生在香港开设有中兴记书店，吴老板那儿可能有书，于是进行联系，得到吴的积极支持，吴即将书店所有近年台湾出版的书3000多种，运抵上海。图书内容包括文史哲经各方面，还有美术、考古、语言等门类，范围十分广泛。这真是东风有意，为“周郎”、“诸葛亮”提供了机会。

这批图书经过海关和有关审查手续，很快就陈列在中国科技图书公司的书展场地。内地方面同时展出的，有5000种图书。展场700多平方米的地方，两岸的图书挤得满满的。

台湾出版方面派出的代表有：新学友书局董事长和发行人廖俊荣和夫人廖苏西姿，光复书局董事长林春辉与夫人林江银莹及书局所属儿童日报负责人林宏龙（林春辉公子）、总编辑王荣华、范锡华、关裕望，维新书局总经理林建豪，正大书局总经理傅樟荣，天下杂志社副总经理刘庆聪、杂志社发行人姜德芾及编辑杨淑媜、萧锦锦。台湾著名文学家柏杨和台湾时报记者应凤凰亦与队同行。代表团由陈恩泉带队。同时抵达上海的，还有为书展出了大力的长青书店刘冰和台贸公司的陈文英，以及提供图书的香港中兴记书店的总经理吴中兴夫妇。与会的客人踊跃，气氛热烈。

从台湾来的客人，有的对台的官方有些顾虑，没有亲属在内地，难以探亲的名义来内地，他们只能以旅游的名义先去日本，在我驻日大使馆取得签证，绕道飞抵上海。陈恩泉一行三人就是从东京转来。他们如此热心，很是难得。大多台湾朋友都是第一次来到内地，顾虑内地不放他们回去，有的还要刘冰以私人的名义写一张安全返台的保证书。刘冰事后谈起此事，也觉得好笑。

在上海展出，内地方面也是花了很大力气的，全国台联和上海台联、上海新闻出版局、上海外事处、中国科技图书公司、出版外贸上海分公司等，没有他们的支持和协助，两岸第一次书展是办不成的。当然，首先是出版外贸总公司总揽其成，由于得到新闻出版署和有关上级领导的支持，再加上办事人员的努力运作，书展工作总体上进展比较顺利。

“海峡两岸图书展览”于1988年10月20日开幕了。刚从上海市市长职务退下担任中国海协协会会长的汪道涵和我共同剪彩，我是以中国版协合作出版促进会会长的名义出席的。开幕式由促进会副会长、出版外贸总公司总经理娄明主持。会场非常热闹，汪道涵和台湾朋友频频握手，互相问好。当时我认识了初来内地的台湾出版界的许多同业，在宴会上交流尤为亲切。我对台方领队陈恩泉印象很深刻，我当时觉得他作风严谨，彬彬有礼，此后我和他打交道最多，熟了之后经常开开玩笑，知道他是很活泼的人，我和他成了很好的朋友。

与会的光复书局林春辉一行，来的人数最多，代表团12人，他们占了5人，以后他们与内地合作最有成效，也是合作最早者之一。林春辉在台湾代表团中年纪较长，我记得在吃饭时同在一桌，我与他交谈较多。新学友书局廖俊荣和他太太廖苏西姿，非常热情。廖苏西姿，总是戴着一顶黑色帽子，很活跃，一见面就熟。自这次认识以后，交往不断，大家都知道新学友是台湾儿童出版物的重要门户。我这次认识的台湾诸多朋友，以后都成为我与台湾出版同业交往的重要桥梁。

我当时在书展的场地，参观了各个展厅。内地方面展出的图书5000种，虽然全国当年已经出版新书4万种，展出的图书与新书有距离，但是已经显示品种丰富多彩，特别是科技图书出版的实力。台湾代表仔细参观了内地的出版物，相互耳语，看来颇有兴趣。

台湾的展室，参观者非常踊跃，人来人往，水泄不通。我第一次接触这样多的台湾出版物，也有点眼花缭乱。我了解到，在书展早一年，即1987年，台湾出书12000种，这也显示了台湾出版的实力。展出的图书，反映出他们强调出版传统文化，及时翻译西方著作，还特别着重科普读物。

我登上三楼，参观台湾另一展室，这是一个内部展室，不宜公开展出的图书，陈列在这里。有一部很突出的书，映入我的眼帘，这是一部称为《中国共产党历史》的书，使我十分惊异，经历几十年战斗的中国共产党，自己还没有编写出一部党史，除了胡乔木写了《中国共产党三十年》，这是经毛泽东审阅过的，其他还没有一部正史，有的都是初编或者是未定稿。我从书架上取出这部书，共有三册，每册都有2000页左右，16开本，装帧得很整齐，有如上海出的《辞海》上中下三本那样厚。我翻开这书，看其内容，原来都是中国共产党历年的文件，文件之外加了一些按语或引言，不用说这都是蒋家王朝惯用的诬蔑之词。如果去掉那些按语和谩骂文字，可能是一部文件汇编，不过还要仔细校订，这也许是我的一些戏言。

海内外风雨情谊

80年代以来，中国与海外合作出版的花朵，到处绽开。中国各方面的思想、学术和艺术作品，包括古代的和现代的，通过合作出版向海外传播。同时又经过合作和交流的渠道，引进海外各种读物，扩大读者的视野。中国出版界同行也奔向世界各地，参加世界各地的图书展览，访问各处的出版社，与同业交往，结交了不少朋友。

自国际合作出版促进会成立以后，每一年都举办一次合作出版的洽谈会。会议地点都选择在中国重要的名城和有丰富名胜古迹的地方举行，所以选择这些地方，是由于考虑海外出版公司的负责人很愿意到这些地方来，一面进行业务洽谈，一面还可以顺便游览中国内地的名胜古迹。我们邀请的出版公司，包括欧美和东南亚、印度等国在世界有影响的公司。但是90年代以后，邀请来的客人，大部分都集中在东南亚和日本。特别是我们对岸的台湾，从他们1987年解禁以后，其同业来者就特别踊跃。还有我们的香港和以华人为主的新加坡的同行，他们也都非常积极参与。

在深圳举行的三届洽谈会

合作出版洽谈会1989年的第一届和1990年的第二届、1991年的第三届，都在深圳举行。深圳紧靠香港，是中国新建的最大和最早的开放城市。海外的朋友都仰慕深圳，都想到这里来看看，寻找商机。因此，我们首届洽谈会就选择在深圳举行。当时来参加的海外出版公司有40多家，除新加坡和香港地区来的客人特别多以外，台湾地区重要的出版公司如光复书局、锦绣文化企业、五南图书出版公司、淑馨出版社等出版机构也第一次成规模地参加。我们内地来参加洽谈会的，有北京、上海、广东、福建、辽宁等中央和地方出版社70多家。

第一届洽谈会在深圳越华酒店举行。此时是2月底3月初，深圳的春天来得早，城里城外到处都是盛开的鲜花，迎接初来的客人。台湾的朋友都是从台湾乘机到香港再转机到广州，由广州乘车到深圳。那时广州到深圳需要坐车四五小时，有的朋友从广州包车到深圳，路上走了多半天，下车时满身尘土。记得那天，我们正站在门口迎接客人，台湾几位朋友锦绣文化企业董事长许钟荣和总编辑吕石明等先生看见了我们，就停了车子，因为我们早已经认识，他们说："终于看见你们了！"又说："从广州到深圳还那么远呀？这和台北到高雄差不多了。"其实没有那么远，因为当时的交通还不便利，高速公路还没开通，所以坐汽车走普通的公路，就觉得特别远。

我们当时的展览，基本上是摆地摊式的，陈设极为简陋，展出的图书陈列在长条桌上。台湾、新加坡和香港的朋友，他们也都带来一些书，也陈列在那儿。而台湾运来的图书，有一部分还被扣留在深圳的海关那里，本来我们已有行文到了深圳的海关，并且得到了深圳市政府的大力支持。后来又经与深圳主管部门进行联系，在海关扣留的书才取了出来。

当时洽谈会开得非常热闹，朋友们的热情很高，经过几天洽谈，共签署了合作出版协议90项，意向协议160项，取得了极可喜的成果。更重要的是，内地的出版社和海外同业，大多为初次相识，这次交了朋友，他们从此互相联系，展开了新的合作业务，双方都非常高兴。

在洽谈会期间，深圳市委书记兼市长李灏、副书记秦仁俊以及市委宣传部长杨广慧，都来看望出席会议的海内外代表。他们认为在深圳召开这样高层次的文化领域的会议，对深圳也是很荣幸的，对于促进深圳的海内外交流很有好处。李灏和杨广慧同志都是我早已经相熟的朋友，我把洽谈会的前后情况，向他们做了介绍，他们希望我们的会议以后就在深圳连续举办。这次洽谈会后，我又分别到他们的家里做客，在他们家里聚谈。在交谈中，我也了解了深圳新的建设步伐和他们开放的设想，甚为高兴。

在深圳首次举办洽谈会以后，后两届也都获得满意的结果，每届来的客人和内地的出版社，都超过100家。在洽谈会中，签署了多项正式协议和意向协议。

深圳这个地方，客人进出比较方便，从新加坡、台湾来的客人，也可从香港乘飞机或者坐火车直接到达。香港的朋友到深圳，就和从香港到九龙、新界差不多，他们自己开车或乘火车，带着书包，过了罗湖桥就到了深圳的会议地点。

我们后两届的洽谈会，是在深圳的图书馆和博物馆举行的。这里场地较大，也有一些陈列图书的设备，比较像一个大型的图书展览和版权的交易会了。客人住在市里的高级宾馆，我们有车辆接送。深圳市的出租车这时也比较方便，客人从住地到会场很顺利。在深圳，因为洽谈会已经举行了三届，大部分的同业已经相熟，交流起来也很融洽。其中谈到的意向协议，回去商量以后，多半都能进一步落实，所以大家对合作出版促进会每年举行的出版交流和版权贸易，都有很大的兴趣。

客人到了深圳，每次都游览市区和郊区，大家感到年年不同，变化极大。我对深圳的感触，尤为深刻。回忆我第一次到深圳，是1975年夏天，那时国家出版局正在广州东方宾馆召开辞书编纂出版规划会议。会议结束以后，广东省出版局的主要领导杨琦同志，他领我和翰伯两人乘车到深圳走一走。这时深圳只是一个小集镇，比50年代北京的通县和丰台差远了。比70年代广州的中山、南海和东莞差得更远。那时的深圳，只有旧时的小平房。我们还顺便到了沙头角去看看，就是被称为中英街的沙头角。进入这个地方，当时几乎见不到一个人，中英街在界石两旁虽然有一些商店和小房子，但是没有人在店里面买东西。中英街属于香港的那一边，商店还比较大，摆着一些商品，开着电视。他们的店员也只有一二人，在那里冷冷清清地坐着等待顾客。我们进入中英街的商店，也感觉到没有什么可买，只是杨琦买了一箱饼干，他说这是准备回家当早餐用的。杨琦带我们到中英街的海边，见那里也是空荡荡的，海上没有见什么船只来往。

以后，我在80年代和90年代初，都不时来这里参观，所看到的景象和以前大不相同。80年代以后，沙头角人山人海，在进入沙头角的关口，排着长长的队，等待检查证件，才能进入。而在街里，购物的人拥挤得水泄不通。当时都是内地来的客人，买一些日用的港货，如布料、衣服和袜子。在那里，香港的金铺，生意兴隆。香港的黄金，价钱较便宜些，工艺精致，所以内地来的很多人挤到金铺里去，买一些金器。

到了90年代后半期，沙头角又发生了很大的变化。因为内地改革开放，内地的商品大大增多，以后去沙头角的人就逐渐减少了，因为那里可买的东西也不多了。我在2000年前后，去过一次深圳，也到了沙头角去观看一下，此时沙头角就没有多少生意了，来这里参观的人很少，与5年前相比，街上的人少了九成，这真是时代的变化呀!

而在深圳本市，这里情况却不同，日日月月都在变，不停地迅猛向前发展，一年不见，就几乎不认识这个城市了。在70年代末和80年代，我差不多年年来深圳，看见高楼不断叠起，马路迅速拓展，这里很快成为一座繁华的现代化城市。这样短促的时间里，创建一座大城市，这在中外历史上，是没有过的。据说，当年有二三十万建筑大军在工作，其中也有正规的工程兵参与。其发展的速度真是令人感叹不已！特别是小平同志亲临深圳，1992年1月在这里发出指示，全国要加大改革开放的步伐，当时并叮嘱深圳市委负责人，你们要搞得快一点。此后深圳更是如虎添翼，一日千里。

合作出版洽谈会在深圳，已经连续举办了三届。客人在深圳参观访问的机会已经很充分了，虽然深圳市委的领导还希望我们在这里不断举行下去，但是我们根据客人的要求，还是更换另外一个地方为好。因为客人心里想一方面进行洽谈，一面还想游览一些地方，所以为适应他们的愿望，就要移地举行。

第四届洽谈会——桂林山水甲天下

1992年春天，第四届洽谈会定在广西桂林举办。桂林山水甲天下，海外的客人有许多没有来过这里的，很盼望到桂林来，也可以领略一下甲天下的山水。所以这一届的洽谈会，比前三届规模都大。来自美国、日本、韩国、新加坡、马来西亚及香港、台湾地区，有70余家海外出版公司和内地120家出版社参加了洽谈会。当时签署的正式协议达136项，比上三届都多，内地出版社收取的版税定金，达10万美元之多，这是过去少有的。

会议期间，促进会还组织了海峡两岸出版学术交流会，议论现在两岸出版的势态，并展望未来的合作前景。在会上还举行了合作出版的签字仪式，我们中国大百科全书出版社、三联书店、四川巴蜀书社和台湾锦绣文化企业，分别签署了《中国大百科全书》在台湾发行60卷，以及《中华文库》、《古代文史名著选译丛书》（100卷）的合作项目。新加坡的出版公司还和北京、云南、河北、河南、湖南、福建等少年儿童出版社举行了专业图书合作出版茶话会，议论如何进行少儿读物的合作。

这一次洽谈会开得很热闹，客人们游览了桂林的山水，对桂林的印象极佳，感到桂林真如一幅引人入胜的美丽画卷，都说以后还要来，很想年年来这里游览。1998年我应台湾朋友的要求，又陪同台湾出版界20多人从昆明到桂林，再一次访问这山青水秀的城市。他们接受了广西壮族自治区出版局领导的热情接待，还接受广西师范大学出版社的邀请，到出版社座谈和参观。他们同广西师大出版社的领导党玉敏、肖启明、何林夏等同志交流，甚为融洽。台湾的出版公司还和广西师大出版社签署了几项合作协议。客人对该社系统地出版多卷本的资料书籍，兴趣极大，认为他们一个地方学校出版社能出版内容如此丰富的书，甚为惊叹。的确，广西师大出版社在我们教育出版社当中，名列前茅，也是全国出版界的佼佼者。在桂林，客人又参观游览了漓江和阳朔的风景，临别时还依依不舍。

西子湖畔召开第五届洽谈会

令人难以忘怀的是，在杭州举办的第五届洽谈会。这次洽谈会规模宏大，人们情绪热烈，也是历届与会人数最多的一次。参加本届洽谈会，海内外出版社200余家，共350多人。其中有美国、英国、加拿大、法国、日本、新加坡等国和香港、台湾地区的重要出版公司前来参加。会上共展出图书5000余种。这一次洽谈会，共签署正式协议146项，意向协议188项。

会议期间，还举行了以电子出版的现状与发展为主题的研讨会。中国电子工业出版社、四川出版集团、香港商务印书馆、台湾光复书局、台湾知音出版社等有关电子出版的专家，在会上作了发言，并且在现场进行了多媒体电子出版的演示。在会前，我们还专门邀请日本沙鲁玛伊出版社社长田村胜夫先生和日本电子出版协会主席前田完治先生，专程从东京来杭州与会。在会上老朋友田村做了发言；专攻电子出版业务的前田先生，介绍了日本电子出版业的发展情况。他们的演讲，受到大家热烈的欢迎。会后，与会的上海音像社领导藏彦彬，还特别邀请前田到上海传授电子出版的经验。

杭州是我国重要的旅游城市。我们的客人住在刘庄、汪庄宾馆，住处面对西湖，风景极好。这里以前都是毛主席和中央领导人在杭州住过的地方。客人去西湖各景区游览，在住处的岸边，就可以上船出游。这一届洽谈会在4月底举办，恰好是杭州最好的气候。湖水清澈，百花盛开，大家的心情非常舒畅。我们还在游船上一边商谈，一边游览，湖中的鱼儿不时地跳跃到游船上来，客人又把鱼儿放到水里去，可是一会又有很大的几斤重的鱼儿，跃了上来，这真是应了中国丰年的古话，年年有余（鱼），这也似乎在表示着我们洽谈会的完满和成功。为了筹办这次会议，浙江出版界的朋友，付出了巨大的财力和人力，总社的领导宗文龙等同志日以继夜地工作，对促进会予以大力的支持，与会者铭记在心。

客人在会议结束以后，有的去了上海，有的去绍兴，还有的到浙江溪口蒋介石的故居参观。台湾来的客人大部分都是在台湾出生的，但是也有少数年纪大者在内地出生，他们到溪口怀着好奇的心里，参观了蒋介石的故里。那里有一条小小的溪流，蒋介石最后离开内地，就是乘船从这条小溪到一个大渡口，离开这里，去了台湾。溪口高山的山腰上，有一些庙宇，那里也曾经是关押张学良的地方。张学良多年在此，与老道做伴，不能下山一步。

崂山脚下召开第六届洽谈会

国际合作出版促进会举办的洽谈会，1994年第6届又在青岛召开。我们的主要客人台湾朋友来得很少，因为当年发生了千岛湖事件（台湾来浙江千岛湖游览的人，被当地的匪徒抢劫和枪杀），当时台湾当局曾经下令禁止台湾人到内地来旅游。不过，我们在青岛举行的洽谈会，还是来了一批台湾的朋友，他们是绕道日本，或者以到香港经商的名义，再转到内地来。在青岛举行此届洽谈会，来自美国、加拿大、新加坡、马来西亚及香港的客人也不少。

会议受到青岛市和出版社领导的热情接待，来自海外的华人朋友，游览了崂山，回味《聊斋》中的一些动人故事，交谈中深感内地文化底蕴浓厚，到处都有典故。

青岛会后，促进会继续按年在各大旅游城市成都、昆明、长沙、西安举行洽谈会，每一年举办时，都定出不同的中心议题。1997年，借内地在台湾举行书展的机会，第八届合作出版洽谈会在台北举办。

各届洽谈会也达成一些协议，但是大家感到近年来形势已经发生了很大的变化。由于历年举行洽谈会，内地和海外出版界已经建立了密切的联系，他们各自可以来往联络，合作项目也已在各自的联络中谈定，不必通过会议再进行商讨。有同志说，小鸟的羽毛已丰满，翅膀已强硬，可以自由飞翔了，不再需要依托了。而且北京举办的国际博览会，从两年一届，改为年年举办，在那里有固定的展览场所，展出的图书更多更方便。再者，内地的出版机构到海外参加访问、展览的机会越来越多，到法兰克福参加书展的出版社，年年都在增加。参加各种专业书展的，如到意大利波罗尼亚参加少年儿童出版物书展，我国少儿读物出版社前往者，也很积极。所以，合作出版促进会举办的版权贸易洽谈，就要改变方针，不必年年举办。有的朋友提出，可以进行专题研讨，也可以举行专题的洽谈会。如何进一步开辟工作，合作出版促进会的理事们，一直都在进行探讨。

第十五篇 海峡两岸的出版交流

台湾浩渺的烟波

台湾解禁以后，我们很想访问台湾。但是，台湾隔着大海，烟波浩渺，想访问台湾，真是天方夜谭。

几十年以来，大海的波涛，阻断了两岸人民的情谊。我还记得1983年到厦门时，曾登上海边的一座高山，借助望远镜，瞭望彼岸，金门的市集与行人的姿势，清晰可见。虽然近在咫尺，但是滔滔的海浪，切断了人们的步履，只能隔海相望。

事过10年，谁能想到，我们真的可以访问台湾了，就好像是梦中之事。但毕竟是事实，1993年5月成行了。

向东望去，茫茫的大海，烟雾弥漫，两岸人民情思万千。在海峡彼岸，台湾人民的生活如何，文化与心境怎样，这是大家所关心的。

1987年以后，台湾陆续有人回到内地探亲访友，新闻界人士也开始有人来访。滔滔的海浪阻不断人们的思念，祖国的壮丽河山和五千年的文化传统，唤起海峡两岸同胞的情谊。人们思念台湾何时回归！

90年代初，从台湾来访的同胞愈来愈多，仅在1992年一年，台湾出版界来内地访问的人士不下200人。这年九月，台湾出版界组团来北京参加中国国际图书博览会的，一次就有109人。1993年4月，中国国际合作出版促进会在杭州举行的第5届合作出版研讨会，台湾同业与会者多达60多人。

然而，中国内地出版界人士到台湾访问的，却寥寥无几。1993年5月5日到15日，内地出版界12人应邀访台，这是首次如此庞大的代表团访台。这次访问，正是汪辜会谈之后，所以在海内外发生了重大影响。在这次访问之前，内地出版界人士亦有个别应邀前往，如中国图书贸易进出口总公司与中国印刷总公司各有两人成行，还有个别编辑与出版社的画家作过访问，但人数较少。

中国合作出版促进会在北京和外地与台湾出版界人士举行过多次研讨会，规模较大的是1992年9月在北京京伦饭店举行的研讨会，与会的有海峡两岸的版权专家、有影响的出版社负责人共100多人。在此次会上，台湾的代表团向内地同业发出邀请，希望内地出版界人士来年访问台湾，并继续举行出版研讨会。

虽然台湾方面办理入境手续很费周折，但是在1993年5月份就能成行，这就算很顺利的了。这次访台，代表团成员，包括商务印书馆、人民文学出版社、人民美术出版社、建筑工业出版社、北京大学出版社以及上海、浙江、广东等地出版社的主要领导，共有12人。

5月初，台北初夏天气，阳光和煦，轻风吹拂，是一年最宜人的气候。我们一到台北的桃园机场，热情等候在候机室的朋友们，蜂拥而至，好像多年来未曾见面似的，亲切地拥抱和问候，其实我们在北京与杭州都相见不久，只是由于我们在台北见面，太难得了。

我们抵达台北当天，就在我们下榻的圆山饭店举行了记者招待会。会议由台湾出版协会理事长黄肇珩女士，以两岸图书出版合作研讨会台湾筹备会会长的名义主持。到会的有台湾各报刊、广播电台40多人。次日台湾各大报刊与电台都发出了消息，并发有照片。

在台北，我们访问了一些有代表性的出版社，如光复书局、锦绣文化企业、汉光书局，新学友书局、淑馨出版社、五南出版公司、联经出版公司、时报出版公司、幼狮文化公司、台湾商务印书馆、正中书局、华一书局等以及重庆南路的一些书店。由于时间有限，大家还在晚上挤出时间，与同行们相见和座谈。此外，代表团还访问了台湾故宫博物院、历史博物馆、国父纪念馆、台北中央图书馆、对外贸易发展协会；访问了台中市并游览了日月潭、阿里山、九族文化村、基隆港等风景胜地。

艰难的旅途

我们一行，5月3日从北京到深圳，4日进入香港，5日抵达台湾。

旅途是艰难的。我们现在追忆这段旅程，也颇有意思。

行前朋友们介绍，从深圳到香港转台湾，要出深圳中国海关，再进入罗湖港英当局的海关，进入香港这一海关，手续极为麻烦，排的队也特别长。

据报载著名导演谢先生从罗湖进入香港海关时，在那里等了九个小时，等候时，无水可饮，亦无东西可吃，既饿又渴，因此发出抗议。后又有某剧团，亦从此进入香港，比谢先生命运好些，也等了六个小时，此团亦为此愤愤不平。据说，有关方面已提出交涉，但未得到改进。从内地入香港转台湾，在当时未通航的情况下，只有这一途径。入香港的口岸海关很多，但转到台湾，只能走罗湖海关。

朋友们谈虎色变，说进入香港的罗湖海关，是一道鬼门关。

5月4日一大早，我们天不亮就起床，打点好行李，简单地吃过一点早餐，就奔罗湖海关去。到达那儿，真是人山人海，这里一堆人，那里一堆人，有的拿着旗子，是一伙旅行团，有的是为了集合在一起，等候有人带领。

我们一行幸运的是，香港出版联合集团为我们做了安排，他们代我们委托了亚洲旅行社来给予帮助。

约在当天上午九时半，亚洲旅行社的C先生在中国海关大厅等候我们，不知什么原因，我们与亚洲旅行社C先生的相约延误了半小时。这时人们进入海关越来越多，有如潮涌，队伍特别长。

出中国的海关，十分方便，队伍虽长，但很容易通过。问题在于进入香港的海关，在这里要转入台湾，必须填写许许多多的表格。排队进入时，还要逐一询问审查。转入台湾是另一队伍，另一窗口，窗口少，问这问那，有的还需打长途电话查对，因此等候的时间越来越长。

我们非常感谢中国罗湖海关，他们请我们到海关的贵宾休息室坐下，由亚洲旅行社的C先生帮我们到前面香港罗湖海关交涉、排队。我们在休息室有茶水招待，有沙发可靠坐。但是等候过关，也等了四个小时，四个小时也许不算短。我们一行中，有的朋友疲困不堪，早已鼾声如雷。

“伙计们！醒一醒，入关了！”我们随着C先生通过这可敬的关口，进入香港这块土地，登上了从罗湖开往九龙的列车。车开约半小时，完成了我们第一段旅程。

天涯若比邻

进入香港以后，开车到台湾驻港的中华旅行社办手续，手续还算简单，没有等多少时间就被认可。OK！坐在窗口办手续的小姐，发回我们每一个人的旅行证书，证书上画了一个圈，这就算可以了。

天空还是那样晴朗，无风无雨，白云也和昨天一样，在高空中轻轻游动。5月5日，我们登上国泰航空公司的飞机，不到一小时，抵达了台湾桃园机场。

在飞机上我向窗外望去，晴朗的天空也看不见什么，下面只见那茫茫大海。

我们前后的旅程，共用去三天时间，三天该办多少事呀！我们从北京出来，走了一个V字形，南下香港，再北上台北。虽说从香港到台北旅程较短，但究竟是打了一个转弯。那时想，要是台湾和内地通航，该省去多少时间。

飞机很顺利，既不误点，座舱里也不颠簸，“西风作意送行舟”，很快就到了台北桃园机场。

下了飞机，进入大厅，已有朋友在招呼。一位青年热情地迎过来，帮助我们处理护照，准备出关。这位青年介绍自己，他是机场服务中心的。在机场无须我们自己办什么手续，这位青年一切都代劳了。我们心情激动，又觉得很新鲜。大家很高兴，在大厅里照了许多相。有的还打趣地问：我们是不是到了台北？好像还不大相信已经顺利到达了桃园机场。

不一会，这位青年帮助我们办好一切手续，领我们出关。出关时既不排队，也不检查行李，好像在内地从一个城市到另一个城市一样。事后得知，这是台湾方面的关照，免检免验，给予贵宾礼遇。

我们出了海关，等候在那里的朋友，热情地奔了过来，紧紧地把我们抱住，不时地说：“终于来了，终于来了！”大家都很激动，互相问安，好像有几年没有见面了，实则许多朋友别后没有多久。有的是去年九月相见，只离别几个月，有的上一个月，即4月合作出版促进会在杭州举办版权洽谈时，刚刚见过面。朋友们见面时亲热极了，有说有笑，有的还在打趣，说些逗乐的话语。

出了机场，汽车直奔住处。高速公路是平展的，汽车走起来既迅速又平稳。公路四旁，树木茂盛，郁郁葱葱，看起来自然环境保护得很不错。

接近台北市区了，大家都在瞭望市景，注视房屋建筑。高楼大厦下面，还有不少平房，显示城市还在改造的过程中。旧的还没有抛弃，虽然西洋式高楼叠起，但是中华民族风格的建筑风韵犹存。

马路上车水马龙，各式的轿车与货车奔驰不断，特别是摩托车，在汽车夹缝中穿梭，驾驶者既不戴防护帽，也不大守规矩，见缝插针，有空就钻，危险至极，街上汽车多，几乎没有地方停车。有的朋友介绍说，有人买得起汽车，但是难以找到停车处。摩托车也停在街边，横七竖八，不够整齐。朋友说，台湾2200万人口，竟有700万辆摩托车。

街上没有看见自行车，好像没有人骑自行车。马路一般都窄小，骑自行车也难以找到骑车的地方。

但是，说也奇怪，许多台湾的朋友都会骑自行车。在北京有些台湾朋友，为了图便利，常骑一辆自行车到街上兜兜风，不知这是怎样的缘故。也许是近几年来汽车、摩托车多了，马路太挤，不便骑车了？

我们驻落于圆山饭店，车接近那里时，路经淡水河。这是台北有名之河。然而一眼望去，河水乌黑。朋友们介绍说，现在这条河被污染得太厉害了，工业用水都往那里排，街上的脏水也往那里去，当年清清的淡水河，现在却是黑河、脏河了。

“为什么不整治一下？”

“是的，有这样的计划，也讨论过多少次，但是要400亿新台币，不知何时开始，何时完成？”陪伴的朋友平静地说。

祖国的宝贵遗产

来到台北，凡知识阶层，有几个地方是必须去的。这就是台北故宫博物院、历史博物馆与中央图书馆。

台北的故宫和北京的故宫不同。北京的故宫是明清时代皇帝的皇宫，是古代的建筑，保持历史的风貌。而台北的故宫，却是新式建筑，实际是一座展览馆的性质。但这座展览馆与其他展览馆不同，馆址选在依山傍水的地方，宫宇气势雄伟，建筑庄严而典雅。

我的朋友陆又雄先生陪同我们在故宫参观。他对历史文物，有极大的兴趣，对古代艺术也很有见地。他说他每三个月必须来这里看一次，因为陈列在这里的文物，三个月一轮换，常有新的东西可看。

据说这里保存的文物达60多万件，其中有不少是珍品。收藏的文物尤以书画、陶瓷、青铜器最为丰富。

台湾珍贵文物的主要来源，人们都知道是有一段故事的。抗日战争前，日军威逼华北，兵临北平城下。事前为避战乱，将一部分珍贵的文物迁出北平，转运至大后方。抗日战争胜利，文物又运回南京。到了1949年，又运到了台湾。

在台北故宫，我们所看到的瓷器较多，展出有各个时代不同名窑的制品。书画方面还专门陈列有明代重要书画家董其昌的作品，其书法较多，很少见到有如此集中的作品，作品反映了他不同的艺术手法及特点。

引起我特别注意的有这里陈列的毛公鼎。这件宝物放在一个玻璃柜里。毛公鼎为西周晚期的青铜器，铭文有497个字，是传世青铜器最长的铭文。铭文的内容，反映西周社会生活。这个宝物对于研究文字历史的演进及当时社会的政治经济情况，有很大的作用。这一件宝物是清道光时在陕西岐山县出土的。文物出土时，完整无缺。过去读书时，知道这个毛公鼎，现在看到原物，没有原来想像的那么大那么高，好像一个人就可提起来似的。

历史博物馆也收藏有许多重要文物。我们参观时，看见陈列有不少甲骨文，甲骨很完整。竹简、木简与帛书，上面的字体十分清晰，是很少见到的。还有三千年前的青铜面具，工艺非常精巧。唐三彩在大陆也有不少，但陈列在那里的，式样很多，光彩夺目。特别是展示在那里的“守墓神王”，有半个人那么高，工艺精湛，烧瓷的技巧高超，是少有的精品。

台北的图书馆，也收藏有不少珍品。据馆长曾济群先生介绍，馆藏善本书有18000部。除善本书籍以外，还搜集有金石拓片、土地买卖契约、民俗版书等资料和艺术品，这对于研究书籍的历史，都是重要的资料。

历史博物馆收藏的宋代刊本很多，如《李贺诗歌编》、《苏东坡先生诗》等，均为公元十一、十二世纪的刊本。

曾馆长陪同我们在图书馆参观，我当时提出一个问题，馆里收藏最早的刊印本是什么？他非常热情地说：“有的，在库里。我请人拿出来给你看看！”一会儿，有人从库里调出一件宝物，大约长不过一尺，宽不过两寸的盒子。轻轻开启后展示在桌子上，原来是一件刊印有绘图的佛经，名称为《一切如来心秘密全身舍利宝箧印陀螺尼经》。这是五代的吴越开宝八年（公元975年）的刊印佛经卷。这是1924年杭州西湖雷峰塔倒塌时，于砖墙内发现的经卷。曾馆长说：“这就是我们馆藏最早的刊本。”

我们同行中，有的对书籍的历史与印刷的发展是有研究的，他们兴趣很浓，连连拍照。对曾馆长和在场朋友们的热情，我们表示衷心的感谢。

馆藏刊印本的珍品，还有明代的活字印本。其中有铜活字印本的无锡会通馆刊印的《宋诸臣奏议》。据称铜活字之印刷，无锡会通馆为创制者之一。还有，明代木活字本的《辨惑编》，字体端庄娟秀。此种木活字本较铜活字本，字体更加整齐美观。早期铜、木活字印刷并不很发达，这些印本都是很重要的研究资料。

我们依次参观了台北的故宫博物院、历史博物馆和图书馆，每处只有两个多小时，想看的东西太多，因时间仓促，也只好蜻蜓点水，不能仔细观看。台北收藏的珍品真多，深感我们祖先留下的宝贵文物如此丰富。

光复书局

台湾的大小与海南岛相差无几，当时人口2200多万，热闹的台北市有270万人。全台湾有出版社380多家，大多集中在台北市。出版社1～2人的夫妻档或3～5人者居多。10人以上的，称初具规模，50人以上的出版社为数极少。一年出版新书20种以上的出版社，约有200家。出版100种以上新书的，只有20家左右。

据统计，台湾90年代初，一年出书共计1600多种，期刊有4000多种。

从1987年以来，我们与台湾出版界的朋友在北京是经常见面的，但在海峡的彼岸相见，真是太难得了。

5月7日，我们去拜访了光复书局。光复书局坐落在一条不热闹的街道里。这家书局占有一座大楼，是台湾最大出版社之一。

董事长林春辉先生热情地迎接我们。林先生是我多年的老朋友，他每年都有几次来北京，对内地有浓厚的感情，并有一套设想。

林先生在台北《出版界》杂志《出版人的一句话》专栏中说："在国际上能形成为具有规模而作有系统之出版，需要有足够的阅读人口，方能达成。""台湾仅有二千万人口，尚不具备上列条件，唯有含纳内地十一亿人口，方能使我华文出版跻身国际之林，甚至独领风骚。"

因此，他热心与内地出版界合作。几年来，光复书局与文物出版社、建筑工业出版社、新华出版社等都有合作项目。合作出版的图书为《中国重大考古新发现》、《中国古建筑之美》、《中国创作童话》等，作为光复书局的重点图书推出。1993年年初又与人民文学出版社建立长期合作关系，共同建立文光出版公司，向台湾打出人民文学精选出版的《世界文库》。

林春辉先生有三位公子，一位继承掌管台湾光复书局的出版业务；一位派在内地，在深圳开设电子企业；另一位小公子刚从美国取得博士学位回台湾，亦在光复书局，协助其父兄工作。

光复书局开拓海外的业务，引进日、美、英、意、德等国的图书很多。例如有美国的大百科全书，世界美术全集以及各种工具书。引进海外的图书出版发行，这是台湾出版业的重要特点之一，也是光复书局的出版特点。

光复书局另一特点是编撰出版儿童读物，在这方面，内地出版同业亦有购买他们版权的。

在光复书局的访问中，林春辉先生特别引我们参观他们的儿童读物编辑部，介绍我们与编辑们会见聚谈。

光复书局出版了一份《儿童日报》，订阅份数与日俱增，很受儿童们的欢迎。这份日报的编辑与发行工作均在大楼内。当我们走到编辑部的侧边，看见有三位小姐整整齐齐地坐在三张桌子前面，桌子上放置了电话，我好奇地询问她们是在做什么工作，小姐们回答是为《儿童日报》扩大征订对象，寻找与客户联系。

"林先生，她们不知道电话号码，谁想订谁不想订，怎样打电话？"我向陪同参观的董事长询问。

“啊！那她们是很有办法的，是很有办法的！”林先生肯定地说，但是当时他未来得及给我们介绍。

后来我从台湾同业中了解到，报纸与书利用电话征订，是台湾开展发行业务的重要方法。此方法主要是先要掌握客户的电话号码。号码的来源：第一，购买其他书刊客户的号码；第二，客户相互提供；第三，电话簿中选择；第四，亲友熟人提供；第五，其他报刊交换名单；第六，委托咨询公司提供。

这是一种切实的工作作风，很值得借鉴，很受启发。

锦绣文化企业和董事长许钟荣先生

从内地来台访问的朋友中，大多与锦绣文化企业的董事长许钟荣先生相识，许与内地许多同业有合作出版的关系。大家都想去拜访这家企业。

锦绣不在台北市内，而是在台北郊区称为新店的地方。这里实际已属台北县，不属台北市。但新店与台北市已连成一片。有如北京市内和海淀一样。新店比台北市内清静一些，马路也狭窄一些。

锦绣文化企业坐落在一条喧闹的小街里头。这家企业占有一座大楼。

当我们的车子到门口时，楼内的朋友们都出来迎接。许多朋友都已相识。他们的中层干部有不少人都到过内地。有几位小姐，在桂林时我认得。那是去年清明节前后，国际合作出版促进会在桂林举行版权洽谈会时，她们与董事长、总经理一起来到桂林，我们曾在漓江中漫游。所以一见如故。

锦绣文化企业创建的时间不长，大概只有十余年时间，但企业发展迅速，当时已成为台湾出版界重要的企业之一。

由我和林言椒主编的一套丛书，名为《中华文库》，由北京三联书店和锦绣文化企业两家联合出版，在内地与台湾两地发行，已经出了几十种。在这套丛书出版时，许先生写的序言中有这样的话：“再过不到十年即将迈入二十一世纪，中国人如何面对新世纪的挑战，可以从各个角度做出回答，若要探其根本，则非从文化着眼不可。”

这也正是锦绣文化企业的宗旨。这家企业主要出版发行艺术图书。发行以直销为主，拥有几百名推销员，卓有成效。与内地人民美术出版社等合作出版发行的《中国美术全集》60卷，一次推出，九个月发行3000套。现在又与内地上述出版社等陆续推出《中国美术分类全集》。其中《玉器全集》正在发行。

锦绣企业的董事长许钟荣先生在大学是学生物的，大学毕业后曾在实验室工作，但由于对文化工作的兴趣，最终投向出版事业。开始出版一套《江山万里》，介绍祖国大好河山，受到怀念故乡故土的台胞极大欢迎。因此，经济上也取得很大的收获。

大楼内陈列有中国古代的艺术品。其中有一尊汉白玉雕塑，吸引了从内地来的同行们。在同行中也有几位艺术家，他们一看，就知道这是隋唐时代的雕塑。大家很惊讶这个宝贵的艺术品，被称为东方的维纳斯，怎么跑到锦绣大楼里来了。这尊艺术品有一人那么高，头部已断离，但其容貌风姿，还逼真动人。雕塑的体态线条很匀称，很符合现在雕塑的原理。

许先生说："你们当这是真品么？不是的，真品在你们西安。我觉得这件东西好，请人在那儿仿制一件，从内地运回来的。"他接着说："原件因发掘时头与身脱离，身首异处，我也请模仿原件，不必连接，一切照样，使她更像出土原物。"

锦绣是综合性的出版社，与内地合作发行《中国大百科全书》、《古代文史名著选译丛书》等，但它出版发行艺术图书更具特色。近一年来购得意大利版权，推出《巨匠》画刊，颇有影响。此书刊集世界著名绘画艺术家的作品，一刊一人，有文有图，陆续推出。特别是书刊通俗讲解画家的作画特点及其艺术的发展道路，受到欣赏者的欢迎。锦绣还出版有自己编辑的《大地》地理杂志，展示中国各地和世界的风光与习俗，刊物中大多画面新鲜而且印刷比较精良，具有特色。

锦绣企业主要的特点之一，是会组织与调度干部，特别是注意发挥青年人的才智。在这方面，也是台湾出版界的长处。

在内地出版界，深知人才之重要，特别是改革的今天，有了人才，才能有新的观念，有了新的观念，才能开拓新的局面。

台湾有一批有影响的出版社，成立的时间都不长，但是都很有作为。特别是这批出版社的董事长和总经理，大多是青年人，有的从开创到现在才刚刚四十岁出头。例如远流出版公司，成立于1975年，年出书300多种，被台湾出版界认为“创造了新的出版模式，开发了许多新的出版领域和行销通路。”成立于1976年的汉光文化事业公司，从小作坊式的小店起家，现在成为一家大型的出版企业，职工达100余人。

淑馨出版社

淑馨出版社是内地出版界所熟知的，与内地有很多合作项目。淑馨的发行人和总经理陆又雄先生，是富有理想的青年人。他在台湾《出版界》杂志上说：“很久以来，我们就有一个心愿，希望有朝一日，我们能够推动海峡两岸的文化交流，尽我们的力量，使隔绝了近半个世纪的两岸同胞，能借此促进了解，增进同胞之间的情谊。”在沟通两岸文化方面，淑馨有很多设想，为此奔忙，甚为热心。

淑馨与广东省科技出版社等，联合成立了百通科技图书信息公司。这家公司不是统一出书，而是互相交换版权，通过参加百通公司的出版社，扩大科技图书的发行网，在两岸推广华文图书。这样的联合方式也有好处，内地可以通过台湾的淑馨，引进有益的科技读物，在内地推广；而广东等科技出版社的读物，亦可通过淑馨，推向台湾。

广东科技社社长欧阳莲是百通公司的董事长。她是我们访台出版代表团的唯一女成员。5月8日百通公司在台北市假联勤俱乐部举行成立酒会，我们全体访台成员都前往祝贺。

淑馨出版社是一家综合性的出版社，出版种类繁多，包括农业、医学、环境保护以及文史哲与艺术等类。淑馨成立于1980年，现在香港与美国的旧金山都设有分支机构。淑馨有很大的抱负，陆又雄先生在发表关于两岸交流的文章中说：“今天的这个时代，出版人应扩大胸襟，对全球的华文图书市场，应有整体观”。是的，中华民族的文化，应是一个整体，我们海峡两岸的出版同业，对于继承和发展中华民族的文化，都负有重大的责任。

淑馨热心与内地出版界合作，几年来到内地参加书展达10次以上。我合作出版促进会每年春季举行一次洽谈会，其董事长与总经理差不多年年到会。他们还设想在两岸开设合作书店、门市部，并联络香港出版界，在两岸三地及全世界华人地区，扩大出版业务。陆又雄先生胸有成竹，认为应放眼世界，“整合全球华文图书市场，将是一条必然之路”。只有这样，出版界才能欣欣向荣。

我在访台期间，陆先生和我谈得很多，他有许多计划，随时间的推移和形势的发展，拟逐步与港人、两岸朋友进行联络向前发展。他们出版社的同仁还希望为华人多办一些实业，不仅共同办出版发行，还共同办其他实业。他们经常穿梭于台北、香港与深圳之间，很想办些有益的事业，想与文化界多联络，广为结交。

台湾同业的向往

在参观访问的过程中，深感台湾同业创业艰辛，在文化领域中作出了贡献。其特点突出，也可说这就是台湾出版情调。

一、注意系列出书，着眼于市场的需要

许多出版社出书很整齐，注意出版成套读物。报业集团的时报出版公司，连年出版《人间丛书》、《文化丛书》、《名人伟人传记全集》，还有《中国历史演义全集》，远东图书公司的《西洋文学丛书》，淑馨出版社的《吾土吾民文化丛书》，新学友书局的《幼儿生活规范丛书》等，在读者中都有相当的影响。这些丛书有的是成套推出，有的是陆续出版单行本。丛书有统一的构思，有延续性，读者买上一本，还想买下一本。

台湾出版的图书，以应用科学类最受欢迎。因此，此类书的出版占总数37%。这类书的主题为日常知识，生活中的吃、穿、用，这是人人都需要的，读者范围广阔。

台湾的畅销书还以文学为主，文学类占畅销书近一半，其中印数较大的，还是言情小说。漫画书近年大量推出，但比起日本进展还较慢。日本市场上的漫画书风起云涌，而台湾漫画书只占畅销书的3.2%。

二、近年来重视与内地出版同业合作，合作出版发行的图书，在读者中发生重大影响

我们参观了锦绣文化企业，在董事长许钟荣先生的办公室里，看见整整齐齐地摆有三套书。这三套书占了书架的大部分位置，一眼望去十分突出。这就是《中国美术全集》（60卷）、《中国大百科全书》（60卷）和《古代文史名著选译丛书》（100种）。这三套书都是与内地出版社合作出版的。三套书在台湾发行数量很大，很受欢迎。这些书在内地的读者中是熟知的，而在海峡彼岸也产生了重大影响。

具有规模的光复书局与建筑工业出版社合作出版发行的《中国古代建筑之美》（10卷），汉光书局、淑馨出版社与内地合作的艺术图书与科技读物，北京的文物出版社与台北一些出版公司合作出版的古代艺术画册，在台湾图书市场中都占有地位。台湾出版同业与内地地方出版社合作的项目也很多，内地精心编撰的图书在台湾读者中是有相当影响的。

三、翻译出版西方的图书，数量很大

台湾图书市场中，除移植中国内地的图书以外，翻译西方的著作也很突出。有人估计出版西方的译著占其总数不下10%～20%。其中有些大部头的系列图书更为显著，多种百科全书，或为翻译或为编译，许多出版社购买了日本、法国与意大利的艺术图籍版权。

新科技读物，翻译出版也较多，由于技术发展迅速，而且市场也急需，所以翻译也比较及时。

四、出版物设计精心，印刷有相当水平

出版物注意装帧设计，构图很用心思。较大的出版社都有美术编辑，小的出版社也有美术顾问或兼职的编辑、画家。

台湾出版同业说，在台湾社会竞争太激烈了，你不用心思不行。要做到让读者拿上这本书，一看就喜欢，一看就想买。

出版的图书，用纸与印装都较考究。印刷质量与香港出版的图书不相上下。印刷行业在台湾是重要的行业，现代化程度也较高，收入颇丰。铅印几乎不使

用，因为消耗物资与人力都高，胶印为普通的形式。印刷的小厂居多，同业竞争十分激烈。

五、发行灵活，广告宣传非常突出

图书广告的费用很高，往往占图书成本的10%～20%，有的到30%。在报刊、电视台与书店里，常常看见重点图书有精制的广告。同业的朋友们在议论中说，广告费用的投入与图书的销售成正比。

一些大的出版公司，都有推销员。这些推销员拿很少的月薪，其收入大部分从推销的图书中取得。他们在接受任务时，听取对推销的图书作详细的介绍，之后向千家万户，向不同的读者对象扣门直销。大型的系列图书多采取这种形式。付款的办法灵活，一次付款或分期付款。一次付款，还有优惠。能干的推销员，其收入往往比一般的职员、编辑高几倍甚至十几倍。工作好的还有奖励，如推销的某种图书达到多少部，就可以被邀请外出旅游几天。

出版社的图书可以在本社门市部销售，亦可批给中间批发商或零售商，由出版社视情况自行决定。批发折扣从5.5折到6.5折。较大的出版社都有自己的门市部。我们参观了新学友书局，他们编辑部与办公室都在楼上，而楼下几层都开为门市部。图书分类陈设，少年儿童部分的图书具有特点，还摆有玩具与小文具，以吸引小读者。

书店附设有咖啡座的很多，书店前庭售书，后庭就是咖啡座。读者可以边看书，边喝点饮料；读者从前庭拿一本书到后庭坐着看也可以。我们参观了幼狮文化公司的门市部，这里就设有咖啡座，座室可容20人。这样书店的经营就灵活，就可联络顾客，也可增加一点收入。

六、台湾图书出版界的苦恼

激烈的竞争促使台湾出版业精心策划，努力提高图书质量，争取读者。但是他们也有苦恼，例如只要有出版社的选题受欢迎，书一推出，马上就会群起仿效，因而重复的现象很多。市场的容量只有那么大，同样的选题所取得的利益就被竞争者取代。自然，图书有优劣之分，但是鱼龙混杂，读者一时很难分辨。市场上妇女儿童读物，分类选题重复者非常多，其内容有不少是大同小异，有的完全是同书同名。书店陈设的图书琳琅满目，而随意编写内容，没有什么知识与价值的书，也为数不少。台湾出版界的同行对此也常有微词，认为此种情况不佳，文化气氛薄弱，商业气味过重。

两岸交流的航向

我们在台访问期间，5月13～14日，在台北师范大学综合楼会议厅，举行了两岸图书研讨会。会议由台湾出版协会理事长黄肇珩与我共同主持。在会上，台湾幼狮出版公司总编辑陈信元、台北著作权律师肖雄林与我促进会副秘书长常振国，分别就内地和台湾图书市场情况和两地著作权作主题发言。会上展开了讨论，大家发言，各抒己见。有时还互相提出问题，请对方回答。在座的多为台北重要的出版公司代表。台湾有若干佛教出版社的同行，他们穿着袈裟很突出，亦在座。

我在会上也作了发言。为了进一步推动海峡两岸图书出版业相互交流，我在会上提出了几点原则意见：

1. 两岸定期举办出版学术交流研讨会，每年举行一次，轮流在两岸分别举行；

2. 两岸举办图书展览，内地图书展览先在台湾举行（因为台湾书展已在内地举办多次）；

3. 为促进出版学术交流，双方定期进行人员互访；

4. 为促进两岸出版资讯交流，双方提供图书出版信息；

5. 为增进两岸出版合作，互相提供印刷技术协助，并加强出版印刷交流。

上述意见，事先我在我们团中做过充分的酝酿，大家都很同意。后来在研讨会上提出，台湾出版同业亦表示赞同。这都是一些原则性的意见，反映两岸同业的共同愿望，本可以立下交换的文信，但由于时间过于仓促，只好暂时搁下。以后回到北京，在当年又与台湾出版界召开研讨会时，我再次提出上述原则意见，而且双方签署在文件中。在事前我向新闻出版署作了书面请示，并得到批准。为这件事做了重要的弥补，为此我心里非常高兴。这是后话。

在两岸出版研讨会上，大家认为加强两岸出版的合作，是大有可为的。台湾的朋友觉得内地人才济济，人才资源与文化资源都很丰富。的确，90年代初内地每年大学毕业生就有几十万人，内地的研究机构众多，研究人员充足，大专院校的师资力量强大，广大的知识分子是图书出版的坚强后盾。祖国的大好河山，悠久历史，文化遗产丰富，特别是源源不断出土与发现的文物，是研究与追索历史的重要源泉。现在经济飞跃前进，新的事物层出不穷，内地不但山川秀丽，而且新的景观不断涌现。

台湾人民是我们的同胞兄弟，无论在文化上或是在感情上都是融合的。台湾人民仰慕内地，思慕内地。内地又有如此众多的写作人才和丰富的研究资源，自然成为台湾出版界注意的焦点。

对于内地出版界来说，台湾出版业也有许多值得学习的地方。他们的管理经验，发行办法，图书的装帧设计艺术，宣传推广手段，包括人员精于业务，诸多方面都值得内地研究参考。

我们在台10天的访问，留下深刻的记忆。出版界朋友的情谊，难以忘怀。在接触中，大家提出许多进一步交流的问题，这会在未来的时间里，随着形势的发展，在实践中进一步磋商。

血浓于水

自1978年中国实行改革开放以后，文化和出版的交流逐步展开。现在我们出版界同世界各个地区，包括欧洲、北美、拉丁美洲、东南亚、澳洲以及我们的港、澳、台等都有联系。

中国的热浪波及世界各地，世界各地的人们纷纷来到中国参观。他们登上万里长城俯视文明古国的风采，他们发现中国人富有智慧和潜在的低廉的劳动力，于是在中国内地投资，发展企业。与此同时，出版业也掀起热浪，海外的人们也想通过书刊了解中国，观察中国。十五年来，我们出版界的代表出访世界各地，世界各地的同业也陆续来访，我们同海外的出版界建立了密切的联系。

中国内地与海外出版的交流与合作，有几个阶段。开始是指向东瀛，70年代末开始，中国出版界与日本一些大的出版社合作较多，古国的风光与文物，受到日本出版界与读者极大的欢迎。之后，热浪又滚向西方，英、德、法、意和南斯拉夫等欧洲诸国以及美国、澳大利亚，这主要是80年代初期和中期。到了80年代末90年代初，出版合作的热浪，又涌向海峡彼岸。当然，内地与香港的合作，始终如一，多年来都很炽热。与华人世界新加坡朋友的合作，80年代以来蓬勃兴起，这也是一个突出的特点。

这几年我们与台湾同业有过一些接触，而且又访问了台湾，与台北一些有影响的出版公司的负责人及编辑进行了交谈。虽然，此前四十年来两岸人民被滔滔海浪隔断，出版同业也没有什么联系，但是血浓于水，两岸人民的感情和互相盼望了解的心情，在不断延续。因而反映两岸人民生活的作品，都已有出版。

早在1980年前后，人民文学出版社出版了《台湾小说选》、《台湾散文选》、《台湾诗选》、《台湾中篇小说选》、《台湾游记选》等一系列选本。一些出版社出版了琼瑶、三毛、白先勇等作家的小说，有不少小说在市场上很畅销。通过这些文学作品，内地人民了解了彼岸兄弟同胞的生活、思想与感情。台北出版内地的著作，亦有不少。如出版了巴金、张贤亮、白桦等作家的小说，出版了有关内地秀丽山川的记述。这些作品对台湾读者加深对内地的了解，很有好处。

两岸出版方面的交流，除文学作品以外，还互相翻印出版了一些学术著作和应用技术书籍。如台北出版了上海少年儿童出版社的《十万个为什么》，还出版了不少工具书，包括修订的《辞海》与《辞源》。内地亦有翻印出版台北的编著。那些年由于版权问题不明确，内地与台北某些出版社之间都发生了版权纠纷。为了保证两岸作者应享有的权利并使版权贸易走上正常轨道，中国新闻出版署与国家版权局多次发出文件。早在1987年12月，国家版权局就发出《关于出版台湾同胞作品版权问题的暂行规定》，指出台湾同胞对其创作的作品，依我们现行有关法律、规章，享有与内地作者同样的版权。因而，台湾作者在内地出版的著作，享有版权并得到确认。但是由于作者与出版者之间，因联络关系，或由第三者代理、插足，也曾出现不少版权纠纷。

两岸出版同业还在世界各国不同场合接触颇多，在法兰克福、波罗尼亚、东京等地一同参加书展，特别是近几年来新加坡与香港一年一度分别举行华文书展，更是华人出版同业接触最多的地方。

随着形势的发展，两岸出版界的接触日益频繁。台北出版社的朋友来内地访问，与日俱增。尤其在旅游旺季，双方接触更多。在我们1993年5月为期10天的访问中，大家对台湾出版的情况和社会的面貌，有了实际的接触与了解。内地出版代表团还在研讨会上与台湾朋友坦诚地交换了意见。

与台湾同业合作出版的几种方式

回顾内地与台湾同业的交流与合作，觉得双方都取得了丰硕的成果。从已经实现的情况来看，与台湾同业的合作出版，归纳起来有下列几种方式：

一、互相出售版权，两岸扩大出版发行

如内地出版的图书，由台北某一出版公司发行排印，在台湾推出。此种合作的方式，内地在台湾发行的图书很多。在台北一些具有相当规模的出版发行机构，如光复、锦绣、淑馨、新学友、远流、汉光、五南、华一、黎明等公司，都购买内地出版图书的版权，将简体字本改排成繁体字本，在台湾发行。书籍的内容，较多的为文史方面及各种工具书。

内地购买台湾出版公司的版权，现在逐年增加。在内地出版的，除台湾一些著名作家的小说以外，还有少儿读物与应用技术图书。如内地购买了光复书局出版的《少年儿童百科全书》以及中小学生的作文选本等。北京三联书店与台湾漫画家合作，出版蔡志忠以古代思想家著作为中心的漫画集，一时成为社会的畅销书。

二、内地与台北出版机构共同编撰，在两岸分别出版和发行

如建筑工业出版社与光复书局合作，共同出版以中国古代建筑为选题的图籍，在海峡两岸推出。中国的传统中医药，在台湾很受欢迎，新华出版社与光复书局合作出版的《中西医结合肿瘤学》，引起社会的关注。这本书出版之前，有一段故事。这部书稿开始在内地没有地方接受，频频退稿，后来新华社记者发了长篇通讯，为此发出呼吁，于是乎有多家出版社竞相争取，最后还是交给了记者所在的新华出版社出版。光复书局闻讯赶来合作，一拍即合。现已在两地出版发

行。北京三联书店与锦绣文化企业合作的《中华文库》，用现代语言阐释古代典籍的哲理，已经编辑50多种。

采用此种方式共同合作出版的图书，其内容大多由内地出版单位组织编撰，经双方审阅修改同意定稿后，在两地出版发行。

三、由内地出版单位提供稿件与图片，由台湾出版公司单独出版，并在台湾发行

如台北汉光出版公司与原展望出版社合作，在台湾出版《中国十大古典文学名著画集》，这是由中国一些著名画家如程十发、刘旦宅等为《红楼梦》、《三国演义》、《金瓶梅》、《儒林外史》等书作的画，共10册，汉光书局出版了中英文对照本，印制很精美，成为汉光的重点图书。还有一些文物方面的图书，因用纸、制版与印刷成本较高，在内地发行数量又少，有不少转由台湾出版公司出版。

四、台北出版西方著作，在内地组织翻译；台北出版的连环画，由台北拟定选题或编出脚本，在内地组织人员作画

如台北出版的《巨匠》画集，台北出版公司购买了意大利版权，在内地翻译，在台湾印制发行。许多西方的著作，往往聘请内地人士充当翻译。连环画请内地人士作画，情况类似。内地人才多，稿酬不高，所以台湾出版公司热于此道。此种情况，有的是与内地出版或翻译、作画单位合作，有的是通过个别中介者，组织业余工作者来完成。

五、内地与台湾、香港三地出版机构联合出版

此种联合出版的图书还不多，但有的已达成协议。如1989年2月由台湾风云时代出版公司与香港中华书局、上海古籍出版社等几家联合推出《岁月山河——图说中国历史》。1989年7月，四地中华书局（包括新加坡的中华书局）在会谈中约定，出版物在另外三地印行，应以当地中华书局为优先授权对象。

内地出版代表团在台湾访问时，朋友们在议论中提出这样一个问题，西方出版公司在出售华文版权时，常常是“一鱼三吃”。一本书的版权卖给台湾，再卖给香港，又卖给中国内地，朋友们说为什么不可以一次买下来，共同出版，既可出繁体字本，又可出简体字本。的确，这是很值得商讨的问题，海峡两岸和香港

同业，应加强合作，共同解决这些问题。

六、期刊方面的合作

现在海峡两岸共同编撰期刊，还没有先例。但是一些期刊相约，互相转载稿件，已在进行。如早在1988年，台湾《国文天地》杂志与北京的中华书局商量，经同意可转载《文史知识》杂志中一些文字。台湾的音乐月刊与内地的音乐刊物磋商，可互相交换内容和转载文字。随着时间的推移和版权工作的开展，互相转载文字会逐步增多，特别是科技与应用技术方面的刊物，发展会更加迅速。据说近来已经有些科技性刊物合作。

七、两岸出版同业，联合创办公司

出版与其他经济方面的行业不同，现在联合创办公司并不多见，都在试行中。已开创的有外文系统的海豚出版社与光复书局在中关村共同创办了光海公司，主要经营文具用品。人民文学出版社与光复书局联合创办了文光公司，公司是一种服务性质，以后光复书局将在台湾推出人民文学出版社出版的《世界文库》，先发行200种。北京的商务印书馆会同港、台、新加坡、马来西亚商务印书馆五家一起建立联合公司国际商务印书馆，正在组织出版学术著作和实用读物，向世界各地发行。该联合公司总部设在北京。淑馨出版社与广东科技出版社等许多家成立百通科技图书信息公司，互相交换版权，沟通信息，虽不统一出版图书，但可联合发行，在两岸推广图书。

中国内地与台湾出版同业的合作，主要有以上几种情况。在发行方面，合作方式更多。从这些情况来看，两岸出版同业的交流合作已有相当的发展。据了解，90年代台湾进口内地的图书，一年有5万多册，而内地购买台湾的期刊、图书资料等一年共计500万美元以上。

对中国内地来说，虽然彼岸的制度不同，但那里的经营管理经验值得借鉴。在出版方面，那里的出版社一般规模不大，编辑与著作的力量与内地是不能比的，不过那里的经营管理、图书发行方面都较先进，特别是新科技包括录音、录像与光盘在出版方面的应用，都是值得学习和参考的。台湾接近西方，为社会生产的需要，翻译西方的新科技的图书较多，而且比较迅速。在艺术方面，许多移植自欧美与日本，台湾翻译与编译的图书，占其出版品种很大。中国正式参加了伯尔尼公约和世界版权公约以后，为推广我们的经济和科技文化事业提供了有利的支持，使购买版权得机会大量增加，便利了我们吸取西方的科学，翻译西方的著作；通过与台湾的合作，从台湾引进西方新科技新思想及其他有益的图书，这也是很重要的和方便的途径。

两岸多年隔绝，对许多重大的问题，存在着分歧。毋庸讳言，出版方面的问题也不少，部分图书内容观点不同，志向各异，特别是政治制度上大有区别，因此交流与合作，不是没有困难的。但是，我们都是炎黄子孙，同祖同根，感情与习俗相近，发展科技有共同的要求，我们两岸现在还是有许多事情可以合作的。

中国内地有丰富的文化资源，祖辈留下无数宝贵的思想、资料与书籍，现在经济又蒸蒸日上。内地的人才辈出，这都是台湾朋友所称道的。如上所述，两岸图书出版的交流与合作都有基础。相信随着形势的发展，两岸出版同业的合作，会出现新的前景。

远山日出

台湾的风光是非常美丽的。早几年天安门广场在节日还装饰有台湾日月潭的风景，引起人们仰慕，很想亲历其境。我们在访问台湾时，也不能错过这样的机会。虽然时间有限，但还是走了一些地方。

“你到台湾，不到阿里山观日出，就等于没有来过台湾！”台湾朋友们这样说。他们非常热情，就陪同我们到阿里山去。

从台中嘉义驱车上山，走了三个多小时。山路崎岖，路面不宽，但还算平整。车子沿着山坡，走之字形，曲曲折折，终于到达目的地。

初夏天气，树林繁茂，一片青绿。从车窗望去，郁郁葱葱。俯首向下看，百丈悬崖，深不见底，黑茫茫一片，看不清是高树，还是低矮的灌木丛。

我们驻落于阿里山宾馆。到阿里山旅游点，外车不能进入，必须有宾馆的车子来接。阿里山宾馆的车子也便当，一会儿就开车来接我们。

这里在海拔2000多公尺的山上，已觉凉意。昨天在山下，穿着短衫，还满头大汗，现在穿着毛衣，还有些冷飕飕。

阿里山宾馆建筑很别致，依着山势，盖了六层楼房。一、二层楼房，都可以从山路进入。大门在四楼，楼前有一大平地，作为院子，院子有一棵大树，有些像迎客松。但这不是松树。这树叶子茂密，枝条低垂。树下面有石凳，可供客人小憩。树的叶子遮盖了全部阳光，坐在那儿聊聊天，也蛮舒适。只是我们住下的那天，天阴沉沉的，坐在那树荫下，觉得有些凉意。倒不如有些太阳照射，还会好些。

大家在宾馆里休息了一阵，时间尚早，就到山上漫游。

进入山路，山路被苍翠的树林覆盖着，向前走总望不见天日，好像是在夜晚行走，照相时没有闪光灯根本不行。

山上到处是大树。有的大树已经枯萎，有的东倒西歪，或只有半边枝干存活。大树伸向高空，小树在低荫处摇曳，好像各得其所，物竞天择。这里好像是原始森林地带，未被破坏似的。

往前走去，看见那有名的“三代木”。这树第一代早已死去，剩下古树桩，第二代在古树上长出新树。现在第二代，也早已经死去了，据说已枯死一千多年。第二代留下不到一丈高的树干，第三代就在这枯死的树干上又生长出新树。一代传一代，不知经过多少年，出现了三代，这就是“三代木”。现在第三代，枝干挺拔，叶子茂密，富有生气。人世间大概也是如此，一代传一代，前一代总是要衰老的，新的一代即出世成长壮大。后一代总是超过前一代，这是没有任何力量能阻碍得了的。正是：日往月来，星移斗转。“天高地迥，觉宇宙之无穷！”

我们继续在山路漫游，有时头顶上遮盖的叶子稀疏，露出了一线青天，但看不见太阳，也分辨不了方向。

我们走到了被称为“神木”的那里。这“神木”是一棵桧树，树龄据说已有3000多年，据说生于周公摄政的时代。这棵桧树高达53公尺，树围19公尺。要是大家来围抱一下，至少要10个人以上。因这树长得过高，为群树之首，其树顶曾被雷击多次，树的顶梢已被烧毁。但树的枝干强壮，叶子茂盛，还不显衰老。在海拔2000公尺以上，有如此庞然大物，真算稀奇。我曾看见过一些柏树，生于西汉时代，只有2000多年，但树的枝干都已枯萎。此一桧树，真为世上罕有。看了这依然强壮挺拔的古树，真惊叹人生苦短。

我们在山路中漫游，不觉已近黄昏。山路也逐渐模糊不清，该往回走了。这时，天好像更加阴沉，落起雨点来了。树林里和山路上，烟雾升起，一时嗅到那泥土和湖沼的气味。我们只顾低着头往前走，但雨点时落时停，分不清是天上的雨点，还是树林叶子上的滴水，正应古人那诗句："纵使晴明无雨色，入云深处亦霑衣。"

晚上要把毛衣准备好，还从宾馆借来棉大衣，早上气温在摄氏10度以下，袜子也要穿厚一点的，真是如临大敌。

凌晨三点半就起床，要走到阿里山火车站上火车，之后到祝山观日出。

阿里山火车站真是人山人海，住在附近山上之旅游者，半夜都集中到这里来。据说天天如此，排着长龙队伍，购票等待上车。

这是小型火车，车厢较窄，但都有位子坐下。火车向山顶开去，左拐右拐，弯弯曲曲。车走得很慢，有时发出震动，迂回向上爬行。因为坐车时还是黑夜，窗外什么也看不见，黑糊糊一片。

约半个多小时，火车到了祝山。这是专门为乘客观日出的火车。祝山观日出的地方，原来是一座开阔的山头。这里建有水泥石级，爬到高处，有一处观日出的平台。人们就是站在这里，眺望那远山日出。到这儿的人，每天都是挤得满满的。

连日来，都是天阴或下雨，这里已有11天看不到日出。有的人每天都上山，盼着可爱的太阳从东方的玉山升起，但是总不如愿。"看到日出才幸福！"这是这里的语言，所以有的人上山看不到日出，总不甘心，还要继续等下去。

我们从台北同来的一位朋友，他说他一生只来过一次阿里山，看过日出。他说那是他恋爱的时候，20多年前他与亲爱的女友徒步上山，艰苦跋涉，爬到山顶，看那日出。那次居然看到了日出，完成了心愿。后来他们结了婚，已有两个孩子。这次他夫人没有来。他说，他疲倦了，太困了，多睡一会儿，不上山看日出了，朋友们很惊奇他不去祝山，都向他开玩笑，说他怕到祝山看不到日出，引起遗憾，还不如保持着旧日的心境，以前他与夫人幸福地观看到了日出，这次连日阴雨，多半看不到日出，会破坏旧日的美好印象。

这天看不看得到日出呢？人们猜测着，等待着，这就是人们的心态。

天开始有些白色了。近处的树林，像乌黑的幻影在摇晃。山上弥漫的云雾，轻轻地从身边绕过。凉风迎面拂来，好像带着一种草木的芳香。

东半天露出一些红霞，好像有一点曙光了。人们议论着，说昨天就是这样，对面山头上开始出现一些红霞，但是一会儿乌云又遮盖了山头，还是看不到日出。今天如何呢？人们焦急地等待着。

在祝山看日出的高台上，一片黑暗。这是黎明前的黑暗。黑暗逐渐消失了，鸟儿开始吱吱鸣叫。这时对面山头，玉山的山腰处发出了一片红光。慢慢地可爱的太阳升起来了。那山头上，射出耀眼的光芒。它不带红色，是一个水晶球体，放射着白色光芒。它的升起，照耀着高山深谷，山头上的树木，从乌黑色变成翠绿色。晨风吹拂着草木，那草木轻轻摇动，富有生气。“升起来了！升起来了！”青年人高呼着。大家忙于拍照，喀嚓、喀嚓之声不断。在那强光四射的太阳完全离开地面时，我想拍一张完整的照片，这时发现我的照相机不灵了，快门怎么按也按不下来，“坏了，我的照相机坏了，又偏偏在这个时候，真不巧！”我不死心，把照相机对另一个方向，拍一下树木。照相机好好的，并没有坏。原来那升起的太阳，它的光太强了，照相机会自动保护，所以按不下快门。

我曾在泰山观看过日出。日出时，一个红红的火盘从地平线上升起，它的金色光芒射向天地，天地充满红光。我在海边观看过日出，在青岛、在北戴河，小时候也在家乡的海边看过。那大大的红球从海面抛出，红色的球体久久不变，只是逐渐缩小，之后高高升起，变成白色。

祝山观日，因为太阳是从对面玉山的山腰上升起，太阳早已离开地平线，所以一出现，就是白色强烈的晶球。也许玉山那儿天气十分晴朗，没有任何稀薄的云雾遮挡，一出现就光芒万丈，连相机都拍不了照。

在祝山观日楼的平台上，人们欢呼雀跃，久久不想离去。太阳已经升得老高了，晶球越来越小了，人们还是待在那儿。

我们居然在海峡的彼岸，在那高高的阿里山上，看到日出。况且那儿已经有十一天没有看见日出，我们真算幸运儿！我们在海峡的西岸，曾看见那红色的大盆升起，今天在东岸又看见耀眼的晶球光芒喷射。我们在观日楼的平台上留恋着，不舍离去。因为这样的机会太难得了。

要乘返程的火车了，我们缓慢地走在人流的最后头。我们步行到祝山火车站，来时因天黑什么都看不见，现在祝山的风光，全收在眼里。

这里到处都是樱花，满山是杜鹃，要是在三、四月，山坡该是怎样好看呀！现在可惜只有绿枝了。不过在晨光照耀下，还有些野花，红的、紫的，带着露水折射出亮光，一闪一闪也很逗人。

在车站附近，遗留有几辆火车头，搁在铁路的叉道上。我们上前去一看，最古老的一辆是1914年美国造，这是一辆烧煤的蒸气机车；另一辆是1924年日本造，还有其他的，也都是退役的古老火车头。早年从嘉义驶出，一直开到阿里山的火车，是日本统治时期开设的。现在列车依然存在，为旅游者提供方便。在山上铺设铁路，在世界上也是少有的。据说，这条专门上山的铁路是欧亚内地数一数二的。现在火车使用柴油机车，但列车设备较古老。台湾朋友说，维护这条上山铁路要花许多钱，现在开通小火车是赔本的，这就很难得了。

我们乘返程的火车，不在来时那站下车，而是提前一站下车。我们从山路上走下去，这样可以看看风景。这山路本来就是供游人开的，一路都铺有水泥台阶，走起来很方便。这时太阳早已高高升起，是一个大晴天。在茂密的树林里，在阳光的照射下，浮动的烟雾缓慢地散开，路旁的小树叶和野草，迎着轻风，微微地摆动。可爱的蝴蝶，在朝阳里穿梭飞舞。

五月阿里山的风采，使人难以忘怀。

原始住民和高山湖泊

我们驱车到“九族村”去。介绍说这是台湾原始民族的居住地。实际上，现在是一个少数民族的大型展示馆。在宽广的山头和树林里，布置了原始民族的九个居住地。

少数民族的青年男女，为客人表演民族舞蹈。“背新娘”，在节日中青年男女，载歌载舞，在月亮升起的时候，少男少女躲到树叶花间中，谈情说爱，如果谈得投机，情投意合，即把新娘背回家去。可爱的新娘，双脚跪在新郎的肩上，笑微微地随郎君到婆家。“竹竿舞”，七八对男女，对打着竹竿，青年们随着竹竿的节拍，起落跳舞，不合节拍，就会被竹竿夹住脚。很多民族都有这种舞蹈。海南岛的黎族，也很喜爱玩这种“竹竿舞”。

这里少数民族的住房，房顶有的覆盖茅草，有的则铺盖薄薄的石片。墙，多半用石垒起，也有不少用薄薄的石片，一片叠一片，垒成鱼鳞状。居室大都比较黑暗，烧饭的土灶也在屋内。

有一个民族，在广场上高高竖起一排人像的石雕，人像有些畸形，或有两个头面，头面有的似民间传说的鬼形。还有一种风俗，对生殖崇拜。在村户的侧边，有一男性生殖器官的石柱竖在那儿。这显示原始民族的遗风。人像石柱与生殖崇拜，在印地安民族中是盛行的，美洲玛雅文化的遗址，也有这种遗迹。然而，在中国辽阔的土地上，并不多见。

传说台湾岛古代已有原始居民居住，后来从福建南部不断渡海迁来新的移民，他们在海边居住与耕作。再后是福建与广东客家人迁来，但是他们来迟了，沿海已无耕地，他们只能到山上去，成为山上的住民。一直到现在，城里人称客家人为山里人。1949年前后，台湾来了不少官兵，他们主要在城镇里，又成了新来的住民。这几部分的住民，就是台湾的社会。

台湾现在通行普通话与闽南话。会讲这两种话，在台湾就通行无阻。在学校里，无论是中学还是小学，都推行普通话。在城市的上流社会中，除祖籍为福建的以外，江苏、浙江、山东籍为数不少。其他为河南、湖北、广东、安徽籍的，也不时碰到。

那天，天气晴朗，我们参观过“九族村”，就驱车去日月潭。这是台湾有名的地方，是重要的避暑胜地。在海外的台湾朋友，非常思念这日月潭。那一年的节日，在北京的天安门广场，还看见日月潭的模型。现在，我们看到真正的日月潭了。

我们车子沿着山路奔驰，盘桓而上。车子爬上1000多米，俯视下面百川千顷，波平如镜，这就是日月潭。

日月潭是高山湖泊，虽比不上长白山的天池，天池高达海拔2000多米，而日月潭只有700多米，但在这里平地而起，已是很高的了；日月潭也不算大，面积只有7点多平方公里，比内地如武汉的东湖、牡丹江的镜泊湖等都显得狭小。但是这里四面高山，湖滨树木苍翠，气候宜人。从炎热的平原来到这清静的湖滨，甚是凉爽，所以这是很难得的地方。

日月潭的名字是由其形象得来，从高山望去，湖泊一边像日轮，一边又似新月，故称日月潭。而日月潭中间有一岛，称为光华岛。正是日月光华之意。

日月潭，本来是山间水社，三十年代为利用水源发电，从三十里外开凿一条隧道，引进河水，使水源增加。于是湖面扩大，水泊增高。

日月潭的山腰湖畔，修建有些寺庙楼宇，如玄光寺、玄奘寺、文武庙等，寺庙为湖光山色增添情趣。文武庙，庙宇宏伟，依山坡建筑，层层叠叠，面对开阔的湖面，朝前望去，使人心胸宽敞。文武庙供有圣人孔子和民间称为忠义之师的关云长，将不同时代的伟人与将帅供在一起，也颇具特色，但在华夏土地上很少见。

“山不在高，有仙则名，水不在深，有龙则灵”。这里山不高，水不深，但山水庙宇互相映衬。中国名山名湖都有庙宇，庙宇里有了神仙佛道，山水为之增色。这是中华民族民间的习俗，也是华人文化的一种特色。

晚上，我们驻落于湖边的天庐大饭店，黄昏，夜雾开始降临，渺渺轻烟从湖上升起，缓慢地向湖畔的森林散开。夜里有些凉意，睡得很舒服。

一觉醒来，天色又蒙蒙发亮发亮。饭店的房间后面都有一个宽敞的阳台，站在阳台上可以瞭望日月潭的水波和高山的树丛。早上太阳还没有升起，湖面充满着烟雾和水汽，远山模模糊糊。正是“水光潋滟晴方好，山色空濛雨亦奇”。

一会儿，太阳初升，云消雾散，望湖楼下水如天。这里，白鹭双双飞起，在天空翱翔一阵，又落到平静的湖面。阳光照射湖水，湖水反射出白色的光芒。日月潭，初夏的湖光山色，正是迷人处。

我们驱车下山，离开那僻静的日月潭湖畔，到台中去。

台中。顾名思义，台中就位于台湾中部。台中地区，原是台湾主要的农业区，现在台中市工业兴起，成为台湾的工业区之一。这里过去主要种植甘蔗，制糖业很发达。台湾蔗糖是很有名的。现在对比之下，已经不是那么重要的产业了。我们一路上很少看见有甘蔗的种植。从公路两旁望去，都是种植水稻的，方法是水田插秧，这是古老传统的作业。也有不少荒地，杂草丛生。据说种粮不值钱，还要补贴。

高速公路从台中市经过，北上台北，南下高雄，这是南北主要的交通干道。日间车辆穿梭连续不断，小汽车、货车、旅行车都有不少。公路上，间断有驿站，供车辆行人小憩，为车辆加油加水。

车子快进入台中市区时，司机说："要买槟榔吃，要买槟榔吃！"就把车子停在路边。在这里公路两旁，一排小阁子式的小房子，都是卖槟榔的。小屋里都坐着一位小姐，浓妆打扮，门口写着自己的牌号"阿霞"、"阿雪"……还有这样的广告："包叶"、"红灰"，这大概是槟榔配料的名称。

我们走上前去，看看那小阁子商店，小姐走出来说："先生！尝一尝这里的槟榔！"小姐穿着短裙，上衣齐整美观，很有礼貌地招呼顾客。

"是的，要买一些。小姐！知道你这里槟榔好！"我们的一位朋友即买了一些槟榔和配料。朋友分给我们吃，并说要慢慢嚼，才有味道。可是我们不习惯，有的说："苦！苦！"就吐掉了。司机说："这是好东西呀！开车的都要吃，吃了提神，开车就不打瞌睡了！"的确，司机嚼着槟榔，精神来了，汽车在公路上迅猛奔驰，我们提前返回了台北。

华文出版联谊会议和世界华人

我三次访问台湾，第一次是1993年5月，第二次是1997年8月，。第三次是2008年9月。台湾给我留下深刻的记忆。彼岸的山川、街景、人物、习俗，不时显现在我的眼前。90年代两岸出版界的朋友，在业务上交流十分炽热，因此我也认识了许多朋友，有的也有很深厚的情谊。

合作出版促进会年年举办洽谈会。1993年促进会组团访台，商定今后合作的五点意向，此后双方交流与互访日益增多。1994年内地出版界到台举办书展；1995年中国出版协会主席宋木文率团访台，对全局更起推动作用；1996年两岸出版协会在北京举行"两岸出版交流与展望"研讨会，深入探讨今后的合作；1997年内地出版界第二次在台举行书展；同年内地版权方面组团访台。以后连年不断都有重要交往，特别是各省出版界轮流组团访台，两岸交流进一步发展。

1994年台湾朋友提出成立华文出版联谊会的构想，征求内地和香港同行的意见。内地同业认为，为了推动世界华文书籍的出版和发行，探讨中国三地出版业务中的问题，经常开会研讨，是有好处的，但是成立组织，条件还不具备。香港同业朋友赞成内地方面的意见。在一次有三地代表出席的会议上，香港代表陈万雄提出，“华文出版联谊会”可否加一个“议”字，称为“华文出版联谊会议”。这真是聪明人的好主意。这样大家都同意，议定不设组织，只是开会。从此就决定下来，一年一届，在三地轮流举行。1994年在北京开了筹委会，1995年在香港举行第一届，1997年在台北举行二届，1998年在北京举行第三届，以后连续在三地轮流举行。出席会议的都是两岸出版协会和香港出版商会的主要领导，各有代表七八人。讨论的议题都是围绕着世界华文读物的势态，以及两岸三地的版权保护、产生的矛盾与协调对策等问题。2005年8月以后又增加了澳门，成为两岸四地会议。从联谊会议的创立到历届会议的工作，在内地方面的事，包括联络和会务等，大多由促进会负责。

世界华人3000万，有的说现在5000万，甚至更多。华文是华人通用的语言，如何满足华人阅读的需要，的确是一个大问题。但是华人在国外已经多少代，早年外出务工，“卖猪仔”出洋，经历了非人的艰苦生活，也没有什么文化，但是他们第二代、第三代境遇有了变化，可能都有了文化。然而，后代可能不识华文，因此前辈总是谆谆教导后辈，不要忘记祖国，一定要学一点华文。他们的爱国和敬祖的精神，令人钦佩。

我80、90年代在国外，也去看过一些华文书店，大多在唐人街或者偏僻的巷道，所出售的书籍多是一些中国古代小说、演义、新老武侠，还有些小词典，大一点书店还有《辞海》、《辞源》。所见摆设的书中，以古代内容为主的单行本，大多为台湾出版，现代小说主要是香港出版，内地出版的书很少，只是一些词典工具书。在傍晚和工余时间，来书店看书的华人也不少。

如何供应华人的读物，什么读物会引起他们的兴趣，适合他们的要求，的确是值得研究的课题。特别是我们内地的出版机构，更应深入探讨。近年香港出版联合集团在美国、加拿大开设了一些华文书店，有的规模较大，他们工作很有成效。两岸四地对华文读物的研讨，是值得重视的。

两岸出版方面的合作，成绩很大，但是大家都明白，两岸制度不同，受政治形势的影响很大。特别是“台独”势力总是企图使台湾从中国分离出去。但台湾人民维护祖国统一的心愿，祖国人民强大的力量和世界绝大多数国家的支持，终究会使台湾回到祖国的怀抱。

20年来两岸出版交流不断扩大，并且深入各个领域。例如音像制品占领很大的市场，出版载体从纸张到音像制品发生巨大变化。我们祖国丰富的文化资源，不断开发，繁花似锦，取之不尽。随着版权的发展，工作也日益复杂。编辑工作和发行方面，同以前也有很大不同。在这些方面，近年来两岸出版界都进行过交流和研讨。海峡两岸发展态势很好，台湾同胞在内地经商和投资与日俱增，学生的交往与留学，不断增多，两岸人民的联系和相处越来越密切。

2008年9月，我被邀请到台湾参加两岸在台纪念出版交流20年活动，并在纪念会作了讲话。我说，现在社会发展非常迅速，内地经济发展很快，科学文化教育也随着提升。我们今天庆祝两岸出版交流20年，回想一下，经过20年，现在只看我们走出校门的大学生，就不知增加了多少倍，社会上的知识分子比例大大增加了，其他方面也大大向前发展，这样出版事业也必然提升，无论出版图书的数量或质量都发生很大变化。我想台湾变化也很大。

我还说，20年来两岸出版交流不断扩大，并且深入各个领域。社会不断向前发展，世界在变迁，两岸出版合作会越来越深入和扩展。过去20年，两岸出版同业的交流与合作，已经寻找到一些途径，现在举步走向新的征途，前景会非常美好，但步履也可能更加艰辛。让我们携手向前，愿汗水伴着鲜艳的花朵，显现在我们面前。

自从2008年第三次访台以后，两岸关系又发生了巨大变化，国民党马英九执政以后，开启三通，两岸贸易大为发展，旅游和人员往来迅猛增加，出版交流与合作也非前日可比。来日不管波涛如何汹涌，两岸一定会架起金色的桥梁。

第十六篇 出版绚丽的中国美术画卷

酝酿出版美术画卷

艺术作品，是时代精神集中的反映。杰出艺术作品往往代表一个时代。宣扬中国古代以来杰出的艺术作品，就是继承和发扬中华民族优秀文化传统，就是铺叙中国的文明历史。

中国出版界早就想系统地出版中国的艺术作品，在20世纪70年代末，人民美术出版社的社长邵宇就和我商量这件事，他想联合几家出版社来出版中国古代以来的美术作品的汇集。在他的倡议下，曾召开过几次会议，也邀请过一些美术出版社的领导同志来研究过，但终于因为时机不成熟而搁浅。1982年我从国家出版局调回中宣部工作，当时中宣部部长是邓力群同志，他对艺术出版很有兴趣。我跟他说起，一些同志想出版《中国美术全集》之事，他甚表赞成，真是一拍即合。于是，他就要我负责筹划这件工作。我觉得他主管宣传，又是中央书记处书记，由他出面推动，事情就好办了。

1983年12月开始酝酿，到1984年4月中宣部召开了会议，邀请有关出版社、文物单位与博物馆等部门负责人和专家120人到会，讨论编辑出版《中国美术全集》的工作。中宣部指定由邵宇担任全集的总编辑。在这次会议上，由邵宇提出编辑这套书的具体设想和规划，同时进行了分工。当时参加全集工作的共有5家出版社，除人民美术出版社以外，还有文物出版社、上海人民美术出版社与中国建筑工业出版社，后来又增加了上海书画社。全集共出版60卷。

在这次会议上，我作了发言。我认为中国古代以来有优秀的文化传统，保留有几千年以来的珍贵艺术作品，但是过去整理和传播都不够，许多重要的发明创造和艺术创作不为世人所知。现在我们编辑出版的《中国美术全集》，就是宣扬中国优秀文化传统的体现。这套全集是中国艺术作品的结晶，在世界上将发生重大影响，对我国的两个文明建设，将起鼓舞和促进的作用。

我说美术全集这样的书，世界上先进国家都有。不只有本国的美术全集，而且有些国家还出版了世界美术全集。我们看到的有日本的，有英国的，有美国和法国的。它们出版的书，部头都非常大。我们看到日本出版的世界美术全集，还收有中国的部分，印刷装帧十分精致。我们现在有条件出版《中国美术全集》，首先，领导上积极支持，其次，有关出版社可以协同工作，第三，文博单位创造了很好的条件，第四，在印刷和装帧工艺上，也能达到我们的要求。“文革”以前我们就印制过《苏加诺藏画集》多卷本，在世界上很有声誉，还在莱比锡国际书展上获了奖，现在印刷的工艺比那个时候高超得多。所以有上述这些条件，我们可以出好美术全集。当然，工作起来以后，问题很多，我们可以逐步地加以解决。

在会上，还有的同志讲，外国人还出版了中国不少的艺术画集。如日本人对云冈石窟很有研究，出版过云冈石窟的艺术图集32册。外国人能做，我们为什么不能做呢？同志们表示，现在我们有条件、有信心、有勇气、有壮志、有干劲，是能够做好这件有意义的工作的。

当年5月，中宣部发出通知，希望各级党委和中央有关宣传部门对出版《中国美术全集》给予大力的支持和帮助。通知上说：“为了更好地挖掘、整理和继承我国优秀文化遗产，进行爱国主义教育和促进国际文化交流，需要尽快地编辑出版一套较有系统的、代表国家水平的《中国美术全集》。”“要做好这项工作需要各有关单位在人力、物力、财力等方面给予帮助，希望有关部门和文物单位的通力合作，共同努力。”中宣部转发了编辑出版《中国美术全集》工作会议纪要，纪要中附有这套书的出版规划和承担出版任务的出版社的分工。

这套美术全集共60卷，通过大家互相配合和紧张地工作，仅用了5年时间就完成了。1989年9月5日在人大会堂举行了庆祝会和60卷出齐的新闻发布会。当时反应非常强烈，中国出版界能出版这样好的书，引起国内外极大的关注。

部署《中国美术分类全集》出版

由于《中国美术全集》60卷的出版，给予中国出版界和专家们极大的鼓励，但是大家反映中国的艺术作品浩如烟海，仅仅出版60卷，不能代表中国历史上的美术作品的面貌，希望能出版更大规模的美术全集。著名的书画家、鉴定专家启功先生觉得60卷的美术全集难以包容中国古代以来的美术杰作，他专门为此致函邓力群同志，提出他的意见。他希望出了《中国美术全集》60卷以后，应出版更大规模的美术分类全集。

在启功和许多专家的倡议下，中宣部在1984年12月14日召开了会议，就此问题进行议论。

这次会议由邓力群同志主持。到会有出版界、文物界和有关出版社领导的同志。启功先生出席了这次会议。这次会议，一方面推动《中国美术全集》60卷的出版工作，另一方面部署新的大型的《中国美术分类全集》出版。在这一年的国庆节，出版了《中国美术全集》绘画编的第一册《隋唐五代绘画》。此卷画册率先出版，影响很大。会上，邓力群同志说，他看了这一本《中国美术全集》的出版，觉得很不错，这是具有中国历史意义和世界意义的工作。他认为现在有条件编辑出版更完整的美术全集，目前可由各卷主编、副主编、顾问为班子的基础，再编辑出版多卷本的《中国美术分类全集》。要求作出长远规划，分编出版。他认为《中国美术分类全集》不仅要出古代的，还要出版近代和现代的，这件事现在提出来有好处，60卷《中国美术全集》所选的作品，主编、副主编都要经手一遍，现在就可以同时选出《中国美术分类全集》的作品，如果现在不做这个工作，将来还要再选一遍，不但费时费力，而且专家年龄越来越大，人越来越少，就会发生困难。现在要争取专家们先把作品目录选定下来。编选还要按《中国美术全集》的办法，国内的、台湾的、存于海外的，只要是我们祖宗留下的都可以选。这项工程不小，要组织一些人参加。《中国美术分类全集》争取在1999年新中国成立50周年前出齐。如果到世纪末我们不但有《中国美术全集》，又有《中国美术分类全集》，这样不但是美术遗产被继承了，祖国灿烂文化也体现出来了。

会上，大家一致认为出版《中国美术分类全集》是一件很有意义的工作，是很有远见的工作，应该马上着手进行。大家还就如何出好《中国美术分类全集》进行了讨论。与会者觉得目前中央有关出版社任务繁重、力量有限，应该动员地方有关出版社参加，共同承担任务，互相协作。

有的同志谈到，中央和地方的文物单位，有的不大愿意把珍品拿出来拍照，直接影响到全集的质量。文物局负责同志认为，这是没有充分认识出版《美术全集》和《分类全集》的重大意义，是轻重不分。如果这方面发生困难，由他们做工作，将来还应该有文件下达。

会上还谈到目前我国照相器材、印刷设备不足，急需从国外引进一些，希望有关出版部门和主管部门，在资金外汇方面予以解决。

会上确定由人民美术出版社和文物出版社抽出少数人，马上着手研究提出分类全集的初步编目和设想。待初步编目和设想拟定后，由中宣部出版局和国家出版局联合召开会议，吸收《中国美术全集》各主编、副主编、顾问和地方有关出版社的同志参加，动员和落实编辑出版分类全集的工作。

接着中宣部出版局、国家出版局，还有文化部文物局连续召开会议，进一步讨论美术分类全集出版的筹划工作。

《中国美术分类全集》出版规划

1985年7月2日，由上述三局出面召开会议，邀请有关中央和地方出版社以及部分省、市、自治区文化厅、博物馆等单位的负责人，还邀请了专家参加，共70余人，讨论了拟定的编辑出版《中国美术分类全集》的规划。

会上邓力群同志听取了大家的发言，并作了讲话。他认为，出版《中国美术分类全集》，这是中国美术出版史上和中国文化史上一件大事。趁现在大部分研究有素的老专家健在，抓紧工作，到本世纪末我们不仅有整套的《中国美术全集》，而且有多编的《中国美术分类全集》问世。编辑出版《中国美术分类全集》，是全国文化界、文物界、出版界，特别是美术工作者一件有意义的事情，要集中力量，同心同德，把这件事情搞好。国家组织出版这样一套书，留传后代，面向世界，是有深远意义的。

会议确定了出版《中国美术分类全集》的方针和要求，讨论了这套全集的规划和分工。会议认为，编辑出版分类全集应坚持“双百”方针，先对我国古代美术遗产进行整理、编选、介绍；近、现代美术，要重视“五四”以来革命题材的美术作品；对当代美术优秀作品，可稍放后编选，使入选的代表作品日臻完善。编辑这一套全集，要选有代表性的精品，可在《美术全集》的精选基础上适当扩大，国内博物馆的藏品，私人藏品，港台地区的藏品，以及流散在海外的好作品，都尽量收入。特别要注意收集新发掘的、尚未发表过的好作品。所选择的藏品要处理好其艺术价值和历史价值的关系，特别是要重视珍贵文物艺术价值方面的研究和探讨，要体现美术全集的特色。

《中国美术分类全集》共分绘画、雕塑、工艺美术、书法篆刻、建筑艺术五个方面，共30个分类。绘画又分为卷轴画、壁画、岩画、版画、石刻画；书法分为碑刻、法帖、墨迹等。每个分类出版一部全集，每部全集分若干卷（册），共计300卷（册）。此事工程浩大，几家出版社难以胜任，要全国有关美术出版单位都来参与，要邀请全国著名专家共同编撰，并且要有全国文博方面的协助，才能展开工作。

这部书拟定由人民美术出版社、文物出版社、上海人民美术出版社、中国建筑工业出版社和陕西、天津、辽宁、江苏、浙江、江西、河北、四川、山东、河南、湖南、湖北、黑龙江、吉林、福建、安徽等美术出版社、上海书画社、北京工艺美术出版社、山西、新疆人民出版社、重庆出版社，分别负责编辑出版工作。以后承担任务的出版社又经过调整，增加了有经济实力和有编辑水平的广东教育出版社、河北教育出版社、北京人民出版社以及广西美术出版社、岭南美术出版社等。原计划拟定1999年新中国成立50周年前出齐。但是后来工作困难越来越大，完成任务拖了若干年。

建立领导工作委员会、总编辑委员会

《中国美术分类全集》建立领导工作委员会，设立总编辑委员会。为了使这套书的出版工作能更好地的协调进行，总编委会下面设办公室，具体负责和有关单位联系及处理日常事务。

出版这一套多卷本的大型画册，是一项规模宏大的工程，需要各级党委加强领导，需要各部门在人力、物力、财力上给予支持和帮助。否则，出版社难以负担。会议希望国家和有关省市，能将此项经费列入建设计划，在经济上给予支持和帮助，保证工作顺利进行。

这次会议以后，又召开了几次有关领导同志的会议，进一步落实规划，并且专门到中南海中央书记处住地，向邓力群同志进行汇报。7月会议形成的纪要，经过多次的反复修改，上报中宣部，中宣部于1986年3月25日作了批转。这也是《中国美术分类全集》发出的第一个通知。中宣部通知各省、市、自治区宣传部和中央宣传系统各单位党委、党组，《中国美术全集》出版后，在国内外有很大影响。为了更全面系统地向我国和世界人民，介绍我国古代以来的优秀文化传统，决定在出版《中国美术全集》的同时，编辑出版规划更大、内容更为丰富的《中国美术分类全集》。希望关心、帮助和督促有关部门共同努力，密切配合，做好这一项大型丛书的编辑出版工作。

此后，各承担的单位，就分别组织班子成立了编委会，展开工作。但是由于《中国美术全集》的工作还没有完全结束，领导上的精力还不能转到《分类全集》上来。所以当时强调《分类全集》的出版，不要全面开花，有条件的省、市可以先开始，根据自身的条件，逐步展开。直到1989年国庆节，《中国美术全集》60卷已经全部完成，从这个时候开始，主要的力量才转到《中国美术分类全集》上来。

为了部署新的工作，1990年1月19日《中国美术分类全集》领导工作委员会，在中宣部召开了会议。会议由邓力群同志主持。到会的有当时中宣部的部长王忍之，副部长廖井丹，国家计委常务副主任房维中，财政部副部长刘积斌，国务院副秘书长刘忠德，新闻出版署副署长刘杲，文物局局长张德勤、顾问谢辰生，还有启功、邵宇和我及袁亮等同志出席。

这次会议，是领导上最重要的一次会议。要进行这样重大的出版项目，除宣传文化部门的领导同志外，没有主管经济和财政部门的领导同志参与，是难以进行的。

在会上，领导同志都作了发言。房维中同志说：非常赞赏《中国美术全集》60卷的工作，5年就出齐，这是对新中国成立40周年的一个贡献。他说：编撰《中国美术分类全集》有如建设一座博物馆，国家建设一座工厂需要拨给一定的资金，建设这座博物馆也要拨给一定的资金，这是一项宏伟的工程，应该列入国家文化建设的重点项目之中。刘积斌同志说：这是一件很了不起的工作，是文化上一个了不起的事情，财政应该支持这件事。他说财政如何支持，除了中央财政和地方财政给予支持以外，还要出版部门通过自己发售，求得平衡。张德勤同志说：在文物拍照方面，他们将下达文件，请有关文博部门给予协助。

会上，邓力群同志提议并确认，《中国美术分类全集》的领导工作委员会由当时中宣部部长王忍之为主任委员。邓说，他现在主要在中央书记处工作，他可以担任这部书的总顾问，今后继续过问《中国美术分类全集》的出版。委员会的副主任为吴作人、房维中、刘忠德、刘积斌、许力以、刘杲等。会议决定许力以担任常务副主任并兼任领导工作委员会秘书长。决定邵宇担任《中国美术分类全集》的总编辑。为了便于工作，编辑委员会建立常务委员会，并下设办公室，处理日常工作。办公室要有10名工作人员，一年需要15万元的办公经费和相应的交通工具，由新闻出版署负责研究落实。

会议决定由我担任常务副主任兼秘书长，此事担子很重。我既不懂艺术，也不善于联络与交际，更不善于处理行政事务。以前我多半是研究一些问题，起草一点文件，或是看看书，写点什么，现在来管这件工作，觉得太难了。幸好有邵宇他们在前线，后来又把辽宁美术出版社社长赵敏调来，担任常务副总编辑，我只站在后面出一点主意。当时中宣部常务副部长郁文同志还交代和叮嘱，说这是力群交办的，你要干呀！有事多与力群联系。还说，你离休后，就把这件事干到底。以后，邓力群又多次把我找去，要我帮他管好这件事。邓退到二线时，他给邓小平同志写信说，他有两件事还管着，一是《当代中国》丛书，另一件是《中国美术分类全集》。事情就是这样，《中国美术分类全集》我管下去了。不幸邵宇和赵敏，我这两位亲密的朋友都先后离开人世了，这样，这件工作就把我套得更牢了。

附：

中国美术分类全集领导工作委员会

总 顾 问 邓力群

主 任 王忍之

副 主 任 龚心瀚 于友先 刘忠德 房维中 刘积斌

常务副主任 许力以

委 员 启 功 廖井丹 高明光 张文彬 谢辰生

中国美术分类全集总编辑出版委员会

总 编 辑 启 功

常务副总编辑 赵 敏

副 总 编 辑 郜宗远 张囤生 程大利 刘建平

委 员 （按姓氏笔画为序）

于永湛 马承源 邓 白 王树村 王 琦 王朝闻 艾中信

刘建平 刘慈慰 朱述新 朱诚如 朱家缙 许力以 邬书林

李书敏 李学勤 李朝成 李 新 苏士澍 沈 鹏 吴成槐

吴尚之 吴 鹏 启 功 张小影 张 仃 张囤生 张晨光

杨伯达 杨牧之 杨纯如 杨 新 金维诺 林文碧 罗哲文

段文杰 俞伟超 郜宗远 赵 敏 奚天鹰 阎晓红 寇晓伟

常沙娜 程大利 楼庆西 樊锦诗

1986年至2000年期间以下同志曾任《中国美术分类全集》领导工作委员会、总编辑出版委员会的副主任、总编辑、副总编辑及委员：

领导工作委员会

副 主 任 吴作人 刘 杲

委 员 袁 亮 张德勤 邵 宇

总编辑委员会

总　编　辑　邵　宇

副 总 编 辑　陈允鹤　杨　瑾　龚继先　刘玉山　吴士馀

委　　　员　古　元　王伯扬　宋镇铃　林瑛珊　周　谊　姚凤林

陈宏仁　孙振庭　清白音　赵志光　赵贵德　刘振清

谢稚柳　关山月

在杭州召开全国编辑规划会议

这一次领导工作委员会开会以后，中宣部即向有关省、市宣传部出版局、出版社，发出《中国美术分类全集》领导委员会1990年1月19日的会议纪要。

为了落实和贯彻《中国美术分类全集》领导工作委员会1990年1月会议精神，当年11月17日，在杭州召开了全国《中国美术分类全集》编辑规划会议。参加会议的有26个省、市、自治区和有关出版社的负责人45人。会议由当时中宣部部长、《中国美术分类全集》领导工作委员会主任王忍之主持。新闻出版署、国家计委、财政部有关领导同志出席了会议。

会议住地就在西湖岸边，此地原称汪庄，为中央领导同志的住地，现在叫西子宾馆，公开接待宾客。这真是一个好的去处。湖水几乎与岸边齐平，微风吹拂掀起细浪，轻轻摇摇曳着垂下的柳枝，景色宜人。早晨出来散步时，站在岸边眺望湖中风景，令人心旷神怡。会议的环境为会议增添了和谐与愉悦的气氛。

会议对规划进行了适当的调整，特别是增加了现代美术全集和民间美术部分，从总体上更加突出、体现了中华民族文化艺术发展的特色。会议落实了编辑出版这套书的任务，明确了分工。要求建立和健全各级编撰组织，并加强领导。

会上，王忍之同志作了讲话，强调出版这套书的重要性，要求各地通力协作，出好这部书。他还说：盛世修典，这是中国历史上屡见不鲜的事。明朝永乐年间，编修《永乐大典》；清朝康熙、乾隆年间，编《康熙字典》、《四库全书》。盛世就要干文化积累的大事。说40年来，我们进行的社会主义建设，取得了伟大胜利，特别是十多年来，由于改革开放我国的国民经济蓬勃发展，综合国力大为增强。生逢盛世，我们应当也能够在大力发掘、整理、出版我国的优秀民族文化遗产方面做些大事，做一些无愧于我们的时代，无愧于我们国家的大事，给我们的后代留下一些传世的巨著，留下一些文化遗产。

新闻出版署副署长于永湛同志在会上作了讲话。他要求全国有关出版部门大力支持，按时按质量完成任务。并希望印刷、物资和发行部门，很好地配合，完成这项重要的任务。

我在会上作了总结发言，我强调《中国美术分类全集》是件史无前例的工作。我们出版这套书，规模宏大。现在世界上出版的美术全集都没有超过100卷的，我们出版这样大部头的艺术汇集，是世界所罕见的。我对出版这套书的总方针作了说明，我们为弘扬祖国的优秀文化遗产，挖掘、整理和出版中华民族有图案和文字以来艺术的伟大成就进行工作。我们以历史唯物主义的观点进行研究，向中国人民和世界人民加以介绍，以达到进行爱国主义教育和促进中国人民与世界人民的文化交流。古代以来的中国优秀文化，遗留下许多艺术珍宝，中国的艺术博大精湛，可以说无与伦比。我们将要出版的《中国美术分类全集》就是要反映我国古代以来的艺术珍宝。研究这些珍宝，对于提高我们的艺术，发展我们的文化是有帮助的。

我还说，我们出版了《中国美术全集》60卷，给我们现在的工作提供了丰富的经验。我们依靠原来编撰全集的专家，已经有了工作的基础，在这个基础上扩大我们的队伍，充实力量，是能够完成这项伟大的历史事业的。我们要求反映的艺术作品，一定要是珍品，不是赝品。这些都要经过鉴定专家进行鉴定，不要在这样重要的书籍上，出现错误。我们还要有对这些代表作品，进行科学的评论，评论应该有权威性，既反映艺术珍品，又有权威性的和科学性的评论，这部书就可以达到很高的水平。对这套书我们还要保证装帧和印刷质量。这套书要成为国家的重点项目，是代表国家最高水平的。我还说到《中国美术全集》在国外展览时，有一次比利时范登出版公司的经理，在展览中看到《中国美术全集》，他拿起来就问，是台湾出版的还是香港出版的？我们的同志告诉他，是中国内地出版的。他看到中国能出版这么好的东西，开始不大相信，后来知道确实中国内地能够出版这样精美的图集，就提出来和我们合作出版法文本。我们现在印刷水平都不错，但是我们还要在资金方面给予保证。例如，要进口一些原材料，这就需要国家批给一些外汇，这件事我们请财政部门给予支持和帮助。

对于《中国美术分类全集》的出版基金要有保证，这是一件很大的事，经过多方面商量，此事应从中央、地方和出版社三个方面来解决。我们要求中央财政拨一部分款项，地方上也要拨出若干，出版社也应以盈补亏，对承担这一套书的任务给予保证。我们了解参加工作的这些出版社，大部分的经营是有盈余的，可以拿出一部分资金来把这项工作做好。

杭州会议写出了会议纪要，上报中宣部。1991年2月27日中宣部与新闻出版署联合转发了会议纪要，并发出通知。通知重申了出版《中国美术分类全集》的重要性，希望宣传、出版部门各有关单位妥善安排、协力工作，共同完成这项重要任务。

从此《中国美术分类全集》就展开工作，各分类成立了编委会，组成领导班子，开始着手拍照、编撰和组织前言的编写工作。

专家荟萃倾注心血

按各门类成立编委会，首要的工作是要网罗全国这一行的专家参与。此时前后成立编委会的有青铜器、陶瓷、玉器、漆器、绘画、壁画、雕塑、建筑、书法、玺印篆刻、画像砖、画像石、民间美术等。主编和编委包罗各方面的专家、院士、教授和研究人员，如：启功、谢稚柳、徐邦达、杨仁恺、刘九庵、傅熹年、谢辰生、王朝闻、段文杰、靳尚谊、吴冠中、关山月、王琦、钟涵、李松、邓白、艾中信、马承源、金维诺、杨伯达、古元、张仃、李学勤、杨新、沈鹏、王树村、王靖宪、常沙娜、朱伯谦、邵大箴、袁运甫、王仁波、沈福文、王世襄、朱家缙、张淑芬、王世民、杜乃松、卢济威、孙大章、陆元鼎、刘开渠、石兴邦、何正璜、王巨才、俞伟超、李松涛、罗世平、陈进海、唐克美、乔木十光、左汉中、吕敬人、杨力舟、谢继胜、熊文斌等。这些都是研究有素的专家、艺术家、评论家。以上举出的只是我接触的一部分同志，还有许许多多参与这项工作的专家，我未能一一列举。特别是一些中青年的研究学者，他们也是编撰工作的重要成员，在这里还没有写上。这件工作从开始到现在已经工作了二十几年，伟大的事业是前赴后继的，工作中已有一些著名的老专家不幸离开人世，幸运的是还有他们的助手、学生、徒弟接手这件工作，继续来完成这项未竟的事业。

在这里我不能不特别提到，为推动这部书的编撰和出版，一些出版社和有关单位的领导、编辑和研究工作者，他们同时又是一方面的艺术家、设计家、评论家，或者是著名的摄影家。他们大多已经离退休了；也有的和我们永别了，他们在这方面作出了突出的贡献。20多年来，这些同志为这项工作流下血汗，令人难以忘怀。如：田郁文、陈允鹤、刘玉山、姜维朴、姚奎、郜宗远、程大利、王靖宪、萧顺权、刘世忠、杨瑾、张囤生、苏士澍、段书安、李红、崔陟、章宏伟、江英、胡錘、杨涵、龚继先、吴士余、戴丁九、吴涤生、周谊、王伯扬、刘慈慰、清白音、刘建平、陈政明、刘正、姜衍波、刘振清、李新、宗文龙、奚天鹰、俞建华、金光远、沈唯一、余澜、林英珊、高志孝、范文南、张文学、赵贵德、孙国庆、张庚、李书敏、沈世鸣、周永健、徐诚、吴宝安、卢锡铭、曾宪志、何祖敏、金炳亮、常丹琦、王亚民、刘净、陈慧蓀、陈宏仁、金横林、李星明、张建斌、邓嘉德、毛白鸽、吴鹏等同志。我和这些同志都有些来往，有的联系较多，比较密切。还有一些同志也许联系较少，不少同志也出了大力，由于我记忆的关系，上面的名单是很不完全的，恕我不能一一记起。

在这里我还要说起，总编办公室的同志，杨纯如，她是办公室主任，二十多年如一日，诚诚恳恳，办公室开始成立就是她当主任，她早已离休，但到现在还带病工作。也有几位积劳成疾，赵敏、林文碧、滕大千，在工作中倒下了，不幸已先后离开人世，我们非常怀念他们。正在坚持工作的几位，郑广法，原是文物出版社出版部主任和文物印刷厂厂长，最熟悉印务，行家里手，办公室不能离开他；还有刘雪江，他全力于秘书工作，工作非常认真负责，办公室离开他就要停摆；麻雀虽小，但肝胆俱全，武天霞大姐担任会计，她来自公安部门，工作十分严谨，一分钱不差。这些同志都已年过古稀，但出自党性和事业心，他们努力坚持，其工作精神和思想境界，不能不令人佩服！

绘画图集的旅程

在这部书的规划中，有些分类全集卷数浩繁，如《绘画全集》达30卷，此全集又是这套书的主体，如何使此全集的编撰出版在时间上和质量上得到保证，就成为工作中特别重要的问题。此全集的工作原拟定由文物出版社一家来承担，考虑文物社的担子已经很重，他们正在编撰这套书中的《青铜器全集》16卷，如再加绘画30卷，就难以承受。因此向上请示，得到邓力群同志的批准，由浙江人民美术出版社与文物出版社合作，共同出版。浙江人美社近年出版许多大型画册，社会影响很大，他们编辑力量很强，能胜任这项工作，是非常好的合作伙伴。此事邓亲笔作了批示，此后又与两社的上级主管国家文物局和浙江省委宣传部、省出版局、省出版总社磋商，最后才定了下来。

这件事办得很顺利，两家就开始着手编撰。文物社掌握有充分的资料，近年来国家文物局组织全国有名望的书画鉴定专家对全国博物馆等单位收藏的历代书画进行逐一鉴定，在鉴定时加以拍照，这样就保存了非常丰富的资料。这些宝贵的资料都是可以使用的，文物社近水楼台先得月，他们经批准能够使用这些资料。当然这些资料还远远不够，对于出版画册的编者来说，他们还需要对原作从不同的角度进行显示和鉴赏，而且由于当时鉴定者的要求和时间的关系，不能与编者的构思完全一致，所以许多原作还要重拍。不过，鉴定时拍的照片，还是提供了丰富的资料。

文物社与浙江人美社合作很融洽，文物社编辑16册，浙江人美社编辑14册。两社从1991年开始着手准备，1997年出版第一卷《战国—唐》，直到2001年出版清末最后一卷，共用了10年时间。开头两社商量编辑方案，谈定分工，作品的选择和衔接，资料的采集与准备，花了不少时间。特别是资金的筹集，问题更大。最后得到领导和有关方面的支持，使工作能顺利开展。浙江人美社情绪很高，捷足先登，率先完成14卷。两社的合作，取得巨大成果，但是在配合方面也不是没有矛盾，最后出齐配套发行，也要互相等待。但是终究胜利完成，取得正果。

国宝流失在海外很多，特别是绘画。绘画全集如何全面反映我国古代以来的艺术杰作，包括流落在海外的作品，也应该体现，这使编辑伤透了脑筋。在收集资料方面有许多生动的故事。研究艺术的人都知道，东晋著名画家顾恺之的《女史箴图》，在中国古代画史上具有重要地位。这幅名画是应收入全集的，但此画却收藏在英国不列颠博物馆里。1900年八国联军入侵北京，此画被英军从圆明园抢走，最后转辗被不列颠博物馆收藏。2001年该博物馆还为此画举办了学术研讨会，可见此画在国际上影响之大。文物出版社的编辑为了取得这幅画的片子，与英博物馆多次交涉，半年多未有结果。本来没有希望了，书稿已发到印厂，但好事多磨，编者忽然收到英国发来的邮政快件，打开一看，竟然是《女史箴图》的底片，真是喜出望外，于是赶快入册。在此顺便说起，《女史箴图》原作早已失存，学者认为此画是最早的摹本，较为接近原作，也很可贵。

流失国外的珍贵艺术作品，数量很大。据专家估计，不少于2万件。收藏在英不列颠博物馆里的中国珍品，数量之多难以计算。仅绘画从敦煌藏经洞发现后运出国外，现收藏于该馆的就有《净土变》、《引路菩萨像》、《渡海天王图》等，都是唐代作品。在美国博物馆里，收藏的中国艺术珍品，为数也不少，如波士顿博物馆，收藏有唐代大画家阎立本的《历代帝王图》、宋徽宗赵佶摹唐代张萱的《捣练图》及宋代的《平林雾色图》等。美国其他艺术博物馆也收藏有不少中国名画，如纽约大都会艺术博物馆，收藏有宋徽宗的《翠竹双禽图》、赵孟頫一家三代所作的《人马图》等。还有法国、日本的博物馆都藏有中国古代名画。这些国宝流失的途径，一是帝国主义者侵略中国时趁火打劫，辗转到了博物馆；二是窃贼偷盗国宝，运出国外；三是经过多少年代，存在私人手里由他们赠送或出售与博物馆。这些珍贵艺术品的流失，给我们编撰艺术图集造成极大的困难。

多部全集开卷有益

1993年12月，河北美术出版社承担的《中国玉器全集》6卷，一次推出，这是一颗新星开始闪耀，很值得庆贺。总编委会为此召开编辑工作会议，并举行新闻发布会。凡承担出版任务出版社的领导，都出席会议，并向上级领导汇报。当时到会听取汇报的有邓力群与中宣部、文化部、新闻出版署等单位的领导。这是一次很重要的会议。会议总结了前一阶段的工作，认为各分类全集的编撰工作很有成绩。有的编委会要求文稿的内容能涵盖世界学术研究的最新成果，并且为收集海外珍品开拓渠道。如：福建美社出版漆器分类，参加了国际漆文化的交流活动；辽宁出版岩画，参加了银川举办的国际岩画学术研讨会；上海出版陶瓷，参加了杭州举办的古陶瓷研讨会，出版民间美术的人美社参加了民间美术的学术论证会，等等。在这些会议和活动中，不少编委是权威学者，他们深有体会，同时又广泛地征求了国内外专家同行们的意见，有助于《中国美术分类全集》学术内容的完善和提高。有的主编专门有重点地实地考查，如重庆出版社邀请《中国石窟雕塑全集》主编王朝闻到云南、四川考查南方石窟，王老对雕塑作品，从学术思想上撰文论述，在考察中他对拍摄的角度、光线等都做了指导，这无疑有助于提高全集编辑的审美水平。又如人美社为了拍摄西藏少数民族的民间美术和宗教艺术，组成由总编、责编和摄影师的工作班子，四次进藏，深入沙漠荒原。辽美社为拍摄原始社会岩画，攀登悬崖峭壁，历尽艰险，取得成果。

《中国美术分类全集》是我国出版界空前浩大的工程，需要投入较多的资金，单靠出版社自身筹集，实难胜任。财政部给予大力支持，1991年10月10日下发第537号文件以后，一些省、市资金解决较好，成果比较明显。此文件由新闻出版署签署发出，内容是可从上缴所得税中提取10%作为出版基金，补助重点项目。

编撰出版工作还存在不少问题，有的思想上重视不够，人力安排不理想；资金仍未落实，困难较大；文物拍摄中有些单位不愿提供新发现的、未曾发表过的国家一级文物，有的收费太高。在1993年12月的会上，大家希望中宣部与新闻出版署批转这次会议纪要，以引起各地重视，帮助出版社解决一些困难，包括出席会议的领导同志，也有同样想法。

此次会议纪要，随即上报。

邓力群同志还写了一封信，希望中宣部转发会议纪要。

信说："一九八六年八月我向小平同志说，从领导岗位退下以后不会偷懒，有几件事还继续管，负责到底，其中一件事就是中国美术全集和分类全集。中国美术全集在前几年出齐，还出了台湾版，总算账还赢了利。分类全集……年前在北京开了一个会，大家汇报了各自的工作，一致同意2000年以前争取出齐。”

信又说：“座谈中他们提出的问题，一个是各地的博物馆不太愿意把最好的馆藏品让他们拍照，同意了又索价太高，他们希望会议作一个纪要，呈报中宣部和新闻出版署发出。过去中宣部曾发过这类文件，但老同志基本上退下来了，新上来的同志大多数都不知道这回事，因此他们希望再发一个。第二个问题就是经费有些困难，已向计委和财政部提出申请，估计可以解决。《中国美术分类全集》把中华民族上下四五千年的灿烂文化加以整理出版，等于建设好几个这方面的博物馆，对于弘扬中华民族的优秀文化，培植爱国主义的感情，可以起积极作用……”

邓的信发出不久，中宣部和新闻出版署就转发了会议纪要。转发纪要的通知强调，这是我国出版工作的重点工程，希望宣传、出版、文物等部门及有关单位妥善安排，调集力量，通力合作，共同做好这件重要工作。出版工作的主管部门要在人力、物力、财力上给予切实的帮助，从出版基金中给予支持。文物部门应密切配合，主动推荐本单位保存的文物精品和新发现的重要文物，提供拍摄。通知的发文时间是1994年6月29日。这样事情就比较圆满了。

在景德镇留下风采

《中国美术分类全集》中，规划有一部《中国现代美术全集》，计48卷，纳入辛亥革命以来的艺术作品，内容包含各个艺术门类，不过与古代有别，范围定为现代作品。但也有一些门类列为专册，如素描、书籍装帧、邮票、年画、农民画等，分卷编辑，也具特色。

为了编好这部现代美术全集，于1996年3月25日在江西南昌召开了会议，落实这套书的规划，确定出版社承担的任务，并就提高编辑与印制质量以及与海外合作问题，进行交流。这套书总的设计请吕敬人帮忙，吕是著名书籍设计师，他已经提出方案，大家很满意，在会上做了议论，进行细小修改，就可定案。

《中国现代美术全集》48卷中，收有现代陶瓷5卷，陶瓷成为此全集的重要部分。为了实地感受陶瓷的气氛，江西美术社邀请同志们去陶瓷古都景德镇访问。这真是好主意。江西美术社领导陈慧蓀和陈宏仁非常热情，上下联系和安排，甚为辛苦。

在进入这座陶瓷古都时，大家十分兴奋。靠近景德镇的公路两旁，摆满了陶瓷，那些高大的彩色花瓶和财神爷、关公等民间喜爱的人物造型，好像也在迎接客人。我们进入镇内，住了下来。镇的房屋古香古色，街道保留有旧日的风貌。晚上我们上街溜达，见灯火通明，在自由市场的大街上，到处都在出售陶瓷商品。陪伴我们的同志说，这大都是民窑的制品；也有的国有企业经营不佳，工资发不出，即以产品当工资，工人就把产品拿到街上出售。市场上不少东西是次品，一般看不出来，但内行者可以识别。也有许多珍品，要仔细挑选才行，不然就会上当。

江西美术社的同志领我们到陶瓷研究所，介绍几位著名的大师和我们认识。他们是陶瓷创作专家，创作的艺术作品，陈列在橱窗里，有各种造型的花瓶、艺术盘子、人物造型和形状各异的动物以及工艺摆设。行行出状元，这些专家有的一辈子从事陶瓷工艺操作，勤学苦练，从学习古代传统开始，结合自己的创造，制作出新的惊人作品，受到社会的称赞。

我们在研究所，还学习制作工艺。在专家指导下，模仿他们的操作。他们拿出一些盘子和瓮的泥坯，让我们在上面作画或写字。画完或书写好后，就拿去窑子里烧，烧成的成品即送与本人。我的泥坯盘子，请画家、河北美术社副总编张文学作画，他为我画了一枝梅花，花枝妖娆，还显有骨气，我在花枝旁书写了一句诗：“山月惊红梅。”并署上在景德镇作。另一件是在瓮的坯上作画，赵敏为我画了一幅风景，松树下有两人对饮，他还题诗：“一壶浊酒喜相逢，古今多少事都付笑谈中。”我也在画旁命笔：“云霞出海曙。”这两件作品，很值得纪念。一方面纪念《现代美术全集》的编委们在瓷都景德镇的活动；另一方面纪念朋友与自己当年作的书画。那件绘有红梅的盘子，一直陈设在我的玻璃书柜里。可惜这两位书画家、好同志——赵敏和张文学都已先后去世了。我一看见当年的作品，不免有诸多故事，引上心头。

总编辑邵宇先生

鸟无头不飞，《中国美术分类全集》正展开工作，千头万绪，而此时邵宇离开了人世间，全集的编辑工作就没有领头人了。

邵宇和我在50年代初就互相认识。那时他在人美社，我在中宣部出版局，常有些联系，一直到“文革”，中宣部“阎王殿”被砸烂，我下干校后被调到了国家出版局工作，他也从干校调回人美社，由于业务上的联系，我和他更密切了。出版中国美术全集60卷，以及分类全集300卷，最初都是他发起的。规划的方案，也都是他组织班子先行拟定，以后发动和实施，他花尽了心血。

邵宇是辽宁丹东人，抗日战争前他从东北流亡到北京，进入北京美术专科学校学习，并参加了地下党。七七抗战开始，他南下参加抗日活动，以后进入皖南，成为新四军中战斗的一员。1941年震惊中外的皖南事变，他在行军战斗中被俘，和许多新四军被俘的同志们一起，被关在上饶集中营。但是他坚贞不屈，冒着生命危险，和战友赖少其（木刻家、书画家）两人乘敌人不备，越狱逃了出来，后来又转辗回到新四军的队伍里继续战斗，一直到抗日战争胜利和全国解放。

邵宇这位经过战火考验的好同志，人民的艺术家，我的好友，不幸于1992年6月4日，因心脏病突发，长逝于深圳，时年73岁。他生前工作过于劳累，他已经是社的主要领导，又兼任《中国美术分类全集》的总编，以后又要他出任书法协会的会长和支部书记，年逾古稀的人，不知还有多少精力！

常青树启功先生

邵宇走了以后，《中国美术分类全集》的总编辑由谁来担任，这就成为思索的一个难题。经各方面征求意见，又上上下下联系，启功先生名望最高，这样就认定要请启老先生出山。我与启老也早就认识。1985年正在酝酿出版《中国美术分类全集》时，在7月一天的下午，邵宇突然领启老到中宣部来，到我的办公室和我谈规划，我迎了上去，表示不敢当，说我应亲自到府上拜访。他客气了一番之后就坐下来，三人共同研究问题。当时初步确定《中国美术分类全集》划分五大类，即绘画、雕塑、书法、工艺、建筑等，分法与60卷美术全集差不多，但各类还要细分。当时考虑要出400卷才能容纳，后来按实际情况改为300卷。

事情过了好多年，1994年的一天，我到启老家里拜访。记得这是7月1日，党的73周年生日的这一天，我与全集办公室主任杨纯如一起，乘车到北师大红楼宿舍。平时在开会或其他场合，我也不少和启老见面，但这次是专门来请他出任《中国美术分类全集》总编。我们事先约定早上9时来访，因路走得顺，不塞车，还差一刻钟就到了他的宿舍。此时他还未起床，他侄儿上楼去看他，他才匆匆到洗脸间去。他要侄儿快请，于是他的侄儿就领我们进入他的书房。

书房不大，堆满了书籍，书架上还摆了一些工艺品，如唐三彩。一个老鹰形的时钟，滴答滴答地走着，它一动一动地张开翅膀，眼睛也一闪一闪滚动着，这时钟走着日本时间，比中国时间早1小时。另一时钟则是中国古老的木屋形状，下摆在摇动着，到了正点时间，小屋内有小鸟出来报时。我想启老平常一人孤单埋头工作，书架上的小玩意，可能也给他带来一点乐趣吧！

启老次日出访日本，正忙于准备，为抽空和我们会见，还向正在开政协常务会的主持人请了假。启老说他的腿着凉了，有些病，起坐与走路均不方便。我们寒暄了一会，就把《中国美术分类全集》新出的一本青铜器样本送上。

这时我们就从青铜器开始谈到《中国美术分类全集》，我便说请启老出任总编辑。他非常客气，一再推辞。他说："这样大的全集，非我所能胜任，刚才说出齐就是摆满一面墙，这样包容万象的艺术，我难以胜任。"

我当时说出三个理由：一是先生对书画艺术有全面的修养，国内外著名，深获众望；二是《中国美术分类全集》是先生参与发动的，开始时先生还向邓力群同志写了信，提出建议，理应负责全面推动工作；三是先生可居高临下，只做原则指导，不必过问具体事项，亦不必一一审稿定稿。

先生还是很客气，希望能再做考虑，并推荐其他同志担任，还提出几人的名字来。我表示此事已经请示过中宣部和新闻出版署的领导，请先生不必再推辞，之后先生才少说话。谈话约有一小时，正好先生侄女来探，我们即行告辞。

我们走出书房，请他不必送出，但先生十分客气，一定要送出门口。他又要下楼，并托词说，他要到楼下拿书，我会其意一再劝说，而且他脚不好，不必拘礼，但启老还是一定要下楼，送到楼外，一直摇手看我们走远了，等到看不见人影儿，才返回。真是热情，客气万分。

《中国美术分类全集》陆续出版，还没有序言，大家觉得这样宏伟巨著，应该有一篇重要的序。这样我又去请启老动笔。那是1997年4月，启老身体还很硬朗，他当即应承下来。有同志说启老常写字，书法家写字如练气功，他身体很好，有如常青树。不久，他亲自起草了一篇《前言》，经大家斟酌后，他即用毛笔书写在宣纸上，一笔一画，字体端庄而秀丽，写下1 000多字，真是难得。当时即将原文制版，印在每卷书的首页，为全集大增光辉。

2004年6月9日，我在文物出版社又见启老，那时是策划《书法全集》的事，会议由文物社社长苏士澍主持，到会有谢辰生、傅熹年、单国霖、萧燕翼等老专家。当时启老也到会，他乘坐的车子开到平房会议室的门口，但却是坐在轮椅上被推进来。这一天天气非常炎热，但是启老穿着毛衣并戴着毛线小帽，我心中一震，真是岁月不饶人啊！他进来时我迎了上去，他对我很热情，并在轮椅上和大家频频握手。此时他已年逾九旬有二，他还亲自出席我们的会议，并且作了一些讲话，很认真。记得他说，武则天有块书法藏片，应该用上，虽然她很坏，但这是历史，藏片应该重视。他还提出黄庭坚写的白居易诗的书法、宋高宗的书法、赵孟頫的千字文等都应该收入。他还提到湖南博物馆有个《兰亭序》的摹本，很好；又说到台湾有唐明皇的墨迹，他看见过其中有一个放大了的字体，还在那里展览，可见是真的，如弄得到可以用。当时有的同志反映，有的博物馆不让拍照，启老很激动地说，不让拍，我们就走，他敢不让拍？他知道《中国美术分类全集》是哪里定下的任务吗？他敢不给拍？他很生气。这次的会使我深有所感，启老这样大的年纪还如此具体地关心《中国美术分类全集》的工作，这种敬业精神，令我和在座的同志们都很感动。

启老很有个性，既谦虚，又大度，语言幽默。记得有一次集会，为出版一本当代著名书法家作品召开座谈会，到会的客人先在纸上签名留念，前来者已龙飞凤舞，署上大名。启老来后，在纸上寻找空白的地方，他在一个边角上落笔，写上“启功”二字，字体极小，如不注意，就找不到他的名字。

启老非常谦恭虚己，但很有学问。他有多种著作问世，他对国学很有研究，他是北师大的教授，著有诗文韵律、题画与墨迹，受到知识界的欢迎。他是著名书画家，他的书法得到众人的赞赏。为书法开启一代书风，字体醇厚、雅致，行笔流畅，结构紧密，纵横潇洒，堪称当代书法大师。

2005年7月1日一大早，文物出版社社长苏士澍给我来了一个电话说："有不好的消息，昨晚启老过世了……"天呀！启老还硬朗，怎么就突然走了！我接电话就难以忍受悲痛。这时，我与启老接触的情景，就一幕一幕呈现在我的面前。

1987年5月，启老给我写过两幅字，一横一竖。竖的条幅是："声声骤雨打新荷，翠叶传杯一曲歌，七百年来佳丽地，钓鱼台下有新波。"他那隽永的笔法和秀丽挺拔的落墨，令人爱不释手。我把两幅墨迹立即裱好，作为珍品保存。其中竖的条幅，在我的书房中悬挂多年。我非常欣赏启老的的书法，但对他为我题写的诗意，我不甚解其意。有一次我见到他，向他请教。他说这是他自己写的诗，他住过钓鱼台。那儿所以叫钓鱼台，是宋代某公在那儿垂过钓而得名。700年来是指元以来已有700年了。"翠叶传杯一曲歌"，是古人用荷叶当杯盛酒，荷叶从中间穿一孔，孔透荷叶的颈把，荷叶作为杯，酒从颈把流出来，大家一面传荷叶饮酒，一面娱乐做诗，故谓之翠叶传杯，翠叶即荷叶也。至于"钓鱼台下有新波"，大概是指经过多少年代以后，现在有了新的变化了。钓鱼台寓意深刻，近十多年的变化，在这里"文革"时期和以后的变化，是大家都熟知的吧！

启老走了，我请苏士澍为美术分类全集总编委会送上花圈。北师大为启老设有灵堂，6月4日我与常振国、绛云、张三杰一起前往吊唁，他们三人都是启老的学生。我们购买了花篮，走向启先生遗像前，深深地鞠躬致敬。先生的遗容微笑地望着我们，好像要和我们说话，他那和悦亲善的颜面和表情，深深地印在我们心里。灵堂四周都是鲜花，高高悬挂的挽联布满全厅。我们不愿离开，在厅堂逗留多时。

总编辑是常青树，启老的精神永远常青。世事沧桑，人难以千岁。曹操的《龟虽寿》诗云："神龟虽寿，犹有竟时。……盈缩之期，不独在天。"回顾美术分类全集，编撰工作已进行20年，绝大部分已经出版，还剩下不多了，再过几年就可竣工，正在此时，启老溘然与世长辞，他在世之年，未能纵览全集整体面貌，令人痛惜不已。我们只俟全集300卷出齐，再祭拜先生于九泉之下了。

合作出版推向海外

为了将祖国的文明传播到海外，要寻找合作的对象，把《中国美术分类全集》发行出去。最先是经香港出版界朋友介绍，与台湾某一出版公司取得联系，他们希望合作，在海外发行。但是据我们考察，这家公司缺少实力，资金不足，也没有什么发行渠道，后来就搁浅了。

到1988年，又有台湾一公司的人来到人美社访问，台湾这位朋友事先在市场上做了调查，了解到人美社等出版《中国美术全集》60卷，非常精致，现在又组织编撰更大规模的《中国美术分类全集》。他们提出希望合作，在台湾发行。

台湾这位朋友说他是绕道从日本来的，他在东京由我驻日大使馆取得签证。因那时台湾还不允许岛内的人进入内地。后来调查，这家想合作者就是锦绣文化出版企业。这家企业有图书直销子公司，并有几百名直销人员，专门销售美术方面的大型图书。于是大家讨论可以和他们合作。

上面说的这位台湾朋友是吕石明先生，他是锦绣企业的总经理，很熟悉业务，编辑出版与印刷都比较在行。企业的董事长是许钟荣先生。这家企业在台湾出版界有相当实力，是有相当地位的。

与锦绣合作，他们先将60卷的《中国美术全集》推向台湾。因该书在内地已于1989年出版完成，书店存书不多，要在台湾发行，需要重新再版。10几年前，印刷情况与现在不同。那时能承印这样大型画册的印厂，并不很多。所以再版又要重新组织，还有纸张与其他原材料的进口问题，相当麻烦。但这是件好事，正是待势乘时，要迅即进取。于是出版社的同志忙得不可开交。当时锦绣公司觉得内地印厂装订工艺不够理想，他们将印好的页码运到新加坡去装订。由于旅途遥远，集装箱纷乱，造成页码遗失，有的甚至打开箱子，未见页码，只见乱七八糟的鞋子和杂物，令人啼笑皆非。

与锦绣合作，双方有利。我们把书推出海外，既扩大传播，也能在经济上有些收益。在台发行，锦绣也有利，该书为台印3000套，很快全部售完。董事长说还有3套摆在客厅的书架上，准备留给自己的三个女儿做嫁妆。

以后《中国美术分类全集》又继续与锦绣合作。这套书中的玉器、陶瓷、印玺篆刻与现代美术等多卷本，按锦绣的要求分别加印1000至2000册。这样我们经济上也有些弥补，大约可使成本减少五分之一或四分之一。几年来锦绣与内地出版社来往密切，曾在台发行过成套的《中国大百科全书》（74卷中的60卷）、四川巴蜀书社出的《古代文史名著选译》200种等，合作都有成效。锦绣公司出版有一份《大地》杂志，经常刊载内地的自然风光，内地摄影师不断供给他们稿件，合作得不错。

锦绣公司白手起家，80年代创业，初时出版有关内地的旅游书籍如《江山万里》丛书，内容有东北的青山绿水，祖国的锦绣山河，书中的叙述勾起台湾同胞对祖国的思念情怀。这套书广为发行，公司的利润也颇丰。锦绣的经营和造势，90年代似日在中天，但到了21世纪开篇，就桃花飘落逐流水，春日不再，逐渐走下坡路。在台湾大起大落的图书市场上，变动很大，前景难以预料，一些先前有实力的公司纷纷倒闭，与我们合作的这家锦绣公司，也在大潮中被淹没了，2004年夏天，终于停止了营业。这样我们失去了合作的对象，甚为可惜。

《中国美术分类全集》开始出版时，就寻求与友方合作，无论是海内海外，目的主要是祖国优秀文化艺术扩大传播，同时也可增加发行数量，以减少我们在经济上的负担。在印制方面，较早考虑的合作对象，是友好的印刷厂。80年代，有一家迁入深圳的港商印刷厂利丰雅高印刷公司，他们有精良的现代化设备，此印厂承印我们多种图集，质量都在上乘，他们主动提出与我们合作，而且提出的条件对我们非常优惠。如每卷投资，成本厂方占三分之二，编方占三分之一，如果有利润，厂方只分三分之一，编方可分三分之二。我们觉得对方投资占多半，而利润只分小半，在经济上对厂家不利。但厂方愿意如此合作，他们可能另有考虑。其意之一，他们是为社会做贡献，国家出版如此大型图集，宣传时厂方参与工作，亦有名望；其意之二，是借此亦可与全国有影响的30多个美术出版社取得联系，开展业务。不管怎样，厂方充满善意，道义相交，我们就开始和他们合作。此事的进行，还经领导批准，并受到称赞。

1998年4月29日新闻出版署在我们请示的复函中称：你们提出的“出版社与

企业合作的方案，得到有关领导同志的基本肯定，现将几位领导同志的批示意见复印给你们，按批示意见抓紧落实。邓力群同志：这个办法好，完全同意。王忍之同志：采用这个办法，对解决《全集》出版所需要资金极有利，将会加快《全集》问世，所以应支持，并抓紧落实。房维中同志：符合需要，符合政策，努力实现。于友先同志：可予同意。

但是因工作的时间拖得很长，每卷书销售缓慢，有的还要等待配套才能出售，而印刷厂是加工工业，他们的资金被大量积压不能流动，因而合作的前景产生困难。合作进行一段时间以后，问题很多，所以除了有一部分全集继续合作以外，合作到半途，就只好告终。虽然我们与厂方签有协议，但是我们谅解他们的困难，不能继续进行。

与印厂不能持久合作，我们必须另寻其他途径。300卷分类全集中，有一个全集为《现代美术全集》，计48卷，约占整个全集的六分之一。我们希望与发行部门合作，于是取得了新华书店总店、北京发行所的同意，共同合作。总店是我们的好朋友，与出版社关系密切，合作很快就达成协议。与书店的合作同印厂的合作不同，在投资方面，书店与出版社各占一半，利润双方平分，如有积压与亏损，也平均负担，大家推诚相见。事情的结果是，48卷的现代全集，在市场上销售很好，有的卷以后又再版。这样双方有利，用现在流行的话，叫做双赢。此种合作，基本上是成功的。但大家觉得记账、转运、配书等较为麻烦，还要不断开会进行协调，事情太多。所以其他卷集的合作，也没有再进行。尽管合作各条渠道都不够顺畅，但是我们《中国美术分类全集》有如一条汇合的大川，不管怎样总是奔腾向东流去。

行百里半九十的编撰工作

到了2004年年底，《中国美术分类全集》已出版了220卷，还差80卷，才能出完300卷。这80卷中，有50卷较难出版，主要是经济方面的问题，有的编辑工作已初步完成，但因制版与印刷开支较大，难以动作。

嫩芽已经出土，但无水浇灌，植物就会枯死。辽宁美社与天津美社合作共同出版《敦煌壁画全集》11卷，辽美社负责出6卷，天津美社负责出5卷，天津美社的5卷早已出版，而辽美社迟迟未能付梓，致使该全集未能配套出售。辽美社承担的《岩画》全集5卷，也早已编就，但由于经费不足，亦不能开印。

辽美社承担《中国美术分类全集》，开始非常积极，该社承担任务较多。在90年代初，中宣部出版局曾派处长洪忠炉到辽宁出版局拜访局长金炎武，此时辽宁出版经费非常充足，金告洪说，请你们放心，辽宁出版局向省财政交税是零，省财政免去出版税项，要洪回京转告我，一切妥帖，只要书一编出，印制经费不成问题。当时社长是赵敏，他后来被中宣部下令调到《中国美术分类全集》总编委会担任常务副总编。赵在担任辽美社社长时，工作很起劲，对全集抓得很紧。但是经过若干年，事情发生了变化。据称由于省的出版体制改革，新成立省出版总社将辽美社原出版的教材调出集中出版，于是辽美社缺少资金，原承担全集各卷暂告搁浅。

为此事，全集总编委伤透脑筋，领导工作委员会副主任房维中同志不辞劳苦，专程出访辽宁，他与省领导商酌，希给予支持。省里大力资助，经省出版集团拨出专款，支持出版编好的全集。但是拨款下达后，因社内工资等项支付告急，挪用了此款。这样已经编好的共11卷书，只好又停了下来。

类似此种现象的，不止一社。四川美社承担《画像砖全集》亦有类似情况，此全集只有3卷，上级已拨有专款，但将拨款挪作他用，承担任务迟迟不能完成，出版拖了很长时间。

在曲折前进中，亦有柳暗花明。非常值得赞扬的是广东教育社与河北教育社，他们主动承担《中国美术分类全集》的部分任务，两社各承担《寺院壁画》与《墓室壁画》全集。此事我诚恳向他们求助，他们反复磋商，同意入盟。他们聘请了专家认真编撰，我们非常高兴，发出了简报。此事受到中宣部与新闻出版总署领导的称赞。

从《中国美术分类全集》全局来看，还是非常困难，最为困难的约有50卷。此50卷大部分已着手编撰，但因经费问题停滞不前。我很担心这有些像建筑的烂尾楼，如不给予支持，就永远停摆。

要竭尽全力完成此项工程，想来想去别无其他办法，唯有向上反映，要求国家财政给予部分补贴。于是，我在2003年11月3日给力群同志写了一封信，他非常关心全集的进展。他是全集的发起者和组织者，现在继续领导这件工作。

我在信上说："您在中央书记处和中宣部的任上时，亲自组织了重大的出版项目《中国美术分类全集》，当您离开工作岗位时，还报告了小平同志。您并委托我，无论退下不退下，都要协同完成《中国美术分类全集》的编撰与出版工作。"

我接着叙述了工作的进展情况，并说："原拟2003年全部完成，现在看来已不可能，越到后来，困难越大。未能完成的基本原因是：经费不足，出书不赚钱，成本高；收藏艺术品的博物院馆，对拍照要价愈来愈高，很难配合；运作时间长，各级有关领导更换变化大，中宣部与新闻出版总署原下达的任务不暇接，不落实。"

为完成这项宏伟工程，我建议："第一，由中宣部召开会议，邀请部分省市有关领导讨论，贯彻此项工作，并发出文件，坚决定期完成。最后完成的时间，延长至2004年底，最迟不能拖过2005年8月，请有关单位做出切实计划。第二，为解决困难，可否向中央财政申请部分补贴（有困难的50多卷，费用补助近一半，约需800万元）。"

我还说："这一跨世纪出版工程，为社会所瞩目，已经出版的部分，在重要的书展场地，常常被当做'排头兵'展示。相信今后得到领导的大力支持与推动，有信心完成此项伟业。"

邓见信后，即作了批示。但事情转辗又拖了一些时间。有一天，我接到房维中的电话，他说报告可请刘云山批给财政部部长金人庆，刘云山为中央政治局委员，又是中央书记处书记，报告到金人庆手里，财政部当可考虑。房维中原是国务院计委常务副主任，与财政部工作关系密切，他亲自向财政部讲述原因，说明困难。于是按照房维中的指点，并请中宣部出版局局长张小影帮助，刘云山作了批示，得到金人庆的支持。这样《中国美术分类全集》的补助申请，得到财政部的同意。我们非常高兴，立即按照财政部的要求，提出具体方案，并希望下达补助要有一定办法，以避免专款被挪作他用。

我们请示800万元补助，是实打实的。计算现在有困难的约50卷左右，按过去每卷印2000册，成本要30万元，50卷如补助一半费用，一共要800万元。我们考虑国家财政有困难，不能过多请求，当然此款只是补助一部分，出版社还需作出很大努力，才能出版。

2004年11月2日在中宣部召开了会议，中宣部出版局局长张小影主持，新闻出版总署兼国家版权局领导闫晓宏出席。到会的有人民美术社总编辑程大利、文物社长苏士澍、紫禁城副社长章宏伟以及文化部、中国出版集团、文物局主管财务的同志，会上议论如何落实使用财政部的专项拨款。我在会上汇报了《中国美术分类全集》的进展情况，并希望有了专项补助，尽快完成后期工作。

会议形成纪要，主要是要求专款专用，规定只能在每卷制版与付印时动用此款。动用此款必须由总编办签署同意才能使用。

纪要同时提出《中国美术分类全集》各卷应在2005年前完成。少数有困难的，可延至2006年夏天。此纪要印发有关各出版社，包括地方出版社，要求按此执行。

在这里还有一件特别重要的事要叙述一下。在11月2日中宣部的会议上，出版社反映文博单位对拍摄文物照片，收费过高，使出版社的经费难以应付，要求对《中国美术分类全集》的拍照给予优惠。因这套规划为国家重点出版项目，而且此书多为亏本，如不减低收费，则难以为继。由于反映强烈，在会上闫晓宏与张小影主张由我写一封信给刘云山同志，请他批给文化部副部长兼故宫博物院院长郑欣淼同志给予帮助。我又于2004年11月30日写一信与刘云山同志，我信中报告了财政部给《中国美术分类全集》的专款已下达，正在努力完成后期工作。信中说眼下尚有一事仍请支持："因剩余各卷需要拍照的藏品大多存放于故宫和其他几大博物馆（此前，他们曾给予《全集》的编撰出版很大支持），而随着文物保护成本的提高，故宫等博物馆藏品的拍照价格成倍增加，这使得《全集》的成本特别是出版社的前期投入也大大增加。美术出版社普遍经济效益不是太好，多年来一直自筹资金承担国家文化出版工程，负担较重。《全集》总编委衷心希望，您能在百忙之中，拨冗过问此事，请故宫和几大博物馆对此项国家重点文化工程继续支持，降低收费，以便尽早完成。"

信中还说："知您很忙，本不该多加打扰，无奈只有请您过问，方能推动此事。”

刘云山同志非常体谅下面的困难，他即在我的信上批“请欣淼同志给予支持”。时间是2004年12月8日。对欣淼同志，我过去在工作中未有过联系，但他对《中国美术分类全集》的工作很热心。他见刘云山批示，即批“《中国美术分类全集》是国家文化建设工程，意义重大，故宫应大力支持。请文儒同志商胡锤同志提出具体意见，尽快向云山同志报告。郑欣淼12月15日”。故宫博物院副院长李文儒同志见此信批示后，即批请胡锤同志阅办，并要胡锤同志与总编委联系。

胡锤为故宫研究室负责人，还主管文物拍照事宜。我们与他早有交往。他为人热情爽快，见面就熟。《中国美术分类全集》又是国家文化的重点项目，他表示拍照应该予以优先。至于现在费用，他们已商量降低标准，比普通拍照的费用，降四分之三。非常感谢故宫的同志们，这样我们事情就好办了。

自刘云山同志批示并获得财政的资助拨款，我们连日开会，落实各卷工作，并与文物单位联系，胜事不断，有如花枝迎来春风，正应唐诗令狐楚吟：“高楼晓见一花开，便觉春光四面来。”

出版《中国美术分类全集》虽然困难重重，但也得到不少同志的支持。邬书林、张小影等同志多年来一直伴随《中国美术分类全集》的编纂出版工作，可以说是“如影随形”。如果没有他们在行政上帮助和财力上的呼吁，从各个方面进行疏通、切磋，很难想象这项工作能坚持了20多年。

现在又到了2010年了，事情的发展总与愿望相违。2009年10月为国庆60周年，曾计划至此全部完成300卷，作为国庆献礼。但是还有些分类全集还没有出版，继续拖了下去，编委办公室费尽心机，也没有办法。主要问题还是经济方面。工作已经历了25年，社会机制多有变换，领导层更替频繁，工作越来越艰难。古语云：行百里半九十。不过，这是伟大的历史文化工程，不管还有多少困难，总是要努力完成的。旅途的终点就是光辉的圣地，虽有风雪，也难以阻挡前进的脚步。

附录一：

我最后的几句话

我从小热爱共产党和毛主席，我从十三岁小学毕业起，就追求共产党与毛泽东的思想，我的心里与行动已经到着迷程度。我参加共产党外围以后，更是一心一意为共产党与参加抗日工作。到我入党以后，我全心投入，我虽然在上中学与大学，但我大半时间都是为党工作。我现在活到87岁，我不知如何感谢党与人民的培养。我临终前，我对党致以无限的敬意。

我可惜还有一小点未完全结束的事业，这是我离休前中宣部领导邓力群与郁文交代我，说无论我退下与未退下，必须把《中国美术分类全集》全部完成。我遵照他们的嘱托，为此努力工作，但还有一点点未完全出版，我在病中甚为不安。我想此工作一定会完成的。此件工作可能前无先者，以后短时间也难做这样大规模的联合编撰工作，中央与地方耗了巨资与人力，我因能力有限，表示歉意。最后希望中宣部与新闻出版总署给予最后支持，加以全部完成，并望我的挚友邬书林、张小影与陶骅同志给予帮助，我在此说出无限感谢与敬仰的心情。分类全集办公室几位同志，已因辛劳走了3位，还有5位，有3位包括我，都年老住院，还有2位也已年近古稀。他们对工作如此热心，与我配合得很好，我非常感谢他们。此书后事，望邬、小影、陶骅同志帮助处理。我在此致以敬意。

我几十年来的工作，无所称道，错误不少，我得与同志们的协力与帮助，为党尽了小小的气力，我诸多错误，心中不安，有些事对不起相关同志，请见谅。

我远走以后，不要举行遗体告别，不举行追悼会，劳民伤财不好。

许力以

2010年10月21日

（注：本文是许力以同志住院期间写下的，2010年12月8日许力以同志因病去世）

附录二：

许力以同志生平

许力以同志1923年8月出生，原籍广东省遂溪县。他学生时期开始接受进步思想，寻求救国救民的真理。1938年参加中国共产党的外围组织进行抗日宣传活动。1941年加入中国共产党，在遂溪县南强中学以及遂溪县农村从事党的地下工作。1943年进入贵阳大夏大学学习并继续从事党的地下工作。1945年进入大别山根据地，担任中共中央中原局机关报《七七日报》记者。1946年随部队转移到华北根据地，担任华北《冀鲁豫日报》记者、编辑，同时担任新华通讯社第二野战军总分社记者。在解放战争期间，他深入前线，转战黄河南北，写了许多消息、通讯和特写。1948年到中共中央马列学院（中央高级党校）学习，1951年毕业后到中宣部出版处、新闻出版处工作。1961年起先后担任中宣部出版处副处长、机关党委副书记。1973年到国家出版局工作，先后担任出版部主任、副局长、党组成员。1982年担任中宣部出版局局长，1989年离职休养，享受副部长级医疗待遇。从1982年起，他还担任中国出版工作者协会副主席、顾问，国家新闻出版总署特邀顾问，中国出版协会国际合作出版促进会会长等职。许力以同志因病医治无效，于2010年12月8日凌晨在北京逝世，享年87岁。

许力以同志是老一辈著名出版家，长期从事党的新闻出版工作，是社会主义出版事业的奠基者和开创者之一。他主持起草的《中共中央、国务院关于加强出版工作的决定》，是新时期指导出版工作的纲领性文件，具有长期的指导作用。他主持起草的《中华人民共和国版权法》，成为我国版权管理和版权立法工作的指导性文件，确立了我国加入国际版权组织和处理中外版权关系的基本原则。他主持起草的《关于翻译出版外国学术著作情况和意见的报告》，有力地推进了我国的中外出版合作工作。他主持制定的我国许多出版方针和政策，对促进我国的出版繁荣发挥了重要作用。

许力以同志一直致力推动国家重点出版工程建设，主持出版了《汉语大字典》、《中国大百科全书·新闻出版》、《中国美术全集》等大型出版物，为中华文明的传承作了大量基础性的工作。他主持出版的《祖国丛书》、《中国地理》丛书等通俗政治理论读物，丰富了人们的精神生活，提高了读者的文化素养。

许力以同志一贯重视编辑出版的理论研究和学科建设。他撰写、出版了《人类文明与出版》、《许力以出版文集》、《东方求索》、《中国文化与出版》等书籍。他创办了《博览群书》、《中国图书评论》、《编辑与出版》等期刊杂志，大力介绍和推广好书，引导读者阅读，在社会上产生了很大影响。他作为《中国大百科全书》出版卷编委会的主任，写的一篇出版总论《出版与出版学》，影响广泛持久，成为许力以同志出版理论的主要代表作。

许力以同志是中国出版界"走出去"的奠基人，也是我国对外合作出版的领路人。他于1979年发起出版了我国第一部对外合作出版物《中国之旅》，从此，开创了许多外国出版社与我国合作出版的热潮。他于1984年主持了与西方合作出版的《邓小平文集》（英文版），邓小平在序言中的那句名言"我是中国人民的儿子，我深情地爱着我的祖国和人民。" 就是经许力以在其文章"介绍英文版《邓小平文集》"中的引用和宣传，首次为世人所知，并传遍全球。有力地推动了邓小平理论的传播和我国的对外宣传。

许力以同志是海峡两岸出版合作交流的开创者，也是促进华文在世界传播的领军者。他于1988年在上海主持了首届"海峡两岸图书展览"，拉开了两岸文化出版交流的序幕，打破了隔绝两岸40年的坚冰。他多次主持两岸出版合作洽谈会，解决种种难题，坚持不懈20年，有力地促进了两岸合作交流。他积极推动世界华文书籍的出版与发行，组织内地、台湾、香港、澳门两岸四地的会议和活动，满足华文在世界上的需求。

许力以同志离休后，把主要精力都投入到了60卷《中国美术全集》和300余卷《中国美术分类全集》的浩大编纂出版工作中。他呕心沥血，努力推动全集每一卷的付梓出版，一直工作到他去世的前一天。他的一生充分体现了一位老出版工作者对出版工作的满腔挚爱和崇高的责任感使命感，他为传承中华文化作出了重要贡献。

许力以同志2004年荣获"中国韬奋出版荣誉奖"，2009年入选"新中国60年百名优秀出版人物"。

附录三：

回忆将伴着我的余生

——怀念我的爱人秦焕如

四十八个岁月，现在就画了句号了吗？不，我们在第二世界将相会，到那时我们共同的岁月，有如江河的流水，将永远流长。

你先前的照片，挂在那儿，我不敢抬头观看。你好像带着微笑走了，唉，你怎么不告别一声就悄悄地走了呢？

你那微微翘起的嘴唇，好像有些责怪我。啊！我的心都焦碎了，我没有照顾好你，没有很好地保护你。我现在的损失，没有办法弥补了。可是我总是想着怎样去弥补我的过失呀！

你对我热爱的那双眼睛，不敢看我，你害怕我过于伤心吧！

我每天早上起来，就在你像前致敬，向你行礼，使我度过那不断失眠的夜晚，在这儿也可能得到一点点安慰。

你的照片流露，你可能含有一些苦笑。但是你在生前还是充满生机，你赞美社会，你留恋家庭，你对子女们，从小到现在都是很满意的。

四十八个岁月，月圆月缺，终于流失了！我多么希望宇宙能倒转，江河逆流，重新度过我们共同的岁月，但我不能扭转大自然的主旋律。

初时和你相识时，你只是一个幼稚的小女孩，纯洁无瑕，天真烂漫。

抗日战争的烽火，促使你投奔到革命的怀抱。高师毕业后，广西政府规定一定要担任一年小学教师，要有一个师资的经历，才能投考大学。你履行了自己应尽的职责。之后你考入了广西师范学院。但无情的战火烧到了桂林，日本帝国主义到处屠杀抢掠，你怀着民族的义愤离开那山水秀丽的故乡，你奔向大后方。

不时听你说起，一个小女孩，单身一人无父母亲朋陪伴，只靠旅途中偶遇老师、校长的帮助，你经历两个月的旅途跋涉，逃难到了重庆。在那儿你无亲无故，全靠抗日团体的捐助，度过那难以形容的年月。你只靠一点掺沙子的粗米度日，咽下一点牛皮菜。我第一次看见你时，你面庞黄肿，没有一点血色，你说你病了一次，还没有恢复。

由于南方局组织的介绍和联络，我们五个小青年男女，一起结伴到抗日根据地大别山去。我就是这样和你最初见面，最初和你认识，和我联系的朱语今同志及和你联系的张晓梅同志（徐冰夫人），都早于你去世了。而我们同到根据地的五个蹦蹦跳跳的小青年男女，他们有的比你身体还差，但现在都健在，而你是最幼小的一个，却比我们早地离去了，怎么不令人心痛呢！

从重庆到大别山，途经江河沼泽，山林小道，十五天的行程，既艰苦又神秘，终于到达那向往的地方。

在旅途中，在崎岖山路的小径上，你总是走在最前面。你连续不断地跟我诉说你在逃难中的遭遇，在日本鬼子快进入桂林时，你一人辞别了母亲，就上路了。因上路过于匆促，你没有带被服，只带几件内衣，你没有钱，随着逃难的人们，苦难的中华民族的儿女，向着祖国的西南方向奔走。艰难使你多少懂得世情和人生。而我何尝不是这样呢？虽然我早就参加了共产党的组织，可我也一个人在后方，远离家乡几千里，生活也要人接济我。我同情你的境遇，我们都是同病相怜。

你曾记得吧！我们同来边区的五个小青年，大雷、小何端芳，划着小木船越过长江的泛滥区，进入莲花烂漫的湖泽，目的地就在眼前了。马克思说："得岛在此，跳舞吧！"这就是心中的天堂。这里好像就是共产主义社会了！我们带着天真的幻想，到达了这可爱的仙境。

不幸的是，到达边区时，我们的一位同伴病倒了，他病得很重，大家束手无策，忙乱中接受土医生放血，血流了一床，把大家吓坏了。于是他后来就被抬到新四军的临时医院。

你怀着同情与友谊，你陪同这位重病的青年到医院去。但你不忍这位青年一人受苦，你留下来帮助他。

你为他喂水喂药，他后来又并发严重的肠炎，你为他换衣换裤，到河里为他洗刷粘在衣服上的便溺，你为他擦身和清洗。在那简陋的医院里，躺在老乡的草棚内，既缺少医药，又没有什么饮食调理，这位青年已奄奄一息，几乎就要到另一个世界报到了。但是在你的细致的照料之下，这位青年经过一个月疾病的折磨，居然活了过来。真是奇迹！他睁开昏迷的双眼，看见你就在他跟前，他简直不敢相信自己的眼睛。

亲爱的，这位青年就是我呀！

你是非常坦诚的，爱情还没有推开你的门扉。你完全是一种真挚的友情，同志间的帮助。你说你心中只有一种友爱，友爱是至上的。

艰难的岁月，给我们带来欢乐，但是也伴随着苦难。

还记得否？通过敌人的封锁线，涉过薄冰封冻的河流，你脚被割伤了。在深夜里，你几乎走不动了，那位可爱可敬的政委要把马让你骑，他说什么你就是不同意，但是他还是强行把你扶上马，让马驮着你。这时敌人又追赶上来了，你策马向前，那马因爬不上高堤，猛然跃起，把你从马背上甩了下来。你的脚还卷在马镫上，那高大的洋马把你拖跑几十米，你的脚朝上头朝下，差点儿就把你拖死了，但是那位政委跑过来，把马勒住了。之后同志们搀扶着你，你一跛一跛地向前走。人啊！生命还是这样顽强。

在那茫茫的汉水边，队伍急行军向前奔跑，我们落在后头，阔达几千米的汉水，波浪起伏，既没有船，也没有木板，难以渡过，无可奈何，我们只好依偎在岸边。你总是不断地说："敌人来了怎么办？敌人来了怎么办？"我已累得半死了，谁能知道呢？谁能回答呢？真是天无绝人之路，在黎明之前，边区的通讯员带着船夫来到岸边，我们在朦胧中惊醒，原来是我们自己的同志，于是我们一起渡过河去。我们不是找不到船吗？船就藏在芦苇里。

曾记得否？有一次我们队伍忽然要在半夜撤退，那时你曾被派到一个村子里去工作。村子离驻地有百里，我奉命去把你找回来。我单身一人带着一支步枪，我几乎是跑步到你那里。你带着不可信的眼光瞧着我，我不由分说，拉着你就跑，从下午到凌晨，走了十几个钟头，恰好赶上队伍，大家正在整装待发。队伍越过封锁线，从铁路西边跑步奔向铁路东边，大家奔跑16里。可恶的敌人埋伏在铁路边的草丛里，他们用机枪向我们扫射，我们有的同志倒下了。但是我们后面的队伍赶上来，包围了那草丛中的敌人，给予无情的猛烈的还击。那时的情景，还历历在目。在那样艰难困苦、腥风血泪的岁月里，我们都能活下来了，而现在有这样美好的日子，你怎么就舍得离开我了呢？

还记得吧！日本投降以后，国民党的30万军队包围了中原根据地。我们新四军突破包围圈，我们两人化装到武汉，掩蔽在地下同志那里，我们乘木船到南京，上了岸住在一家小旅馆里。国民党的巡逻兵来查房了，我们爬了起来，有可能随他们到监狱里去了，但那丘八也许发了善心，置我们于不顾，他们走开了。

我们住在武汉时，我们非常敬爱的同志，后来遭了不幸。有人告密了，我们虽然已离开，但是陈民生同志，这位诚挚的同志被敌人抓起来了，他被打得半死，敌人还采取恶毒手段把他放在猪笼里，抛在长江中泡，要他供出我们的去处。陈遭到极大的摧残。

在南京，陈元愫同志帮助我们找到南京中共办事处。陈把积蓄送给我们，还给一金戒指备用。你可记得，可惜她已不在人世了！

我们转辗又到了华北根据地，好像开始过和平日子了。不，艰苦斗争还在后头，解放战争开始打响，我们又奔波于黄河南北。你撤到后方去了，我随队伍南征北战。当我回到后方看到你时，百感交集，我们多么想永远在一起过和平日子啊！但是不能，战火总是把我们隔开。

我对不起你，可爱的小研出生时，我不在你身边。在那时候，还有什么价钱可讲，组织上要你怎样就怎样，要你去哪儿就去哪儿。百分之百的服从。生命都交给共产党和人民，还有价钱可讲么？

1949年中华人民共和国诞生之前，你怀着激情，从根据地到北京，你问："在这个新天地里，我做什么好呢？"

我说："今后是工人阶级的天下，你做工会工作如何？"于是你就投到工会的怀抱。

我这个人太过于缺乏远见了，既不体会你的兴趣，也不考虑你的特点，你太听我的意见了。实际在这里没有发挥你的才能。

新中国成立后几十年曲曲折折的生活中，你既忠心又是非常坦诚的人，在1958年还受到一次"反右倾"思想的批判，真是天知道，确实是太冤枉了。我劝慰你，那不过是空气传染病。虽然单位后来向你道歉，但是使你心灵受了创伤。

你郁郁不得志，下放到汽车修理工厂去劳动。人的本领真大，你的小手本连杀鸡都不敢，经锻炼你竟然可以拆散一部汽车。终究由于体力不支，你难以搬动的机件砸断了脚趾骨。正是这个时候，在饥饿的日子里，你浮肿了。四个小宝宝如同四个小乌鸦，你能省下一口就省一口，让他们吃饱。我想起来真不能原谅自己，怎么能让你浮肿呢？怎么就不能想办法去弄点什么呢？你患重感冒了，由于体质弱，抵抗力差，感冒就转向风湿热，风湿热就伤害了心脏，你得了风湿心肌炎。身体一点点地垮下来了，一位胖胖的姑娘，就这样病倒了。我不能原谅自己，从这个时候开始我就没有照顾好你。

我家庭负担太重了，我的父母与祖父还要我寄钱抚养，工资经常寄走了三分之一，你没有任何怨言，总是说应该这样。我们四个小娃娃也够可怜的，晚餐几乎餐餐是稀饭和萝卜皮，萝卜心在中午已吃掉了，我现在回忆起来，从未给过孩子一分零用钱，因为确实没有钱，他们的学费都是早几个月就开始积攒了。现在想起来，都要大哭一场。

亲爱的，我们可爱的四个孩子现在都是诚实的公民，你在世时总有些担心，生怕他们有什么不轨的行为。你去世时，应该放心了，大概以后也不会做出什么不好的事，请你安息吧！他们身体都很好，老二小建小时很瘦，你带着她到处问医，现在没有什么问题。只是他们下乡那时，身体不行，后来早已恢复，你在世时已看见大家都很健康的。他们建立的家庭，也都过得很好。孙辈更是让人高兴。

孩子们都是知识阶层，他们都有高等学历，只可惜在60年代的风暴中少读了几年书，不然前景还会好一些。虽然他们之中，现在还未看见特别突出的人才，但是我相信他们会超过我们这一代。而我们自己又有什么才能呢？

第三代更是见好，这是你常在我耳边说起的。他们身体与学业都是满意的。儿辈的成长你费尽心血，他们从出生到上学，哪一个不是在你的精心打理和教育之下。我因工作需要，长期居住在中南海，很难照顾他们。你对孩子的功劳应占百分之八十，这是平心而论。你对我从来没有一句埋怨的语言。你是太善良的妈妈了！你从未打过孩子一巴掌，过激的言词也很少。你的修养比我好多了。我和你相处几十年，怎么没有学到你的一点好东西呢？

第三代慢慢成长了，他们像竹笋一样，向天空挺拔。他们从出生起，你的心血就向他们倾注，你的爱他们不会遗忘。有的孙子一听到你永远离开的消息，不敢相信，一得到证实，就号啕大哭。他们失去可敬可爱的奶奶了。

亲爱的，你的永别太突然了！我原来盼望着治疗一下就可以回家的，但是你却匆匆离去。我抱着你的头，放声大哭，不忍你离去。啊！人世间太无情了。

我夜夜不能成眠，我觉得是梦，一场噩梦。我睡着一会儿，一醒来就自问，要是梦该多好！过去也做过噩梦，一醒来知道你就在我身边，就得到慰藉。现在为什么不是梦呢？现实太无情了。

你怎么一个人就离去了，留下我一个孤单的老人，如何生活呢？我也许不久于人世了，我的工作到头了，生活也告一个阶段了。我本来下了决心，从这次去台湾回来之后，哪儿都不去了，要好好陪陪你，我过去陪你太少了，你好多时候在家太孤单了，但我的愿望还没有实现，你就告别了。你就这样走了吗？好像太急促了。天呀！就这样永别了吗？

对你的病，我也有过失，我自责已晚，我没有照顾好你，想到这里我就更加难受。8月21日夜晚，我应该立即送你到医院去，我已感到你病情比平日严重。夜里要小虹去换几次氧气，你用后略感到缓解。到次日你又恢复如旧，我喜出望外，我想昨日可能有些累了，现正在恢复。但我还有些担心，会不会复发。我当时不敢告诉你，夜晚我一直未合眼，总是观察着你，果然22日下午1时你又有些不适了，我坚决要把你送到医院去。我早已作了一些准备，你坐的那辆小推车，我已请小赵给抹擦干净了，万一要到医院，当即可以使用。你总是不想去医院，一来怕孩子拖累，轮流看守，太麻烦了，大家都有工作，不忍儿女们受苦；二来总是怕单位多花钱，工厂的工资都开不出来，尽量省着一点吧！你是抗日战争时期的干部，你这种克己的精神是很难得的。生病不由自己，病还是要看的呀！两个星期前你到医院看病取药，医生（刘大夫）给你开了一点药（马来酸依那普利片），这是很普通的降压药，你去取药时，见这种药两瓶共要30元，你坚决要退回去一瓶。药房的同志说：“医生开都开了，就这样吧！”你说：“不！要请刘大夫改一下。”你居然回去找到刘大夫，要她改少了一瓶。这样你就只取了一瓶药。亲爱的，你的心，你这善良无邪的心，太纯洁了。你从来不愿找单位，怕给他们添麻烦。你不愿随我到外地，怕占公家的便宜。你在家里一直保持勤俭节约的作风，身体力行教育儿女和孙辈。你太善良了！社会上只要有你这样百分之一的人，就好了。我自己望你莫及。

亲爱的，你在8月22日开始生病，我不得不把你送到医院里去。医院很快就收了下来，在急诊室进行观察，我们都有些放心。到了医院，有了医生在旁边还不放心么？医生立即进行了心电图检查，检查的结果医生说有陈旧性心梗，问题不大，与过去一样供血不足。医生看了以前的心电图还补一句说，看来比以前还好一些。我们更加放心了，看样子进行了一些治疗，就可以回家了。但是完全错了，心电图可能不够敏感，你病得很重，进行硝酸甘油点滴中间，你还是不舒服，医生又给你吃一片硝酸甘油，觉得好一些，但是过一会儿，你又不舒服了。到晚上8点，总感不适，还以为点滴药物造成，医生就停了一下点滴，但你还是难受，这时又开始点滴丹参，在公安医院你点滴丹参配剂，曾起死回生，这次不同了，你全身难受，不能缓解。但是一会儿又感觉好一点。你大儿子小虹始终守在你身边，然而，回天乏术，好像马克思已向你招手，你日夜思念的母亲向你召唤，你最终没有回转。我半夜赶去时，医生们正在全力抢救，但是宇宙终不能扭转。我抱着你那热乎乎的头，痛不欲生，泪流满面，我真想随你而去。 我现在写到这里，无法继续写下去了。

秦！我的眼泪几乎流干了。你最困难的时候我没有帮助你。“文革”以后，你们工会干部七零八落，你被分配到一个工厂，你做的工作不是你所长，更不合你的兴趣，你苦闷了好几年，我也不去帮助你，你也觉得不去给组织找麻烦，你总说算了算了，但你有时又后悔，觉得后半生过得太不顺心了。你郁郁不得志，心情不舒畅，后来就得病了。我这人太迂腐了，我悔恨不帮助你一下。

你的为人，没有人说过你一个不字。同志们都非常想接近你，你是一个诚挚的朋友，忠诚的同志。世界上总是不公平，好人总是去得早，我应该和你交换，把你留在世界上才是呀！家庭里个个怀念着你，远在广东的亲朋，也是这样。只要和你稍有接触，都觉得你是和蔼可亲的具有高尚品德的人。可是无情的病魔，却永远夺去你的生命，世人再不能和你亲近了。

你的永别，一切都是悔恨，悔恨永远伴随着我。只有一件事，略略感到宽心，那就是临别时，你痛苦的时间不长，这也是你盼望的。你曾写有长篇文章，提倡安乐死，你找这个提意见，找那个提意见，还想找地方发表。我曾劝你说不必考虑那个问题，容易引起自己和家人不快，而你却津津乐道。现在只有这一点，很快告别，好像达到你的愿望了。

你永别后，我收拾你的遗物，我的手发抖，泪水和汗水交织在一起，我难以持续下去。我回忆起你在世时，给我抄写的文稿，我都很好地保存着。有些已发到某某编辑部，但是有一篇长达一万字，那是我第三次访日，今年春天写的《东京太阳城》，你亲手抄写的稿子还在，你的字体虽不那么美观，但非常工整，一笔不苟，完全是一个师范学生和教师的笔法。我保留着你这长篇的笔迹。我有意不把你抄的稿子送出去，我拿去复印，留下你的原件，我早就设想如你走得快，走在我前面，我将有一件好的纪念品。我将永远收藏，不时拿出来欣赏和抚摸，让我永远留在记忆里。但是，我现在不愿去翻阅它，等我的泪水干的时候再去翻阅它吧！

亲爱的，我的痛苦的回忆和诉说，永远没有尽头，我也不想抹去自己的泪花，让它永远留在脸颊上。你遗像前摆满鲜花，你好像隐藏在花丛中。你小儿子小济，在你临终时，他出差未在你身边，他跪在花丛中你的遗像前痛哭，引起我也呜咽不止。同志们要我尽量排解，孩子们始终伴随着我，但是我难以安宁。我只要一抬头，瞧见你那动人的照片，我的心就不能平静，一会儿我的眼泪就流了出来。我的痛苦，我的损失，永远不能弥补了。

我现在先写到这里吧！今天是你的忌日第十三天，将近第二个七日，但我的心依然不能平复。亲爱的，我今后怎样来怀念你呢？只能是无穷无尽的回忆了。回忆将伴着我的余生。

你的朋友和丈夫　许力以

1993年9月5日

（注：许力以的爱人秦焕如于1993年8月24日患心脏病在北京去世）

附录四：

父亲天上有知

写在《春天的脚步——许力以回忆录》《许力以纪念文集》出版之际

许力以家属

在父亲逝世一年之际，经各方全力协助，父亲的回忆录和纪念文集终于面世了。

父亲去世的几年以前就开始撰写其回忆录，书稿摞起来有半人之高，他在闲暇之余也经常与我谈及这部书稿。我想，父亲是要通过这些艰辛的文字历练来回忆他的青春往事，缅怀逝去的战友，追忆与他并肩工作的同事。父亲对一些往事描述地极为精细，之所以能这样具象，是得益于他有长年写日记的习惯，这对他整理思路、书写回忆录提供了大量的帮助和佐证。

父亲虽然待人儒雅，但对一些不良做法也会严加痛斥。我以为，他的观点已大都反映在其书稿文笔之间了。然而，自他患病住院之后，似乎又有所顾忌。一次出院后，他对我说："回忆录的部分细节还要调整一下，有些事情要删去真人姓名，写的隐喻一些，免得读者看到不好，会有影响。"当时我想父亲年纪大了，其言也善，对人、对事又宽容了许多。

父亲去世前的一两个月，眼疾已经不容他再每天盯着电脑打字，于是由我把部分内容打成二号大字让他审读。

父亲办事从来亲力亲为，本来以为回忆录已基本完成，可没想到他去的那样突然。面对厚厚的书稿，我们发现还有进一步整理之必要。

父亲文笔朴实，从来没有任何雕饰和渲染，为了保持文风，我们对他的文字没有做任何修饰，只是对个别错字、漏字进行了订正。

因有些文字是父亲从他以前著作中直接摘录的，所以部分文章的体例格式不同，我们也将原样保留下来，未作改动。

父亲书稿中几乎全部是追述他的工作经历和事件，极少涉及家庭的人与事，这是他把主要精力投入到其工作中的体现，虽然父亲没有在这部书中更多地表述个人情感，但他依然是一个对家庭充满热爱，对生活充满乐趣的人。现把他写给我母亲秦焕如的一篇《回忆将伴着我的余生》祭文，收录在回忆录正文之后。通过这篇文章，可以感受到父亲对母亲的挚爱亲情。

在整理父亲书稿期间，得到华龄出版社社长、中国版协国际合作出版工作委员会主任常振国同志的大力支持，他不仅在财力上支持这两部书籍的出版发行，还亲自审读了书稿的全部文字。他和华龄出版社编辑程扬同志提出许多宝贵意见，在此深表谢忱。

同时，特别感谢新闻出版总署署长柳斌杰同志为回忆录题写书名，感谢原新闻出版署署长、原中国出版工作者协会主席宋木文同志，以及新闻出版总署副署长邬书林同志作序，更为回忆录增辉添彩。

为了保证书稿史实的准确，中央宣传部、中央文献研究室、中央党史研究室、新闻出版总署等有关部门也进行了审读，在此一并表示感谢。

《许力以纪念文集》的出版，使我们看到父亲有那么多朋友用真情来缅怀他的一生。所有文章都高度评价父亲的工作成绩，使我们了解了许多过去不知道的事情，更深地感受到了父亲的人性光辉和人格魅力。

袁亮伯伯近4万字的《我认识的许力以同志》是父亲在世时就已在《出版史料》期刊上分三期发表过的文章，这次也收录于此。袁亮伯伯用了大量的史料对父亲的一生做出了充分的肯定和总结。父亲生前与我说过多次："袁亮同志的文章盛意有佳，其实对我的评价是过誉了，情何以堪。我做的许多工作全是在同事协力下共同完成的。"在此，非常感谢袁亮伯伯的文章。

书中的诸多作者，如宋木文、陈海烈、常振国、张三杰等同志为了文章的详实，还与我多次联系核对史实。每次他们来到家中或电话谈起一些父亲的工作和生活细节时，都会情不自禁、唏嘘不已。非常感动于他们严谨的工作作风和对父亲的深深情谊。

为了使本书更加丰满，书中还增加了一些父亲和文章作者的合影以及父亲的工作照片。鉴于时间紧迫，未能再把照片送给文章作者一一审读、核实。其中恐有部分错漏、不敬之处，还请谅解。

中国版协国际合作出版工作委员会秘书长张三杰同志为《许力以纪念文集》一书倾尽了心血，工作贯穿于组稿、编辑、最后印刷成册的各个环节。纪念文集是父亲众多亲朋好友发自内心之作，集各位真诚友谊之大成。

父亲在世时有两个心愿没有完成，一是《中国美术分类全集》还有几卷未完全出齐；二是《春天的脚步——许力以回忆录》尚未出版。

第一个心愿现已完成。《中国美术分类全集》在中央宣传部、新闻出版总署、美术分类全集办公室、全国各出版社的共同努力下，特别是在新闻出版总署邬书林副署长的直接关注、督导下，在经历了26年编撰历程，聚集了众多学者脑力，耗费了大量财力的情况下，这部300余卷的宏伟巨著终于全部出齐。这是父亲倾注25年全部心力直到去世前一夜还耿耿于怀的事业，现在终于大功告成了。

第二个心愿也终于实现。《春天的脚步——许力以回忆录》一书在华龄出版社常振国社长的鼎立协助之下，终于脱稿出版。父亲虽然没有看到自己撰写的回忆录问世，但我们已经按照他的遗愿将书稿整理成册。这部书是我们心中的明灯，将激励我们不断进取。

再一次鸣谢为《春天的脚步——许力以回忆录》和《许力以纪念文集》付梓成书做出努力的所有领导、长辈、亲朋好友。

父亲如在天有知，应该可以瞑目了。

写于本书出版之时

（许虹进 代笔）

后 记

常振国

记得四、五年前，我与许老一次闲聊时，说起出版社经常收到一些老同志的回忆录，很有点意思，希望许老抽时间也能写写。许老听了，露出神秘的一笑，指了指一旁的电脑说："我已经在写了。"这以后我曾不只一次地问过撰写进度，并表示写好后可由华龄出版社出版。2008年下半年，国际合作出版工作委员会和出版科学研究所、《出版参考》共同为陆本瑞主编80诞辰祝寿。席间，郝振省所长非常热情，听说许老在写传记，当即表示希望拿到科研所所属的书籍出版社出版。我听了有点紧张，刚要说话，只见许老一面向郝所长连声感谢，一面在餐桌下用力地握了握我的手。我一下子明白了。事后许老对我说："你就放心吧！"许老果真信守了他的承诺，临终前，他特地给我写了一张便笺，嘱托他的《春天的脚步》交由华龄出版社出版。所以说，由华龄出版社出版许老的这部自传，应该算是许老生前和我的一个约定。一年过去了，现在这个约定兑现了。

许老是新中国社会主义出版事业的奠基者和创始人之一，也是中国出版"走出去"的先行者和开拓者。他对新中国出版事业的贡献，宋木文、邬书林、于友先、袁亮等诸位同志都写了文章，中国版协国际合作出版工作委员会专门编辑了《许力以纪念文集》，诸位亲朋好友说得既中肯又实在，我就不再赘述了。这里，我仅以本书责任编辑的身份谈点体会。

许老的自传，与一般的自传不同。全书基本上记述的都是他的工作，而他生活的方方面面，诸如婚姻、家庭、子女、个人爱好等等，除了开篇有那么一点点蛛丝马迹外，之后就再也没了踪迹。我边看边想，在我与他20多年的交往接触中，许老是一个思想超前，兴趣广泛，十分活跃的老人。为了追上时代的步伐，他70多岁还要学习电脑，而且最终能熟练地使用五笔字型输入法打字；他在80岁时，我们一起外出开会，晚饭后，他不仅散散步，还硬要跟我练习打保龄球、沙壶球。许老喜欢照相，也喜欢为别人照相。我的办公桌上，至今还摆着2009年5、6月间，年已86岁的许老在平谷“桃花节”时，兴致勃勃地给我和其他同志照的照片。还记得有一次，我们去昌平采摘苹果，许老看到树枝上一个特别大的苹果，便踮起脚凑上去，张开大嘴，摆出要啃未啃的姿态让我拍照，引得大伙儿哄堂大笑。但这些，在许老的回忆录中都没有写。也许，在许老的心目中，在许老这一辈人的心目中，他们的一生就是为党、为人民工作；或者说，为党、为人民工作就是他们一生中最最重要的生活。

读许老的自传，对新中国的出版史会有一个更加真切、更加深入、更加生动的了解。你会看到一个老出版人，他们在新中国建立、成长、发展的过程中，经历了怎样的磨难和考验！你会越发感到中国出版事业能够发展到今天是多么的不容易！而这一代老出版人，他们对出版的认识，对于我们今天的出版新人，如何继往开来，如何担当起传承弘扬中华民族优秀文化的历史重担，又是多么的重要！

在许老的自传里，许老对与他一起工作过的领导、同事、朋友，说了太多太多感谢的话，非常真诚，十分感人。而对于伤害过他的人，无论是“文革”中，还是在其他时候，他都一带而过，甚至根本不曾提起。我知道晚年的他曾有过几次不快，但在他的回忆录中都没有涉及。为什么如此，就像他生前所说：“他们也有为难的地方。过去的事就过去算了。”这不仅使我看到了他的宽广胸怀，同时也使我感佩他宽以待人、与人为善的崇高品德。当然，就这一点，我个人心中还是有点遗憾。我以为，写自传，就是在写历史。“修言以立诚”，“诚”字最重要。

《我最后的几句话》，写于2010年10月21日，是许老得知自己身患重病，来日无多的情况下写的，这可算是他的“遗嘱”。在这不足千字的嘱托里，全是他对中国共产党的热爱和感激，对他未竟事业《中国美术分类全集》的挂念和拜托。在他去世的当天晚上，他还策划着召开“分类全集”的会议。仅仅几个小时以后，他在睡梦中离我们而去。他的一生，真正做到了“鞠躬尽瘁，死而后已”。我想，一个人如果能像许老这样，活一天，就要为自己所钟爱的事业尽一分力；活一天，就要为我们的人民、民族做一点有益的事，那应该是最幸福的死。

关于本书的编辑工作，有以下几点需要说明：

1. 这部传记许老前后写了几年的时间，由于他的事情太多，从书稿的行文以及章节、段落的安排看，只是大概拉出一个大框架，随想随写，并没有细致认真地打磨，有的地方直接采用了过去发表的文章。又由于许老的病来得太突然、太凶猛，而让他最揪心的《中国美术分类全集》最后二十余卷的收尾工作，直到他生命的最后一刻都没有放下心，因此，他没有时间，也没有精力对他的自传做加工整理，致使全书的风格不尽一致，体例不够统一，一些事件略有重复。为了尽可能地保持作品的原貌，在征求了虹进兄（许老长子）的意见后，只做了一些必要的调整和文字校订，全书基本保留原样。

2. 编辑本书时，虹进兄将许老1993年怀念爱人秦焕如的一篇散文《回忆将伴着我的余生》给了我。文章充满真情，十分感人。这篇文章不算长，但它使我几次落泪，它让我回忆起在秦焕如同志遗体告别仪式上，许老那撕心裂肺的痛哭。从这篇文章中，使我们看到了一个有血有肉、感情丰富而又细腻的许老。现将这篇散文和《许力以同志生平》、《我最后的几句话》及虹进近日写就的《父亲在天有知》一并附在书后。

本书编辑过程中，得到了邬书林同志的大力支持和热心指导。柳斌杰同志在百忙中为本书题写了书名，在此一并表示衷心的感谢！

由于时间仓促，水平有限，编辑中一定还有许多疏漏和错误，敬请读者批评指正。